VIDAS E DOUTRINAS DOS FILÓSOFOS ILUSTRES

Dados Internacionais de Catalogação na Publicação (CIP)
(Câmara Brasileira do Livro, SP, Brasil)

Laércio, Diógenes

Vidas e doutrinas dos filósofos ilustres /Diógenes Laércio ; tradução de Vinícius Chichurra. – Petrópolis, RJ : Vozes, 2025.

Título original em grego: Βιων και γνωμων των εν φιλοσοφιαι ευδοκιμησαντων των εισ δεκα το πρωτον

ISBN 978-85-326-7185-1

1. Filosofia grega antiga 2. Filósofos – Biografia I. Título.

25-253486 CDD-180

Índices para catálogo sistemático:
1. Filosofia grega antiga 180

Eliane de Freitas Leite – Bibliotecária – CRB-8/8415

DIÓGENES LAÉRCIO

VIDAS E DOUTRINAS DOS FILÓSOFOS ILUSTRES

Tradução de Vinícius Chichurra

EDITORA VOZES

Petrópolis

Tradução do original em grego intitulado
Βιων και γνωμων των εν φιλοσοφιαι ευδοκιμησαντων των εισ δεκα το πρωτον

Rua Frei Luís, 100
25689-900 Petrópolis, RJ
www.vozes.com.br
Brasil

Diagramação: Editora Vozes
Revisão gráfica: Alessandra Karl
Capa: Ygor Moretti

ISBN 978-85-326-7185-1

Este livro foi composto e impresso pela Editora Vozes Ltda.

SUMÁRIO

PRÓLOGO

Alguns dizem que o estudo da filosofia teve início entre os bárbaros. Pois possuem a opinião de que os persas tiveram seus magos, os babilônios ou assírios seus caldeus, e os indianos seus gimnosofistas; além disso, entre os celtas e os gálatas há os chamados druidas ou veneráveis, como cita Aristóteles, em *O mágico,* e Sótion, no vigésimo terceiro livro de sua obra *Sucessões dos filósofos.* Dizem, também, que Mocos era fenício, Zâmolxis era trácio e Atlas era líbio.

Para os egípcios, Hefesto era filho do Nilo, e com ele teve início a filosofia, sendo seus sacerdotes e profetas os principais expoentes. Hefesto viveu 48.863 anos antes de Alexandre o Grande, [2] e nesse intervalo ocorreram 373 eclipses solares e 832 lunares. Quanto aos magos, ela teria começado com Zoroastro o Persa 5 mil anos antes da queda de Troia, conforme indica Hermódoro o Platônico em sua obra *Da matemática*; mas Xantos o Lídio calcula 6 mil anos desde Zoroastro até a expedição de Xerxes, e após esse evento enumera uma longa sucessão de magos – Ostanas, Astrampsícos, Gobrías e Pazatas – até a queda dos persas causada por Alexandre.

[3] Estes autores esquecem que as conquistas que atribuem aos bárbaros pertencem aos gregos, com quem começou não apenas a filosofia, mas a própria raça humana. Por exemplo, Musaios é reivindicado por Atenas como sendo ateniense, e o mesmo acontece com Linos em Tebas.

Diz-se que o primeiro, filho de Eumolpo, teria sido o primeiro a compor uma *Teogonia* e uma *Esfera*, e a sustentar que todas as coisas procediam da unidade e a ela retornavam. Morreu em Fáleron, e este é o seu epitáfio: "O chão de Fáleron abriga o filho querido de Eumolpo, Musaios, cujo corpo aqui jaz sob a ação de ritos fúnebres". Os Eumolpidas de Atenas receberam seu nome do pai de Musaios.

[4] Lino, assim dizia-se, era filho de Hermes e da musa Urânia. Teria composto um poema sobre a criação do mundo, o curso do Sol e da Lua e o crescimento dos animais e das plantas. Seu poema começa com o verso: "Houve um tempo em que todas as coisas cresciam ao mesmo tempo". E esta ideia foi emprestada por Anaxágoras quando declarou que todas as coisas estavam originalmente juntas até que a mente surgiu e as colocou em ordem. Lino morreu na Eubeia, atingido por uma flecha de Apolo, e este é o seu epitáfio: "Este chão recebeu morto o tebano Lino, filho da musa Urânia coroada de flores".

Foi assim, a partir dos gregos, que a filosofia surgiu. Tanto que até mesmo o seu próprio nome não é traduzido para língua estrangeira.

[5] Aqueles que atribuem sua invenção aos bárbaros apresentam Orfeu o Trácio dizendo ser um filósofo e o mais antigo. Ora, considerando o tipo de coisas que ele disse sobre os deuses, não sei se é possível chamá-lo de filósofo; pois, de fato, as pessoas assim classificam alguém só por não hesitar em acusar os deuses de todo o sofrimento humano, até mesmo dos crimes cometidos por meio de palavras que alguns membros da humanidade cometem. A história conta que Orfeu morreu nas mãos de mulheres, mas, de acordo com o epitáfio em Díon, na Macedônia, ele foi morto por um raio; o epitáfio assim segue: "Aqui as musas sepultaram o trácio Orfeu, o da lira de ouro, morto com um raio lançado por Zeus que reina no alto".

Entretanto, os defensores da teoria de que a filosofia surgiu entre os bárbaros explicam as diferentes formas que ela assumiu em diferentes lugares. [6] Os gimnosofistas e druidas, dizem, expressavam sua filosofia por meio de enigmas, convidando as pessoas a reverenciar os deuses, a se absterem de fazer o mal e a praticarem a coragem. Com efeito, que os gimnosofistas desprezam até a própria morte é afirmado por Clitarco, em seu décimo segundo livro; ele também diz que os caldeus se dedicam à astronomia e à previsão do futuro, enquanto que os magos passam o tempo adorando os deuses, em sacrifícios e em orações, o que implica que ninguém além deles próprios são ouvidos pelos deuses. Eles expõem seus pontos de vista a respeito do ser e da origem dos deuses, a qual consideram ser o fogo, a terra e a água; condenam o uso de imagens e especialmente o erro de atribuir às divindades diferenças de sexo. [7] Os gimnosofistas defendem um discurso de justiça e consideram a cremação uma prática ímpia; mas não veem impiedade no casamento com mãe ou filha, como relata Sótion em seu vigésimo terceiro livro. Além disso, praticam adivinhação e preveem o futuro, declarando que os deuses lhes aparecem em forma visível. Dizem, também, que o ar está cheio de formas que fluem como vapor e entram nos olhos dos videntes perspicazes. Eles proíbem ornamentos pessoais e o uso de ouro; suas vestes são brancas, dormem no chão e se alimentam de verduras, queijo e pão de trigo; suas bengalas são de caniço e, segundo nos é dito, têm por costume enfiá-las num pedaço de queijo e levar à boca para comer.

[8] Eles não são muito familiarizados com a arte da magia, segundo Aristóteles, em seu *O mágico*, e segundo Dêinon, no quinto livro de sua *História*. Este, aliás, nos diz que o nome Zoroastro, em tradução literal, significa "adorador dos astros"; e Hermódoro também diz isso. Aristóteles, no primeiro livro de seu diálogo *Da filosofia*, declara que os magos são mais antigos do que os egípcios, e, ainda, que acreditam em dois princípios, o espírito bom e o espírito mau, um chamado Zeus ou Oromasdes, e o outro Hades ou Arimânio. Isto também é dito por Hermipo, em seu primeiro livro sobre os magos, por Eudoxo, em sua obra *Viagem ao redor do mundo*, e por Teopompo, no oitavo livro de sua *Filípica*. [9] O último desses autores acrescenta que, de acordo com os magos, as pessoas viverão uma existência futura e serão imortais, e que o mundo perdurará através das suas preces. Isto é também confirmado por Eudemo de Rodes. Porém, Hecateu relata que, segundo eles, os deuses foram gerados por meio de nascimento. Clearco de Solos, em seu tratado *Da educação*, ainda diz que os gimnosofistas são descendentes dos magos; e alguns atribuem aos judeus também a mesma origem. Além disso, aqueles que escreveram sobre os magos criticam Heródoto, insistindo que Xerxes nunca teria lançado dardos ao Sol nem teria lançado grilhões ao mar, uma vez que na crença dos magos o Sol e o mar são deuses. Mas seria bastante natural que as estátuas dos deuses fossem destruídas por Xerxes.

[10] A filosofia dos egípcios é descrita a seguir no que diz respeito aos deuses e à justiça. Dizem que a matéria foi o primeiro princípio, da qual se derivaram os quatro elementos e, assim, surgiram os seres vivos de todas as espécies. O Sol e a Lua são deuses que levam os nomes de Osíris e Ísis res-

pectivamente; eles fazem uso do escaravelho, do dragão, do falcão e de outras criaturas como símbolos da divindade, segundo Maneto, em sua *Epítome das doutrinas físicas*, e Hecateu, no primeiro livro de sua obra *Da filosofia egípcia*. Eles também ergueram estátuas e templos para esses animais sagrados porque não conhecem a verdadeira forma da divindade. [11] Para eles, o universo foi criado, é perecível e possui forma esférica. Dizem que as estrelas são compostas de fogo e que, os eventos na Terra ocorrem à medida que o fogo nelas se mistura; que a Lua entra em eclipse quando fica na sombra da Terra; que a alma sobrevive à morte e passa para outros corpos; e que a chuva é causada por mudanças na atmosfera. De todos os outros fenômenos, eles dão explicações físicas, conforme relatado por Hecateu e Aristágoras. Os egípcios também estabeleceram leis tendo em vista a justiça, e atribuem-na a Hermes e tornaram divinos os animais que são úteis ao ser humano. Além de também alegaram ter inventado a geometria, a astronomia e a aritmética.

São essas as informações referentes à criação da filosofia. [12] Todavia, o primeiro a usar o termo, e a se autodenominar filósofo, foi Pitágoras; pois, disse ele que "nenhum homem é sábio, somente o divino", e segundo Heráclides do Ponto, em *Perí tês ápnou*[1], isso foi dito a Leon, tirano da cidade de Sicião ou de Fliunte. Imediatamente, esse estudo passou a chamar-se "*sophía* (sabedoria)" e seu professor "*sophós* (sábio)", para denotar sua obtenção de perfeição da mente quanto da alma; e o estudioso desse assunto seria o "*filósophos* (amante da sabedoria)". Outro nome para os sábios era "sofista", e não apenas para os filósofos, mas também para os poetas. – Cratino, ao elogiar Homero e Hesíodo em sua peça *Arquíloco*, dá-lhes o título de sofistas.

[13] Os homens comumente considerados sábios são os seguintes: Tales, Sólon, Periandro, Cleóbulo, Quílon, Bias e Pítaco. A estes são adicionados Anacársis o Cita, Míson de Queneia, Ferécides de Siro, Epimênides e o Cretense; e alguns até incluem o tirano Pisístrato. São estes os sábios.

A filosofia, porém, teve uma origem dupla; tudo começou, por um lado, com Anaximandro e, por outro, com Pitágoras. O primeiro foi discípulo de Tales e Pitágoras foi ensinado por Ferécides. Uma das escolas filosóficas foi chamada de Jônica, porque Tales, um milesiano e, portanto, jônico, instruiu

---

1. A estrutura do diálogo Περὶ τῆς Ἄπνου (em tradução literal: "*Sobre a falta de respiração*" ou "*Sobre a não vida*") é apenas um fragmento e não é detalhadamente conhecida.

Anaximandro; a outra escola foi chamada de Itálica, por conta de Pitágoras, que filosofou principalmente na Itália. [14] A escola Jônica terminou com Clitômaco, Crisipo e Teofrasto, a da Itália com Epicuro. A sucessão deu-se de Tales a Anaximandro, a Anaxímenes, a Anaxágoras, a Arquelau, até chegar a Sócrates, que introduziu a ética na filosofia; de Sócrates, ela passa aos seus discípulos, os socráticos, especialmente a Platão, o fundador da Antiga Academia; de Platão, passando por Espeusipo e Xenócrates, a sucessão segue para Polemo, Crantor e Crates, Arcesilau – fundador da Média Academia–, Lácides – fundador da Nova Academia–, Carnéades e Clitômaco.

Esta linha de sucessão nos leva a Clitômaco. [15] Há, porém, outra que termina com Crisipo, isto é, passando de Sócrates a Antístenes, depois a Diógenes o Cínico, a Crates de Tebas, a Zenão de Cítio, a Cleantes e a Crisipo. E ainda existe uma outra que termina com Teofrasto; assim, de Platão passa para Aristóteles, e de Aristóteles para Teofrasto. Dessa maneira finda, então, a escola jônica.

Na escola itálica, a ordem de sucessão é a seguinte: de Ferécides, a Pitágoras, a seu filho Telauges, a Xenófanes, a Parmênides, a Zenão de Eleia, a Leucipo, a Demócrito, que teve muitos seguidores – em particular Nausífanes [e Naucídes] –, e, por fim, a Epicuro.

[16] Os filósofos podem ser divididos em dogmáticos e céticos: todos aqueles que fazem afirmações sobre coisas presumindo que elas podem ser conhecidas são dogmáticos; enquanto todos os que suspendem o seu julgamento com base no fato das coisas serem incognoscíveis são céticos. Além disso, alguns filósofos deixaram escrituras, enquanto outros não escreveram nada, como foi o caso, segundo algumas autoridades, de Sócrates, Estilpo, Filipe, Menedemo, Pirro, Teodoro, Carnéades e Bríson; alguns acrescentam Pitágoras e Ariston de Quios, excluindo o fato de que escreveram algumas poucas cartas. Outros escreveram não mais do que uma obra cada, como Melisso, Parmênides e Anaxágoras. Zenão escreveu muitas obras, Xenófanes escreveu ainda mais, e cada vez mais obras foram escritas, sucessivamente, por Demócrito, Aristóteles, Epicuro e Crisipo.

[17] Dentre os filósofos, alguns foram nomeados segundo suas *pólis*, como os eleáticos, os megáricos, os eretrianos e os cirenaicos; outros segundo os locais nos quais funcionavam suas escolas, como os acadêmicos e os estoicos; outros, por circunstâncias acidentais, como os peripatéticos; outros, ainda,

por apelidos sarcásticos, como os cínicos; outros por suas disposições, como os eudemonistas; outros, por uma presunção que nutriam, como amantes da verdade[2], os refutacionistas[3] e os analogéticos[4]; outros receberam alcunhas por conta de seus mestres, como os socráticos, os epicuristas e semelhantes; alguns adotaram o nome de físicos por suas investigações a respeito da natureza e outros de éticos por suas discussões a respeito da moral, enquanto aqueles que se ocupavam de malabarismos verbais eram denominados dialéticos.

[18] As partes da filosofia são três: física, ética e dialética[5]. A física é a parte que se preocupa com o universo e tudo o que ele contém; a ética que se preocupa com a vida e com tudo o que se relaciona conosco; já os processos de raciocínio empregados em ambas formam o domínio da dialética.

A física ficou em evidência até a época de Arquelau; a ética, como dissemos, começou com Sócrates; e a dialética remonta a Zenão de Eleia. Na ética houve dez escolas: a acadêmica, a cirenaica, a elíaca, a megárica, a cínica, a eretriana, a dialética, a peripatética, a estoica e a epicurista. [19] Os fundadores dessas escolas foram: da Antiga Academia, Platão; da Média Academia, Arcesilau; da Nova Academia, Lácides; da escola cirenaica, Aristipo de Cirene; da elíaca, Fédon de Élis; da megárica, Euclides de Mégara; da cínica, Antístenes de Atenas; da eretriana, Menedemo de Erétria; da dialética, Clitômaco de Cartago; da peripatética, Aristóteles de Estagira; da estoica, Zenão de Cítio; e a escola epicurista recebeu o nome do próprio Epicuro.

Hipóboto, em sua obra *Das escolas filosóficas*, declara que existem nove escolas, e as apresenta nesta ordem: a primeira é a escola megárica, a segunda a eretriana, a terceira a cirenaica, a quarta a epicurista, a quinta a aniceriana, a sexta a teodória, a sétima a zenônia ou estoica, a oitava sendo a Academia Antiga e a nona a peripatética. [20] Ele não cita as escolas cínica, elíaca e dialética. Quanto aos pirrônicos, suas conclusões são tão indefinidas que dificilmente alguma autoridade permite que sejam uma escola; algumas autoridades permitem a sua reivindicação em certos aspectos, mas não em outros. Parece, contudo, que eles constituem uma escola, pois usamos esse

2. Em grego: Φιλαλήθεις (*Philalḗtheis*).

3. Em grego: Ἐλεγκτικοὶ (*Elenktikoí*).

4. Em grego: Ἀναλογητικοί (*Analogētikoí*).

5. Ou lógica.

termo para aqueles que, em sua atitude em relação à aparência, seguem ou parecem seguir algum princípio, e, com base nisso, teríamos uma justificativa para chamar os céticos de escola. Se entendermos, porém, a escola como uma tendência a favor de doutrinas positivas e coerentes, elas já não poderiam ser chamadas de escola, porque não possuem doutrinas positivas.

Estes são os primórdios da filosofia, seus desenvolvimentos posteriores, suas várias partes e o número de escolas filosóficas.

[21] Ainda há pouco tempo, uma certa escola eclética foi fundada por Potamo de Alexandria, que fez uma seleção a partir dos princípios de todas as escolas existentes. Como ele mesmo afirma em seus *Elementos de filosofia*, Potamo usa como critérios da verdade aquilo pelo qual o juízo é formado – a saber, o princípio governante da alma – e o instrumento utilizado – por exemplo, a percepção mais precisa. Seus princípios universais são a matéria e a causa eficiente, a qualidade e o lugar; pois aquilo pelo qual uma coisa é feita, e por que é feita, bem como a qualidade com que é feita, assim como o lugar em que é feita, são princípios. O fim ao qual ele se refere a todas as ações é a vida aperfeiçoada em todas as virtudes, sendo as vantagens naturais do corpo e do ambiente indispensáveis para sua obtenção.

Falemos, então, sobre esses mesmos homens e, em primeiro lugar, sobre Tales.

LIVRO I

1
TALES

[22] Heródoto, Dúris e Demócrito concordam que Tales era filho de Examias e Cleobulina, pertencia aos telidas, de origem fenícia, e estava entre os mais nobres dos descendentes de Cadmo e Agenor. De acordo com o testemunho de Platão[6], ele foi um dos Sete Sábios; foi o primeiro a receber o nome de Sábio, no arcontado de Damásias em Atenas, quando o termo foi aplicado a todos os Sete Sábios, como menciona Demétrio de Fáleron em sua *Lista de arcontes*. Tales obteve cidadania em Mileto quando lá chegou junto com Nileu, que havia sido expulso da Fenícia. A maioria dos escritores, entretanto, o representa como um genuíno milesiano e de uma família ilustre.

[23] Depois de se envolver na política, ele se tornou um observador da natureza. Segundo alguns, Tales não deixou nada por escrito; pois se diz que a *Astronomia náutica* atribuída a ele é, na verdade, de Focos de Samos. Calímaco o conhece como o descobridor da Ursa Menor; pois diz em seu *Iambos* o seguinte: "O primeiro que observou as pequenas estrelas que chamamos de Carroça, por meio do qual os fenícios navegam".

Contudo, segundo outros, ele não escreveu nada além de dois tratados: *Do solstício* e *Do equinócio*, considerando todos os outros assuntos como incognoscíveis. De acordo com certos relatos, ele parece ter sido o primeiro a estudar astronomia, o primeiro a prever eclipses do Sol e a determinar os solstícios, como afirma Eudemo em sua *História da astronomia*. Foi isso que lhe rendeu a admiração de Xenófanes e de Heródoto e a atenção de Heráclito e Demócrito.

6. *Protágoras*, 343a.

[24] Outros autores, incluindo o poeta Coirilos, declaram que ele foi o primeiro a adotar a imortalidade da alma. Foi, ainda, o primeiro a determinar o curso do Sol de um solstício ao outro e, segundo alguns, foi o primeiro a declarar que o tamanho do Sol era 720 partes do círculo solar e que o tamanho da Lua seguia a mesma fração do círculo lunar. Além disso, Tales foi o primeiro a dar ao último dia do mês o nome de trigésimo, e foi o primeiro, dizem alguns, a discutir problemas físicos.

Aristóteles[7] e Hípias afirmam que, argumentando a partir do ímã e do âmbar, Tales atribuiu alma até mesmo a objetos inanimados. Panfile afirmava que, tendo aprendido geometria com os egípcios, Tales foi o primeiro a inscrever um triângulo retângulo em um círculo, e sacrificou um boi por isso. [25] Outros contam esta mesma história em relação a Pitágoras, entre eles Apolodoro o Aritmético. Foi Pitágoras quem desenvolveu plenamente as descobertas atribuídas a Euforbo o Frígio, por Calímaco em seus *Iambos*, quero dizer, os triângulos escalenos e tudo o mais que se relaciona com a geometria teórica.

Tales também é creditado por ter dado excelentes conselhos sobre questões políticas. Por exemplo, quando Creso enviou emissários a Mileto oferecendo termos de aliança, ele frustrou o plano; e isso veio a ser a salvação da *pólis* quando Ciro obteve a vitória. O próprio Tales teria dito, em um diálogo de Herácides, que sempre viveu solitário e como um indivíduo comum, mantendo-se afastado dos assuntos políticos. [26] Algumas autoridades dizem que ele se casou e teve um filho, Cíbistos; outros, que ele permaneceu solteiro e adotou o filho de sua irmã, e que, quando lhe perguntaram por que não tinha seus próprios filhos, ele respondeu: "por amor a esse filho". Conta-se a história de que, quando sua mãe tentou forçá-lo a se casar, ele respondeu que era cedo demais, e quando ela o pressionou novamente mais tarde na vida, ele respondeu que era tarde demais. Jerônimo de Rodes, no segundo livro das suas *Notas dispersas*, relata que, para mostrar como é fácil enriquecer, Tales, prevendo que seria uma boa época para a azeitona, alugou todos os lagares de azeite e assim acumulou uma fortuna.

7. *Da alma*, 405a 19.

[27] Para Tales, a água é o princípio de todas as coisas e que o mundo é dotado de alma e cheio de divindades. Dizem que ele identificou as estações do ano e as dividiu em 365 dias. Ninguém lhe instruiu, com a exceção de ter ido ao Egito e passado certo tempo com os sacerdotes. Jerônimo nos informa que Tales mediu a altura das pirâmides pela sombra que elas projetavam, fazendo a observação na hora em que nossa própria sombra tem o mesmo tamanho que nós. Ele conviveu, como relata Mínias, com Trasíbulo, o tirano de Mileto.

A conhecida história da trípode encontrada por pescadores e enviada, pelo povo de Mileto, sucessivamente a todos os sábios é a seguinte: [28] Quando certos jovens jônicos compraram a pesca dos pescadores milesianos, surgiu uma disputa sobre uma trípode que fazia parte da captura. Por fim, os milesianos encaminharam a questão ao oráculo de Delfos, e o deus proferiu a reposta desta forma: "Nascidos de Mileto, perguntam ao Febo sobre a trípode? Respondo: a trípode será do mais sábio de todos". Então, eles a entregam a Tales; ele, entretanto, deu a outro sábio, e assim por diante, até chegar a Sólon, que, com a observação de que o deus era o mais sábio, a enviou de volta a Delfos.

Calímaco, em seus *Iambos*, apresenta uma versão diferente da história, que ele tirou de Meandro de Mileto. Nessa versão, Baticlés, um arcádico, deixou ao morrer uma taça com a instrução "entregar ao mais útil dos sábios". Ela foi, então, dada a Tales, passou por todos os sábios e voltou para Tales novamente. [29] Por fim, ele a mandou a Apolo de Dídima com esta dedicatória, segundo Calímaco:

> Ao povo da linhagem de Neileus,
> Tales entrega um prêmio ganho duas vezes,
> considerado o mais sábio.

Mas a inscrição em prosa é: "Tales, o milesiano filho de Examias, [dedica esta inscrição] a Apolo Delfino, depois de ganhar duas vezes o prêmio de todos os gregos". A taça foi carregada de um lugar para outro pelo filho de Baticlés, cujo nome era Tírio, assim afirma Elêusis, em sua obra *Sobre Aquiles*, e Alexo de Mindos, no nono livro de suas *Lendas*.

Todavia, Eudoxo de Cnido e Euantes de Mileto concordam que um certo homem, amigo de Creso, recebeu do rei uma taça de ouro para entregá-la ao mais sábio dos gregos; este homem deu-a a Tales, que passou a outros sábios até chegar a Quílon. [30] Quílon, então, fez a Apolo Pítio a seguinte pergunta:

"Quem é o homem mais sábio do que eu?", e o deus respondeu: "Míson", de quem teremos mais a dizer em breve (na lista dos Sete Sábios elaborada por Eudoxo, Míson ocupa o lugar de Cleóbulo; Platão também o inclui ao omitir Periandro). A resposta do oráculo a seu respeito foi: "Digo que um nascido de Oita, Míson de Queneia, é quem pela sabedoria o supera". Essa resposta teria sido dada a Anacársis.

O platônico Daímaco e Clearco alegam que uma taça foi enviada por Creso a Pítaco e começou a circular entre os Sábios a partir dele. A história contada por Ândron, em sua obra *A trípode*, é que os argivos ofereceram uma trípode como prêmio de excelência ao mais sábio dos gregos; Aristodemo de Esparta foi considerado o vencedor, mas retirou-se em favor de Quílon. [31] Aristodemo é mencionado por Alceu da seguinte maneira: "Certamente Aristodemo não disse nenhuma palavra insensata em Esparta. O próprio homem é sua riqueza; e nenhum pobre torna-se estimado".

Alguns autores relatam que um navio com sua carga foi enviado por Periandro a Trasíbulo, tirano de Mileto; e que, quando naufragou nas águas de Cós, a trípode foi posteriormente encontrada por alguns pescadores. No entanto, Fanódico declara que ela foi encontrada em águas atenienses e de lá levada para Atenas. Realizou-se, então, uma assembleia e ela foi enviada para Bias; [32] o motivo será explicado quando falarmos de Bias.

Outros, ainda, dizem que a trípode teria sido obra de Hefesto e dada a Pélope em seu casamento. Dali passou para Menelau e foi levada por Páris junto com Helena e jogada por ela no mar de Cós, pois ela disse que ela seria causa de conflitos. Com o passar do tempo, certas pessoas de Lebedos, tendo comprado uma pescaria nas redondezas, obtiveram posse da trípode e, discutindo com os pescadores sobre isso, dirigiram-se até Cós e, quando não conseguiram resolver a disputa, relataram o fato para os habitantes de Mileto, sua metrópole. Os milesianos, quando suas embaixadas foram desacatadas, entraram em guerra contra Cós; muitos pereceram de ambos os lados, e um oráculo declarou que a trípode deveria ser dada ao mais sábio; ambas as partes concordaram em entregá-la a Tales. Depois de ter circulado entre os sábios, Tales a dedicou a Apolo de Dídima. [33] O oráculo que os habitantes de Cós receberam foi o seguinte:

> O conflito entre méropes e jônicos pela trípode dourada que Hefesto lançou ao mar não acabará antes que ela deixe a pólis e chegue até ao homem cuja sabedoria revela o passado, o presente e o futuro.

O oráculo dos milesianos, começando com "Nascidos de Mileto, perguntam ao Febo sobre a trípode?", já foi citado acima. Que isso seja o suficiente a esse respeito.

Hermipo, em sua obra *Vidas*, atribui a Tales a história que alguns dizem ser sobre Sócrates, nomeadamente, a de que ele costumava dizer que havia três vantagens pelas quais era grato à fortuna: primeiro, por ter nascido um ser humano e não um animal irracional; em seguida, por ter nascido um homem, e não uma mulher; em terceiro lugar, por ser grego e não bárbaro. [34] Diz-se que, certa vez, quando foi levado para fora de casa por uma idosa para poder observar as estrelas, Tales caiu em uma vala, e seu pedido de ajuda arrancou da senhora a resposta: "Tales, você nem consegue ver o que está diante de seus pés, como você pode esperar saber tudo sobre os céus?"

Timon também o considera um astrônomo e o elogia nas suas *Sátiras*, dizendo: "Eis Tales entre os Sete, o sábio astrônomo entre os sábios". Segundo Lobo de Argos, seus escritos chegaram a cerca de duzentas linhas. Havia uma estátua que trazia a inscrição: "A jônica Mileto criou esse Tales, o astrônomo entre todos os mais antigos sábios" (*Antologia palatina*, VII, 83).

[35] Das canções poéticas, estes versos são a respeito de Tales:

> Muitas palavras não declaram uma sábia opinião
> Busque uma única sabedoria
> Escolha um único bem
> Pois assim calará as línguas inquietas dos tagarelas.

Aqui também estão algumas máximas atribuídas a ele:

> A coisa mais antiga é o divino, pois ele não foi criado.
> A mais bela é o universo, pois é obra do divino.
> A maior é o espaço, pois contém todas as coisas.
> A mais rápida é a mente, pois corre por toda parte.
> A mais forte é a necessidade, pois domina tudo.
> A mais sábia é o tempo, pois tudo revela.

Tales dizia que não havia diferença entre a vida e a morte. "Por que, então, você não morre?", disse alguém, "Porque", disse ele, "não faz diferença". [36] À pergunta sobre quem é mais velho, o dia ou a noite, ele respondeu: "A noite é a mais velha por um dia". Alguém lhe perguntou se uma pessoa poderia esconder uma má ação dos deuses, ele respondeu: "Não, nem mesmo um mau pensamento". Ao adúltero que perguntou se deveria negar a acusação sob juramento, ele respondeu que o perjúrio não era pior do que o adultério. Quando lhe perguntaram qual é a coisa mais difícil, ele respondeu: "Conhecer-se a si mesmo", "E qual a mais fácil?" "Dar conselhos aos outros", "Qual a coisa mais agradável?" "O sucesso", "O que é o divino?" "Aquilo que não tem começo nem fim". Quando lhe perguntaram sobre qual foi a coisa mais estranha que ele já tinha visto, sua resposta foi: "Um tirano idoso", "Como alguém pode suportar melhor as adversidades?" "Se possível, ver seus inimigos em situação pior", "Como podemos levar uma vida melhor e mais justa?" "Ao pararmos de fazer o que censuramos nos outros", [37] "Que é feliz?" "Aquele que tem corpo são, mente engenhosa e natureza dócil". Tales também nos diz para lembrarmos dos amigos, presentes ou ausentes; para não nos orgulharmos da aparência externa, mas para nos esforçar a ter um caráter bonito. Ele também disse: "Evite ganhos ilícitos" e "não deixe que palavras façam com que odeiem quem confiou em vocês". "Qualquer ação que você tenha feito para seus pais, o mesmo você deve esperar de seus filhos". Ele explicou, também, que a cheia do Rio Nilo se devia aos ventos etésios que, soprando na direção contrária, empurravam as águas rio acima.

Apolodoro, em sua *Crônica*, diz que o nascimento de Tales ocorreu na 35ª Olimpíada[8]. [38] Sua morte foi aos 78 anos de idade (ou, segundo Sosicrates, aos 90 anos); pois morreu na 58ª Olimpíada[9], sendo contemporâneo de Creso, a quem prometeu atravessar o Rio Hális sem ter de construir uma ponte, apenas desviando o curso natural do rio.

Houve outros cinco que levaram o nome de Tales, conforme enumerado por Demétrio de Magnésia, em seu *Homônimos*: o primeiro, um retórico de Calatia, de gosto duvidoso; um pintor de Sicião, de grande talento; um contemporâneo de Hesíodo, de Homero e de Licurgo, em tempos muito antigos; uma

8. 640 a.C.

9. 540-537 a.C.

pessoa citada por Dúris em sua obra *Da pintura*; e uma pessoa desconhecida, de tempos mais recentes, mencionada por Dionísio em seus *Escritos críticos*.

[39] O sábio Tales morreu enquanto assistia a uma competição atlética devido ao calor, à sede e à fraqueza, já muito idoso. A inscrição em seu túmulo é:

> Neste pequeno túmulo, jaz o sapientíssimo Tales; cuja glória alcança os céus (*Antologia palatina*, VII, 84).

Há também um epigrama de minha autoria, do primeiro livro do meu *Epigramas em vários metros*:

> Enquanto assistia aos jogos
> Zeus Solar levou Tales, o sábio homem, do estádio;
> Fez bem em levá-lo para perto, pois o ancião
> Não conseguia mais ver os astros da terra (*Antologia palatina*, VII, 85).

[40] A ele pertence o provérbio "Conhece-te a ti mesmo", que Antístenes, em suas *Sucessões de filósofos*, atribui a Femonoe, embora admita que foi apropriado por Quílon.

Aqui parece ser o momento apropriado para uma observação geral a respeito dos Sete Sábios, dos quais temos relatos como os seguintes. Damon de Cirene, em sua *História dos filósofos*, critica todos os sábios, especialmente os Sete. Anaxímenes observa que todos se dedicaram à poesia; Dicaiarcos diz que eles não eram sábios nem filósofos, mas apenas homens astutos com inclinação para legislar. Arquétimo de Siracusa descreve um encontro deles na corte de Cípselo, ocasião em que ele próprio estava presente; Éforo, por sua vez, menciona outro encontro na corte de Creso, no qual Tales não estava presente e foi substituído. Outros falam de encontros no festival Pan-Iônico, em Corinto e em Delfos. [41] Suas declarações são relatadas de várias maneiras e são atribuídas ora a um, ora ao outro, como, por exemplo o seguinte: "Foi o sábio lacedemônio Quílon quem disse: 'Nada em excesso e 'O belo vem no momento oportuno'" (*Antologia palatina*, IV, 22).

Não há acordo quanto ao número de sábios; pois Meandro, no lugar de Cleóbulo e Míson, inclui Leofantos, filho de Gorgiadas, nascido em Lêbedos ou Éfeso, e Epimênides, o cretense, na lista. Platão, em seu *Protágoras*, menciona Míson e deixa de fora Periandro. Éforo substitui Anacársis por Míson. Outros acrescentam Pitágoras aos Sete. Dicaiarcos apresenta quatro nomes sempre aceitos: Tales, Bias, Pítaco e Sólon; e acrescenta os nomes de outros seis, dos quais três deveriam ser selecionados: Aristodemo, Panfile, o lacedemônio Quílon, Cleóbulo, Anacársis e Periandro. Outros, ainda, acrescentam Acusilau, filho de Cabas ou de Scabras, nascido em Argos.

[42] Hermipo, em sua obra *Sobre os sábios*, calcula dezessete sábios no total, dos quais autores diferentes fazem seleções diferentes de sete. São eles: Sólon, Tales, Pítaco, Bias, Quílon, Míson, Cleóbulo, Periandro, Anacársis, Acusilau, Epimênides, Leofantos, Ferécides, Aristodemo, Pitágoras, Lasos, filho de Carmantidas ou de Sisimbrinos, ou, segundo Aristoxenos, de Cabrinos, nascido em Hermione, e Anaxágoras.

Hipóboto, em sua *Lista de filósofos* enumera: Orfeu, Lino, Sólon, Periandro, Anacársis, Cleóbulo, Míson, Tales, Bias, Pítaco, Epicarmo e Pitágoras.

Aqui seguem as cartas conservadas de Tales:

Tales a Ferécides

[43] Tomei conhecimento de que você pretende ser o primeiro jônico a expor a teologia aos gregos. E talvez tenha sido uma decisão sábia tornar o livro propriedade pública, em vez de confiá-lo a qualquer pessoa em particular. No entanto, se isso lhe for agradável, estou bastante disposto a discutir o assunto do seu livro com você; e se você me convidar para ir a Siros, eu irei. Certamente, Sólon de Atenas e eu dificilmente seríamos sensatos se, depois de termos navegado para Creta, para continuar nossas investigações por lá, e para o Egito para conversar com os sacerdotes e astrônomos, não viajássemos até você. Pois Sólon também virá, com sua permissão. [44] Você, pelo contrário, gosta tanto de sua casa que raramente visita a Jônia e não tem vontade de ver estrangeiros. Nesse momento, você deve estar dedicado somente a escrever, espero eu, enquanto nós, que nunca escrevemos nada, viajamos por toda a Hélade e Ásia.

Tales a Sólon

Se você deixar Atenas, parece-me que seria mais conveniente estabelecer sua residência em Mileto, que é uma colônia ateniense; pois lá você não corre nenhum risco. Se você está irritado com a ideia de que somos governados por um tirano – pois odeia todos os governantes absolutos –, você pelo menos desfrutaria da companhia de seus amigos. Bias escreveu convidando você para ir até Priene; e se você preferir a cidade de Priene como residência, eu mesmo irei morar com você.

2
SÓLON

[45] Sólon, filho de Execestides, nasceu em Salamina. Sua primeira conquista foi a *Seisáchtheia* [ou Lei da Liberação][10], que introduziu em Atenas, com a finalidade de resgatar pessoas e propriedades. De fato, as pessoas costumavam pedir dinheiro emprestado dando como garantia elas mesmas, e muitos foram forçados pela pobreza a tornar-se servos. Sólon, então, primeiro renunciou à reivindicação de uma dívida de sete talentos com seu pai e encorajou outros a seguirem seu exemplo. Essa lei foi chamada de *Seisáchtheia* (Lei da Liberação), por razões óbvias. Em seguida, ele elaborou o restante de suas leis, que levariam muito tempo para serem enumeradas, e as inscreveu nas tábuas giratórias.

[46] Seu maior serviço foi libertar sua terra natal, Salamina, reivindicada por Mégara e Atenas. Após muitas derrotas, os atenienses aprovaram um decreto punindo com a morte qualquer pessoa que propusesse um reinicio da guerra de Salamina. Sólon, fingindo loucura, correu para a ágora com uma guirlanda na cabeça; lá ele fez com que seu poema sobre Salamina fosse lido aos atenienses pelo arauto e os deixou furiosos. Reiniciaram, então, guerra com os megáricos e, graças a Sólon, foram vitoriosos.

[47] Estes foram os versos que mais inflamaram os atenienses:

> Se eu mudasse de pátria e fosse de Folegandros ou de Sicinita
> Em vez de ateniense
> Logo aconteceria esse boato entre as pessoas:
> Embora ático, esse homem abandonou Salamina.

10. N.T.

E em seguida:

> Vamos para Salamina e lutemos pela ilha desejada, para repelir a dura vergonha!

Sólon também persuadiu os atenienses a conquistar o Quersoneso trácio. [48] Para que não se atribuísse a conquista de Salamina apenas pela força e não por direito, ele mandou abrir certas sepulturas e mostrou que os mortos eram enterrados com o rosto voltado para o leste, como era o costume de sepultamento entre os atenienses; além disso, que os próprios túmulos estavam voltados para o leste[11], e que as inscrições gravadas neles nomeavam os falecidos por seus demos, que é um estilo peculiar a Atenas. Alguns autores afirmam que no verso do *Catálogo das Naus*, de Homero, "Ájax, de Salamina, comandava doze navios" (*Ilíada*, Canto II, v. 557), Sólon inseriu: "E os fixaram próximos aos acampamentos atenienses".

[49] Depois disso, o povo começou a admirá-lo e até quis, de bom grado, ser governado por ele como um tirano; ele, todavia, recusou e, logo percebendo os desígnios de seu parente Pisístrato (assim nos diz Sosicrates), fez o possível para impedi-los. Ele precipitou-se e correu para a Assembleia armado com lança e escudo, avisou-os dos desígnios de Pisístrato, e não só isso, também declarou a sua vontade de prestar assistência, com estas palavras: "Homens de Atenas, sou mais sábio do que alguns de vocês e mais corajoso do que outros; mais sábios do que aqueles que não conseguem compreender a trama de Pisístrato e mais corajosos do que aqueles que, embora a percebam, mantêm o silêncio por medo". Os membros do Conselho, que eram adeptos ao partido de Pisístrato, declararam que ele estava louco; diante disso Sólon disse os seguintes versos:

> Minha loucura será mostrada a todos os cidadãos em pouco tempo
> E a verdade será mostrada na metade desse tempo.

[50] As previsões que tinha da tirania de Pisístrato são vistas na seguinte elegia de sua própria autoria:

---

11. Essas informações dadas são contraditórias às afirmações feitas por Plutarco no capítulo X de sua *Vida de Sólon*.

Das nuvens a neve e as pedras de granizo são trazidas
Do fúlgido relâmpago o trovão surge,
De homens orgulhosos vem a ruína de grandes pólis
De um único líder o povo ignorante cai na servidão.

Quando Pisístrato já estava no poder, Sólon, incapaz de convencer o povo, empilhou armas na frente dos quartéis dos generais e exclamou: "Ó pátria, eu a servi com palavras e atos!" Em seguida, navegou para o Egito e para o Chipre, e de lá seguiu para o reino de Creso. Ali, Creso fez a pergunta: "Quem, para você, é feliz?", e Sólon respondeu: "Telos de Atenas, Cleóbis, Biton", e continuou falando sem parar.

[51] Há uma história de que Creso, em traje suntuoso, sentou-se em seu trono e perguntou a Sólon se ele já tinha visto algo mais bonito. "Sim", respondeu, "galos, faisões e pavões; pois eles brilham com as cores da natureza, que são mil vezes mais belas". Depois de lá, foi morar na Cilícia e fundou uma cidade que chamou de Solos, por conta de seu próprio nome. Nela, ele instalou alguns poucos atenienses, que com o passar do tempo corromperam a pureza do dialeto ático e foram considerados falantes "solecizados". Observe que o povo desta cidade é chamado de solense, enquanto o povo de Solos, no Chipre, chama-se sólio.

Quando soube que Pisístrato já era tirano nessa época, ele escreveu aos atenienses:

> [52] "Se vocês sofreram coisas terríveis por causa de sua própria maldade, não coloquem a culpa desse destino nos deuses. Pois foram vocês mesmos que apoiaram os seus inimigos e os engrandeceram; é por isso que suportam a dura escravidão. Cada um de vocês segue os passos da raposa, mas juntos vocês têm um fraco juízo. Vocês veem as falas e as palavras de um homem adulador e não enxergam os atos".

Assim escreveu Sólon. Depois de ter ido para o exílio, Pisístrato escreveu-lhe o seguinte:

> *Pisístrato a Sólon*
>
> [53] "Não fui o único grego a ter instaurado a tirania, nem sou qualificado para isso, pois não sou descendente de Codro. Ou seja, retomo os privilégios que os atenienses juraram conferir a Codro e sua família, embora mais tarde eles tenham faltado ao juramento. Em todo o resto não cometi nenhuma ofensa aos deuses nem às pessoas; transmito aos atenienses um governo de acordo com as leis estabelecidas por

você. E eles são melhor governados do que seriam sob uma democracia; pois não permito que ninguém amplie seus direitos e, embora eu seja um tirano, não usurpo para mim mesmo nenhuma parte indevida de reputação e honra, mas apenas os privilégios que explicitamente pertenciam aos reis em tempos antigos. Todo cidadão paga um dízimo do valor de seus bens, não para mim, mas para um fundo destinado a cobrir os custos dos sacrifícios públicos ou quaisquer outros encargos ou as despesas em alguma guerra que possa nos envolver.

[54] Eu não o recrimino por revelar meus desígnios; você agiu por lealdade à *pólis* e não por qualquer inimizade para comigo, mas ainda assim agiu por ignorância ao tipo de governo que eu iria estabelecer; se soubesse, talvez você me tolerasse e não tivesse ido para o exílio. Portanto, volte à pátria, confiando em minha palavra, embora não seja jurada, de que Sólon não sofrerá nenhum mal por obra de Pisístrato. Pois nenhum outro inimigo meu sofreu; disso pode ter certeza. E se você preferir se tornar um dos meus amigos, você estará entre os primeiros, pois não vejo nenhum traço de traição em você nem nada que desperte desconfiança; se você deseja viver em Atenas em outras condições, você tem minha permissão. Não se afaste de sua pátria por minha causa".

[55] Enquanto Pisístrato escrevia essas palavras, Sólon dizia que o prazo de vida do ser humano é de 70 anos. Parece que ele promulgou algumas leis admiráveis; por exemplo: se alguém se negasse a sustentar seus pais, seria privado de seus direitos civis; além disso, havia uma penalidade semelhante para quem gastasse seu patrimônio de forma extravagante. E não ter uma ocupação fixa era considerado um crime pelo qual qualquer pessoa poderia, se desejasse, acusar o infrator. Lísias, no entanto, em seu discurso contra Nícias, atribui esta lei a Draco, e outra a Sólon, privando os devassos declarados do direito de falar na Assembleia. Sólon também restringiu as honras dos atletas que participam de competições, fixando a recompensa para um vencedor dos Jogos Olímpicos em 500 dracmas, para um vencedor dos Jogos Ístmicos em 100 dracmas, e proporcionalmente em todos os outros casos. Era de mau gosto, dizia Sólon, aumentar as recompensas desses vencedores e ignorar as reivindicações exclusivas daqueles que haviam sido mortos em batalha, cujos filhos deveriam ser mantidos e educados pelo Estado.

[56] Disso, muitos se esforçaram para se comportar como soldados valentes em batalha, como Polízelo, Cinêgiro, Calímaco e todos os que lutaram em Maratona; ou ainda como Harmódio e Aristogíton, e Miltíades e milhares de outros. Os atletas, por outro lado, causam muitas despesas durante o trei-

no e, quando vencem, causam prejuízos quando e são coroados por uma vitória contra a sua pátria e não contra seus adversários; e quando envelhecem, nas palavras de Eurípides, "desgastam-se como mantos que perderam fios"; e Sólon, percebendo isso, tratou-os com pouco respeito.

Excelente, também, é a sua disposição de que o guardião de um órfão não deveria se casar com a mãe de seu tutelado, e que o próximo herdeiro que sucederia, em caso de morte dos órfãos, deveria ser desqualificado para atuar como seu guardião. [57] Além disso, nenhum gravador de sinetes deveria ser autorizado a reter uma impressão do anel que vendeu, e que a pena para quem cegasse um homem caolho deveria ser a perda dos dois olhos. Não era permitida a retirada de um depósito a não ser pelo próprio depositante, sob pena de morte. Ademais, o magistrado encontrado embriagado deveria ser punido com morte. Estabeleceu, outrossim, que as recitações públicas de poemas homéricos seguiriam uma ordem, de tal maneira que o segundo rapsodo deveria começar do ponto onde o primeiro tivesse prado. Por isso, como diz Dieuquidas, no quinto livro de sua *História megárica*, Sólon fez mais do que Pisístrato para manifestar Homero. A passagem de Homero mais recitada era aquela que começa com "os que habitavam em Atenas" (*Ilíada*, canto II, v. 546) e assim por diante.

[58] Sólon foi o primeiro a chamar o trigésimo dia do mês de "velho e novo", e a instituir reuniões dos nove arcontes para conferências privadas, como afirma Apolodoro no segundo livro de sua obra *Sobre os legisladores*. Quando a guerra civil começou, ele não tomou partido dos habitantes da pólis, nem dos da planície, nem ainda dos da zona costeira.

Disse que "a fala é o espelho dos atos"; e também que o mais forte e capaz é rei. Sólon comparou as leis a teias de aranha, que permanecem firmes quando qualquer objeto leve e maleável cai sobre elas, enquanto algo maior as rompe e foge. Ele chamava o ato de ser discreto de "segredo da fala", e o segredo chamava de "oportunidade". [59] Costumava dizer que aqueles que tinham influência sobre os tiranos eram como os cascalhos usados para cálculos; pois, assim como cada um dos cascalhos representava ora um grande e ora um pequeno número, os tiranos tratariam cada um dos que os cercavam em um momento como importante e famoso, em outro como insignificante. Ao ser questionado por que não tinha formulado nenhuma lei contra o parricídio, respondeu: "porque espero que ela seja desnecessária". Questionado sobre como o crime poderia ser diminuído de forma mais eficaz, respondeu: "Somente se causasse tanto ressentimento naqueles que não são suas vítimas quanto naqueles que o são", acrescentando: "A riqueza gera saciedade, e a saciedade gera insolência".

Sólon propôs que os atenienses adotassem um mês lunar e proibiu Téspis de realizar tragédias alegando que a ficção era inútil. [60] Quando, portanto, Pisístrato apareceu com ferimentos que ele mesmo havia causado, Sólon disse: "Isso vem das encenações trágicas". Seus conselhos às pessoas em geral, segundo Apolodoro em seu trabalho *Das escolas filosóficas*, são os seguintes: confiem mais na nobreza de caráter do que num juramento. Nunca mintam. Corram atrás de objetivos dignos. Não tenham pressa em fazer amigos, mas, uma vez feitos, não os abandonem. Aprendam a obedecer antes de comandar. Ao dar conselhos procurem ajudar, e não agradar, seu amigo. Deixem-se guiar pela razão. Evitem más companhias. Honrem os deuses e reverenciem os pais.

Dizia-se, também, que criticava o dístico de Mimnermos: "sem doenças e sem cuidados dolorosos, meu destino foi a morte aos 60 anos" [61] e teria replicado da seguinte forma: "Confie, agora, nessa minha sugestão de amigo, apague esse verso; não tenha rancor se minhas linhas criadas são mais agradáveis do que as suas. Mude isso, Ligiastades, e canta assim: meu destino foi a morte aos 80 anos".

Das canções poéticas mais cantadas, estes versos são a respeito de Sólon:

> Observe cada homem e veja se,
> escondendo o ódio em seu coração,
> ele fala com amigável semblante
> e sua língua ressoa palavras dúplices
> vindas de um coração sombrio.

Sem dúvida, ele escreveu as leis, os discursos e os conselhos dirigidos a si mesmo, as elegias – sobre Salamina e sobre a constituição ateniense, com cinco mil versos ao todo – além de poemas iâmbicos e épodos. [62] Sua estátua tem a seguinte inscrição: "Essa Salamina, que esmagou a insolência dos medos, gerou Sólon, o legislador sagrado" (*Antologia palatina*, VII, 86).

Estava em seu apogeu, segundo Sosicrates, por volta da 46ª Olimpíada, no terceiro ano do qual foi arconte em Atenas[12]; foi nessa época que ele elaborou suas leis. Sólon morreu em Chipre, aos 80 anos. Suas últimas vontades,

12. 594 a.C.

proferidas aos seus parentes, foram as seguintes: que levassem seus ossos a Salamina e, quando reduzidos a cinzas, espalhassem-nos sobre o solo. Por esse motivo, Cratino, em sua peça *Os quírons*, o faz dizer: "Moro nessa ilha, como dizem os homens, espalhado por toda pólis de Ájax".

[63] Há um epigrama de minha autoria, entre os *Epigramas em vários metros*, já mencionado, onde discursei sobre todos os mortos ilustres em todos os metros e ritmos, em epigramas e poesias líricas. Aqui está:

> O corpo de Sólon foi consumido em terra estrangeira
> [pelo fogo de Chipre.
> Salamina tem os seus ossos, reduzidos a poeira.
> Mas sua alma foi levada ao céu por rápidas rodas.
> Criou boas leis, fardo levíssimo, aos cidadãos (*Antologia palatina*, VII, 87).

Diz-se que ele foi o autor da máxima "nada em excesso". De acordo com Dioscórides, em sua *Memorabilia*, quando Sólon estava chorando pela perda de seu filho, de quem nada se conhece, e alguém lhe disse: "É inútil", ele respondeu: "É por isso que choro, porque é inútil!"

As seguintes cartas são atribuídas a Sólon:

Sólon a Periandro

[64] Você está me comunicando que muitas pessoas estão conspirando contra você. Você não deve perder tempo se quiser se livrar de todas elas. Um conspirador contra você pode surgir de um lugar bem inesperado; por exemplo, alguém que teme por sua segurança pessoal ou alguém que o despreze, pois não há ninguém que não tenha algum receio de você. Ganharia a gratidão da *pólis* quem descobrisse que você não causa suspeitas. O melhor a se fazer seria renunciar ao poder e, assim, livrar-se da reprovação. Contudo, se você deseja, sob qualquer risco, permanecer tirano, esforça-se para tornar suas forças mercenárias mais fortes do que as forças da *pólis*. Desse modo, você não terá ninguém a temer e não precisará eliminar ninguém.

Sólon a Epimênides

Nem as minhas leis conferiram muitos benefícios aos atenienses nem você ajudou a purificar a *pólis*. Pois a religião e a legislação não são suficientes por si mesmas para beneficiar as *pólis*; isso só pode ser feito por aqueles que lideram a multidão em qualquer direção desejada. Assim, se as coisas vão bem, a religião e a legislação são úteis; se não, de nada valem.

[65] Nem minhas leis nem todos os meus decretos são melhores; mas os líderes populares prejudicaram a comunidade ao desprezá-los e não puderam impedir Pisístrato de estabelecer uma tirania. E, quando eu os alertei, não acreditaram em mim. Ele obteve mais apoio adulando o povo do que eu quando lhes contei a verdade. Depus minhas armas dos quartéis dos generais e disse ao povo que era mais sábio do que aqueles que não viam que Pisístrato almejava a tirania, e mais corajoso do que aqueles que hesitaram em resistir a ele. O povo, no entanto, denunciou Sólon como louco. E finalmente protestei: "Ó pátria, eu, Sólon, estou pronto para defendê-la com palavras e atos; mas alguns dos meus compatriotas consideram-me louco. Portanto, irei afastar-me deles como o único oponente de Pisístrato; e deixe que se tornem seus guarda-costas, se assim quiserem.

Você deve saber, meu amigo, que ele tinha uma ambição extraordinária de ser tirano. [66] A princípio, foi um líder popular; em seguida infligiu ferimentos a si mesmo e compareceu perante ao tribunal de Heliaia, gritando que esses ferimentos haviam sido feitos por seus inimigos, pedindo que lhe dessem uma guarda de 400 jovens. O povo, sem me ouvir, concedeu-lhe homens portadores de clavas. Depois disso, ele destruiu a democracia. Foram em vão meus esforços para libertar entre os atenienses os pobres de sua servidão, porque agora são todos escravos de um só senhor: Pisístrato.

Sólon a Pisístrato

Confio que não sofrerei nenhum mal de você; pois antes de você se tornar um tirano eu era seu amigo, e agora não tenho nenhuma divergência com você além da de todo ateniense contrário à tirania. Se é melhor para eles serem governados por um só homem ou viver sob uma democracia, cada um de nós deve decidir por si mesmo, com base em seu próprio julgamento. [67] Você é, admito, o melhor de todos os tiranos; mas vejo que não seria bom para mim retornar a Atenas. Se dei aos atenienses igualdade de direitos civis e recusei a tornar-me tirano quando tive oportunidade, então não seria digno de mim voltar agora e dar a minha aprovação ao que você faz.

Sólon a Creso

Admiro-o por tua bondade para comigo; e sim, por Atena, se eu não estivesse ansioso, antes de tudo, para viver numa democracia, eu teria preferido residir em teu palácio em vez de morar em Atenas, onde Pisístrato exerce a tirania de maneira violenta. Contudo, viver em um lugar onde todos têm direitos iguais é mais agradável para mim. Enfim, irei ao seu encontro, pois anseio para ser seu hóspede.

3
QUÍLON

[68] Quílon, filho de Damagetas, era lacedemônio. Escreveu um poema elegíaco com cerca de 200 versos e declarou que a excelência de uma pessoa consiste em prever o futuro à medida que ele possa ser discernido pela razão. Quando seu irmão ficou enfurecido por não ter sido escolhido éforo, como Quílon, este disse: "Sei como me submeter à injustiça e você não". Ele foi feito éforo na 55ª Olimpíada[13], mas Panfile diz ter sido na 56º. Tornou-se éforo pela primeira vez, segundo Sosicrates, no arcontado de Eutidemo e primeiramente propôs a nomeação de éforos como auxiliares dos reis, embora Sátiro diga que isso foi feito por Licurgo.

Como Heródoto relata em seu primeiro livro[14], quando Hipócrates estava realizando um sacrifício em Olímpia e seus caldeirões ferviam por si mesmos, foi Quílon quem o aconselhou a não se casar ou, se já tivesse uma esposa, a divorciar-se dela e renunciar aos filhos. [69] A história também conta que ele perguntou a Esopo o que Zeus estava fazendo e recebeu a resposta: "Ele está humilhando os orgulhosos e exaltando os humildes". Quando lhe perguntaram qual a diferença entre os instruídos e os não instruídos, Quílon respondeu: "As expectativas". "O que é difícil?" "Guardar segredos e empregar bem o lazer, ser capaz de suportar uma ofensa".

13. 560-557 a.C.

14. *História*, Livro I, cap. 59.

Estes são alguns de seus preceitos: "Controle a língua, especialmente num banquete. [70] Não fale mal de vizinhos, pois se o fizer, serão ditas coisas sobre você das quais você se arrependerá. Não faça ameaças a ninguém; pois isso é coisa de mulher. Esteja mais pronto para visitar amigos na adversidade do que na prosperidade. Faça um casamento modesto. Não fale mal dos mortos. Honre a velhice. Tome conta de si mesmo. Prefira uma perda a um ganho desonesto, pois um traz dor no momento, o outro para sempre. Não ria da desgraça alheia. Quando for forte, seja bondoso, se quiser ter o respeito, e não o medo, de seus vizinhos. Aprenda a ser um senhor sábio em sua própria casa. Não deixe sua língua antecipar seu pensamento. Controle a raiva. Não odeie a arte da adivinhação. Não deseje o impossível. Não deixe ninguém ver você com pressa. Evite gesticular enquanto estiver falando, pois isso é sinal de insanidade. Obedeça às leis. Permaneça na tranquilidade".

[71] De suas canções poéticas, a mais popular é a seguinte:

Com a pedra de amolar o ouro é testado,
Dando provas manifestas;
E com o ouro a mente dos homens bons e maus
É posta à prova.

Em sua velhice, disse que não tinha consciência de ter infringido a lei ao longo de toda a sua vida, mas tinha dúvidas quanto a um certo momento: num processo em que um amigo seu estava envolvido, ele próprio pronunciou a sentença de acordo com a lei, mas convenceu um colega, que também era seu amigo, a absolver o acusado, a fim de, ao mesmo tempo, prevalecer a lei e ainda assim não perder o amigo.

Ele se tornou muito famoso na Grécia por seu alerta sobre a ilha de Citera, na costa da Lacônia. Com efeito, conhecendo a natureza da ilha, exclamou: "Melhor seria nunca ter existido, mas já que existia, seria melhor se tivesse sido afundada nas profundezas do mar". [72] E este foi um aviso sábio, pois Demarato, quando exilado de Esparta, aconselhou Xerxes a ancorar sua frota naval diante da ilha; e se Xerxes tivesse seguido o conselho, a Grécia teria sido conquistada. Mais tarde, na guerra do Peloponeso, Nícias reduziu a ilha e colocou ali uma guarnição ateniense, causando muitos danos aos lacedemônios.

Quílon era um homem de poucas palavras; por esse motivo, Aristágoras de Mileto chama seu estilo de "quilônio". [...][15] de Brancos, fundador do templo de Branquidai. Quílon era um homem velho por volta da 52ª Olimpíada, quando Esopo, o fabulista, estava no apogeu. Segundo Hermipo, sua morte ocorreu em Pisa, logo após ele ter parabenizado o filho pela vitória olímpica no pugilismo. Foi devido ao excesso de alegria somado à fraqueza da idade avançada. Todos que estavam ali presentes juntaram-se ao cortejo fúnebre.

Há também um epigrama meu sobre ele, que é o seguinte:

> [73] Pólux Polideuces, dou-lhe graças pelo filho
> de Quílon que, no pugilismo, a coroa de oliveira venceu.
> Se o pai viu o filho coroado e morreu de alegria
> Não há por que lamentar seu destino;
> Que tal morte seja igual a minha!
> (*Antologia palatina*, VII, 88).

A inscrição em sua estátua é assim: "Este é Quílon gerado por Esparta coroada de lanças, o primeiro dos Sete Sábios em sapiência" (*Antologia palatina*, VII, 596).

A máxima atribuída a ele é: "As garantias levam às ruínas".

Também é atribuída a ele uma breve carta:

> *Quílon a Periandro*
> Você me anuncia uma expedição contra inimigos estrangeiros, na qual você mesmo participará. Para mim, parece-me que os problemas locais são perigosos para um governante absoluto; e considero feliz o tirano que morre de morte natural em sua própria casa.

15. Há uma lacuna nesse trecho do manuscrito. Provavelmente dizia ser Quílon um descendente de Brancos.

4
PÍTACO

[74] Pítaco era filho de Hirrádio e natural de Mitilene. Dúris diz que seu pai era trácio. Ajudado pelos irmãos de Alceu, ele derrubou Melancros, tirano de Lesbos; e na guerra entre Mitilene e Atenas, pelo território de Aquiles, ele próprio comandava um dos lados, e Frínon, que havia conquistado uma vitória olímpica no pancrácio, comandava os atenienses. Pítaco concordou em enfrentá-lo em um combate individual; com uma rede, que escondeu sob o escudo, ele envolveu Frínon, matou-o e recuperou o território. Posteriormente, como afirma Apolodoro em sua *Crônica*, Atenas e Mitilene submeteram suas reivindicações à arbitragem. Periandro ouviu o recurso e decidiu a favor de Atenas.

[75] Na época, porém, o povo de Mitilene homenageou Pítaco de forma extravagante e confiou-lhe o governo. Ele governou por dez anos e colocou a constituição em ordem, e então deixou seu cargo. Ele viveu mais dez anos após sua abdicação e recebeu do povo de Mitilene um lote de terras, que dedicou aos deuses e leva o nome de Pitáqueios até hoje. Sosicrates relata que Pítaco ficou com uma pequena porção de terra para si e declarou que a metade era mais do que o todo. Além disso, ele recusou uma oferta de dinheiro feita por Creso, dizendo que tinha o dobro do que necessitava; pois seu irmão morreu sem descendência e ele herdou seus bens.

[76] Panfile, no segundo livro de sua *Memorabilia*, narra que, enquanto seu filho Tirreu estava sentado em um salão de barbeiro em Cime, um ferreiro o matou com um golpe de machado. Quando o povo de Cime enviou o assassino a Pítaco, ele, ao tomar conhecimento dos fatos, libertou-o e decla-

rou: "O perdão é melhor do que o arrependimento". Heráclito, porém, diz que foi Alceu quem ele pôs em liberdade quando o colocou em seu poder, e que o que ele disse foi: "A misericórdia é melhor do que a vingança".

Entre as leis que Pítaco criou, está uma que prevê, para qualquer delito cometido em estado de embriaguez, uma pena duplicada; seu objetivo era desencorajar a embriaguez, visto que o vinho era abundante na ilha. Um de seus preceitos era: "É difícil ser bom", que é citado por Simônides desta forma: "Ser uma pessoa verdadeiramente boa é difícil, segundo o preceito de Pítaco". [77] Platão também o cita no *Protágoras*[16]: "Contra a necessidade nem mesmo os deuses lutam". E também: "O cargo revela o homem".

Certa vez, quando questionado sobre qual é a melhor coisa, Pítaco respondeu: "Fazer bem o trabalho que está sendo feito". E, quando Creso perguntou qual é a melhor forma de governo, ele respondeu: "O da madeira cambiável", como ele se referia à lei. Ele também exortava os homens a obterem vitórias sem derramamento de sangue. Quando um fócida disse que seria necessário procurar um homem bom, Pítaco respondeu: "Se você procurar com muito cuidado, nunca o encontrará". Ele também respondeu a várias questões: "O que é agradável?" "O Tempo". "Obscuro?" "O futuro," "Confiável?" "A Terra". "Não merece confiança?" "O mar".

Pítaco disse que cabe às pessoas prudentes prever o surgimento de dificuldades e evitar que elas ocorram; [78] e cabe às pessoas corajosas lidar com elas quando ocorrem". Não devemos, também, anunciar planos com antecedência; pois, se eles falharem, seremos ridicularizados. Não devemos nunca repreender ninguém por um infortúnio, pois a Nêmesis pode revertê-lo contra nós. Devemos restituir devidamente o que nos foi confiado. Não devemos falar mal de um amigo, nem mesmo de um inimigo. Devemos praticar a piedade, amar a temperança e, por fim, valorizar a verdade, a fidelidade, a habilidade, a inteligência, a sociabilidade e a solicitude.

De suas canções poéticas, a mais popular é esta:

> Com arco e flechas bem guardadas
> Devemos marchar contra o homem mau,
> Em nada é confiável a língua que se move em sua boca
> Pois em seu coração diz pensamentos enganosos

---

16. 345d.

[79] Pítaco também escreveu elegias, totalizando cerca de 600 versos, e uma obra em prosa, *Das leis*, para uso dos cidadãos. Ele estava em seu apogeu na 42ª Olimpíada[17]. Morreu no arcontado de Aristomenes, no terceiro ano da 52ª Olimpíada[18], já em idade avançada após viver mais de 70 anos. A inscrição em seu túmulo é assim: "Com lágrimas maternais, a sagrada Lesbos lamenta o falecido Pítaco que gerou" (*Antologia palatina*, II, 3). A ele pertence a máxima: "Conheça o momento oportuno".

Houve outro Pítaco, um legislador, como afirma Favorino no primeiro livro de suas *Memorabilia*, e Demétrio em sua obra *Homônimos*. Ele foi chamado de Pítaco Menor.

Voltando ao Sábio: conta a história que um jovem se consultou com ele sobre casamento e recebeu esta resposta, conforme dada por Calímaco em seus *Epigramas*:

> [80] Um estrangeiro de Atarneu perguntou assim a Pítaco, filho de Hirrádio: "Senhor ancião, duas propostas de casamento me foram feitas; a noiva é rica e tem nascimento igual a mim; a outra me supera. Quem é melhor? Ajude-me e diga com qual das duas devo me casar". Assim falou ele. Pítaco, erguendo seu cajado, arma dos anciãos, disse: "Olhe ali os que lhe darão a última palavra!" Num amplo espaço aberto, havia crianças puxando cordões de seus piões para girá-los mais rápido. "Siga o rastro deles", disse por fim. Então o jovem se aproximou e os meninos diziam: "Permaneça no seu lugar!" Ao ouvir isso, o estrangeiro desistiu de uma casa maior, concordando com a advertência dos meninos e levou para casa a humilde noiva. Sendo assim, Dion, fique você também no seu próprio lugar! (*Antologia palatina*, VII, 89).

[81] O conselho parece ter sido motivado por sua própria situação, pois Pítaco havia se casado com uma esposa de nascimento superior à sua, irmã de Draco, filho de Pentilo, e o tratava com muita arrogância.

Alceu o apelidou de "pé de vassoura" e "varredor" porque ele tinha pés achatados e os arrastava ao caminhar; também o chamava de "frieiras", porque tinha os pés rachados, para os quais eles usavam a palavra *cheirás*; e de "orgulhoso", porque tinha o aspecto arrogante; e de "pança" e "barrigudo", porque era gordo; de "janta no escuro" porque não possuía nada luminoso; e

17. 612-609 a.C.

18. 570 a.C.

de “desleixado”, porque vivia desarrumado e sujo. Seu exercício físico consistia em moer milho, conforme relatado pelo filósofo Clearco.

A seguinte breve carta é atribuída a ele:

> *Pítaco a Creso*
>
> Você me convidou para ir à Lídia a fim de ver sua prosperidade; mas, mesmo sem vê-la, posso acreditar que o filho de Alíates é o mais opulento dos reis. Não haverá nenhuma vantagem para mim uma viagem até Sárdis, pois dinheiro não me faz falta e meus bens são suficientes para mim e também para os meus companheiros. Mesmo assim, irei para ser recebido pelo anfitrião amigo.

5
BIAS

[82] Bias, filho de Teutames, nasceu em Priene, e é colocado por Sátiros e colocado como o primeiro dos Sete Sábios. Segundo alguns, ele seria de uma família rica, mas Dúris diz que ele era trabalhador e que não possuía casa própria. Fanódico relata que ele resgatou certas donzelas messênicas capturadas na guerra e as criou como suas filhas, dando-lhes dotes e as devolvendo a seus pais na Messênia. Com o passar do tempo, como já foi relatado, quando a trípode de bronze com a inscrição "ao mais sábio" foi encontrada em Atenas por pescadores, essas donzelas, segundo Sátiro – ou seu pai, segundo outros relatos, incluindo o de Fanódico – apresentaram-se à Assembleia e, após o relato de suas próprias aventuras, declararam que Bias era o mais sábio. Assim, a trípode foi enviada para ele, mas Bias, ao vê-la, declarou que Apolo era mais sábio e recusou-se a receber a trípode. [83] Outros, porém, dizem que ele a dedicou a Héracles em Tebas, visto que ele era descendente dos tebanos que fundaram uma colônia em Priene; esta é a versão de Fanódico.

Dizem que, enquanto Alíates sitiava Priene, Bias engordou duas mulas e as conduziu para o acampamento do rei, e Alíates, ao vê-las, ficou surpreso com as boas condições dos cidadãos, estendendo-se até aos seus animais de carga. Ele, então, decidiu fazer um acordo de paz e enviou um mensageiro. Nesse momento, Bias mandou empilhar montes de areia com uma camada de milho por cima e mostrou-os ao homem e, finalmente, ao ser informado disso, Alíates fez um tratado de paz com o povo de Priene. Logo depois, quando Alíates mandou convidar Bias para sua corte, ele respondeu: "Diga a Alíates, da minha parte, que ele coma cebolas", isto é, que chore. [84] Também é dito que ele foi um defensor da justiça muito eficaz, mas costumava usar seus poderes de eloquência para um fim propício. Daí a referência que Demódoco de Leros faz na linha "se acontecer de você estar processando uma ação, pleiteie como fazem em Priene" e Hipônax na linha "mais poderoso na defesa de causas do que Bias de Priene".

A morte de Bias ocorreu da seguinte maneira: ele estava defendendo um certo cliente, apesar de sua idade avançada, e quando terminou de falar recostou a cabeça no colo do neto. O defensor adversário fez seu discurso, os juízes votaram e deram o veredito a favor do cliente de Bias; quando as pessoas presentes no tribunal se levantaram, viram que ele havia morrido no colo do neto. [85] A cidade deu-lhe um funeral magnífico e inscreveu em seu túmulo: "Aqui está o glorioso Bias de Priene; esse recinto de pedras cobre o maior dos jônios" (*Antologia palatina*, VII, 90).

Há também um epigrama de minha própria autoria:

> Aqui Bias descansa. Levado gentilmente por Hermes
> Até Hades, coberto pela velhice cor de neve.
> Defendeu, na justiça, um amigo e em seguida, deitando-se
> Nos braços de uma criança, entregou-se ao longo sono (*Antologia palatina*, VII, 90).

Bias compôs um poema de 2 mil versos sobre a Jônia e a maneira de torná-la mais próspera. De suas canções poéticas, a mais popular é:

> Agrade todos os cidadãos na cidade em que mora
> Pois assim receberá muitos favores;
> O arrogante muitas vezes provoca um nocivo infortúnio.

[86] Ser forte é obra da natureza, dizia Bias, mas discursar os interesses de sua pátria é um dom da alma e da razão. Dizia que o acaso traz abundância de riqueza para muitos; também que a pessoa incapaz de suportar o infortúnio era verdadeiramente infeliz; que é uma doença da alma desejar coisas impossíveis de serem alcançadas; e que não devemos nos debruçar sobre as desgraças dos outros.

Quando lhe perguntaram o que é difícil, Bias respondeu: "Suportar nobremente uma mudança para pior". Certa vez, ele viajou com algumas pessoas ímpias e, quando uma tempestade caiu sobre eles, começaram a pedir ajuda aos deuses. "Calem-se!", disse ele, "para que os deuses não ouçam e percebam que estão aqui neste navio". Quando um homem ímpio lhe pediu que definisse a piedade, ele ficou em silêncio; e quando o homem perguntou o motivo, ele respondeu "estou calado porque você está fazendo perguntas sobre o que não lhe diz respeito". [87] À pergunta: "O que é doce para os seres humanos?", ele respondeu: "A esperança".

Bias disse que preferia decidir uma disputa entre dois de seus inimigos do que entre dois de seus amigos; pois no último caso ele certamente faria de um de seus amigos seu inimigo, mas no primeiro caso ele faria de um de seus inimigos seu amigo. Questionado sobre qual profissão dá mais prazer a uma pessoa, ele respondeu: "Ganhar dinheiro". Bias também aconselhou para que as pessoas medissem a vida como se tivessem um tempo de vida tanto curto como longo; para que amassem seus amigos como se algum dia fossem odiá-los, pois a maioria da humanidade é má. Além disso, ele deu estes outros conselhos: "Seja lento ao iniciar uma ação, mas persevere nela com firmeza quando ela for iniciada". [88] "Não seja precipitado no discurso, pois isso é sinal de loucura". "Ame a sabedoria". "Admita a existência dos deuses". "Se um homem for indigno, não o elogie por causa de sua riqueza". "Ganhe pela persuasão, não pela força". "Atribua suas boas ações aos deuses". "Faça da sabedoria a sua provisão para a jornada da juventude à velhice; pois é um apoio mais seguro do que todas as outras posses".

Bias é mencionado por Hipônax como afirmado acima, e Heráclito, que é difícil de agradar, concedeu-lhe o seguinte elogio especial: "Em Priene, Bias nasceu, filho de Teutames, cuja fama supera a de outros". E, por fim, o povo de Priene dedicou-lhe um recinto, chamado *Teutámeion*. Sua máxima é: "A maioria das pessoas são más".

6
CLEÓBULO

[89] Cleóbulo, filho de Euágoras, nasceu em Lindos, mas de acordo com Dúris ele era de Cária. Alguns autores dizem que sua descendência remonta a Héracles, que se distinguia pela força e beleza e estava familiarizado com a filosofia egípcia. Teve uma filha, Cleobulina, que compunha enigmas em hexâmetros; ela é mencionada por Cratino, dando seu nome no plural[19] a uma de suas peças. Dizem também que ele reconstruiu o templo de Atenas, fundado por Dânao.

Ele compôs cantos e enigmas, totalizando cerca de 3 mil versos. É dito que a inscrição no túmulo de Midas foi feita por ele: "Sou uma virgem de bronze e estou deitada sobre o túmulo de Midas. Enquanto a água fluir, as árvores altas crescerem, o Sol nascer e reluzir, [90] a Lua brilhar, os rios correrem e o mar criar ondas, nesta sua tumba que causa de muitas lágrimas permaneço, dizendo aos transeuntes: aqui Midas está enterrado" (*Antologia palatina*, VII, 153). Cleóbulo é atribuído a essa inscrição por conta de um poema de Simônides, no qual ele diz:

> Quem, confiando em seu bom-senso, elogiaria Cleóbulo, habitante de Lindos, por atribuir aos rios sempre fluindo, às flores da primavera, à chama do Sol, à Lua dourada e às marés do mar a força de uma lápide? Pois todas as coisas estão sujeitas ao poder dos deuses; e até mãos mortais quebram o mármore em pedaços; isso é uma reflexão de um tolo.

19. *Cleobulinas*

Além disso, essa inscrição não pode ser de Homero, porque dizem que ele viveu muito antes de Midas.

O seguinte enigma de Cleóbulo é preservado na coleção de Panfile:

> [91] O pai é um. Os filhos são doze. Cada um deles tem duas vezes trinta filhas de características diferentes; umas são brancas, outras são negras. Eles são imortais e, ainda assim, todos morrem.

Trata-se do ano.

De suas canções poéticas, a mais popular é:

> É a falta de educação e a tagarelice que mais predomina entre os mortais;
> Mas o devido tempo o preservará.
> Coloque sua mente em algo bom.
> Não se torne um ingrato insolente.

Cleóbulo dizia que devemos dar nossas filhas, aos seus maridos, virgens em idade, mas mulheres em sabedoria; significando com isso que as meninas deveriam ser educadas assim como os meninos. Além disso, dizia que devemos prestar um serviço a um amigo para aproximá-lo de nós, e a um inimigo para torná-lo nosso amigo. [92] Pois temos que nos proteger contra a censura dos amigos e as intrigas dos inimigos. Ao sair de casa, devemos pensar primeiro no que pretendemos fazer, e, ao retornar, no que fizemos. Além disso, Cleóbulo aconselhava as pessoas a praticar exercícios físicos; a ouvir mais e falar menos; a escolher a instrução em vez da ignorância; a abster-se de palavras de mau agouro; a ser amigo da virtude e hostil ao vício; evitar a injustiça; a aconselhar os governantes sobre o que é melhor; a não ser vencido pelo prazer; a não fazer nada através da violência; a educar seus filhos; e a acabar com a inimizade. Ademais: "Evite demonstrar carinho a sua esposa, ou brigar com ela, na presença de estranhos; pois no primeiro caso irá parecer um tolo, no outro um louco". "Nunca puna um servo sob efeitos do vinho, pois irão pensar que está agindo assim por causa da embriaguez". "Case-se com alguém de sua mesma classe social; pois se você escolher uma esposa que seja superior a você, os parentes dela se tornarão seus senhores". [93] "Quando alguém estiver sendo ridicularizado, não ria às custas dele, ou você incorrerá no ódio dele". "Não seja arrogante na prosperidade; e se você cair na pobreza, não se humilhe". "Saiba suportar nobremente as mudanças da sorte".

Cleóbulo morreu já velho, com 70 anos; e a inscrição sobre seu túmulo é: "O sábio homem, Cleóbulo, aqui perece. A terra de Lindos, adornada pelo mar, o exalta".

Sua máxima é: "Moderação é o melhor". E ele escreveu a Sólon a seguinte carta:

> *Cleóbulo a Sólon*
>
> São muitos os seus amigos e você tem um lar onde quer que vá; mas penso eu que o mais adequado para Solon será Lindos, que é governada por uma democracia. A ilha fica em alto mar e quem vive aqui não tem nada a temer de Pisístrato. Amigos de todas as partes virão visitá-lo.

7
PERIANDRO

[94] Periandro, filho de Cípselo, nasceu em Corinto e pertencia à família dos Heráclidas. Sua esposa era Lisida, a quem ele chamava de Melissa, filha de Proclés, tirano de Epidauro, e de Eristeneia, filha de Aristocrates, e irmã de Aristodemo, que juntos reinaram sobre toda a Arcádia por quase 30 anos, como afirma Heráclides do Ponto em seu livro *Sobre o governo*. Com ela Periandro teve dois filhos, Cípselo e Licofron, o mais novo era inteligente, e o mais velho era de mente fraca. Certa vez, num acesso de raiva, Periandro jogou um banquinho em sua esposa quando estava grávida, ou deu-lhe um chute, e a matou. Ele havia sido instigado pelas insinuações caluniosas de suas concubinas, as quais ele depois mandou queimar vivas.

Quando o filho, cujo nome era Licofron, estava lamentando a morte de sua mãe, Periandro o baniu para Córcira. [95] E quando Periandro já estava mais velho em idade, ele mandou chamar seu filho para ser seu sucessor na tirania; mas os corcireus o mataram antes do embarque. Enfurecido com isso, Periandro mandou os filhos dos corcireus para Alíates a fim de castrá-los; mas, quando o navio aportou em Samos, eles se refugiaram no templo de Hera e foram salvos pelos sâmios.

Periandro, ao ter se desalentado, morreu aos 80 anos de idade. Segundo Sosicrates, ele morreu 41 anos antes de Creso, pouco antes da 49ª Olimpíada[20].

Heródoto, em seu primeiro livro, diz que ele foi hóspede de Trasíbulo, tirano de Mileto. [96] Aristipo, no primeiro livro de sua obra *Sobre a vida luxuosa dos antigos*, diz que Crateia, mãe de Periandro, se apaixonou pelo

20. 584-580 a.C.

filho e o acusa de ter sido complacente e ter tido relações sexuais com a própria mãe; acrescenta, ainda, que, quando o fato veio à tona, ele se aborreceu e passou a ser extremamente severo com todos. Éforo registra que Periandro, caso obtivesse a vitória em Olímpia na corrida de carros puxados por quatro cavalos, ergueria uma estátua de ouro. Quando conquistou a vitória, estava sem ouro e despojou as mulheres que tinha visto em um festival local de todos os ornamentos de ouro; assim, conseguiu cumprir com a promessa.

Alguns autores dizem que Periandro não queria que o local onde seria enterrado fosse conhecido e, para isso, inventou o seguinte artifício: ordenou que dois jovens saíssem à noite por uma certa estrada que ele lhes indicou; eles deveriam matar o homem que encontrassem e enterrá-lo. Em seguida, ele ordenou que mais quatro homens perseguissem os dois jovens, matassem-nos e enterrassem-nos. Novamente, ele despachou um número maior em perseguição aos quatro. Tendo tomado estas medidas, ele próprio foi ao encontro dos dois primeiros jovens e foi morto por eles.

Os coríntios colocaram a seguinte inscrição em seu cenotáfio: [97] "Esta terra de Corinto, cujo golfo é cercado pelo mar, recebe o senhor Periandro, supremo em riqueza e sabedoria" (*Antologia palatina*, VII, 619).

Meu próprio epigrama sobre ele é:

> Não se lamente por não ter alcançado algo,
> Mas aceite com alegria tudo o que os deuses concedem;
> Pois o sábio Periandro morreu de tristeza
> Porque não obteve o que desejava (*Antologia palatina*, VII, 620).

A ele pertence a máxima: "Nunca faça nada por dinheiro; pois temos de ganhar o que deve ser ganho". Periandro também escreveu um poema exortativo de 2 mil versos. Dizia que os tiranos que pretendem estar seguros deveriam fazer da lealdade, e não das armas, seu guarda-costas. Quando alguém lhe perguntou por que era tirano, ele respondeu: "Porque é tão perigoso aposentar-se voluntariamente quanto ser deposto". Aqui estão outras frases dele: "A tranquilidade é linda". "A hesitação é perigosa". "O ganho é ignóbil". "A democracia é melhor do que a tirania". "Os prazeres são efêmeros, as honras são imortais". [98] "Seja moderado na prosperidade, prudente na adversidade". "Seja o mesmo com seus amigos, estejam eles na prosperidade ou na adversidade". "Seja qual for o seu compromisso, cumpra-o". "Não revele segredos alheios". "Puna não apenas os infratores, mas também aqueles que estão a ponto de causar uma infração".

Periandro foi o primeiro a ter guarda-costas e a transformar seu governo em uma tirania, e não deixava ninguém morar na cidade sem sua permissão, como é dito por Éforo e Aristóteles. Periandro estava em seu apogeu por volta da 38ª Olimpíada e foi tirano por 40 anos. Sótion, Heráclides e Panfile - este no quinto livro de sua *Memorabilia* -, distinguem dois Periandro, um tirano e um sábio nascido em Ambrácia. [99] Neantes de Cízico também diz isso e acrescenta que eles eram parentes próximos. Aristóteles diz, ainda, que o Periandro coríntio era o sábio; enquanto Platão[21] não o menciona.

Sua máxima é: "Tudo é prática". Planejou, também, a escavação de um canal através do istmo. As seguintes cartas dele ainda se conservam:

> *Periandro aos Sábios*
>
> Sou muito grato a Apolo Pítio por tê-los encontrado reunidos; e minhas cartas também os levarão a Corinto, onde, como sabem, lhes darei a recepção mais popular. Tomei conhecimento de que no ano passado vocês se encontraram em Sardes, na corte da Lídia. Não hesitem, portanto, em vir até mim, o tirano de Corinto. Os coríntios ficarão satisfeitos em vê-los hospedados na casa de Periandro.
>
> *Periandro a Proclés*
>
> [100] O assassinato de minha esposa não foi intencional; mas a culpa é sua ao ter colocado o coração de meu filho contra mim. Portanto, ponha fim ao tratamento severo de meu filho, ou me vingarei de você. Já o expiei quanto ao mal que fez a sua filha, mandando queimar junto à pira dela as vestes de todas as mulheres de Corinto.

Há também uma carta escrita a ele por Trasíbulo, como segue:

> *Trasíbulo a Periandro*
>
> Não respondi ao seu arauto; mas levei-o para um milharal e, com um cajado, golpeei e cortei as espigas de milho que cresceram mais do que as outras, enquanto ele me acompanhava. Se você perguntar a ele o que ele ouviu e o que ele viu, ele transmitirá sua mensagem. Se quiser fortalecer seu poder absoluto, você deve fazer o seguinte: condene à morte aqueles que, entre os cidadãos, são proeminentes, sejam eles hostis a você ou não. Pois para um governante absoluto qualquer amigo é suspeito.

---

21. *Protágoras*, 343a.

8
ANACÁRSIS O CITA

[101] Anacársis o cita, era filho de Gnouros e irmão de Caduidas, rei da Cítia. Sua mãe era grega e por isso ele falava ambas as línguas. Ele escreveu sobre as instituições dos gregos e dos citas, tratando da simplicidade e frugalidade da vida e de assuntos militares num poema de 800 versos. Por ser muito livre e franco ao falar, deu origem à expressão "falar como um cita".

Sosicrates diz que Anacársis veio para Atenas por volta da 47ª Olimpíada[22] durante o arcontado de Eucrates. Hermipo relata que ao chegar à casa de Sólon disse a um dos criados que anunciasse que Anacársis havia chegado e desejava vê-lo e, se possível, tornar-se seu hóspede. [102] O servo entregou sua mensagem e Sólon ordenou que lhe dissesse que as pessoas geralmente escolhem seus convidados entre seus próprios compatriotas. Então, Anacársis aproveitou-se dessas palavras e disse que agora ele estava em sua pátria e tinha o direito de ser recebido como hóspede. Sólon, impressionado com sua facilidade de expressão, o recebeu em sua casa e fez dele seu maior amigo. [103] Depois de um tempo, Anacársis retornou à Cítia, onde, devido ao seu entusiasmo por tudo o que era grego, tornou-se suspeito de estar subvertendo as instituições nacionais e foi morto por seu irmão enquanto eles caçavam juntos. Ao ser atingido pela flecha, ele exclamou: "Minha reputação me salvou na Grécia, mas a inveja que ela despertou em minha terra foi minha ruína". Outros relatos, contudo, dizem que ele foi morto enquanto realizava ritos gregos.

---

22. 591-588 a.C.

Aqui está meu epigrama sobre ele:

> De volta à Cítia depois de muito viajar,
> Anacársis veio para helenizar os citas, todos entusiasmados;
> Antes que metade de seu discurso saísse de seus lábios
> Uma flecha alada o levou para o meio dos imortais (*Antologia palatina*, VII, 92).

Anacársis dizia que as videiras produziam três tipos de uvas: a primeira do prazer, a segunda da embriaguez e a terceira do desgosto. Ficava admirado pelo fato de que na Grécia os artistas competiam nos concursos por ocasião dos jogos e os leigos eram quem conferia os prêmios. Ao ser questionado sobre como alguém poderia evitar o risco de se tornar um alcoólatra, ele respondeu: "Mantendo diante de seus olhos a vergonhosa imagem dos bêbados". Além disso, manifestou surpresa pelo fato de os legisladores gregos imporem penalidades para punir a violência ao mesmo tempo que homenageiam os atletas por se baterem. Depois de tomar conhecimento de que a lateral dos navios tinha quatro dedos de espessura, ele disse que essa era a distância entre os navegantes e a morte.

[104] Anacársis chamou o azeite de oliveira de droga capaz de causar a loucura, porque os atletas quando se untam com ele ficam enlouquecidos uns contra os outros. "Como é possível," perguntou ele, "que os gregos condenem a falsidade e, ainda assim, obviamente contam falsidades quando negociam?" Ele também se mostrava surpreso ao ver que no início das festas os gregos bebem em taças pequenas e, quando estão cheios, bebem em taças grandes.

A inscrição em sua estátua é: "Controle a língua, a gula e a luxúria". Ao ser questionado se havia flautas na Cítia, ele respondeu: "Não, nem videiras". À pergunta sobre quais navios eram os mais seguros, sua resposta foi: "Aqueles que foram içados na terra". Ele declarou que a coisa mais estranha que tinha visto na Grécia foi que os gregos deixavam a fumaça nas montanhas e transportavam a madeira para a *pólis*. Quando alguém perguntou quem era mais numeroso, os vivos ou os mortos, ele respondeu: "Em que categoria você coloca os que estão no mar?" Quando um certo ateniense o insultou por ser cita, ele respondeu: "Minha pátria é uma vergonha para mim e você é uma vergonha para a sua pátria". [105] À pergunta: "O que, entre os seres humanos, é bom e mau?" sua resposta foi: "A língua". Anacársis igualmente dizia que era melhor ter um amigo de grande valor do que muitos amigos que não valem nada. Definiu, ainda, a praça mercantil como um lugar onde as pessoas podem trapacear e enganar uns aos outros. Quando insultado por um rapaz que bebia vinho em excesso, ele disse: "Rapazinho, se você não consegue resistir ao vinho agora que é jovem, você será um carregador de água quando for velho".

Segundo algumas fontes, ele foi o inventor da âncora e da roda dos oleiros. A ele é atribuída a seguinte carta:

> *Anacársis a Creso*
>
> Eu, ó rei dos lídios, cheguei à terra dos gregos para ser instruído em seus costumes e atividades. Não busco nenhum ouro, pois estou muito satisfeito em retornar à Cítia como um homem melhor. Estou, portanto, em Sardes, fazendo muita questão de conhecê-lo.

9
MÍSON

[106] Míson era filho de Estrímon, de acordo com Sosicrates, cuja fonte é Hermipo, e natural de Queneia, uma vila no distrito de Oita ou na Lacônia; e é considerado um dos Sete Sábios. Dizem que seu pai era um tirano. Alguns autores contam que, quando Anacársis perguntou se havia alguém mais sábio do que ele, a sacerdotisa Pítia deu a resposta que já foi citada na vida de Tales como sua resposta a uma pergunta de Quílon: "Digo que um nascido de Oita, Míson de Queneia, é quem pela sabedoria o supera".

Com a curiosidade despertada, Anacársis foi à vila durante o verão e encontrou Míson ajustando uma relha em um arado e disse: "Míson, não é este o tempo para o arado!" A resposta foi: "Mas é justamente o tempo para consertá-lo". [107] Outros citam a primeira linha do oráculo de forma diferente – "digo que um eteu" – e perguntam o que "eteu" significa. Parmênides explica que Étis é um distrito da Lacônia, onde Míson nasceu. Sosicrates, porém, em suas *Sucessões de filósofos*, diz que Míson era de Étis por parte de pai e de Queneia por parte da mãe. Eutífron, filho de Heráclides do Ponto, afirma que Míson era cretense, sendo Eteia uma cidade de Creta. Anaxilau considera-o árcade.

Míson é mencionado por Hipônax da seguinte maneira: "E Míson, que o próprio Apolo proclamou o mais sábio de todos os homens". Aristoxeno, em suas *Memórias esparsas*, diz que ele não era diferente de Timon e Apemanto, pois era um misantropo. [108] Certa vez, Míson foi visto em Esparta rindo sozinho em um local solitário; e quando alguém apareceu de repente e perguntou por que ele ria quando não havia ninguém por perto, ele respondeu: "Exatamente por isso!" Aristoxeno diz que a razão pela qual seu nascimento permaneceu obscuro foi porque ele não pertencia a nenhuma *pólis*, mas a um povoado sem importância. Consequentemente, por ser desconhecido, alguns escritores, mas não o filósofo Platão, atribuíram ao tirano Pisístrato o que pertencia propriamente a Míson. Platão o menciona no *Protágoras*[23], considerando-o um dos Sete Sábios no lugar de Periandro.

Míson costumava dizer que não deveríamos investigar os fatos a partir dos argumentos, mas os argumentos a partir dos fatos; pois os fatos não foram reunidos para demonstrar os argumentos, mas os argumentos para demonstrar os fatos.

Míson morreu aos 97 anos de idade.

23. 343a.

10
EPIMÊNIDES

[109] Epimênides, de acordo com Teopompo e outros escritores, era filho de Féstio; alguns, porém, fazem dele filho de Dosiadas, e outros de Agêsarco. Ele era natural de Cnossos, em Creta, embora, por usar o cabelo comprido e contrariando os costumes locais, não parecesse um cretense. Certo dia, seu pai enviou Epimênides ao campo para procurar uma ovelha perdida e, ao meio-dia, ele se desviou do caminho e foi dormir em uma caverna, onde dormiu por 57 anos. Depois disso, ele se levantou e foi em busca das ovelhas, pensando que havia dormido por pouco tempo. E quando não as encontrou, foi até a fazenda e encontrou tudo mudado e outro dono em posse. Depois disso, voltou para a *pólis* em total perplexidade; e ali, ao entrar em sua própria casa, encontrou pessoas que queriam saber quem ele era. Por fim, ele encontrou seu irmão mais novo, agora idoso, e descobriu a verdade com ele. [110] Assim, ele se tornou famoso em toda a Grécia e era considerado amado pelos deuses.

Quando os atenienses foram atingidos pela peste, e a Sacerdotisa Pítia ordenou-lhes que purificassem a *pólis*, eles enviaram um navio comandado por Nícias, filho de Nicerato, a Creta para pedir ajuda a Epimênides. Ele chegou na 46ª Olimpíada[24], purificou Atenas e deteve a peste da seguinte maneira: pegou algumas ovelhas, umas negras e outras brancas, e as levou para o Areópago; ali as deixou ir para onde quisessem, instruindo os que as seguiam a marcar o local onde cada ovelha se deitava e oferecer um sacrifício à divindade local.

24. 595-592 a.C.

Desse modo, dizem, a peste foi detida. Consequentemente, até hoje, altares podem ser encontrados em diferentes partes da Ática sem nenhum nome inscrito neles, pois são memoriais dessa expiação. Segundo alguns autores, Epimênides declarou que a peste foi causada pelo sacrilégio causado por Cílon e mostrou-lhes como extingui-la. Em consequência, dois jovens, Cratino e Ctesíbio, foram condenados à morte e a *pólis* foi libertada do flagelo.

[111] Os atenienses decretaram que lhe fosse dado o valor de um talento e um navio para transportá-lo de volta a Creta. Epimênides recusou o dinheiro, mas decretou um tratado de amizade e aliança entre Cnossos e Atenas. Assim, voltou para casa e morreu pouco tempo depois. De acordo com Flégon, em sua obra *Da longevidade*, ele viveu 157 anos; de acordo com os cretenses 299 anos. Xenófanes de Cólofon afirma ter ouvido que seria 154 anos.

Epimênides compôs um poema intitulado *Do nascimento dos curetes e coribantes* e uma *Teogonia*, totalizando 5 mil versos ao todo; também escreveu sobre a construção do Argos e a viagem de Jasão até a Cólquida em 6,5 mil versos. [112] Ele compilou, além disso, obras em prosa sobre sacrifícios, sobre a constituição cretense, sobre Minos e Radamanto, num total de 4 mil linhas. Em Atenas, fundou o templo das Eumênides, como nos conta Lobo de Argos em sua obra *Dos poetas*. Afirmava-se que ele foi o primeiro a purificar casas e campos e o primeiro a fundar templos. Há pessoas que sustentam que ele não dormiu, mas afastou-se das pessoas por um tempo, empenhado em colher raízes medicinais.

Existe uma carta sua ao legislador Sólon, contendo um esquema de governo que Minos elaborou para os cretenses. Todavia, Demétrio de Magnésia, em seu trabalho sobre poetas e escritores de mesmo nome, tenta desacreditar a carta alegando que ela é tardia e não foi escrita no dialeto cretense, mas no ático, e no novo ático também. No entanto, encontramos outra carta dele que diz o seguinte:

> *Epimênides a Sólon*
>
> [113] Coragem, meu amigo! Pois se Pisístrato tivesse atacado os atenienses enquanto eles ainda eram servos e antes de terem boas leis, ele teria garantido o poder para sempre mediante a escravização dos cidadãos. Mas, nas atuais circunstâncias, ele está impondo à sujeição homens que não são covardes, homens que, com dor e vergonha, se lembram do aviso de Sólon e nunca suportarão estar sob o poder de

> um tirano. Mas mesmo que o próprio Pisístrato controle a *pólis*, espero que seu poder não seja transferido a seus filhos; pois é difícil imaginar que homens criados como livres sob as melhores leis sejam escravos. Em vez de viajarem, venha calmamente para Creta, onde ficará comigo; pois aqui você não terá nenhum governante absoluto a temer, ao passo que, se algum dos amigos de Pisístrato aproximar-se de você enquanto você estiver viajando, temo que você possa sofrer algum mal.

[114] Este é o teor da carta. Porém Demétrio relata uma história de que Epimênides recebeu das ninfas um alimento especial e o guardou no casco de uma vaca; ele tomou pequenas porções desse alimento, que foi totalmente absorvido pelo seu organismo, e ele nunca foi visto comendo outra coisa. Timeu o menciona em seu segundo livro. Alguns escritores dizem que os cretenses realizam sacrifícios em sua honra como se fosse um deus, pois dizem que Epimênides tinha poderes divinos. Por exemplo, quando viu Munique, em Atenas, disse que os atenienses não sabiam quantos males aquele lugar lhes traria; pois, se soubessem, iriam destruí-lo, mesmo que tivessem que fazê-lo com os próprios dentes. Isso ele disse muito antes do evento. Afirma-se também que ele foi o primeiro a se autodenominar Éaco; que ele predisse aos lacedemônios sua derrota pelos árcades; e que ele afirmou já ter reencarnado várias vezes.

[115] Teopompo relata em seu *Maravilhas* que, enquanto construía um templo para as ninfas, uma voz veio do céu e gritou: "Epimênides, não dê um templo para as ninfas, mas para Zeus!", e que ele predisse aos cretenses a derrota dos lacedemônios pelos árcades, como já foi dito; derrota na qual os primeiros guerreiros foram aniquilados em Orcômeno.

Epimênides envelheceu em tantos dias quantos anos dormiu; pois isso também é atestado por Teopompo. Mironiano, em sua obra *Similaridades*, declara que os cretenses o chamavam de Curetes. Os lacedemônios guardam seu corpo sob sua própria terra, em obediência a um certo oráculo; isso é afirmado pelo lacedemônio Sosíbio.

Houve dois outros homens chamados Epimênides: um genealogista e um outro que escreveu sobre Rodes no dialeto dórico.

11
FERÉCIDES

[116] Ferécides, filho de Bábios, nasceu em Siro, de acordo com Alexandro em suas *Sucessões de filósofos*, e foi aluno de Pítaco. Teopompo nos conta que foi o primeiro a escrever sobre a natureza e os deuses.

Muitas histórias maravilhosas são contadas a seu respeito. Certa vez, Ferécides estava caminhando pela praia em Samos e viu um navio navegando a favor do vento e predisse que ele afundaria em pouco tempo; e, diante de seus olhos, enquanto ele observava, o navio afundou. Outra vez, enquanto bebia a água tirada de um poço, previu que no terceiro dia haveria um terremoto; o que realmente aconteceu. Também, vindo de Olímpia ele aconselhou Perilo, seu anfitrião em Messênia, a se mudar de lá com tudo o que lhe pertencia; mas Perilo não se deixou persuadir e Messênia foi posteriormente capturada.

[117] Ferécides disse aos lacedemônios para que não dessem importância ao ouro ou à prata, como diz Teopompo nas *Maravilhas*. E acrescentou que havia recebido esta ordem de Héracles em um sonho; e na mesma noite Héracles ordenou aos reis que obedecessem a Ferécides. Outros autores, porém, atribuem esta história a Pitágoras.

Hermipo relata que, às vésperas da guerra entre Éfeso e Magnésia, Ferécides desejou a vitória dos efésios, e perguntou a alguém que passava de onde ele estava vindo, e, ao receber a resposta "de Éfeso", Ferécides disse: "Arraste-me pelas pernas e deixe-me no território de Magnésia; e leve uma mensagem aos seus compatriotas de que, após sua vitória, eles devem me enterrar lá, e que esta é a ordem de Ferécides". [118] O homem transmitiu a mensagem e um dia depois os efésios atacaram e derrotaram os magnésios; eles encontraram Ferécides morto e o enterraram no local com grandes honras. Outra versão é que, indo a Delfos, ele se atirou do Monte Córico. Mas Aristoxeno, em sua obra *Sobre Pitágoras e sua escola*, afirma que Ferécides morreu de morte natural e foi enterrado por Pitágoras em Delos; outro relato é que ele morreu de ftiríase; Pitágoras também estava presente e perguntou como ele estava, Ferécides enfiou o dedo pela fechadura da porta e exclamou: "Minha pele mostra!", uma frase posteriormente aplicada pelos gramáticos como equivalente a "piorar", embora alguns entendam-na erroneamente como se significasse "tudo está indo bem". [119] Ferécides dizia que os deuses chamavam mesa de *thyōrós*[25].

Andro de Éfeso diz que havia dois nativos de Siros que levavam o nome de Ferécides: um era astrônomo, o outro era filho de Bábios e um teólogo, professor de Pitágoras. Eratóstenes, entretanto, diz que houve apenas um Ferécides de Siro, sendo o outro Ferécides um ateniense e genealogista.

Está preservada uma obra de Ferécides de Siro, que começa da seguinte maneira: "Zeus, Cronos sempre existiram e também o que provem da terra; esta foi chamada de Gaia porque Zeus deu a ela a terra como recompensa[26]". Preservou-se, também, seu relógio solar na ilha de Siro. Dúris, no segundo livro de suas *Horas*, registra a seguinte inscrição em seu túmulo: [120] "Por fim, toda a sabedoria está em mim; mas, se algo me acontecer, diga ao meu Pitágoras que ele é o primeiro dentre todos da Grécia. Falando assim, não minto" (*Antologia palatina*, VII, 93).

Íon de Quios diz de Ferécides: "Com valor viril e modéstia, embora ele esteja morto, sua alma vive feliz, se Pitágoras, o sábio superior a todos, realmente conhece a mente dos seres humanos".

Há também um epigrama de minha autoria, em metro ferecrático:

> O famoso Ferécides, a quem certa vez Siro deu à luz,
> [121] Segundo é falado, quando foi desfigurado por piolhos,
> deu ordens para que fosse levado direto para a terra dos
> magnésios a fim de dar a vitória

---

25. Em grego: θυωρός, mesa de sacrifícios.

26. Em grego, essa passagem apresenta um jogo de palavras entre as palavras Gaia (Γῆ – *Gē̃*), terra (γῆ – *gē̃*) e recompensa (γέρας – *géras*).

Aos nobres efésios.
Havia um oráculo, que só ele conhecia,
Ordenando isso;
E ali ele morreu entre eles.
Parece, então, que é uma história verdadeira;
Se alguém for verdadeiramente sábio,
É útil durante sua vida e até quando não mais existir (*Antologia palatina*, III, 128).

Ferécides estava em seu apogeu na 59ª Olimpíada[27]. Escreveu a seguinte carta:

> *Ferécides a Tales*
>
> Que a sua morte seja feliz quando for o momento. Desde que recebi sua carta, fui atacado por uma doença. Estou todo destruído por piolhos e sujeito a uma febre violenta com ataques de calafrios. Portanto, dei instruções aos meus servos que levassem meus escritos até você depois de me enterrarem. Gostaria que você a publicasse, desde que você e os outros sábios a aprovassem. Caso contrário, não, pois eu mesmo ainda não estou satisfeito com eles. Os fatos não são absolutamente corretos, nem afirmo ter descoberto a verdade, mas apenas as coisas que alguém percebe ao perguntar sobre os deuses. O resto deve ser pensado, pois faço tudo por meio de adivinhação. À medida que fui ficando cada vez mais abatido pela minha doença, não permiti que nenhum dos médicos ou meus amigos se aproximassem, mas, quando eles pararam diante da porta e perguntaram como eu estava, enfiei o dedo no buraco da fechadura e mostrei-lhes como eu estava acometido pela peste; e eu disse-lhes que viessem no dia seguinte para enterrar Ferécides.

São esses, portanto, os que são chamados de Sábios, entre os quais alguns escritores também incluem o tirano Pisístrato. É preciso, agora, falar dos filósofos, começando pela filosofia jônica. Seu fundador foi Tales, de quem Anaximandro foi discípulo.

27. 544-541 a.C.

LIVRO II

1
ANAXIMANDRO

Anaximandro, filho de Praxíades, era de Mileto. Ele estabeleceu como princípio e elemento aquilo que é infinito, sem defini-lo como ar, água ou qualquer outra substância. Dizia que as partes sofrem mudanças, mas o todo é imutável; que a Terra, que tem forma esférica, fica no meio, ocupando o lugar central; que a Lua não brilha com luz própria, pois obtém sua iluminação do Sol; além disso, que o Sol é tão grande quanto a terra e é composto do mais puro fogo.

Anaximandro foi o primeiro a inventar o gnômon e o instalou como relógio de Sol na Lacedemônia, como afirma Favorino em suas *Histórias diversas*, para marcar os solstícios e os equinócios; ele também criou relógios para marcar as horas. [2] Ele foi o primeiro a desenhar em um mapa os contornos da terra e do mar e também construiu um globo.

A exposição de suas doutrinas tomou a forma de um resumo que chegou ao conhecimento de Apolodoro de Atenas, entre outros. Apolodoro diz, em sua *Crônica*, que no segundo ano da 58ª Olimpíada[28] Anaximandro tinha 64 anos e que morreu pouco tempo depois. Sendo assim, ele esteve em seu apogeu quase ao mesmo tempo que Polícrates, o tirano de Samos. Há uma história de que alguns meninos riram de Anaximandro enquanto ele cantava e que, quando ouviu falar disso, ele respondeu: "Então, para agradar aos meninos, devo melhorar meu canto".

Houve outro Anaximandro, também de Mileto, um historiador que escreveu no dialeto jônico.

28. 547-546 a.C.

2
ANAXÍMENES

[3] Anaxímenes, filho de Eurístrato, era de Mileto e foi discípulo de Anaximandro. Segundo alguns, ele também foi discípulo de Parmênides e tomou como seu primeiro princípio o ar e o infinito. Anaxímenes sustentava que os astros se movem por baixo da Terra, mas ao redor dela. Ele escreveu de forma simples e sem excessos no dialeto jônico. De acordo com Apolodoro, ele viveu na época da tomada de Sárdis e morreu na 63ª Olimpíada[29].

Houve outros dois homens chamados Anaxímenes, ambos de Lâmpsaco: um retórico e um historiador, filho do irmão do retórico, que escreveu sobre as realizações de Alexandre.

O filósofo Anaxímenes escreveu as seguintes cartas:

> *Anaxímenes a Pitágoras*
>
> [4] Tales, filho de Examias, encontrou um destino infeliz em sua velhice. Ele saiu do pátio de sua casa à noite, como era de seu costume, com sua serva para observar os astros e, esquecendo onde estava, enquanto olhava, chegou à beira de uma encosta íngreme e caiu. Dessa forma, os milésimos perderam seu astrônomo. Que nós, seus seguidores, nossos filhos e discípulos valorizemos sua memória; e não deixemos de entreter uns aos outros com suas palavras. Que todo o nosso discurso comece com uma referência a Tales.

29. 528-525 a.C.

E outra:

> *Anaxímenes a Pitágoras*
>
> [5] Você foi o mais sábio que o resto de nós quando deixou Samos e foi para Crotona, onde vive em paz. Pois os filhos de Aiaces trazem malefícios incessantes, e Mileto nunca fica sem tiranos. O rei dos medos é outro terror para nós, não enquanto estivermos dispostos a pagar-lhe tributo; mas os jônicos estão prestes a entrar em guerra contra os medos para garantir a sua liberdade e, uma vez que estivermos em guerra, não teremos mais esperança de salvação. Como, então, Anaxímenes pode pensar em estudar os céus quando ameaçado de destruição ou escravidão? Enquanto isso, você é acolhida pelo povo de Crotona e dos outros gregos que estão na Itália; e até da Sicília pessoas vêm ao seu encontro para ouvir-lhe.

3
ANAXÁGORAS

[6] Anaxágoras, filho de Hegesíbulo ou Êubulo, era de Clazômenas. Foi discípulo de Anaxímenes e foi o primeiro a colocar a mente acima da matéria. O início de seu tratado, que é composto em linguagem atraente e elevada, é o seguinte: "Todas as coisas estavam juntas; então a mente veio e as colocou em ordem". Isso rendeu ao próprio Anaxágoras o apelido de "mente", e Timon, em suas Sátiras, escreve: "Dizem que há Anaxágoras, um campeão corajoso, a quem chamam de "mente", porque foi a mente dele que despertou subitamente e organizou tudo o que antes estava numa mistura de confusão".

Anaxágoras era distinguido pela riqueza e nascimento nobre e, além disso, pela magnanimidade, pois cedeu seu patrimônio aos seus parentes. [7] De fato, quando o acusaram de negligenciar seus bens, ele respondeu: "Por que então você não cuida deles?" Por fim, se aposentou e se dedicou à investigação física sem se preocupar com assuntos públicos. Quando alguém lhe perguntou: "Você não se preocupa com sua pátria?", ele respondeu: "Silêncio! Preocupo-me muito com minha pátria" e apontou para o céu. Diz-se que ele tinha 20 anos quando ocorreu a invasão de Xerxes e viveu 72 anos. Apolodoro, em sua *Crônica*, diz que ele nasceu na 70ª Olimpíada[30] e morreu no primeiro ano da 88ª Olimpíada[31].

30. 500-497 a.C.

31. 428 a.C.

Anaxágoras começou a estudar filosofia em Atenas, no arcontado de Cálias, quando tinha 20 anos – Demétrio de Fáleron afirma isso em sua lista de arcontes –; e em Atenas dizem que ele permaneceu por trinta anos. [8] Dizia que o Sol era uma massa de ferro incandescente e maior que o Peloponeso, embora outros atribuam essa visão a Tântalo; e declarava que havia moradias na Lua e, além disso, colinas e ravinas. Ele tomou como princípio a homogeneidade; pois assim como o ouro consiste em partículas finas chamadas pó de ouro, considerava que todo o universo era composto de corpos minúsculos com partes homogêneas entre si. Seu princípio de movimento era a mente; dos corpos, dizia ele, alguns, como a terra, eram pesados e ocupavam as regiões inferiores, e outros eram leves, como o fogo, e ocupavam as regiões superiores, enquanto a água e o ar estão numa posição intermediária. Desta forma, sobre a terra, que é plana, o mar afunda depois que a umidade é evaporada pelo Sol. [9] No início, os astros moviam-se no céu como numa cúpula giratória, de modo que o polo celeste, sempre visível, ficava verticalmente acima; mas posteriormente se inclinou. Anaxágoras considerava a galáxia um reflexo da luz de astros que não são iluminados pelo Sol; os cometas seriam uma conjunção de planetas que emitem chamas; e as estrelas cadentes seriam uma espécie de faíscas lançadas pelo ar. Sustentava, além disso, que os ventos surgem quando o ar é rarefeito pelo calor do Sol; que o trovão é uma colisão de nuvens, e o relâmpago sua fricção violenta; e que o terremoto é uma retração de ar no interior da terra.

Os animais foram criados a partir da umidade, do calor e de uma substância terrosa; mais tarde, as espécies foram propagadas por geração umas das outras, os machos do lado direito e as fêmeas do esquerdo.

[10] Conta-se que Anaxágoras previu a queda de um meteoro em Egospótamo, e disse que cairia do Sol. Por esse motivo, Eurípides, que foi seu discípulo, chama na peça *Faeton* o Sol de "massa de ouro". Além disso, quando foi a Olímpia, sentou-se vestindo um manto de pele de carneiro, como se fosse chover, e a chuva veio. Quando alguém lhe perguntou se as colinas de Lâmpsaco algum dia se transformariam em mar, ele respondeu: "Sim, só é questão de tempo". Quando lhe perguntaram para que fim havia nascido, ele respondeu: "Para observar o Sol, a Lua e o céu". Para alguém lhe disse: "Você está se privando dos atenienses" sua resposta foi: "Eu não; eles que se privam

de mim". Quando viu o túmulo de Mausolo, disse: "Um túmulo caro é a imagem de uma riqueza petrificada". [11] Para alguém que reclamou que estava morrendo em uma terra estrangeira, sua resposta foi: "De qualquer lugar, a descida ao Hades é a mesma".

Favorino, em suas *Histórias diversas*, diz que Anaxágoras foi o primeiro a sustentar que Homero, em seus poemas, trata de virtude e justiça, e que esta tese foi defendida mais detalhadamente por seu amigo Metrodoro de Lâmpsaco, o primeiro a se ocupar da doutrina do poeta acerca da natureza. Anaxágoras também foi o primeiro a publicar um livro. Sileno, no primeiro livro de sua *História*, diz que foi durante o arcontado de Demilos que o meteoro caiu, [12] e diz que Anaxágoras declarou que todo o céu era feito de pedras e que a velocidade de rotação fez com que ele ficasse coeso; mas se ela diminuísse, o céu cairia.

Do julgamento contra Anaxágoras são apresentados diferentes relatos. Sótion, em sua obra *Sucessão dos filósofos*, diz que foi indiciado por Cléon sob a acusação de impiedade, porque declarou que o Sol era uma massa de ferro incandescente; e que seu discípulo Péricles o defendeu e foi multado em cinco talentos, além de ser banido. Sátiro, em *Vidas*, diz que seu acusador foi Tucídides, o oponente político de Péricles, e a acusação não era somente a de impiedade, mas também a de adesão aos persas; diz também que a sentença de morte foi proferida a Anaxágoras sem contestação. [13] Quando soube que havia sido condenado e que seus filhos estavam mortos, seu comentário sobre a sentença foi: "Há muito tempo a natureza condenou meus juízes e a mim mesmo à morte"; e sobre seus filhos disse: "Eu sabia que eles nasceram para morrer". Alguns autores, porém, contam esta mesma história em relação a Sólon, e outros a Xenofonte. Que ele enterrou seus filhos com as próprias mãos é afirmado por Demétrio de Fáleron em sua obra *Da velhice*. Hermipo, em *Vidas*, diz que Anaxágoras foi confinado na prisão enquanto aguardava sua execução e que Péricles se apresentou e perguntou ao povo se eles tinham algo a reprovar nele em sua carreira pública, e, diante da resposta negativa, ele disse: "Pois sou discípulo de Anaxágoras; não se deixem levar por calúnias e não o matem. Deixe-me persuadir-lhes a libertá-lo". Assim, ele foi libertado, mas não pôde tolerar a insolência que sofreu e tirou a própria vida. [14] Hierônimo, no segundo livro de suas *Notas dispersas*, afirma que Péricles o levou ao tribunal tão fraco e debilitado pela doença que ele devia sua absolvição não tanto aos méritos de seu caso, mas à compaixão dos juízes. São essas, então, as versões sobre seu julgamento.

Parecia que Anaxágoras era hostil com Demócrito porque não conseguiu entrar em contato com ele. Por fim, retirou-se para Lâmpsaco e lá morreu. Quando os magistrados da *pólis* lhe perguntaram se havia algo que pudessem fazer por ele, ele respondeu: "conceder férias aos meninos no mês em que eu morrer"; o costume é mantido até hoje. [15] Assim, quando Anaxágoras morreu, o povo de Lâmpsaco deu-lhe um enterro honroso e gravou sobre seu túmulo a seguinte inscrição: "Aqui, que alcançou ao máximo a verdade no mais alto grau, jaz Anaxágoras" (*Antologia palatina*, VII, 94).

Há um epigrama de minha autoria sobre ele:

> Inicialmente, declarou que o Sol é uma massa de ferro incandescente,
> E por isso Anaxágoras foi destinado a morrer
> Mas o amigo Péricles o resgatou
> E ele pôs fim à própria vida
> com a tranquilidade da sabedoria (*Antologia palatina*, VII, 95).

Houve três outros que levaram o nome de Anaxágoras sobre os quais nenhum outro escritor fornece informações: um retórico da escola de Isócrates; um escultor, mencionado por Antígono; e um gramático, discípulo de Zenódoto.

4
ARQUELAU

[16] Arquelau, era de Atenas ou Mileto e era filho de Apolodoro, ou segundo alguns, de Midon. Foi discípulo de Anaxágoras, professor de Sócrates, e foi o primeiro a trazer a filosofia natural da Jônia para Atenas. Arquelau era chamado de físico porque com ele a filosofia natural chegou ao fim, quando Sócrates introduziu a ética. Parece que o próprio Arquelau também tratou da ética, pois filosofou sobre leis, o belo e o justo; mas Sócrates, adotando e aperfeiçoando ao máximo suas concepções, foi considerado seu inventor. Arquelau sustentava que havia duas causas para a origem das coisas: o calor e o frio; que os seres vivos se originaram a partir do lodo; e que o que é justo e o que é vil não existem por natureza, mas por convenção.

[17] Sua teoria é na seguinte consideração: a água evapora pelo calor e, à medida que se precipita e se condensa, produz a terra; e gera o ar, à medida que transborda por todos os lados. Consequentemente, a terra está limitada pelo ar e o ar pelo fogo que circunda tudo. Os seres vivos, afirma Arquelau, são gerados a partir da terra quando ela é aquecida e libera um lodo com consistência de leite para servir como uma espécie de nutriente; assim também a terra produziu o homem.

Arquelau foi o primeiro a explicar a produção do som como sendo a concussão do ar, e a formação do mar em lugares côncavos provenientes de infiltrações da terra. Declarou, também, que o Sol é o maior dos astros e que o universo é ilimitado.

Houve três outros que levaram o nome de Arquelau: um topógrafo que descreveu as regiões percorridas por Alexandre; um autor de um tratado sobre singularidades da natureza; e um retórico que escreveu sobre sua arte.

5
SÓCRATES

[18] Sócrates era filho do escultor Sofronisco e da parteira Fainarete, como diz Platão no *Teeteto*[32]; era ateniense e pertencia ao *demo* Alopece. Pensava-se que ele ajudava Eurípides na composição de peças. Por essa razão, Mnesímaco escreve: "*Os frígios* é o novo drama de Eurípides; e Sócrates fornece a lenha"[33]. Também escreve "Eurípides com pregos socráticos". E Cálias, em *Os cativos*: "A – por que você está assim tão orgulhoso e pensativo? B – Porque eu posso! Sócrates é o motivo". E Aristófanes em *As nuvens*: "É ele que compõe para Eurípides essas peças cheias de conversas e de coisas sensatas".

[19] Segundo alguns autores, Sócrates foi discípulo de Anaxágoras, e também de Damon, como afirma Alexandro em suas *Sucessões de filósofos*. Quando Anaxágoras foi condenado, tornou-se discípulo do físico Arquelau, de quem foi o predileto, como afirma Aristoxeno. Dúris diz que ele foi um escravo e trabalhou em obras de pedra, e alguns atribuem a ele a construção das Graças drapeadas na Acrópole. Por isso Timon, nas *Sátiras*, fala: "Destes divergiu o escultor, um tagarela sobre leis, um encantador dos gregos, um mestre em argumentos sutis, um zombador de belos discursos, meio ático e irônico".

Sócrates era extraordinário na arte retórica, segundo Idomeneu; [20] além disso, como diz Xenofonte[34], os Trinta proibiram-no de ensinar a arte das palavras. Aristófanes o critica em suas peças por fazer o pior discurso

32. 149a.

33. Em grego, aqui há um trocadilho entre φρύγες (*phrýges* – frígios) e φρύγανα (*phrýgana* – lenha seca).

34. *Memoráveis*, I, 2, 31.

parecer o melhor. Favorino, em suas *Histórias diversas*, diz que Sócrates e seu discípulo Ésquines foram os primeiros a ensinar retórica; e isto é confirmado por Idomeneu em sua obra *Sobre os socráticos*. Além disso, ele foi o primeiro a discursar sobre a conduta da vida e o primeiro filósofo a ser julgado e condenado à morte. Aristoxeno, filho de Spíntaro, diz que Sócrates conseguiu enriquecer; pois investia somas, retirava os juros acumulados e então, quando estes fossem gastos, reinvestiria novamente o principal.

Demétrio de Bizâncio relata que Críton o retirou de sua oficina e o educou, ficando impressionado com o encanto de sua alma. [21] Convencido de que o estudo da natureza não tem a ver conosco, Sócrates discutia questões morais nas oficinas e na ágora. Então, alegou que suas investigações abrangiam "tudo o que é feito de bom ou mau nas residências" (Homero, *Ilíada*, Canto IV, 392). Frequentemente, devido à sua veemência nas discussões, as pessoas o golpeavam com os punhos ou arrancavam-lhe os cabelos; e que, na maior parte do tempo, ele era desprezado e ridicularizado, mas suportava pacientemente todos esses maus tratos. Tanto é assim que, quando foi chutado e alguém expressou surpresa por ele ter suportado isso tão silenciosamente, Sócrates respondeu: "Se um asno tivesse me dado coices, por acaso eu deveria levá-lo aos tribunais?" Tais são as observações de Demétrio.

[22] Ao contrário da maioria dos filósofos, Sócrates não sentia necessidade de viajar, exceto quando era necessário participar de uma expedição militar. Durante o resto de sua vida, ele permaneceu em sua terra e conversava ainda mais intensamente com qualquer pessoa que quisesse entreter-se com ele; seu objetivo não era alterar a opinião dos outros, mas chegar à verdade. Dizem que Eurípides lhe deu o tratado de Heráclito e perguntou: "O que lhe parece?", e a resposta foi: "A parte que entendi é excelente; e acho que a parte que não entendi também é; mas seria preciso um mergulhador de Delos para chegar ao fundo".

Sócrates fazia exercícios físicos e se mantinha em boa forma. Serviu na expedição militar a Anfípolis; e quando, na batalha de Delos, Xenofonte caiu do cavalo, ele interveio e salvou-lhe a vida. [23] Na fuga generalizada dos atenienses ele se retirou tranquilamente, virando-se silenciosamente de vez em quando e pronto para se defender caso fosse atacado. Novamente, serviu em Potideia, para onde tinha ido por mar, pois as comunicações terrestres foram interrompidas pela guerra; nessa ocasião, ele teria permanecido uma noite inteira na mesma posição e teria conquistado o prêmio de bravura. Sócrates, porém, o renunciou a Alcibíades, por quem estaria apaixonado, segundo Aristipo no quarto livro de seu tratado *Sobre a vida luxuosa dos antigos*. Íon de Quios relata que, em sua juventude, Sócrates visitou Samos na companhia de Arquelau; e Aristóteles relata sua ida a Delfos; foi também ao Istmo, segundo Favorino no primeiro livro de sua *Memorabilia*.

[24] O seu caráter firme e democrático evidencia-se pela sua recusa em ceder a Crítias e aos seus colegas quando estes lhe ordenaram que trouxesse o rico Leon de Salamina perante eles para ser executado, e ainda pelo fato de só ele ter votado a favor da absolvição dos dez generais; além disso, quando teve a oportunidade de escapar da prisão, ele se recusou a fazê-lo e repreendeu seus amigos por chorarem seu destino; ali dirigiu-lhes seus discursos mais memoráveis.

Sócrates foi um homem de grande independência e de caráter digno. Panfile, no sétimo livro de seus *Comentários*, conta como Alcibíades certa vez lhe ofereceu um grande terreno para construir uma casa; mas ele respondeu: "Suponhamos, então, que eu precise de sandálias e você me oferecesse uma pele inteira para fazer um par, não seria ridículo da minha parte aceitá-la?" [25] Muitas vezes, quando olhava para a grande quantidade de mercadorias expostas à venda, dizia para si mesmo: "De quantas coisas não tenho necessidade!" E ele recitava continuamente as linhas iâmbicas: "Os objetos de prata e os tecidos em púrpura são úteis para um ator trágico, não para a vida".

Sócrates mostrava seu desprezo por Arquelau da Macedônia, Escopas de Cranon e Euríloco de Larissa, recusando-se a aceitar seus presentes ou a ir até suas cortes. Levava uma vida tão cuidadosamente que, em diversas ocasiões, quando irrompeu a peste em Atenas, ele foi o único habitante que não adoeceu.

[26] Aristóteles diz que Sócrates se casou com duas mulheres: sua primeira esposa foi Xântipe, com quem teve um filho, Lamprocles; sua segunda esposa foi Mirto, filha de Aristides o Justo, a quem tomou sem dote e com quem teve Sofronisco e Menexêno. Alguns autores fazem de Mirto sua primeira esposa, enquanto outros, incluindo Sátiro e Hierônimo de Rodes, afirmam que ambas eram suas esposas ao mesmo tempo. Com efeito, dizem que em Atenas havia escassez de homens e, desejando aumentar a população, aprovaram um decreto permitindo a um cidadão casar-se com uma mulher ateniense e ter filhos com outra; e Sócrates assim o fez.

[27] Ele era capaz de desprezar aqueles que dele zombavam, orgulhava-se de sua vida simples e nunca pedia recompensa a ninguém. Ele costumava dizer que gostava mais da comida que menos necessitava de temperos e da bebida que não lhe despertava o desejo de beber outra vez; e que ele estava mais próximo dos deuses porque tinha menos necessidades. Isso pode ser visto nos poetas cômicos, que lhe dão grandes elogios ao tentar ridicularizá-lo. Assim, Aristófanes:

> Ó, homem que é justamente de grande desejada sabedoria,
> quão feliz será entre os atenienses e gregos!
> Pois você é possuidor de boa memória e pensador, e resiste ao sofrimento.
> Em tua maneira de pensar, jamais se cansa, quer parado quer caminhando.
> Nem sofre com o frio, nem sente vontade de café da manhã.
> Do vinho, do excesso de comida e de todas as outras frivolidades você se afasta (*As nuvens*, 412-417).

[28] Amípsias, quando o coloca no palco vestindo um grosseiro manto, diz assim:

> A – Sócrates, o melhor dos homens entre poucos e o mais tolo entre muitos! Venha e junte-se a nós! Você é robusto. Onde podemos conseguir um manto adequado para você?
> B – Essa minha situação é um prejuízo aos sapateiros.
> A – Este homem, mesmo com fome, nunca suporta ser elogiado.

Esse seu espírito desdenhoso e arrogante também é mostrado por Aristófanes quando diz:

> Porque você anda de cabeça erguida pelas ruas, revirando os olhos,
> Suporta, descalço, muitas dificuldades, e assume um ar solene diante de nós (*As nuvens*, vv. 362-363).

Sócrates, no entanto, para se adequar à certas ocasiões, vestia-se com roupas extraordinárias, como aparece no *Banquete* de Platão[35], onde está a caminho da casa de Agatão.

---

35. 174a.

[29] Ele mostrou igual habilidade em ambos os sentidos, tanto em persuadir como dissuadir. Por exemplo, depois de conversar com Teeteto sobre a ciência, ele o mandou embora inspirado por um impulso divino, como diz Platão; mas, quando Eutífron denunciou seu pai pelo assassinato de um estrangeiro, Sócrates, após conversar com ele sobre piedade, dissuadiu-o a retirar a acusação. Lísis se transformou, por meio da exortação, em alguém de caráter muito virtuoso. Com efeito, Sócrates tinha a habilidade de extrair seus argumentos dos fatos.

Quando seu filho Lamprocles ficou violentamente zangado com sua mãe, Sócrates o fez sentir vergonha de si mesmo, como nos conta Xenofonte. Quando o irmão de Platão, Glauco, desejou entrar na política, Sócrates o dissuadiu, como relata Xenofonte[36], por causa de sua falta de experiência; mas, pelo contrário, encorajou Cármides a dedicar-se à política porque tinha um dom para isso.

[30] Ele despertou em Ifícrates, o general, um espírito guerreiro, mostrando-lhe como os galos de briga de Mídias, o barbeiro, batiam suas asas desafiando os galos de Cálias. Glauconides acreditava que Sócrates podia dar prestígio à *pólis* como se fosse um faisão ou um pavão.

O filósofo costumava dizer que era estranho que, se você perguntasse a alguém quantas ovelhas tinha, essa pessoa poderia facilmente dizer o número exato, mas não conseguiria nomear seus amigos ou dizer quantos tinha, tão pequeno era o valor que atribuía a eles. Vendo Euclides profundamente interessado em argumentos erísticos, disse-lhe: "Ó Euclides, você poderá se entender com os sofistas, mas nunca com as pessoas". Ele pensava que eram inúteis as distinções sobre coisas insignificantes, como fala Platão no *Eutidemo*.

[31] Quando Cármides lhe ofereceu alguns escravos para que ele pudesse obter renda, ele recusou a oferta; e segundo alguns ele desprezou a beleza de Alcibíades. Ele exaltava o lazer como o melhor dos bens, de acordo com Xenofonte em seu *Banquete*. Existia, dizia ele, apenas um bem, isto é, o conhecimento, e apenas um mal, isto é, a ignorância; riqueza e nascimento nobre não trazem dignidade a quem os tem, pelo contrário, trazem o mal. Quando alguém lhe disse que a mãe de Antístenes era trácia, ele respondeu: "Você pensava que um homem tão nobre tivesse nascido de pais atenienses?"

36. *Memoráveis*, III, 7.

Sócrates fez Críton resgatar Fédon que, tendo sido feito prisioneiro na guerra, foi submetido à uma condição degradante de escravo, e assim o conquistou para a filosofia.

[32] Além disso, na velhice aprendeu a tocar a lira, declarando não ver nenhum absurdo em aprender uma nova habilidade. Como relata Xenofonte, no *Banquete*, tinha o hábito de dançar, pensando que tal exercício ajudava a manter o corpo são. Costumava, também, dizer que um *daímon* o avisou sobre o futuro; que começar bem não era uma pequena coisa, mas uma pequena mudança; e que ele não sabia de nada, exceto que nada sabia. Dizia que, quando as pessoas pagam um preço alto por frutas que amadureceram antes do tempo, não podem ter esperanças de vê-las amadurecerem na época certa. E, uma vez questionado em que consistia a virtude de uma pessoa jovem, ele disse: "Nada em excesso".

Sócrates sustentava que a geometria deveria ser estudada até o ponto em que uma pessoa fosse capaz de medir a terra que adquiriu ou da qual se desfez. [33] Ao ouvir o verso da tragédia *Auge*, de Eurípides, no qual o poeta diz sobre a virtude: "É melhor deixá-la vagar ao acaso"[37], ele se levantou e saiu do teatro, dizendo que era um absurdo indagar sobre um escravo desaparecido e permitir que a virtude perecesse dessa maneira. Certa vez, alguém lhe perguntou se deveria se casar ou não, e recebeu a seguinte resposta: "Ao fazer qualquer uma dessas duas coisas, você se arrependerá". Ele costumava expressar sua perplexidade pelo fato de os escultores de estátuas de mármore se esforçarem para transformar de maneira perfeitamente semelhante um bloco de mármore em uma pessoa, e não se preocuparem consigo mesmos para não se tornarem meros blocos de pedra, [isto é, insensíveis][38]. Sócrates recomendava aos jovens que se olhassem constantemente no espelho, para que as pessoas belas adquirissem um comportamento correspondente à sua beleza, e que as feias escondessem os seus defeitos através da educação.

[34] O filósofo havia convidado alguns homens ricos para jantar e, quando Xântipe disse que sentia vergonha da comida, disse: "Não há nada a temer! Se eles forem moderados, ficarão satisfeitos; e se forem frívolos, não

---

37. Peça que nos chegou incompleta, mas esse mesmo verso pode ser visto na *Electra* (v. 379), também de Eurípides.

38. N.T.

vamos querer nada deles". Sócrates dizia que as outras pessoas viviam para comer, enquanto ele comia para viver. Das pessoas sem mérito, ele dizia que era como se alguém recusasse um tetradracma por ser falso, mas aceitasse como legítimo um montante dessas moedas. Uma vez, Ésquines disse-lhe: "Sou pobre e não tenho mais nada para dar além de mim mesmo", e Sócrates respondeu: "Ora! Você não vê que está me oferecendo o maior presente de todos?" A alguém que se queixou de ter sido esquecido quando os Trinta chegaram ao poder, ele disse: "Você não está arrependido por isso; ou está?" [35] A alguém que lhe disse: "Você está condenado à morte pelos atenienses", ele respondeu: "Eles também estão, pela natureza" (alguns autores, todavia, atribuem essa fala a Anaxágoras). Quando sua esposa disse: "Você morrerá injustamente", ele respondeu: "Você queria que eu morresse justamente?"

Sócrates teve um sonho no qual alguém lhe disse: "No terceiro dia você chegará aos campos férteis de Ftia" (Homero, *Ilíada,* Canto IX, v. 363), e falou a Ésquines: "No terceiro dia morrerei". Quando ele estava prestes a beber a cicuta, Apolodoro ofereceu-lhe uma bela vestimenta para morrer. "Por quê?", disse ele, "O meu próprio manto foi bom o suficiente para viver, mas não para morrer?" Quando lhe disseram que alguém falava mal dele, ele respondeu: "Essa pessoa nunca aprendeu a falar bem". [36] Quando Antístenes virou seu manto de modo que o rasgo nele ficasse visível, Sócrates disse: "Vejo sua vaidade através do manto". A alguém que disse: "Você não acha que tal pessoa lhe ofende muito?", sua resposta foi: "Não, pois essas coisas não me atingem".

Sócrates dizia que não devemos nos opor a sermos temas para os poetas cômicos, pois se eles satirizarem nossas falhas existentes, as corrigiremos, mas em nada seremos atingidos se não as tivermos. Quando Xântipe o repreendeu pela primeira vez e depois jogou água nele, ele falou: "Eu não disse que o trovão Xântipe terminaria em chuva?" Quando Alcibíades declarou que a repreensão de Xântipe era intolerável, "Acostumei-me a isso", disse ele, "é como se estivesse escutando o barulho contínuo de uma polia. [37] Igual você que não se importa com o grasnar dos gansos", Alcibíades respondeu: "Mas eles me fornecem ovos e filhotes". "E Xântipe", finalizou Sócrates, "é a mãe dos meus filhos". Quando ela lhe arrancou o manto em plena ágora, seus conhecidos o aconselharam a revidar com os punhos, nisso disse Sócrates: "Sim, por Zeus! Para que, enquanto estivermos nos dando socos, cada um de vocês grite: Muito bem, Sócrates! Muito bem, Xântipe!" Ele falava que ao viver com uma mulher violenta deve-se ser como os cavaleiros em relação a cavalos vigorosos, pois "assim como, quando estes os dominam, podem facilmente lidar com outros cavalos, assim também eu, na convivência com Xântipe, aprenderei a adaptar-me a todas as outras pessoas".

Essas, e outras frases e ações semelhantes, testemunham as palavras que a Sacerdotisa Pítia proferiu quando deu a Querefonte a famosa resposta: "De todos os homens, Sócrates é o mais sábio". [38] Por esse motivo ele foi muito invejado; e especialmente porque ele criticava aqueles que se consideravam melhores, provando que eram tolos, como fez com Ânito, de acordo com o *Mênon* de Platão[39]. Por certo, Ânito não tolerava ser ridicularizado por Sócrates, e foi o primeiro a incitar contra ele Aristófanes e seus amigos; posteriormente, ajudou a persuadir Meleto a acusá-lo de impiedade e de corromper a juventude. A acusação foi feita por Meleto, e a ação foi proferida por Polieucto, segundo Favorino em suas *Histórias diversas*. O discurso foi escrito por Polícrates, o sofista, segundo Hermipo (alguns autores dizem que foi de Ânito). Licon, o demagogo, fez todos os preparativos necessários.

[39] Antístenes, em suas *Sucessões de filósofos*, e Platão, em sua *Apologia*, dizem que houve três acusadores – Ânito, Licon e Meleto –; Ânito falou em nome dos artesãos e políticos, Licon em nome dos retóricos, e Meleto em nome dos poetas, todas as classes que Sócrates ridicularizou. Favorino, no primeiro livro de sua *Memorabilia*, declara que o discurso de Polícrates contra Sócrates não é autêntico, pois ele menciona a reconstrução dos muros por Cônon, que só ocorreu seis anos após a morte de Sócrates. E isso é um fato.

[40] A declaração do caso, que ainda está preservada, diz Favorino, no *Metrôon*, era a seguinte: "Essa acusação e declaração é jurada por Meleto, filho de Meleto de Pitos, contra Sócrates, filho de Sofronisco de Alopece: Sócrates é culpado de se recusar a reconhecer os deuses reconhecidos pela *pólis* e de introduzir outras novas divindades. É também culpado de corromper a juventude. Pena: morte". O filósofo então, depois de Lísias ter escrito uma defesa para ele, leu-a e declarou: "Um belo discurso, Lísias; mas não é adequado para mim". Pois era claramente mais forense do que filosófico.

39. 95a.

[41] Lísias disse: "Se é um belo discurso, como não é adequado para você?", e Sócrates respondeu: "Belos mantos e calçados não seriam igualmente inadequados para mim?"

Justo de Tiberíades, em seu livro intitulado *A guirlanda*, diz que durante o julgamento Platão subiu na plataforma e falou: "Embora sendo o mais jovem, homens de Atenas, de todos os que já se levantaram para se dirigir a vocês...", ao que os juízes gritaram: "Desça! Desça!" Quando, por fim, foi condenado por 281 votos a mais do que os dados para a absolvição, e quando os juízes começaram a deliberar sobre a pena ou multa a ser imposta, Sócrates propôs pagar 25 dracmas. Eubulides, porém, diz que, na verdade, ofereceu 100. [42] Percebendo que isso causou alvoroço entre os juízes, ele disse: "Considerando meus serviços, avalio como pena a minha manutenção no Pritaneu às custas do tesouro público". Então, eles proferiram a sentença de morte, com adesão de oitenta novos votos. Ele foi preso e poucos dias depois bebeu a cicuta, depois de ter feito muitos belos discursos que Platão registra no *Fédon*. Além disso, segundo alguns autores, ele compôs um peã, cujo início é: "Apólo de Delos, salve, e também Ártemis, gloriosas crianças!" (Dionísodoro, porém, diz não ser dele o peã). Ele também compôs uma fábula à maneira de Esopo, não muito habilmente, cujo início é: "Certa vez, Esopo disse aos cidadãos de Corinto: Não julguem a virtude com a sabedoria de um júri popular!" (*Antologia de Planudes*, IV, 16).

[43] Assim ele deixou de estar entre os homens. Os atenienses imediatamente fecharam as escolas de luta e os ginásios, baniram os outros acusadores, e condenaram Meleto à morte; além disso, homenagearam Sócrates com uma estátua de bronze, obra de Lísipo, erguida no salão das procissões. Assim que Ânito chegou a Heracleia, seus habitantes o expulsaram no mesmo dia. Não só no caso de Sócrates, mas em muitos outros, os atenienses comportaram-se desta forma. Eles até multaram Homero, segundo Heráclides, em 50 dracmas por ser louco, disseram que Tirteu estava fora de si, e honraram Astidamas com uma estátua de bronze antes de Ésquilo e seus semelhantes. [44] Eurípides os repreende no *Palamedes* dizendo: "Mataram! Mataram o onisciente rouxinol das musas, que a ninguém magoou!" Essa é uma versão, mas Filócoro afirma que Eurípides morreu antes de Sócrates.

Sócrates nasceu, segundo Apolodoro em sua *Crônica*, no arcontado de Apsefíon, no quarto ano da 77ª Olimpíada[40], no 6º dia do mês de Targélion[41], quando os atenienses purificam sua *pólis*, e que, segundo os délios, é a data de nascimento de Ártemis. Faleceu no primeiro ano da 95ª Olimpíada[42], aos 70 anos. Com isso Demétrio de Falero concorda; mas alguns dizem que ele tinha 60 anos quando morreu. [45] Ambos foram alunos de Anaxágoras, ele e Eurípides, que nasceu no primeiro ano da 75ª Olimpíada no arcontado de Calíades[43].

Parece-me que Sócrates também discursava sobre as coisas da natureza, pois teve algumas conversas sobre a providência, segundo o próprio Xenofonte, que, no entanto, declara ter apenas discutido ética. Platão, por sua vez, depois de mencionar Anaxágoras e alguns outros físicos na *Apologia*[44], trata de temas que Sócrates rejeitava, embora lhe atribuísse tudo. Aristóteles relata que um mago veio da Síria para Atenas e predisse a Sócrates, entre outros males, que ele teria um fim violento.

[46] Há um epigrama de minha autoria dedicada a ele:

> Beba agora, estando junto a Zeus, ó Sócrates; pois você é verdadeiramente sábio, pois assim o deus declarou, sendo ele próprio a sabedoria. Pois quando, dos atenienses, tomou com naturalidade a cicuta, eles mesmos a beberam pela sua boca (*Antologia palatina*, VII, 96).

Sócrates foi duramente criticado, de acordo com Aristóteles no terceiro livro de sua *Poética*, por um certo Antíloco de Lemnos e por Antífon, o adivinho, assim como Pitágoras foi por Cílon de Crotona, ou como Homero foi atacado ainda em vida por Síagros, e depois de sua morte por Xenófanes de Cólofon. Além desses, da mesma forma, Hesíodo foi criticado durante sua vida por Cércops, e após sua morte por Xenófanes, mencionado anteriormente; Píndaro, por Anfímenes de Cós; Tales, por Ferécides; Bias, por Sálaros de Priene; Pítaco, por Antimênides e Alceu; Anaxágoras, por Sosíbio; e Simônides, por Timocreonte.

---

40. 469-468 a.C.
41. Corresponde aproximadamente ao mês de maio.
42. 400-399 a.C.
43. 480-479 a.C.
44. 26d.

[47] Dos que o sucederam e foram chamados de socráticos, os principais foram Platão, Xenofonte, Antístenes. Dos dez nomes da lista tradicional, os mais ilustres são Ésquines, Fédon, Euclides e Aristipo. É preciso, primeiramente, falar sobre Xenofonte; Antístenes virá posteriormente entre os cínicos; depois virão os socráticos propriamente ditos e, assim, será a vez de Platão, com o qual começam as dez escolas e foi quem fundou a Primeira Academia. Esta é, portanto, a ordem que seguirei.

Houve outros Sócrates: um historiador, que escreveu sobre a geografia de Argos; um filósofo peripatético da Bitínia; um poeta que escreveu epigramas; e um de Cós, que escreveu sobre os nomes dos deuses.

6 XENOFONTE

[48] Xenofonte, filho de Grilo, era ateniense e pertencia ao demo de Erquia; ele era um homem extremamente modesto e bonito. Conta-se que Sócrates o encontrou numa passagem estreita e estendeu seu bastão para barrar-lhe o caminho enquanto perguntava onde se vendia todo tipo de comida. Ao receber uma resposta, Sócrates perguntou onde as pessoas se tornavam belas e virtuosas e Xenofonte ficou perplexo; "Então siga-me", disse Sócrates, "e aprenda". A partir desse momento ele passou a ser discípulo de Sócrates. Foi o primeiro a anotar e divulgar ao mundo a conversa de Sócrates, sob o título *Memoráveis*. Além disso, ele foi o primeiro a escrever uma história dos filósofos.

Aristipo, no quarto livro de sua obra *Sobre a vida luxuosa dos antigos*, diz que Xenofonte era apaixonado por Clínias, [49] e disse referindo-se a ele:

> No momento, é-me mais prazeroso contemplar Clínias do que todas as belas coisas entre os seres humanos. Eu me tornaria cego para tudo o mais se pudesse apenas ver Clínias. Irrito-me com a noite e com o sono porque não consigo vê-lo; e sou muito grato ao dia e ao Sol porque Clínias me mostram.

Ele conquistou a amizade de Ciro da seguinte maneira: Próxeno, nascido na Beócia e discípulo de Górgias de Leontini era seu amigo íntimo e também amigo de Ciro. Próxeno, enquanto vivia em Sardes, na corte de Ciro, escreveu uma carta a Xenofonte em Atenas, convidando-o a juntar-se a ele e fazer amizade com Ciro. [50] Xenofonte mostrou esta carta a Sócrates, pedindo seu conselho, e foi orientado a ir até Delfos para consultar o oráculo. Xenofonte obedeceu e foi à presença do deus, mas não perguntou se deveria ir ao encontro de Ciro, e sim de que maneira deveria fazê-lo. Sócrates censurou-o por isso, mas ao mesmo tempo aconselhou-o a ir. Ao chegar à corte de Ciro, ele se tornou tão amigo de Ciro quanto o próprio Próxeno. Xenofonte descreve, de maneira bem completa, tudo o que aconteceu nessa expedição e no retorno para casa.

Ele manifestou, no entanto, uma inimizade com Menon de Farsália, general mercenário, na época da expedição. Para ofendê-lo, Xenofonte acusou-o de ter um favorito mais velho que ele. Igualmente, censurou um certo Apolonides por ter furado as orelhas[45].

[51] Após a expedição e os infortúnios que o atingiram no Ponto e as traições de Seutes, o rei dos odrísios, Xenofonte retornou à Ásia, alistado nas tropas de Ciro, como mercenário a serviço de Agesilau, rei espartano, a quem ele era muito devotado. Nessa época, foi banido pelos atenienses por se aliar a Esparta. Quando estava em Éfeso, Xenofonte possuía uma quantia grande em dinheiro e confiou metade dela a Megabizo, sacerdote de Ártemis, para mantê-la até seu retorno, ou se ele nunca mais retornasse, para aplicá-la na construção de uma estátua em homenagem a deusa. A outra metade ele enviou em oferendas votivas a Delfos. Em seguida, ele retornou à Grécia com Agesilau, que havia sido chamado de volta para a guerra contra Tebas. E os espartanos conferiram-lhe a proxenia[46].

[52] Em seguida, Xenofonte separou-se de Agesilau e seguiu para Squilus, um lugar no território de Élis, não muito longe da *pólis*. De acordo com Demétrio de Magnésia, ele estava acompanhado por sua esposa Filésia e, em um discurso escrito para o liberto acusado por Xenofonte de negligência no cumprimento do dever, Dinarco menciona que seus dois filhos, Grilo e Diodoro – chamados de Dióscuros –, também foram com ele. Tendo Megabizo chegado para assistir ao festival, Xenofonte recebeu dele o dinheiro e comprou uma propriedade, que dedicou à deusa, atravessada por um rio que leva o nome de Selino, à semelhança do rio de Éfeso. Daquele momento em diante ele se dedicou à caça, a entreter seus amigos e a trabalhar em suas obras históricas sem interrupção. Dinarco, porém, afirma que foram os espartanos que lhe deram a casa e o terreno.

---

45. *Anábase*, III, 1, 31.

46. Hospitalidade proporcionada a um estrangeiro em visita oficial, à custa do Tesouro da *pólis*.

[53] Além disso, conta-se que o espartano Filopidas enviou a Xenofonte, em Squilus, escravos prisioneiros da Dardânia como presente, mas dos quais ele se desfez como achou adequado; e que os elieus marcharam contra Squilus e, devido à lentidão dos espartanos, capturaram o local. Então, seus filhos se retiraram para Lépreon com alguns dos servos, enquanto o próprio Xenofonte, que já havia ido para Élis, seguiu para Lépreon para se juntar a seus filhos; de lá, fugiu a salvo com seus filhos para Corinto e ali fixou residência. Nesse intervalo, os atenienses aprovaram um decreto para ajudar Esparta, e Xenofonte enviou seus filhos a Atenas para combaterem junto aos espartanos. [54] De acordo com Dioclés, em sua *Vida dos filósofos*, eles foram treinados na própria Esparta. Diodoro saiu da batalha em segurança, sem prestar nenhum serviço extraordinário, e teve um filho com o mesmo nome de seu irmão. Grilo, ao contrário, serviu na cavalaria e, na batalha que ocorreu em torno de Mantineia, lutou corajosamente e morreu, como Éforo relata em seu vigésimo quinto livro; Cefisodoro estava no comando da cavalaria e Hegesilau era o comandante-em-chefe. Nesta batalha, Epaminondas também morreu. Nesta ocasião, diz-se que Xenofonte estava realizando um sacrifício com uma grinalda na cabeça e a retirou quando soube da morte de seu filho. Mais tarde, ao saber que seu filho havia lutado gloriosamente, ele recolocou a grinalda na cabeça. [55] Alguns autores dizem que ele nem mesmo derramou uma lágrima sequer, mas exclamou: "Eu sabia que ele nasceu mortal". Aristóteles menciona que houve inúmeros autores de epitáfios e elogios a Grilo, que escreveram, pelo menos em parte, para agradar seu pai. Também Hermipo, em sua *Vida de Teofrasto*, diz que até Isócrates escreveu um elogio a Grilo. Timon, porém, ridiculariza Xenofonte nas linhas: "Uma fraqueza de discursos, ou duas, ou três, ou até mais, como os que viriam de Xenofonte, ou de Ésquines, escritor nada convincente".

Essa foi a sua vida. Ele estava em seu apogeu no quarto ano da 94ª Olimpíada[47] e participou da expedição de Ciro no arcontado de Xenaínetos no ano anterior à morte de Sócrates. [56] Segundo Ctesiclides de Atenas, em sua lista de arcontes e vencedores olímpicos, Xenofonte morreu no primeiro ano da 105ª Olimpíada, no arcontado de Calidemidas[48], no mesmo ano em

47. 401-400 a.C.

48. 360-359 a.C.

que Filipe, filho de Amintas, subiu ao trono da Macedônia. Ele morreu em Corinto, como afirma Demétrio de Magnésia, obviamente em idade avançada. Xenofonte foi um homem bom em todos os aspectos, era apaixonado por cavalos e pela caça, um estrategista hábil – como fica claro em seus escritos –, piedoso, praticante habitual de sacrifícios e especialista em augúrios das vítimas; e zelosamente tinha Sócrates como seu modelo de vida.

Xenofonte escreveu cerca de 40 livros ao todo, embora a divisão em livros nem sempre seja a mesma, a saber: [57] *Anábase*, com um prefácio para cada livro, mas não para a obra inteira; *Ciropédia*; *Helênicas*; *Memoráveis*; *Simpósio*[49]; *Econômico*; *Da equitação*; *Da caça*; *O comandante de cavalaria*; *Apologia de Sócrates*; *Das rendas*; *Hieron* ou *Da tirania*; *Agesilau*; *Constituição de Atenas*; e *Constituição de Esparta*. Demétrio de Magnésia diz que a última dessas obras não é de Xenofonte.

Diz-se que Xenofonte tornou Tucídides famoso ao publicar sua obra, que era desconhecida, e da qual ele poderia ter se apropriado para uso próprio[50]. Pela doçura de sua prosa ganhou a alcunha de Musa Ática. Por essa razão, ele e Platão invejavam um ao outro, como será dito no capítulo sobre Platão.

[58] Há também um epigrama de minha autoria sobre ele:

> Não somente pela terra dos persas adentrou Xenofonte chamado por Ciro, mas porque procurava pela via que levava a Zeus.
> Ao mostrar que, de sua educação, os feitos gregos foram resultados, perpetuou quão bela é a sabedoria de Sócrates (*Antologia palatina*, VII, 97).

Há uma outra sobre as circunstâncias de sua morte:

> Embora você, Xenofonte, por seus compatriotas Cranau e Cécrope tenha sido condenado ao exílio, por ser amigo de Ciro, ainda assim, a hospitaleira Corinto o recebeu, onde encontrou apenas prazeres; e ali decidiu descansar eternamente (*Antologia palatina*, VII, 98).

[59] Em outros autores, há a afirmação de que ele esteve em seu apogeu junto a outros socráticos, na 89ª Olimpíada[51]; e Istros afirma que ele foi

49. Ou *Banquete*.

50. *História da Guerra do Peloponeso*.

51. 424-420 a.C.

banido por um decreto de Êubulo e chamado de volta por um decreto do mesmo homem.

Houve sete com o nome de Xenofonte: o primeiro, o citado aqui; o segundo, um ateniense, irmão de Pitóstrato, que escreveu *Teseu*, uma biografia de Epaminondas e Pelópidas, entre outras obras; o terceiro, um médico de Cós; o quarto, um autor da história de Aníbal; o quinto, um autor que se ocupava de maravilhas lendárias; o sexto, um escultor, de Paros; e o sétimo, um poeta da Comédia Antiga.

7
ÉSQUINES

[60] Ésquines era filho de Carino, o salsicheiro (ou de Lisânias, segundo outros). Era ateniense e trabalhador desde a juventude. Por esta razão ele nunca abandonou Sócrates, que costumava dizer: "Só o filho do salsicheiro sabe honrar-me". Idomeneu declarou que foi Ésquines, e não Críton, quem aconselhou Sócrates na prisão sobre como escapar, mas que Platão colocou as palavras na boca de Críton porque Ésquines era mais apegado a Aristipo do que a si mesmo. Era dito maliciosamente – em particular por Menedemo de Erétria – que a maioria dos diálogos que Ésquines fez passar por seus eram, na verdade, de Sócrates e obtidos por ele de Xântipe. Entre estes, os diálogos chamados de "acéfalos"[52] são muito desleixados e não mostram nada do vigor de Sócrates; Pisístrato de Éfeso negava até que tenham sido escritos por Ésquines.

[61] Perseu atribuiu a maioria dos sete diálogos a Pasifonte, da escola de Erétria, que os inseriu entre os diálogos de Ésquines. Além disso, Ésquines fez uso do *Pequeno Ciro*, do *Héracles menor* e do *Alcibíades* de Antístenes, bem como de diálogos de outros autores. Dos escritos de Ésquines, sete são os que têm o caráter socrático, a saber: *Milcíades*, por isso é considerado um tanto fraco; *Cálias*; *Axíoco*; *Aspásia*; *Alcibíades*; *Telauges*; e *Rhinon*.

Dizem que a necessidade o levou à Sicília, à corte de Dionísio, e que Platão dele desdenhava, mas foi apresentado a Dionísio por Aristipo e, ao apresentar certos diálogos, recebeu dele presentes. [62] Posteriormente, em seu

52. Na Retórica, discursos sem início (exórdio).

retorno a Atenas, ele não se aventurou a dar palestras devido à popularidade de Platão e Aristipo. Recebia, contudo, pagamentos de alunos e, posteriormente, compôs discursos forenses para clientes levados aos tribunais. Timon refere-se a essa situação com a frase "de Ésquines, escritor nada convincente". Dizem que Sócrates, vendo que ele estava em dificuldade pela pobreza, aconselhou-o a pedir dinheiro emprestado a si mesmo, comendo menos. Aristipo, entre outros, também suspeitava da genuinidade de seus diálogos. Conta-se que, enquanto lia um desses diálogos em Mégara, Aristipo zombou dele perguntando: "Onde você conseguiu esse, seu ladrão?"

[63] Polícrito de Mende, no primeiro livro de sua *História de Dionísio*, diz que Ésquines viveu com o tirano até sua expulsão de Siracusa, e continuou a viver na *pólis* até o retorno de Dion, que estava acompanhado do poeta trágico Carcino. Além disso, existe uma epístola de Ésquines a Dionísio. Fica também claro, em seu discurso de defesa do pai do general Fáiax, e de Dion, que ele recebeu um bom treinamento retórico, imitando principalmente o estilo de Górgias de Leontini. Ademais, Lísias o atacou num discurso que intitulou *Da desonestidade*, que também o coloca como um retórico. É mencionado um único discípulo seu, um certo Aristóteles, cujo apelido era "Fábula".

[64] Panécio pensa que, de todos os diálogos socráticos, os de Platão, Xenofonte, Antístenes e Ésquines são genuínos; manifesta dúvidas sobre os atribuídos a Fédon e Euclides; e rejeita todos os outros.

Houve oito com o nome de Ésquines: o primeiro, o citado aqui; o segundo, um autor de manuais de retórica; o terceiro, um orador adversário de Demóstenes; o quarto, um arcádio, discípulo de Isócrates; o quinto, um mitileno a quem costumavam chamar de "flagelo dos retóricos"; o sexto, um napolitano, filósofo acadêmico, discípulo e favorito de Melântio de Rodes; o sétimo, um milésio que escreveu sobre política; e o oitavo, um escultor.

8
ARISTIPO

[65] Aristipo nasceu em Cirene e, como informa Ésquines, foi para Atenas pela fama de Sócrates. Tendo se apresentado como sofista, como nos informa Fânias de Éreso o Peripatético, ele foi o primeiro dos seguidores de Sócrates a cobrar honorários e a enviar dinheiro ao seu mestre. Em certa ocasião, a soma de vinte minas que ele havia enviado a Sócrates foi-lhe devolvida, com a declaração de que o seu *daímon* não o deixaria recebê-la; na verdade, a própria oferta o irritou. Xenofonte não simpatizava com Aristipo e, por esta razão, o discurso no qual ele denuncia o prazer através de Sócrates é dirigido contra Aristipo[53]. Além disso, Teodoro, em sua obra *Sobre as escolas filosóficas*, trata-o de maneira ríspida; o mesmo faz Platão no diálogo *Da alma*[54], como observamos em outra parte[55].

[66] Aristipo era capaz de se adaptar aos lugares, às ocasiões e às pessoas, e de desempenhar seu papel adequadamente em quaisquer circunstâncias. Por esse motivo, ele recebeu mais favores do que qualquer outra pessoa junto a Dionísio, pois sempre conseguia resolver a situação e obter bons resultados. Ele obtinha prazer com o que estava presente e não se esforçava para obter o prazer de algo que não estava presente. Por isso, Diógenes o chamou de "cão do rei"[56].

53. *Memoráveis*, II, 1.

54. *Fédon*, 59c.

55. Livro III.

56. Ou "cínico do rei". Há aqui um duplo sentido, pois ambas as palavras "cão" e "cínico" apresentam a forma grega κύων (*kýōn*).

Timon também zombou dele por sua luxúria dizendo o seguinte: "Essa é a natureza delicada de Aristipo, que identifica algo falso pelo tato".

Diz-se que ele ordenou que uma perdiz fosse comprada ao custo de cinquenta dracmas e, quando alguém o censurou, ele perguntou: "Você não a compraria por um óbolo?" e, sendo respondido afirmativamente, respondeu: "Cinquenta dracmas têm esse mesmo valor para mim". [67] Quando Dionísio lhe deu a escolha de três cortesãs, ele se retirou com todas as três, dizendo: "Para Páris não foi vantajoso ter escolhido apenas uma". Porém, levou-as até o pátio e deixou-as ir embora. Aristipo ia a extremos tanto na escolha quanto no desprezo. Por isso a observação de Estratão, ou segundo outras fontes de Platão: "Somente a você é permitido vestir mantos elegantes ou trapos". Certa vez, Dionísio cuspiu-lhe o rosto, e a alguém que o repreendeu ele respondeu: "Se os pescadores se deixam encharcar com água do mar para pegar um peixe pequeno, eu não deveria suportar ser molhado com saliva para pegar um tolo?"

[68] Diógenes, lavando a sujeira de seus vegetais, viu-o passar e zombou dele nestes termos: "Se você tivesse aprendido a fazer isso aqui, não teria de cortejar os tiranos", ao que sua resposta foi: "E se você soubesse conviver com os homens, não estaria lavando vegetais". A alguém que perguntou sobre o que havia ganhado com a filosofia, Aristipo respondeu: "A capacidade de sentir-me à vontade em qualquer companhia". Ao ser repreendido por sua extravagância, disse: "Se a extravagância fosse condenável, ela não estaria presente nos festivais dos deuses".

Quando questionado sobre qual a vantagem dos filósofos, ele respondeu: "Se todas as leis forem revogadas, continuaremos vivendo como vivemos agora". [69] Quando Dionísio perguntou qual era a razão pela qual os filósofos iam às casas dos ricos, enquanto os ricos não iam às casas dos filósofos, sua resposta foi: "Uns sabem do que precisam, outros não". Quando foi censurado por Platão por sua extravagância, ele perguntou: "Você considera Dionísio um bom homem?", diante da resposta afirmativa continuou: "E ainda assim ele vive de maneira mais extravagante do que eu. Portanto, não há nada que impeça uma pessoa de viver bem e de maneira extravagante". Quando questionado sobre como os instruídos diferem dos não instruídos, ele respondeu: "Exatamente como diferem os cavalos treinados dos sem treino". Um dia, ao entrar na casa de uma cortesã, um dos rapazes que o acompanhava corou, ao que comentou: "Não é entrar que é difícil, mas sim não ser capaz de sair".

[70] Alguém lhe trouxe um enigma com o pedido de que ele o decifrasse. "Por que, seu tolo", disse ele, "você quer decifrá-lo, se já lhe causa problemas suficientes do jeito que está?" Aristipo dizia: "É melhor ser mendigo do que não ter educação; a um falta dinheiro, ao outro humanidade". Certa vez, quando foi insultado, ele se afastou; e outra pessoa o perseguiu, perguntando: "Por que está fugindo?", Aristipo respondeu: "Porque assim como você tem o privilégio de falar insultos, eu tenho o privilégio de não ouvir". Em resposta a alguém que observou que sempre via filósofos nas casas de pessoas ricas, ele disse: "Da mesma forma, os médicos atendem os que estão doentes, mas ninguém, por essa razão, preferiria estar doente a ser médico".

[71] Aconteceu uma vez em que navegava para Corinto e, sendo surpreendido por uma tempestade, ficou muito inquieto. Alguém lhe disse: "Nós, pessoas comuns, não estamos alarmados, e vocês, filósofos, ficam com medo?" A isto, Aristipo respondeu: "Pois não estamos inquietos com os mesmos tipos de alma". Quando alguém se vangloriou de seu amplo aprendizado e ele disse: "Assim como aqueles que comem muito e aqueles que fazem exercícios exageradamente não têm melhor saúde do que os moderados, também não é uma leitura ampla, mas uma leitura útil, que tende à excelência". Um profissional da justiça, após defendê-lo e ganhar o caso, fez a seguinte pergunta: "Que bem lhe fez Sócrates?", respondeu: "Tanto, que as palavras sobre mim em seu discurso eram verdadeiras".

[72] Aristipo deu a sua filha Areté os melhores conselhos, preparando-a para desprezar o que é excessivo. Alguém perguntou a Aristipo em que seu filho seria melhor se recebesse uma educação, ele respondeu: "Se em nenhuma outra coisa, quando estiver no teatro, pelo menos, ele não se sentará como uma pedra sobre pedra". Quando alguém trouxe seu filho para receber instrução, ele pediu um pagamento de 500 dracmas; o pai contestou dizendo: "Com essa quantia posso comprar um escravo", Aristipo, por fim, respondeu: "Então faça isso, e você terá dois". Ele dizia que não recebia dinheiro de seus amigos para uso próprio, mas para ensiná-los em quais coisas seu dinheiro deveria ser gasto. Quando foi repreendido por contratar um retórico para conduzir seu caso, ele respondeu: "Bem, quando ofereço um jantar, contrato um cozinheiro".

[73] Sendo uma vez insistido por Dionísio a falar sobre filosofia, "Seria ridículo", disse Aristipo, "que você aprendesse comigo o que dizer, e você me ensinasse quando dizê-lo". Com isso, dizem, Dionísio ficou ofendido e o afas-

tou para a última posição da mesa; Aristipo disse: "Você quis conferir mais fama ao último lugar". A alguém que se vangloriava de seu mergulho: "Você não tem vergonha", disse ele, "de se gabar daquilo que um golfinho pode fazer?" Em certa ocasião, sendo questionado sobre qual é a diferença entre o homem sábio e o insensato, disse: "Envie os dois pelados para quem não os conheça e saberá". A alguém que se vangloriava de poder beber muito sem ficar bêbado, disse: "Uma mula também pode".

[74] A alguém que o acusou de viver com uma cortesã, Aristipo perguntou: "Por um acaso há alguma diferença entre pegar uma casa onde muitas pessoas viveram antes e uma onde ninguém jamais morou?" A resposta foi "Não", e ele continuou: "Ou ainda, entre navegar num navio em que dez mil pessoas já navegaram antes e em um no qual ninguém nunca navegou?" "Nenhuma diferença". "Então não faz diferença", disse ele, "se a mulher com quem você mora viveu com muitos ou com ninguém". À acusação de que, embora fosse aluno de Sócrates, cobrava honorários, a sua resposta foi: "Certamente, pois Sócrates também, quando certas pessoas lhe mandavam alimento e vinho, costumava pegar um pouco e devolver o restante; e ele tinha os principais cidadãos de Atenas como seus distribuidores, enquanto eu, disponho apenas de meu escravo Eutíquides".

Aristipo tinha relações com a cortesã Laís, como afirma Sótion no segundo livro de suas *Sucessões de filósofos*. [75] Para aqueles que o censuravam, dizia: "Possuo Laís, mas ela não me possui; e não é a abstinência dos prazeres que é melhor, mas o seu domínio sem sermos prejudicados por eles". A alguém que o repreendeu por extravagância ao comprar iguarias, respondeu: "Você não teria comprado se pudesse tê-las por três óbolos?" A resposta foi afirmativa, "Muito bem, então", disse Aristipo, "não sou mais amante do prazer do que você do dinheiro". Certa vez, Simo, o distribuidor de Dionísio, frígio de nascimento e trapaceiro, mostrava-lhe casas extravagantes pavimentadas com mosaicos, quando Aristipo escarrou e cuspiu em seu rosto. E ao zangar-se com isso, Aristipo falou: "Não achei outro lugar mais adequado".

[76] A Carondas (ou Fédon, segundou outros autores) que perguntou: "Quem é este homem que cheira a unguentos?", Aristipo respondeu: "Eu, seu infeliz, mais infeliz que o rei persa. Mas, como nenhum dos outros animais leva desvantagem por causa disso, o mesmo é com o homem. Condene os

prostitutos que estragaram, para nós, o uso de bons perfumes". Ao ser questionado sobre como Sócrates morreu, ele respondeu: "Como eu gostaria de morrer". Certa vez, o sofista Polixeno fez-lhe uma visita e, depois de ver algumas mulheres e iguarias presentes para entretenimento, repreendeu-o mais tarde por isso. Após um certo tempo, Aristipo perguntou-lhe: "Você pode se juntar a nós hoje?" [77] Aceitando o convite, Aristipo perguntou: "Por que, então, você me censurou? Parece que você censura o custo e não o entretenimento". Numa outra ocasião, quando seu servo carregava dinheiro e achou a carga muito pesada – essa história é contada por Bion em suas *Palestras* – Aristipo gritou: "Jogue fora o excesso e não carregue mais do que você pode suportar". Estando uma vez em viagem, assim que descobriu que o navio era tripulado por piratas, tirou o dinheiro e começou a contá-lo, e então, como que por descuido, deixou o dinheiro cair no mar, e naturalmente começou a lamentar-se. Outra versão da história relata que ele teria dito que era melhor o dinheiro morrer por causa de Aristipo do que Aristipo morrer por causa do dinheiro. Numa outra vez, Dionísio perguntou-lhe para que veio, e ele disse que era para repartir o que tinha e obter o que não tinha. [78] Alguns, porém, afirmam que sua resposta teria sido: "Quando precisei de sabedoria, fui até Sócrates; agora que preciso de dinheiro, venho até você". Aristipo também costumava queixar-se da humanidade que, ao comprar utensílios, as pessoas testavam se ela era verdadeira, mas não tinham um critério predeterminado para julgar a vida. Outros atribuem esta observação a Diógenes. Em certa ocasião, Dionísio, sob efeito do vinho, ordenou a todos que se vestissem de púrpura e dançassem; Platão recusou, citando o verso: "Não consigo me vestir com roupas femininas" (Eurípides, *Bacantes*, v. 836). Aristipo, porém, vestiu a roupa e, quando ia dançar, disse sagazmente: "Mesmo nas festas báquicas quem for prudente não se corromperá" (Eurípides, *Bacantes*, v. 317).

[79] Aristipo, certa vez, fez um pedido a Dionísio em nome de um amigo e, não tendo sucesso, caiu a seus pés. E quando alguém zombou dele por isso, ele respondeu: "Não sou eu o culpado, mas Dionísio quem tem os ouvidos nos pés". Em outra ocasião, ele estava na Ásia e foi feito prisioneiro pelo sátrapa Artafernes; "Você consegue ser alegre nessas circunstâncias?" alguém perguntou a Aristipo. "Sim, seu tolo, pois quando deveria estar mais alegre do que agora que estou conversando com Artafernes?", respondeu. Aristipo costumava compa-

rar aqueles que têm uma educação ordinária, mas que deixam de lado a filosofia aos pretendentes de Penélope; pois os pretendentes conquistaram Melanto, Polidora e outras criadas, mas não tiveram sucesso em se casar com a rainha. [80] Uma observação semelhante é atribuída a Ariston; com efeito, disse ele, quando Odisseu desceu ao submundo, ele viu e se encontrou com quase todos os mortos, mas nunca contemplou sua própria rainha.

Mais uma vez, quando perguntaram a Aristipo o que os belos rapazes deveriam aprender, a sua resposta foi: "O que lhes serão úteis quando se tornarem homens". Ao crítico que o censurou por deixar Sócrates para ir até Dionísio, sua resposta foi: "Mas fui até Sócrates para estudar e até Dionísio para me divertir". Depois de ganhar algum dinheiro ensinando, Sócrates perguntou-lhe: "Onde você conseguiu tanto?", ao que ele respondeu: "Onde você conseguiu pouco".

[81] Uma cortesã tendo lhe dito: "Estou grávida de você", Aristipo respondeu: "Você não tem mais certeza disso do que se, depois de passar por juncos pontiagudos, dissesse que foi espetada por um em particular". Alguém tendo lhe acusado de expor seu filho como se não fosse seu, Aristipo respondeu: "Catarro e piolhos também provêm de nós, mas mesmo assim, por serem inúteis, nós os descartamos o mais longe possível de nós". Tendo recebido uma quantia em dinheiro de Dionísio ao mesmo tempo em que Platão levava um livro e, quando foi criticado por isso, sua resposta foi: "Bem, eu quero dinheiro, Platão quer livros". Tendo sido questionado por alguém por que se deixou refutar por Dionísio, disse: "Pela mesma razão que os outros o refutam".

[82] Dionísio atendeu a um pedido seu de dinheiro dizendo: "Mas você me disse que o homem sábio nunca passaria necessidade". Ao que ele respondeu: "Dá! E depois discutiremos sobre isso". E após receber o dinheiro: "Está vendo como não passo necessidade?" Dionísio, então, disse-lhe: "Quem negocia com um tirano torna-se seu escravo, ainda que de nascimento livre", e Aristipo respondeu: "Não há escravo de nascimento livre".

Esses relatos são mencionados por Dioclés em sua obra *Sobre a vida dos filósofos*; outros escritores atribuem-nas a Platão. Após ficar furioso com Ésquines, Aristipo lodo depois disse a ele o seguinte: "Não nos reconciliaremos? Não deixaremos de agir como tolos? Ou você vai esperar que alguém nos reconcilie entre uma e outra taça de vinho?" Ao que Ésquines respondeu: "Seria bom". [83] "Então lembre-se", continuou Aristipo, "que, embora eu seja mais velho, tomei a iniciativa!" E Ésquines: "Muito bem, por Hera! Disse certas palavras; você é um homem muito melhor do que eu. Pois enquanto eu comecei a briga, você começou a amizade". Essas são as réplicas atribuídas a Aristipo.

Houve quatro indivíduos com o nome de Aristipo: o primeiro, o citado aqui; o segundo, um autor de um livro sobre a Arcádia; o terceiro, o neto de Aristipo, filho de sua filha, que era conhecido como discípulo da própria mãe; e o quarto, um filósofo da Nova Academia.

Conservaram-se os seguintes livros do filósofo cirenaico: uma obra sobre a história da Líbia, dividida em três livros e enviada a Dionísio; uma obra contendo 25 diálogos, alguns escritos em ático, outros em dórico, como segue: [84] *Artábazos; Aos náufragos; Aos exilados; A um mendigo; A Laís; A Poros; A Laís, sobre o espelho; Hérmias; Um sonho; Ao copeiro; Filómelos; A seus amigos; Aos que o censuram por seu amor ao velho vinho e às mulheres; Aos que o censuram por uma vida extravagante; Carta à sua filha Areté; A alguém que treina para as Olimpíadas; Interrogatório;* outro *Interrogatório;* uma peça ocasional para Dionísio; outra peça sobre uma estátua; e uma outra peça sobre a filha de Dionísio; *A alguém que se considerava menosprezado; A alguém que procurava dar conselhos.*

Alguns autores afirmam que ele dedicou tempo para escrever seis livros de ensaios; outros, e entre eles Sosicrates de Rodes, que ele não escreveu nenhum. [85] De acordo com Sótion em seu segundo livro, e Panécio, as seguintes obras também são dele: *Da educação; Da virtude; Introdução à filosofia; Artábazos; Os náufragos; Os exilados; Ensaios*, em seis livros; três peças ocasionais; *A Laís; A Poros; A Sócrates; Da sorte.*

Aristipo estabeleceu como fim supremo o movimento suave resultando em sensação.

Tendo descrito a vida de Aristipo, passaremos agora aos filósofos da escola cirenaica que dele surgiram, embora alguns se autodenominam seguidores de Hegésias, outros de Aniceres, e outros ainda de Teodoro. Além disso, observaremos mais adiante os discípulos de Fédon, dos quais os mais importantes foram aqueles da escola de Erétria. [86] Seguia-se assim: os discípulos de Aristipo foram sua filha Areté, Etíope de Ptolemaida e Antípatro de Cirene. O discípulo de Areté foi Aristipo, que era chamado de "discípulo de sua mãe", e seu discípulo foi Teodoro o Ateu, posteriormente o Deus. O discípulo de Antípatro foi Epitimides de Cirene, o seu foi Paraibates, e este teve como discípulos Hegésias, o defensor do suicídio, e Aniceres, que resgatou Platão.

Esses que aderiram aos ensinamentos de Aristipo e eram conhecidos como cirenaicos tinham as seguintes opiniões: admitiam a existência de dois estados da alma, o prazer e a dor; o primeiro é um movimento suave, o segundo é um movimento áspero. Um prazer não difere de outro prazer, nem um prazer é mais agradável do que outro. [87] Um estado é agradável e o outro repulsivo para todos os seres vivos. No entanto, o prazer corporal, que de acordo com Panécio em *Das escolas filosóficas* é o fim supremo, não é o prazer resultante da remoção das dores, nem a ausência do desconforto que Epicuro aceita e mantém como o fim supremo. Os cirenaicos também sustentam que existe uma diferença entre o fim supremo e a felicidade. Nosso fim é o prazer particular, enquanto a felicidade é a soma total de todos os prazeres particulares, nos quais estão incluídos os prazeres passados e futuros.

[88] O prazer particular é desejável por si mesmo, ao passo que a felicidade é desejável não por si mesma, mas por causa de prazeres particulares. Que o prazer é o fim supremo é provado pelo fato de que, desde a nossa juventude, somos instintivamente atraídos por ele e, quando o obtemos, não buscamos mais nada e evitamos, tanto quanto possível, o seu oposto, a dor. O prazer é bom mesmo que resulte da conduta mais vergonhosa, como diz Hipóboto em sua obra *Das escolas filosóficas*. Pois, mesmo que a ação seja absurda, ainda assim o prazer resultante é desejável por si só e é bom. [89] A remoção da dor, porém, defendida por Epicuro, parece-lhes não ser prazer, nem pouco é dor a ausência de prazer. Tanto o prazer como a dor são considerados movimentos, ao passo que a ausência de prazer, tal como a ausência de dor, não é movimento, uma vez que a ausência de dor é como se fosse a condição de alguém que está adormecido. Os cirenaicos afirmam que algumas pessoas podem deixar de escolher o prazer porque suas almas são perversas; nem todos os prazeres e dores da alma, entretanto, derivam de contrapartes corporais. Por exemplo, sentimos, sem interesse, um prazer na prosperidade de nossa pátria, como se tratasse de nossa própria prosperidade. Também não admitem que o prazer deriva da memória ou expectativa do bem, como fala Epicuro;

[90] pois eles afirmam que o movimento da alma se esgota com o passar do tempo. Mais uma vez, eles sustentam que o prazer não deriva apenas da visão ou da audição, uma vez que ouvimos com prazer a imitação de lamentos, enquanto os lamentos reais causam dor. Os cirenaicos chamam a ausência de prazer e a ausência de dor de condições intermediárias. No entanto, eles insistem que os prazeres corporais são muito melhores que os prazeres da alma, e as dores corporais muito piores que as dores da alma, e que esta é a razão pela qual os infratores são punidos com os primeiros tipos. Presumem que a dor é mais repulsiva e o prazer mais agradável. Por estas razões dão mais atenção ao corpo do que à alma. Consequentemente, embora o prazer seja em si desejável, eles sustentam que as coisas que produzem certos prazeres são frequentemente de natureza dolorosa, exatamente o oposto do prazer; de modo que acumular os prazeres que produzem felicidade lhes parece uma tarefa muito difícil.

[91] Esses filósofos também não aceitam que todo sábio vive de maneira agradável e todo tolo vive de maneira dolorosa, mas apenas na maioria dos casos. Basta desfrutarmos de cada prazer à medida que surgem. Dizem, ainda, que a prudência é um bem, embora desejável não por si mesma, mas pelas suas consequências; que façamos amigos por motivos de interesse, assim como valorizamos uma parte do corpo enquanto a temos; que algumas das virtudes são encontradas até nos tolos; que o exercício físico contribui para a aquisição da virtude; que o sábio não sente inveja, nem amor, nem tem superstição, uma vez que esses sentimentos se devem a meras opiniões vazias; ele sente, entretanto, dor e medo, sendo estes coisas naturais; [92] e que a riqueza também produz prazer, embora não seja desejável por si só.

Além disso, os cirenaicos afirmam que as paixões podem ser conhecidas, mas não as suas causas. Não se dedicam ao estudo da natureza devido à sua aparente incerteza, mas concentraram-se em investigações lógicas devido à sua utilidade. Todavia, Meleagro, no segundo livro de sua obra *Das opiniões filosóficas*, e Clitômaco, no seu primeiro livro de *Das escolas filosóficas*, afirmam que eles consideram a dialética, assim como a física, inúteis, pois, quando se aprende a teoria do bem e do mal, é possível falar com propriedade, estar livre de superstições e escapar do medo da morte. [93] Também sustentam que nada é justo, honroso ou vil por natureza, mas apenas por convenção e costume. Não obstante, a pessoa boa será dissuadida de praticar o mal pelas penalidades impostas e pelos preconceitos que isso suscitaria. Além disso, uma pessoa sábia realmente existe. Eles permitem que o progresso seja alcançável na filosofia, bem como em outros assuntos. Afirmam que a dor de uma pessoa pode exceder a de outra e que as sensações nem sempre são verdadeiras e confiáveis.

Os chamados *hegesíacos*[57] adotaram os mesmos fins, isso é, o prazer e a dor. Não existe gratidão, amizade ou beneficência, porque não escolhemos esses sentimentos por si mesmos, mas simplesmente por motivos de interesse; quando estes não existem não são encontrados aqueles. [94] A felicidade é completamente impossível, pois o corpo é afetado por muito sofrimento, enquanto a alma participa dos sofrimentos do corpo e é vítima de perturbações, e a sorte muitas vezes impede que as esperanças sejam concretizadas. De tudo isso, segue-se que a felicidade é inatingível. Além disso, a vida e a morte são desejáveis e negam que haja algo naturalmente agradável ou desagradável. Quando algumas pessoas ficam satisfeitas e outras sofrem pelas mesmas coisas, isso se deve à falta, à raridade ou ao excesso de tais coisas. A pobreza e a riqueza não têm relevância para sentir prazer; pois os ricos não sentem o prazer de maneira diferente dos pobres. [95] Escravidão e liberdade, nobreza e nascimento humilde, honra e desonra, são igualmente indiferentes na medição do prazer. Para o tolo a vida é vantajosa, enquanto para o sábio é indiferente. A pessoa sábia será guiada em tudo o que fizer pelos seus próprios interesses, pois não há outro que ela considere igualmente merecedor. Supondo que ela colha as maiores vantagens de outrem, elas não seriam iguais às que ela própria proporcionou. Esses filósofos também não aprovam as sensações, porque estas não conduzem ao conhecimento exato, então fazem tudo o que lhes parece racional. Afirmam que os erros devem ser tolerados, pois ninguém erra voluntariamente, mas sob a pressão de algum sofrimento; e que não devemos odiar as pessoas, mas sim educá-las. A pessoa sábia não terá tanta vantagem sobre as outras tanto na escolha dos bens como na repulsa dos males, porque tem como objetivo viver sem dores físicas ou da alma. [96] Esta é então, dizem eles, a vantagem que cabe àqueles que não fazem distinção entre nenhuma das causas quem geram prazer.

57. Seguidores de Hegésias.

Os *anicerianos*[58] concordavam com estes últimos em vários aspectos, mas admitiam que a amizade, a gratidão e o respeito pelos pais existem na vida real, e que uma pessoa boa às vezes deve agir por amor à pátria. Por esse motivo, se a pessoa sábia sofrer constrangimento, ela não será menos feliz, mesmo que poucos prazeres lhe sejam atribuídos. A felicidade de um amigo não é em si desejável, pois não é sentida pelo próximo. A razão não é suficiente por si só para nos inspirar confiança e nos fazer elevar-nos acima da opinião da multidão. Nosso caráter deve ser formado por causa da má disposição que cresceu em nós desde o início. [97] Um amigo deve ser estimado não apenas por sua utilidade – pois, se isso falhar, deveremos de nos afastar dele –, mas pelo sentimento de benevolência pelo qual suportaremos até mesmo as dificuldades. Além disso, embora façamos do prazer o fim supremo e fiquemos aflitos quando privados dele, ainda assim suportaremos isso alegremente por causa de nosso amor ao nosso amigo.

Os *teodorianos* derivaram esse nome de Teodoro, já mencionado, e adotaram suas doutrinas. Teodoro foi um homem que rejeitou totalmente a crença generalizada nos deuses. Deparamo-nos com um livro seu, *Dos deuses*, que não deve ser desprezado. Desse livro, dizem, Epicuro tirou a maior parte do que escreveu sobre o assunto.

[98] Teodoro também foi discípulo de Aniceres e do dialético Dionísio, como Antístenes menciona em suas *Sucessões de filósofos*. Ele considerava a alegria e a tristeza o bem e o mal supremos, uma provocada pela sabedoria, a outra pela loucura. Sabedoria e justiça são bens, e seus opostos são males, sendo o prazer e a dor intermediários entre o bem e o mal. Teodoro rejeitava a amizade porque ela não existia entre os insensatos nem entre os sábios; com os insensatos, quando a necessidade é eliminada, a amizade desaparece, enquanto que os sábios são autossuficientes e não precisam de amigos. Era razoável, como ele pensava, que a pessoa boa não arriscasse a vida na defesa de sua pátria, pois nunca desperdiçaria a sabedoria para beneficiar os insensatos. [99] Ele dizia que o mundo era sua pátria.

Roubo, adultério e sacrilégio seriam permitidos em momentos oportunos, uma vez que nenhum desses atos é, por natureza, vil, se removido o preconceito contra eles, que é mantido para manter unida a multidão tola. O

58. Seguidores de Aniceres.

sábio cederia abertamente às suas paixões, sem a menor consideração pelas circunstâncias. Para justificar isso, Teodoro usava argumentos como estes: "Uma mulher que tem habilidade em gramática será útil enquanto tiver habilidade em gramática?" "Sim". "E um menino, ou um jovem, com habilidade em gramática será útil enquanto tiver habilidade em gramática?" "Sim". [100] "Então, uma mulher bela será útil enquanto for bela? E um menino belo, ou um jovem belo, serão úteis enquanto forem belos?" "Sim". Quando essas premissas fossem admitidas, ele levaria o argumento à seguinte conclusão: "Portanto, quem usa qualquer coisa para o propósito para o qual é útil não comete mal. Nem se ceder à beleza enquanto é útil". Por meio de alguns desses argumentos, Teodoro defendia seu ponto de vista.

Ele parece ter sido chamado de *theós* (deus) em consequência do seguinte argumento dirigido a ele por Estilpo: "Você é, Teodoro, o que você declara ser?" Ele concordou e Estilpo continuou: "E você diz que é um deus?" Concordou novamente. "Então você é um deus". Teodoro aceitou isso e Estilpo disse-lhe com um sorriso: "Mas, ó patife, com esse pensamento você poderia admitir ser uma gralha e dez mil outras coisas".

[101] Certa vez, Teodoro, sentado ao lado de Euríclides o Hierofante, falou: "Diga-me, Euríclides, quem são aqueles que violam os mistérios?" Euríclides respondeu: "Aqueles que os revelam aos não iniciados". "Então você mesmo os viola", disse Teodoro, "quando os explica aos não iniciados".

Teodoro dificilmente teria escapado de ser levado ao Areópago se Demétrio de Falero não o tivesse resgatado. Mas Anfícrates, em seu livro *Sobre homens ilustres*, diz que ele foi condenado a beber cicuta. [102] Por um tempo ele permaneceu na corte de Ptolomeu, filho de Lagos, e certa vez foi enviado por este até o embaixador Lisímaco. Por conta de sua maneira muito franca de falar, Lisímaco perguntou: "Diga-me, você não é o Teodoro que foi banido de Atenas?" Ao que ele respondeu: "Sua informação está correta; Atenas não pôde me suportar assim como Sêmele não suportou Dionísio, e me expulsou". E quando Lisímaco acrescentou: "De maneira alguma volte aqui!" "Nunca!", disse ele, "a menos que Ptolomeu me envie". Mitras, o ministro de Lisímaco, presente nesse momento, disse: "Parece que você não ignora apenas os deuses, mas também os reis!", e Teodoro respondeu: "Como você pode dizer que eu ignoro os deuses quando acho que você é odiado por eles?" Diz-se que, em uma ocasião em Corinto, Teodoro viajou para o exterior com um numeroso grupo de discípulos, e Metrocles o Cínico, que estava lavando cerefólio, comentou: "Você, sofista, não precisaria de tantos discípulos se lavasse vegetais". Então Teodoro retrucou: "E se você soubesse conviver com os homens, não se serviria desses vegetais". [103] Uma anedota semelhante é contada sobre Diógenes e Aristipo, como mencionado acima[59].

Eram esses o caráter e a doutrina de Teodoro. Por fim, retirou-se para Cirene, onde viveu com Magas e continuou a receber grandes honras. Na primeira vez que foi expulso de Cirene, ele falou graciosamente: "Fazem muito bem, homens de Cirene, levando-me da Líbia para a Grécia".

Cerca de vinte indivíduos levaram o nome de Teodoro: o primeiro, um sâmio, filho de Roicos. Foi ele quem aconselhou colocar brasas sob os alicerces do templo de Éfeso (pois, como o solo estava muito úmido, as cinzas, isentas de fibras lenhosas, reteriam uma solidez à prova de água); o segundo, um geômetra cirenaico, a cujas palestras Platão assistiu; o terceiro, o filósofo citado aqui; o quarto, o autor de um excelente trabalho sobre a prática da voz; [104] o quinto, uma autoridade em compositores musicais a partir de Terpândros; o sexto, um estoico; o sétimo, um autor de uma obra sobre os romanos; o oitavo, um siracusano que escreveu sobre táticas; o nono, um bizantino, famoso pelos seus discursos políticos; o décimo, igualmente famoso, mencionado por Aristóteles em sua *Epítome de oradores*; o décimo primeiro, um escultor tebano; o décimo segundo, um pintor, mencionado por Polemo; o décimo terceiro, um pintor ateniense, sobre quem Menódoto escreveu; o décimo quarto, um pintor efésio, mencionado por Teófanes em seu trabalho sobre pintura; o décimo quinto, um poeta que escreveu epigramas; o décimo sexto, um autor que escreveu sobre os poetas; o décimo sétimo, um médico, discípulo de Ateneu; o décimo oitavo, um filósofo estoico de Quios; o décimo nono, um milésio, também filósofo estoico; e o vigésimo, um poeta trágico.

59. Cf. § 68.

9
FÉDON

[105] Fédon era natural de Élis e de família nobre; com a queda de sua *pólis*, foi levado cativo e enviado à força para uma casa de tolerância. Mas, em resumo, conseguiu contatar Sócrates, e este induziu Alcibíades ou Críton e seus amigos a resgatá-lo; a partir de então ele se dedicou à filosofia e se tornou um homem livre. Hierônimo, em sua obra *Da suspensão do juízo*, ataca Fédon e o chama de escravo.

Dos diálogos que levam seu nome, *Zópiros* e *Simão* são genuínos; o *Nícias* é duvidoso; alguns dizem que o *Medíon* é obra de Ésquines, enquanto outros o atribuem a Polieno; o *Antímaco* (ou *Os anciãos*) também é questionado; e os *Contos dos sapateiros* também são atribuídos, por alguns, a Ésquines.

Fédon foi sucedido por Plistano de Élis, e uma geração depois por Menedemo de Erétria e Asclepíades de Fliunte, que vieram da escola de Estilpo. Até então, a escola era conhecida como a de Élis, mas a partir de Menedemo passou a ser chamada de escola de Erétria. De Menedemo falaremos mais adiante, pois ele iniciou uma nova escola filosófica.

10
EUCLIDES

[106] Euclides era natural de Mégara, no istmo, ou, segundo alguns, era de Gela, como Alexandro afirma em suas *Sucessões de filósofos*. Dedicou-se ao estudo de Parmênides, e seus seguidores eram chamados de megáricos por sua causa, depois erísticos e, posteriormente, dialéticos, nome que lhes foi dado pela primeira vez por Dionísio de Calcedônia porque expressavam seus argumentos na forma de perguntas e respostas. Hermódoro conta que, após a morte de Sócrates, Platão e os demais filósofos vieram até ele, alarmados com a crueldade dos tiranos. Ele considerava que o bem supremo era realmente um só, embora tivesse muitos nomes – às vezes sabedoria, às vezes deus, ou então mente, e assim por diante. E rejeitava tudo que é contrário ao bem, declarando que isso não existia.

[107] Ao empreender uma demonstração, Euclides não atacava as premissas, mas as conclusões. Rejeitava o argumento feito por analogia, declarando que ele deve ser baseado em coisas semelhantes ou de dissimilares. Se fosse baseado em semelhanças, é com elas, e não com suas analogias, que seus argumentos deveriam tratar; se baseado em coisas diferentes, é supérfluo colocá-los lado a lado. Por essa razão, Timon diz dele, atingindo também outros socráticos: "Não me importo com esses tagarelas, nem com outros quaisquer, nem com Fédon, seja ele quem for, nem com o briguento Euclides, que passou aos megáricos um amor frenético pela controvérsia".

[108] Euclides escreveu seis diálogos: *Lamprias*; *Ésquines*; *Fênix*; *Críton*; *Alcibíades;* e *Amatório*. À escola de Euclides pertence Eubulides de Mileto,

autor de muitos argumentos dialéticos em forma de interrogatório: *O mentiroso*; *O disfarçado*; *Electra*; *O argumento velado*; *Os sorites*; *O chifrudo;* e *O calvo*. Dele é dito por um dos poetas cômicos: "Eubulides, o erístico que propunha seus argumentos sobre chifres e confundia os oradores com argumentos falsos e pretensiosos, desapareceu com toda a fanfarronice de um Demóstenes". Aparentemente, Demóstenes foi seu discípulo e, assim, melhorou sua pronúncia da letra R. [109] Eubulides discordava de Aristóteles e disse muitas coisas para desacreditá-lo. Entre outros membros da escola de Eubulides incluía-se Alexino de Élis, um homem muito apaixonado por controvérsias, razão pela qual era chamado de *Elenxino*[60]. Manteve várias controvérsias, principalmente contra Zenão. Hermipo diz que ele deixou Élis e se mudou para Olímpia, onde estudou filosofia. Seus discípulos perguntaram por que ele se transferiu para lá e foram informados de que sua intenção era fundar uma escola e chamá-la de Olímpica. Mas, como suas provisões se esgotaram e seus discípulos acharam o lugar insalubre, eles o deixaram, e Alexino passou a viver na solidão com um único criado. E algum tempo depois, enquanto nadava no Rio Alfeu, foi espetado por um junco, e deste ferimento morreu.

[110] Há, sobre ele, algumas linhas de minha autoria:

> Não era vã aquela fábula que um certo infeliz, enquanto
> mergulhava,
> teve o pé perfurado, de alguma forma, por um prego; pois
> o venerável homem
> Alexino, antes de cruzar o Alfeu, morreu ao ser perfurado por um junco (*Antologia palatina*, III, 129).

Alexino escreveu não apenas uma obra contra Zenão, mas também outras, incluindo uma contra o historiador Éforo.

À escola de Eubulides também pertencia Eufanto de Olinto, que escreveu uma história de sua própria época. Foi ainda poeta e escreveu diversas tragédias, com as quais conquistou grande reputação nos festivais. Tornou-se professor do Rei Antígono[61] e dedicou-lhe sua obra *Da realeza*, que foi muito popular. Eufanto morreu de velhice.

60. No grego, ἔλεγχος (*élenkhos*) é o argumento de refutação.

61. Antígono Dóson (263 a.C. – 221 a.C.).

[111] Houve, ainda, outros alunos de Eubulides, entre eles Apolônio, apelidado de Cronos. Este teve como discípulo Diodoro, filho de Ameinias de Íasos, que também foi apelidado de Cronos, de quem Calímaco diz em seus *Epigramas*: "O próprio Momos escrevia nas paredes: Cronos é sábio". Diodoro também era um dialético e supostamente foi o primeiro a descobrir os argumentos conhecidos como "velado" e "chifrudo". Quando estava na corte de Ptolomeu Soter, teve certas questões dialéticas que lhe foram dirigidas por Estilpo e, não conseguindo resolvê-las imediatamente, foi repreendido pelo rei e, entre outras humilhações, o apelido de *cronos*[62] foi dado a ele por meio de zombaria. [112] Ele deixou o banquete e, depois de escrever sobre um problema de lógica, acabou a vida em desânimo. Sobre ele também escrevi as linhas:

> Diodoro Cronos, que *daímon* o enterrou em nefasto desespero,
> para que você se lançasse no Tártaro, por ter não te
> decifrado as palavras
> enigmáticas de Estilpo? Por isso, revelou-se um Cronos
> sem C nem R[63] (*Antologia palatina*, VII, 19).

Os sucessores de Euclides foram Ictias, filho de Métalos, um homem excelente a quem Diógenes o Cínico dirigiu um de seus diálogos; Clinômaco de Túrio, que foi o primeiro a escrever sobre proposições, atributos e coisas do gênero; e Estilpo de Mégara, um filósofo dos mais ilustres, de quem falaremos.

---

62. Aqui ocorre um trocadilho entre as palavras de pronúncias quase semelhantes Κρόνος (*Krónos* – Cronos, o titã) e χρόνος (*khrónos* – tempo, o passar do tempo).

63. Ou seja, um ὄνος (*ónos* – asno).

11
ESTILPO

[113] Estilpo, de Mégara na Grécia, foi discípulo de alguns dos seguidores de Euclides, embora outros o consideram discípulo do próprio Euclides e, além disso, de Trasímaco de Corinto, que era amigo de Ictias, segundo Heráclides. Ele se destacou tanto em inventividade e sofística que quase toda a Grécia foi atraída por ele e ingressou na escola de Mégara. Sobre ele, o filósofo Filipo de Mégara citou as seguintes palavras: "De Teofrasto, ele atraiu para sua escola os teóricos Metrodoro e Timágoras de Gela; de Aristóteles – o filósofo cirenaico –, Clitarco e Símias; e dos próprios dialéticos, ele conquistou Paionios; de Aristides, Dífilos do Bósforo, filho de Eufantos, e Mírmex, filho de Exainetos, que vieram para refutá-lo, mas tornaram-se adeptos devotados". [114] E, além desses, Estilpo conquistou o peripatético Frasídemo, um físico talentoso, e o retórico Alcimo, o principal orador de toda a Grécia; conquistou também Crates e muitos outros; além disso, junto com estes, ele trouxe para sua escola Zenão o Fenício.

Estilpo também era excelente na arte da política. Casou-se formalmente, mas convivia com uma amante chamada Nicarete, como afirma Onetor numa obra. Ele tinha uma filha indisciplinada, casada com seu amigo Símias de Siracusa. E, como ela não vivia de acordo com as regras, alguém disse a Estilpo que ela era uma vergonha para ele; a isso ele respondeu: "Não mais do que sou uma honra para ela".

[115] Dizem que Ptolomeu Soter deu-lhe grande importância e, quando obteve posse de Mégara, ofereceu-lhe uma quantia em dinheiro e convidou-o a voltar com ele para o Egito. Estilpo, porém, aceitou apenas uma quantia mo-

derada, recusou a viagem proposta e mudou-se para Egina até que Ptolomeu partisse. Quando Demétrio, filho de Antígono, tomou Mégara, ele tomou medidas para que a casa de Estilpo fosse preservada e todas as suas propriedades saqueadas lhe fossem devolvidas. Mas quando solicitou uma relação dos bens perdidos, Estilpo negou ter perdido algo que realmente lhe pertencesse, pois ninguém lhe havia tirado o saber, e possuía ainda a sua eloquência e o seu conhecimento.

[116] Conversando sobre o dever de fazer o bem ao próximo, ele causou tal impressão no rei que este ficou admirado ao ouvi-lo. Conta-se que, certa vez, Estilpo usou o seguinte argumento a respeito da estátua de Atena, feita por Fídias: "Atena, filha de Zeus, é um deus?" E quando o outro disse "Sim", ele continuou: "Mas esta não é de Zeus, e sim de Fídias", em face da concordância, ele concluiu: "Então não é um deus". Por conta disso foi convocado perante o Areópago, onde não negou a acusação, mas afirmou que o raciocínio estava correto, pois Atenas não era um deus, mas uma deusa; a divindade masculina que é um deus. No entanto, a história conta que os juízes do Areópago ordenaram que ele deixasse a *pólis*, e então Teodoro, cujo apelido era Deus, disse ridicularizando-o: "Como Estilpo sabe disso? Ou ele levantou as roupas dela e viu suas genitais?" De fato, Teodoro era muito atrevido e Estilpo muito engenhoso.

[117] Quando Crates lhe perguntou se os deuses se deleitam com orações e adorações, ele teria respondido: "Não faça essa pergunta na rua, seu simplório, só faça quando estivermos sozinhos!" Dizem que Bion, quando lhe perguntaram se os deuses existem, respondeu: "Você não afastará a multidão de mim, velho desgraçado?"

Estilpo era simples, nada esnobe e podia facilmente adaptar-se às pessoas comuns. Por exemplo, quando Crates o Cínico não respondeu à pergunta que lhe foi feita e apenas insultou quem a fez, "Eu sabia", disse Estilpo, "que você diria tudo, menos o que deveria". [118] Outra vez, quando Crates ofereceu-lhe um figo ao mesmo tempo que lhe fazia uma pergunta; Estilpo pegou o figo e comeu; ao que Crates exclamou: "Por Héracles, perdi o figo!", e Estilpo comentou: "Não só isso, mas também a sua pergunta, pela qual o figo era um pagamento adiantado". Novamente, ao ver Crates tremendo de frio no inverno, ele disse: "Parece, Crates, que você precisa de um manto novo [e bom senso][64]". Crates ficou irritado e respondeu com a seguinte paródia: "E eu vi Estilpo passando por sofrimentos penosos e duradouros em Mégara, onde dizem estar o leito de Tifos; lá ele discutia com muitos camaradas ao seu redor, perdendo tempo na busca literal da virtude".

[119] Diz-se que em Atenas ele atraía tanto o público que as pessoas saíam correndo das oficinas para vê-lo. Quando alguém disse: "Estilpo, eles olham para você como se você fosse um ser exótico". "Não como exótico", disse ele, "mas como se eu fosse um homem de verdade". E, sendo extremamente hábil em controvérsias, Estilpo costumava acabar até com os conceitos gerais, e dizia que quem afirmava a existência do ser humano não se referia a nenhum indivíduo em particular, ou seja, nem a este ou aquele indivíduo. Pois por que deveria se referir a uma pessoa mais do que a outra? Portanto, ele também não se refere ao ser individualmente. Novamente, "verdura" não é uma verdura em particular, pois ela já existia há 10 mil anos. Portanto isso não é verdura. Conta-se que, no meio de uma discussão com Crates, Estilpo correu para comprar peixe e, quando Crates tentou detê-lo dizendo: "Está abandonando a discussão?", sua resposta foi: "Eu não! Mantenho a discussão. Estou abandonando você; pois a discussão permanecerá, mas o peixe logo será vendido".

[120] Nove diálogos desinteressantes dele ainda existem: *Moscos*; *Aristipo* ou *Cálias*; *Ptolomeu*; *Querecrates*; *Metrocles*; *Anaxímenes*; *Epigenes*; *À sua filha;* e *Aristóteles*. Heráclides relata que Zenão, o fundador da escola estoica, foi discípulo de Estilpo; Hermipo diz que Estilpo morreu em idade avançada depois de tomar vinho para apressar sua morte.

Há também algo de minha autoria sobre ele:

> Estilpo de Mégara certamente você conhece; a velhice e depois a doença o derrubaram, uma dupla formidável; mas ele encontrou no vinho um cocheiro mais forte que os pares de cavalo; bebeu avidamente e foi levado (*Antologia palatina*, V, 42).

Estilpo também foi ridicularizado por Sófilos, o poeta cômico, no drama *Casamento*: "A palavra de Carino é uma rolha de Estilpo[65]".

64. Há um jogo de palavras aqui. A pronúncia de "καινοῦ" (*kainoû* – novo) soa exatamente como a forma "καὶ νοῦ" (*kaì noû* – e bom-senso).

65. Rolhas de Estilpo: argumentos com os quais o filósofo silenciava seus oponentes.

12
CRÍTON

[121] Críton era cidadão de Atenas, extremamente devotado a Sócrates e cuidava tanto dele que negligenciava suas próprias necessidades. Seus filhos Critôbulos, Hermogênes, Epigênes e Ctésipos também foram discípulos de Sócrates. Críton escreveu 17 diálogos, reunidos em um único volume sob os títulos: *Os homens não se tornam melhores pela instrução*; *Do supérfluo; Do que é conveniente,* ou *O estadista; Da beleza; Sobre fazer o mal; Da boa ordem; Da lei; Do divino; Das artes; Da sociedade; Da sabedoria; Protágoras,* ou *O estadista; Das cartas; Da poética; Da instrução; Do conhecimento,* ou *Da ciência; O que é o conhecimento?*

13
SIMÃO

[122] Simão era cidadão de Atenas e sapateiro. Quando Sócrates chegava à sua oficina e começava a conversar, ele costumava anotar tudo o que conseguia lembrar. Por isso chamam seus diálogos de "couro". Existem 33 desses diálogos, reunidos em um único volume: *Dos deuses; Do bem; Do belo; O que é o belo?; Do justo* (dois diálogos); *Da virtude, que não pode ser ensinada; Da coragem* (três diálogos); *Da lei; Da demagogia; Da honra; Da poesia; Do viver bem; Do amor; Da filosofia; Da ciência; Da música; Da poesia;* [123] *Do belo; Do ensino; Da arte da conversação; Do juízo; Do ser; Do número; Da diligência; Da eficiência; Da ganância; Da pretensão; Do belo*. Outros são: *Da deliberação; Da razão* ou *Da conveniência;* e *Da maldade.*

Simão foi o primeiro, segundo dizem, a introduzir o método socrático na conversação. Quando Péricles prometeu apoiá-lo e instou-o a juntar-se a ele, sua resposta foi: "Não renunciarei à minha liberdade de expressão por dinheiro".

[124] Houve outro Simão, escritor de tratados sobre a arte retórica; um outro, médico, na época de Seleuco Nicanor; e um terceiro que era escultor.

14 GLAUCO

Glauco era cidadão de Atenas. Dele, existem 9 diálogos, reunidos em um único volume: *Fídilo; Eurípides; Amintico; Eutias; Lisitídeos; Aristófanes; Céfalo; Anaxifemo;* e *Menexeno.* Existem também 32 outros considerados espúrios.

15
SÍMIAS

Símias era cidadão de Tebas. Dele, existem 23 diálogos, reunidos em um único volume: *Da sabedoria; Do raciocínio; Da música; Dos versos; Da coragem; Da filosofia; Da verdade; Das cartas; Do ensino; Da arte; Do governo; Da conveniência; Do que se deve escolher e evitar; Da amizade; Do conhecimento; Da alma; Do viver bem; Do possível; Do dinheiro; Da vida; O que é o belo?; Da diligência;* e *Do amor.*

16
CEBES

[125] Cebes era cidadão de Tebas. Dele, existem três diálogos: *A tabuleta; O sétimo dia;* e *Frínicos.*

17
MENEDEMO

Menedemo foi um dos discípulos de Fédon; ele era filho de Clístenes, membro do clã chamado Teopropidas, de boa família, embora mestre de obras e homem pobre; outros autores dizem que ele era pintor de cenários e que Menedemo aprendeu os dois ofícios. Assim, quando ele propôs um decreto à assembleia, um certo Alexínio o atacou, declarando que o filósofo não era uma pessoa adequada para pintar uma cena ou propor um decreto. Quando Menedemo foi despachado pelos eretrianos para Mégara, em missão militar, ele visitou a Academia de Platão e ficou tão atraído que abandonou o serviço militar. [126] Asclepíades de Fliunte levou-o consigo, e ele morou em Mégara com Estilpo, cujas palestras ambos assistiam. De Mégara, navegaram para Élis, onde se juntaram a Anquípilo e Moscos da Escola de Fédon. Até então, como foi afirmado na *Vida de Fédon*[66], a escola era chamada de Escola de Élis. Depois foi chamada de Escola de Erétria, por conta da pátria do filósofo de quem estamos falando. Aparentemente, Menedemo era um tanto pomposoe, por esse motivo, Crates diz o seguinte em sua paródia: "Asclepíades de Fliunte e o touro de Erétria"; e Timon: "Esse tolo levanta as sobrancelhas quando fornece suas farsas".

[127] Menedemo era um homem tão pomposo que Euríloco de Cassandra, quando foi convidado para ir à corte de Antígono junto com Clípides, um jovem de Cízico, recusou o convite, temendo que Menedemo soubesse

66. Cf. § 105.

disso, de tão áspero e franco que era. Quando um jovem galante quis tomar liberdades com Menedemo, ele não disse uma palavra, mas pegou um graveto e desenhou no chão a figura de um jovem tendo relações sexuais; todos os olhares se voltaram para o jovem que, percebendo o insulto, foi embora. Certa vez, Hiérocles, que comandava o Pireu, caminhou para cima e para baixo com ele no santuário de Anfiarau e falou muito sobre a captura de Erétria; Menedemo não deu outra resposta além de lhe perguntar por que Antígono mantinha relações sexuais com ele.

[128] A um adúltero que se vangloriava de seus feitos, Menedemo disse: "Você sabia que não só o repolho tem um sabor bom, mas o rabanete também?" Ao ouvir um jovem que gritava muito, ele disse: "Veja bem o que há atrás de você e não percebe". Quando Antígono o consultou se deveria ou não ir a um festim, ele rompeu o silêncio apenas para lhe reportar que ele era filho de um rei. Quando um sujeito estúpido lhe contou algo sem nenhum objetivo aparente, Menedemo perguntou se ele tinha uma fazenda; ouvindo a resposta afirmativa, e ainda que tinha muitas outras posses, ele disse: "Então vá e cuide de tudo isso, para evitar que essas coisas sejam arruinadas e um bom indivíduo seja jogado fora". A alguém que perguntou se uma pessoa virtuosa deveria se casar, ele perguntou: "Para você, eu pareço virtuoso ou não?" Sendo a resposta afirmativa, ele disse: "Bem, eu me casei". [129] A alguém que afirmava haver muitas coisas boas, Menedemo perguntou quantas e se achava que eram mais de cem. Em outra ocasião, não podendo suportar a extravagância de quem o convidara para jantar, nada disse quando foi convidado novamente, mas repreendeu claramente o anfitrião, limitando-se a comer apenas azeitonas. No entanto, devido a esta liberdade de expressão, Menedemo correu grande perigo em Chipre com o seu amigo Asclepíades, quando estava na corte de Nicocreonte. Pois quando o rei realizou a habitual festa mensal e convidou estes dois juntamente com os outros filósofos, Menedemo disse que, se a reunião de tais homens fosse uma coisa boa, a festa deveria ser realizada todos os dias; se não, seria supérfluo mesmo sendo mensal. [130] Tendo o tirano respondido a isso dizendo que naquele dia ele tinha tempo livre para ouvir filósofos, ele insistiu ainda mais teimosamente, declarando, durante a festa, que os filósofos deveriam ser ouvidos em toda e qualquer ocasião. A consequência foi que, se um certo flautista não o tivesse

afastado, teria sido morto. A esse respeito, conta-se que, quando eles estavam num barco durante uma tempestade, Asclepíades teria dito que o flautista os salvou graças a seu gosto refinado, enquanto que a liberdade de expressão de Menedemo os arruinou.

Diz-se que ele evitava o trabalho e era indiferente ao andamento de sua escola. Pelo menos não se via nenhuma ordem em suas aulas, nem nenhum círculo de bancos; mas cada discípulo escutava onde estivesse, andando ou sentado, e o próprio Menedemo se comportava da mesma maneira. [131] Em outros aspectos, ele era nervoso e cuidadoso com sua reputação; tanto que, quando, em certa ocasião, o próprio Menedemo e Asclepíades ajudavam um homem a construir uma casa, Asclepíades aparecia nu no telhado passando a argamassa e Menedemo tentava se esconder sempre que via alguém se aproximando. Depois de participar da vida pública, ele ficava tão nervoso que, ao acender um incenso, deixava-o cair do incensário. Certa vez, quando Crates o cercou e o atacou por se intrometer na política, ele ordenou que prendessem Crates. Mas Crates, mesmo assim, ficava na ponta dos pés para observar Menedemo enquanto ele passava e o chamava de "Agamêmnon"[67] e "Líder da *pólis*"[68].

[132] Menedemo também era, de certa forma, bastante supersticioso. Numa certa ocasião, quando estava em uma estalagem com Asclepíades e inadvertidamente comeu alguma carne que havia sido jogada fora, ele ficou doente e pálido ao saber do fato, até que Asclepíades o repreendeu, dizendo que não foi a carne que lhe fez mal, mas apenas sua suspeita disso. Em todos os outros aspectos ele era magnânimo e liberal. Quanto ao corpo, mesmo na velhice, ele era sadio e tinha uma aparência bronzeada, como qualquer atleta; era gordo e desgastado; em estatura ele era bem proporcionado, como pode ser visto na estátua do antigo estádio de Erétria, que o representa, sem dúvida intencionalmente, quase nu, e mostra a maior parte do seu corpo.

[133] Ele era acolhedor e frequentemente convidava os amigos, entre os quais poetas e músicos, devido ao clima nada saudável de Erétria. Acolheu também Árato, Licofron, o poeta trágico, e Antágoras de Rodes. Menedemo dedicou-se, acima de tudo, a estudar Homero e, além dele, os poetas líricos,

67. Em grego: Ἀγαμεμνόνειος (*Agamemnóneios*), adjetivo relativo a Agamêmnon.

68. Em grego: Ἡγησίπολις (Hēgēsípolis), composto entre as palavras ἥγησις (*hḗgēsis* – comando, liderança) e πόλις (*pólis*).

Sófocles e Aqueu, a quem atribuiu o segundo lugar como escritor de dramas satíricos, dando a Ésquilo a primeira posição. Por essa razão que ele citava, contra seus oponentes políticos, o seguinte trecho: "Num instante, o rápido é ultrapassado pelo fraco, e a águia pela tartaruga". [134]; esses versos são do *Onfale*, um drama satírico de Aqueu. Portanto, é um erro dizer que ele não tenha lido nada, exceto a Medeia de Eurípides, que alguns autores afirmam ser obra de Neofronte de Sicíon.

Menedemo desprezava os professores da escola de Platão e Xenócrates, bem como o filósofo cirenaico Paraibates. Ele tinha uma grande admiração por Estilpo; e em uma ocasião, quando foi questionado sobre ele, Menedemo não deu outra resposta senão que era um homem libertador. Menedemo era difícil de entender e, ao fazer uma concatenação de pensamentos, era difícil superá-lo. Com sua versatilidade, ele voltava-se para qualquer argumento e era excelente em inventar objeções. Ele era o mais dado à discussão, de acordo com Antístenes em suas *Sucessões de filósofos*. Em particular, ele gostava de usar o seguinte argumento: "Uma de duas coisas é diferente da outra?" "Sim". "E conferir benefícios é diferente de ser bom?" "Sim". "Então conferir benefícios não é bom".

[135] Diz-se que ele não admitia proposições negativas, convertendo-as em afirmativas, e destas admitia apenas proposições simples, rejeitando aquelas que não são simples, isto é, proposições hipotéticas e complexas. Heráclides declara que, embora em suas doutrinas fosse um platônico, ainda assim brincava com a dialética. Tanto é assim que, quando Alexino, certa vez, perguntou se ele havia parado de bater no pai, sua resposta foi: "Eu não batia nele nem parei"; e após Alexino insistir que ele deveria ter esclarecido a ambiguidade com um claro "Sim" ou "Não", Menedemo disse: "Seria absurdo seguir as suas regras quando posso resisti-las". E quando Bion atacou persistentemente os adivinhos, Menedemo disse que estava matando os mortos.

[136] Ao ouvir alguém dizer que o maior bem era conseguir tudo o que se deseja, ele respondeu: "Querer o que devemos querer é um bem muito maior". Antígono de Caristo afirma que Menedemo nunca escreveu ou compôs nada e, portanto, nunca se manteve firme em nenhuma doutrina; acrescenta, ainda, que, ao discutir questões, ele era tão combativo que só se retirava depois de ficar exausto. E, no entanto, embora fosse tão resoluto no debate,

era o mais calmo possível na sua conduta. Por exemplo, embora divertia-se com Alexino zombando dele cruelmente, Menedemo era muito gentil com ele, pois, quando sua esposa temeu que em sua viagem de Delfos a Cálcis pudesse ser atacada e roubada, ele lhe proporcionou uma escolta.

[137] Ele era um amigo muito caloroso, como é possível ver em sua amizade com Asclepíades, que dificilmente era inferior à devoção [de Orestes][69] demonstrada por Pílades. Sendo Asclepíades o mais velho, dizia-se que ele era o dramaturgo e Menedemo o ator. Dizem que certa vez, quando Arquípolis lhes ofereceu 3 mil dracmas, eles se demoraram tanto na questão de saber quem seria o segundo colocado, que nenhum dos dois recebeu o dinheiro. Diz-se que eles se casaram com uma mãe e sua filha; Asclepíades casou-se com a filha e Menedemo com a mãe. Após a morte de sua própria esposa, Asclepíades casou-se com a esposa de Menedemo; e este último, quando assumiu o governo da *pólis*, casou-se com uma mulher rica como segunda esposa. No entanto, como ambos moravam na mesma casa, Menedemo confiou a administração da casa à sua ex-esposa.

[138] Asclepíades morreu primeiro, em idade avançada, e em Erétria, tendo vivido com Menedemo de forma extremamente barata, embora tivessem grandes recursos. Algum tempo depois, um amante de Asclepíades apareceu querendo participar de uma festa; sendo recusado pelos discípulos, Menedemo ordenou-lhes que o admitissem, dizendo que mesmo naquele momento, debaixo da terra, Asclepíades abria-lhe a porta. Foram Hipônico o Macedônio e Agetor de Lâmia, os seus principais benfeitores; este último deu, a cada uma dos dois, 30 minas, enquanto Hipônico forneceu a Menedemo 2 mil dracmas como dote para suas filhas; elas eram três, segundo Heráclides, nascidas de uma mulher natural de Oropo.

[139] Menedemo costumava dar suas festas da seguinte maneira: tomava o café da manhã com dois ou três amigos e ficava até tarde; em seguida, alguém chamava os convidados presentes e os que já haviam comido para que, se alguém chegasse cedo demais, andaria de um lado para o outro e perguntaria aos que saíam da casa o que havia na mesa e que horas eram. Se fossem apenas vegetais ou peixe salgado, eles se retiravam; mas se houvesse carne,

---

69. N.T.

eles entravam. No verão, uma esteira de palha era colocada sobre cada divã; no inverno, uma pele de carneiro. O convidado levava sua própria almofada. A tacinha que era distribuída não era maior do que um copo de ¼ de litro. A sobremesa consistia em tremoços ou feijões, às vezes de frutas maduras como peras, romãs, uma espécie de ervilha, ou mesmo, por Zeus, figos secos. [140] Todos esses fatos são mencionados por Licofron em seu drama satírico intitulado *Menedemo*, composto como uma homenagem a ele. Aqui está um exemplo: "Depois de um breve banquete, a modesta taça era distribuída com discrição, e a sobremesa era um discurso moderado para quem gostava de ouvir".

A princípio, Menedemo era desprezado, sendo chamado de cínico e farsante pelos eretrianos. Depois, porém, ele passou a ser muito admirado, tanto que lhe confiaram o governo da *pólis*. Foi mandado em missão a Ptolomeu e a Lisímaco, recebendo honrarias por onde passava. Além disso, ele foi enviado a Demétrio e fez com que o tributo anual de 200 talentos que costumavam pagar a Demétrio fosse reduzido em 50 talentos. Quando foi acusado junto a Demétrio de conspirar para entregar a *pólis* a Ptolomeu, Menedemo se defendeu em uma carta que começa assim: [141] "Menedemo ao Rei Demétrio, saudações. Ouvi dizer que chegou a você um relatório a meu respeito". Há uma versão de que um certo Ésquilo, um de seus adversários políticos, fez essas acusações contra ele. Contudo, Menedemo parece ter se comportado de maneira digna na embaixada a Demétrio sobre o assunto de Oropo, como Eufanto relata em suas *Histórias*. Antígono também era muito apegado a Menedemo e costumava se autoproclamar seu discípulo. E quando derrotou os bárbaros perto de Lisimáquia, Menedemo promulgou um decreto em sua honra em termos simples e livres de lisonjas, começando da seguinte maneira: [142] "Os generais e os conselheiros declaram: Considerando que o rei Antígono está retornando para a sua pátria depois de derrotar os bárbaros em batalha, e considerando que em todos os seus empreendimentos ele prospera de acordo com a sua vontade, o Conselho e o povo decretam..."

Por esses motivos, e pela sua atitude amistosa com o rei em relação a outros assuntos, Menedemo foi acusado de querer entregar a *pólis* a Antígono e, sendo denunciado por Aristodemo, retirou-se de Erétria e permaneceu algum tempo em Oropo, no templo de Anfiarau. Mas, como algumas taças de ouro desapareceram do templo, ele foi ordenado a partir por votação geral dos beócios, como afirma Hermipo; e então, em desespero, após uma visita secreta à sua pátria, ele levou consigo sua esposa e filhas e foi à corte de Antígono, onde, em desânimo, acabou com a vida.

[143] Heráclides conta outra história, que ele foi eleito conselheiro dos eretrianos e salvou a *pólis* de uma tirania, recorrendo mais de uma vez a Demétrio; sendo assim, ele provavelmente não entregaria Erétria para Antígono, mas foi vítima de uma acusação falsa; em seguida, refugiou-se junto a Antígono, pois queria induzi-lo a dar liberdade para a sua pátria; e, como Antígono não cedeu, em desespero pôs fim à sua vida abstendo-se de comer durante sete dias. O relato de Antígono de Caristo é semelhante. Somente contra Perseu ele travou uma guerra abertamente, pois se pensava que, quando Antígono se dispôs, por causa de Menedemo, a restaurar a democracia em Erétria, Perseu o impediu. [144] Por isso, em certa ocasião, enquanto bebia, Menedemo refutou Perseu em uma discussão e disse, entre outras coisas: "Como filósofo é assim, mas como homem é o pior de todos os que vivem e que nascerão".

De acordo com Heráclides, Menedemo morreu aos 74 anos. Há, sobre ele, um epigrama de minha autoria:

> Ouvi dizer, Menedemo, do seu destino, de como você se extinguiu por sua própria vontade, ficando sete dias sem comer nada.
> Um ato digno de um eretriano, mas não de um homem; pois guiado pelo desespero, ele o coagiu (*Antologia palatina*, V, 40).

Esses são, portanto, os discípulos de Sócrates ou os seus sucessores. Devemos, agora, passar a Platão, o fundador da Academia, e aos seus sucessores, pelo menos aos que se tornaram ilustres.

LIVRO III

1
PLATÃO

Platão era cidadão de Atenas e filho de Ariston e Perictione (ou Potone), que tinha uma ascendência que chegava até Sólon (Sólon tinha um irmão, Dropídes; este era pai de Crítias, que era pai de Calaiscros, que era pai de Crítias, um dos Trinta, e de Glauco, que era pai de Cármides e Perictione. Assim, Platão, filho dessa Perictione e de Ariston, estava na sexta geração após Sólon. Por sua vez, Sólon traçava sua ascendência até Neleu e Poseidon). Diz-se que seu pai estaria ligado diretamente a Codro, filho de Melanto, e, segundo Trasilo, Codro e Melanto também seriam descendentes de Poseidon.

[2] Espeusipo, em sua obra *Banquete fúnebre de Platão*, Clearco em seu *Encômio a Platão*, e Anaxilaides, no segundo livro de *Dos filósofos*, contam que havia um boato em Atenas de que Perictione, na plenitude de sua vida, era tratada com violência e nada acontecia; parou de ser violento quando Apolo lhe apareceu em um sonho, e por isso não a molestou até o parto.

Platão nasceu, segundo Apolodoro, em sua *Crônica*, na 88ª Olimpíada[70], no sétimo dia do mês de Targélion, no mesmo dia em que os habitantes de Delos afirmam que Apolo nasceu. Segundo Hermipo, Platão morreu durante um banquete de casamento, no primeiro ano da 108ª Olimpíada, com 81 anos[71]. [3] No entanto, Neantes diz que ele morreu aos 84 anos, e era seis anos

70. 428-425 a.C.

71. 347 a.C.

mais novo que Isócrates. De fato, Isócrates nasceu no arcontado de Lisímaco[72], e Platão no de Ameinias[73], no ano da morte de Péricles.

Platão pertencia ao *demo* Colito, como diz Antileon no segundo livro de sua *Crônica*. Ele nasceu, segundo alguns autores, em Egina, e segundo Favorino em suas *Histórias diversas*, nasceu na casa de Fidíades, filho de Tales. Seu pai foi enviado, juntamente com outros, como cleruco para Egina, mas retornou a Atenas quando os lacedemônios, que defendiam a causa dos eginetas, expulsaram os atenienses. Platão atuou como corego em Atenas, sendo arcado por Dion, como afirma Atenodoro no oitavo livro de sua obra *Excursões*. [4] Ele tinha dois irmãos, Adimanto e Glauco, e uma irmã, Potone, de quem nasceu Espeusipo.

Platão foi ensinado nas letras na escola de Dionísio, que ele menciona nos *Rivais*[74]. Aprendeu ginástica com Ariston, o lutador argivo, de quem recebeu o nome de Platão[75], por causa de sua figura robusta (anteriormente seu nome era Arístocles, em homenagem a seu avô, como Alexandro informa na obra *Sucessões de filósofos*). Outros, porém, afirmam que ele recebeu o nome Platão devido à amplitude de seu estilo, ou devido à amplitude de sua testa, como diz Neantes. Outros afirmam, ainda, que ele lutou nos Jogos Ístmicos – isso é informado por Dicaiarcos no primeiro livro de *Das vidas* – [5] e que ele se dedicou à pintura e escreveu poemas, primeiro ditirambos, depois poemas líricos e tragédias. Diz-se que sua voz era fraca; e isso é confirmado por Timóteo, o ateniense, em seu livro *Das vidas*. Diz-se, também, que Sócrates, em um sonho, viu um filhote de cisne que criou asas de repente e levantou voo emitindo um doce canto. No dia seguinte, Platão foi apresentado como um discípulo, e então Sócrates reconheceu nele a ave de seu sonho.

No início, Platão estudou filosofia na Academia, e depois no jardim de Colono (como afirma Alexandre em suas *Sucessões de filósofos*), como seguidor de Heráclito. Mais tarde, quando se preparava para participar de um concurso de tragédias, ouviu Sócrates em frente ao teatro de Dionísio,

72. 436-435 a.C.

73. 429-428 a.C.

74. 132a.

75. O nome "Platão" vem de πλατύς (*platýs*), adjetivo com significado primário de "largo" ou "amplo"; também era usado para pessoas de aspecto forte e robusto ou de testa grande.

e então colocou fogo em seus poemas exclamando: "Hefesto, chega aqui! Platão precisa de você neste momento!" (Homero, *Ilíada*, Canto XVIII, v. 392). [6] A partir de então, aos 20 anos, assim se diz, tornou-se discípulo de Sócrates.

Quando Sócrates morreu, ele se uniu a Crátilo o Heraclitiano e a Hermógenes, que professava a filosofia de Parmênides. Aos 28 anos, segundo Hermódoro, Platão retirou-se para Mégara, juntando-se a Euclides, com alguns outros discípulos de Sócrates. Em seguida, ele seguiu para Cirene em uma visita a Teodoro, o matemático, de lá foi para a Itália para ver os filósofos pitagóricos Filolau e Eurito, e dali, por fim, foi ao Egito em visita aos profetas; diz-se que Eurípides o acompanhou e que lá adoeceu, mas foi curado pelos sacerdotes que o trataram com água do mar; por isso ele disse numa peça: "O mar lava todos os males humanos" (*Ifigênia em Táuride*, v. 1193) [7] Além disso, Homero dizia que todos os homens do Egito eram médicos[76].

Platão também pretendia, ainda, conhecer os magos, mas foi impedido pelas guerras na Ásia. De regresso a Atenas, passava seu tempo na Academia, um ginásio fora da *pólis* situado num bosque; era assim chamada por causa do herói Academo, como diz Eupolis, na peça *Os desertores*: "Nos sombreados caminhos do divino Academo". Além disso, Timon refere-se a Platão assim: "Entre todos, Platão era o líder, um peixe grande, mas um orador de palavras doces, tão musical quanto as cigarras que, junto das árvores de Academo, emitem uma voz tão delicada quanto um lírio". [8] Inicialmente, porém, o nome do lugar era Hecademia, escrito com "he".

Platão também era amigo de Isócrates. E Praxifanes transcreveu uma conversa entre ambos sobre poetas, no campo, onde Platão hospedou Isócrates. Aristoxeno afirma que Platão combateu três vezes: a primeira, em Tanagra; a segunda, em Corinto; e a terceira, em Délio, onde obteve o prêmio de bravura. Fez uma mistura das doutrinas de Heráclito, dos pitagóricos e de Sócrates. No que se refere às coisas sensíveis, segue Heráclito; ao inteligível, segue Pitágoras; e à filosofia política segue Sócrates.

[9] Alguns autores, entre os quais Sátiro, dizem que ele escreveu a Dion na Sicília instruindo-o a comprar três livros pitagóricos de Filolau por 100 minas. Pois dizem que ele estava bem de vida, tendo recebido de Dionísio

---

76. *Odisseia*, Canto IV, v. 231.

mais de 80 talentos, como afirma Onetor em sua obra *Se um homem sábio negocia*. Além disso, fez bastante uso das obras do poeta cômico Epicarmo, do qual transcreveu muitas coisas, como diz Álcimo nos quatro livros *A Amintas*. No primeiro deles, escreve assim:

> É evidente que Platão repete muitas coisas de Epicarmo. Deve-se considerar: Platão afirma que o sensível é aquilo que nunca permanece nem em qualidade nem em quantidade, mas está sempre em movimento e mudança. [10] Caso um certo número seja retirado das coisas, elas não serão iguais nem determinadas, tanto em quantidade como em qualidade. Estas são as coisas às quais pertencem o que sempre existiu e o que nunca existiu. Já o inteligível é algo constante do qual nada é subtraído, e ao qual nada é acrescentado. Esta é a natureza das coisas eternas, que é sempre igual e sempre a mesma. E, de fato, Epicarmo, a respeito das coisas sensíveis e inteligíveis, expressou-se claramente:
>
> A – De fato, os deuses sempre existiram; nunca, em momento algum, eles deixaram de existir, e o que sempre foi é igual e sempre o mesmo.
>
> B – No entanto, diz-se que o Caos foi o primeiro dos deuses.
>
> A – Como assim? Antes não existia algo de onde vir nem para onde ir.
>
> B – Então nada veio em primeiro, afinal?
>
> A – Por Zeus, nem em segundo! [11] Pelo menos não as coisas de que estamos falando agora. Elas sempre existiram.
>
> A – Se alguém decide adicionar uma pedra a uma pilha que contém um número ímpar ou par, conforme desejar, ou retirar uma das que já estão lá; você acha que o número de pedras permaneceria o mesmo?
>
> B – Certamente não.
>
> A – E se alguém decidir adicionar outro comprimento a uma medida de côvado, ou retirar parte do que já existia, a medida original ainda existiria?
>
> B – Claro que não.
>
> A – Agora considere assim a humanidade. Uma pessoa cresce e outra encolhe; todos elas estão passando por mudanças o tempo todo. Mas algo que muda naturalmente e nunca permanece no mesmo estado deve ser sempre diferente daquilo que mudou. Logo, você e eu éramos outros ontem, somos outros agora, e seremos outros amanhã; e nunca permaneceremos os mesmos, segundo esse argumento.

[12] Novamente, Álcimo acrescenta o seguinte:

> Os sábios dizem que a alma percebe certas coisas por meio do corpo, como ver e ouvir; há outras coisas que ela discerne por si mesma, sem

a ajuda do corpo. Por consequência, segue-se que, das coisas existentes, algumas são sensíveis e outras inteligíveis. Por esse motivo, Platão dizia que, caso se pretenda compreender os princípios subjacentes ao todo, deve-se, primeiramente, distinguir as ideias em si mesmas, como, por exemplo, a igualdade, a unidade, a pluralidade, a magnitude, o repouso e o movimento; em segundo lugar, é necessário assumir a existência do [13] belo, do bom, do justo e de similares; em terceiro lugar, deve-se observar quantas entre as ideias são relativas a outras ideias, assim como o conhecimento, a magnitude e o domínio, considerando que as coisas têm os mesmos nomes que essas ideias porque participam delas – quero dizer que as coisas que participam da justiça são justas, coisas que participam da beleza são belas. Cada uma das ideias é eterna, é uma noção e, além disso, é imutável. Por isso, Platão afirma[77] que as ideias existem na natureza como paradigmas, e que todas as outras coisas têm uma semelhança com as ideias porque são cópias desses paradigmas.

Além disso, Epicarmo, sobre o bem e sobre as ideias, fala o seguinte:

> [14] A – Tocar aulos é uma coisa?
>
> B – Certamente.
>
> A – E a pessoa que toca aulos?
>
> B – De jeito nenhum.
>
> A – Deixe-me ver, o que é um tocador de aulos? O que ele lhe parece? Um homem? Ou não?
>
> B – Com toda certeza.
>
> A – Não lhe parece, então, que seja assim com o bem? Acaso o bem em si mesmo não é uma coisa? E aquele que o aprendeu e o conhece não se torna imediatamente bom? Pois, assim como se torna um tocador de aulos quem aprende a tocar aulos, ou um dançarino quem aprende a dançar, ou um tecelão quem aprende a tecer, da mesma forma, se alguém aprende uma coisa desse tipo, ele não seria arte, e sim o artista.

[15] Platão, ao conceber sua teoria das ideias, diz[78] que, se existe memória, existirão ideias presentes nas coisas, porque a memória é de algo estável e permanente, e nada é permanente exceto as ideias. "Pois como", diz ele, "poderiam os animais ter sobrevivido, a menos que tivessem apreendido a ideia e tivessem sido dotados de inteligência pela Natureza para esse fim?

---

77. *Parmênides*, 132d.

78. *Fédon*, 96b.

Agora, eles se lembram das semelhanças e de seus alimentos, sejam quais forem, mostrando que todos os animais têm a ideia inata de discernir o que é semelhante. E, portanto, percebem o que lhes é similar".

Como, então, Epicarmo coloca isso?

> [16] "Eumeu, a sabedoria não está em uma só espécie, mas todos os seres vivos têm um entendimento similar. Se você estudar atentamente a galinha, ela não dará à luz os pintos vivos, mas sentará para chocar os ovos e despertará vida neles. Esse saber é conhecido apenas pela Natureza, pois a galinha aprendeu por si mesma".

E novamente:

> Não é nada admirável que falemos assim e estejamos satisfeitos conosco mesmos e pensemos que somos belas pessoas. Pois um cão parece a mais bela das coisas para um outro cão, um boi para outro boi, um burro para outro burro e um porco para outro porco.

[17] Álcimo observa esses, e outros exemplos, em seus quatro livros, apontando o que Platão usou de Epicarmo. E que o próprio Epicarmo estava plenamente consciente da sua sabedoria pode ser visto nas linhas em que ele prediz que haveria quem o imitasse:

> Como penso – pois, quando penso alguma coisa, sei muito bem –, minhas palavras em algum momento serão lembradas; alguém as pegará e as libertará da métrica em que estão agora colocadas, ou melhor, lhes dará um traje púrpura, adornando-as com belas frases; e, sendo invencível, mostrará que todos os outros podem ser facilmente vencidos.

[18] Platão, ao que parece, foi o primeiro a levar para Atenas os livros de mimos de Sófron – que haviam sido desprezados até então – e a moldar personagens no estilo desse poeta. Além disso, dizem que um exemplar dos mimos foi encontrado sob seu travesseiro.

Platão fez três viagens à Sicília. Na primeira, foi para ver a ilha e as crateras [do Etna], quando Dionísio, filho de Hermócrates, era tirano e obrigou-o a tornar-se íntimo dele. Mas quando Platão falou sobre a tirania e sustentou que o interesse do governante por si só não era o melhor fim, a menos que ele também fosse preeminente em virtude, o tirano sentiu-se ofendido e, com raiva exclamou: "Suas palavras são de um velho senil!", ao que Platão respondeu: "E as suas, de um tirano". [19] Com isso, o tirano ficou furioso e a princípio decidiu matá-lo; então, quando foi dissuadido por Díon e Aristomenes, não o fez, mas entregou-o ao lacedemônio Polis, que acabara de chegar em uma embaixada, com ordens de vendê-lo. Polis o levou para Egina e lá o vendeu. E então Carmandro, filho de Carmandrides, aplicou-lhe pena de morte de acordo com a lei em vigor entre eles, no sentido de que o primeiro ateniense que pisasse na ilha fosse condenado à morte sem julgamento. Essa lei havia sido aprovada pelo próprio promotor, segundo Favorino em suas *Histórias diversas*. Porém, quando alguém insistiu, embora em tom de brincadeira, que o infrator era um filósofo, o tribunal deu-lhe liberdade. Outros dizem que Platão foi levado à Assembleia e, sob vigilância, manteve silêncio absoluto e aguardou o veredito. A Assembleia decidiu não o condenar à morte, mas vendê-lo como se fosse um prisioneiro de guerra.

[20] Aníceris de Cirene estava, por um acaso, presente e resgatou-o por vinte minas – segundo outros, a soma era de trinta minas – e enviou-o para Atenas, para junto de seus amigos, que imediatamente remeteram o dinheiro. Mas Aníceris recusou, dizendo que os atenienses não eram o único povo com o privilégio de cuidar de Platão. Outros afirmam que Dion enviou o dinheiro e que Aníceris não quis aceitar, mas comprou para Platão o pequeno jardim que fica na Academia. Polis, no entanto, teria sido derrotado por Cábrias e depois afogado em Hélice, tendo o tratamento dado ao filósofo provocado a ira divina, como diz Favorino no primeiro livro de sua *Memorabilia*. [21] Dionísio, de fato, não conseguia se acalmar. Ao tomar conhecimento dos fatos, ele escreveu e ordenou a Platão que não falasse mal dele; Platão respondeu que não tinha tempo para manter Dionísio em mente.

Na segunda vez, visitou o jovem Dionísio, solicitando-lhe terras e colonos para viverem segundo sua república. Dionísio prometeu-lhes, mas não cumpriu a palavra. Alguns dizem que Platão também corria grande perigo, sendo suspeito de encorajar Dion e Teodatas a libertar toda a ilha; nesta ocasião, Arquitas, o pitagórico, escreveu a Dionísio, intercedeu por ele e enviou-o em segurança para Atenas. A carta é a seguinte:

> *Arquitas saúda Dionísio.*
>
> [22] Nós, todos amigos de Platão, enviamos a você Lamisco e Fotidas para trazer o homem conforme os termos estipulados. Você fará bem em lembrar o zelo com que você pediu a todos nós a garantir a ida de Platão; determinado a persuadi-lo e a assumir, entre outras coisas,

> a responsabilidade por sua segurança enquanto ele permanecesse com você e em seu retorno. Lembre-se também que atribuiu grande importância à sua ida e, desde então, teve mais consideração por ele do que por qualquer um de sua corte. Se houve algum desentendimento, cabe a você se comportar com humanidade e enviá-lo ileso para nós. Ao fazer isso, você agirá com justiça e terá nossa gratidão.

[23] Na terceira vez, Platão foi para reconciliar Dion e Dionísio, mas, não conseguindo, retornou à pátria. Ali se absteve de participar da política, embora seus escritos mostrarem que era um político. A razão foi que o povo já estava habituado a medidas e instituições diferentes. Panfile, no vigésimo quinto livro de sua *Memorabilia*, diz que os arcádios e tebanos, quando fundaram Megalópole, convidaram Platão para ser seu legislador; mas que, quando descobriu que eles se opunham à igualdade de posses, recusou-se a ir. Conta-se que Platão intercedeu por Cábrias, o general, quando foi acusado de pena e morte, embora ninguém mais em Atenas o fizesse, [24] e que, nesta ocasião, enquanto ele subia para a Acrópole junto com Cábrias, o informante Cróbulo encontrou-se com ele e disse: "Veio aqui para defendê-lo, ignorando que a cicuta de Sócrates espera por você?" A isto Platão respondeu: "Assim como enfrentei perigos ao combater pela pátria, também os enfrentarei agora como exige o dever para com um amigo".

Platão foi o primeiro a introduzir o argumento por meio de perguntas, segundo Favorino no oitavo livro de suas *Histórias diversas*; foi o primeiro a ensinar a Leodamante de Tasos o método de investigação pela análise; e o primeiro que, na filosofia, empregou os termos "antípodas", "elemento", "dialética", "qualidade", "número oblongo" e, entre limites, as "superfícies planas"; também "providência divina". [25] Ele também foi o primeiro filósofo a contestar o discurso de Lísias, filho de Céfalo, expondo-o, palavra por palavra, no *Fedro*[79], e o primeiro a investigar a importância da gramática. E, como foi o primeiro a atacar as opiniões de quase todos os seus antecessores, levanta-se a questão de por que ele não faz menção a Demócrito. Neantes de Cízico conta que, ao ir para Olímpia, os olhos de todos os gregos se voltaram para Platão, e lá ele conheceu Dion, que estava prestes a fazer sua expedição contra Dionísio. No primeiro livro da *Memorabilia*, de Favorino, há uma declaração

79. 230e.

de que o persa Mitrídates ergueu uma estátua de Platão na Academia e inscreveu nela o seguinte: "O persa Mitrídates, filho de Orontobates, dedicou às Musas uma imagem de Platão, feita por Silanio".

[26] Heráclides declara que, em sua juventude, Platão era tão modesto e ordeiro que nunca foi visto rindo além da medida. Apesar disso, ele também foi ridicularizado pelos poetas cômicos. Teopompo, em *Hedychares*, diz o seguinte:

> Nada é verdadeiramente um, até mesmo o número dois dificilmente é um, segundo Platão.

Anaxândrides, em *Teseu*, diz:

> Quando devorava azeitonas igual Platão.

Timon referia-se a ele com trocadilhos:

> Como Platão inventou, vendo formas estranhas[80].

[27] Alexis, em *Meropida*:

> Você chegou na hora certa. Não sei o que fazer! Fico andando para cima e para baixo, assim como Platão, e não descobri nada sábio, apenas cansei as pernas.

Também em *Ancilion*:

> Você fala sobre o que não sabe; corra junto a Platão e saberá sobre sabão e cebola.

Ânfis, em *Anfícrates*:

> A – E quanto ao bem, seja ele qual for, que você consegue obter por isso, senhor, conheço menos que o bem de Platão.
> B – Aproxime-se, então.

[28] E em *Dexidemides*:

> Ó Platão, nada mais sabe além de ser mal-humorado e levantar as sobrancelhas como um caracol.

Cratino, também, em *A falsa troca*:

---

80. Em grego, há um jogo de palavras entre os verbos ἀναπλάσσω (*anaplássō* – inventar) e πλάσσω (*plássō* – formar) com o nome Πλάτων (*Plátōn* – Platão).

> A – Claramente você é um homem e tem uma alma.
> B – Segundo Platão, não sei, mas suspeito que sim.

Alexis, em *Olimpiodoro*:

> A – Meu corpo mortal ficou seco; minha parte imortal foi para os ares.
> B – Isso não é esta uma doutrina de Platão?

E no *Parasita*:

> Ou tagarelar sozinho com Platão.

Anaxilas também zomba dele no *Botrylion*, *Circe* e *Ricas*.

[29] Aristipo, no quarto livro de *Sobre a vida luxuosa dos antigos*, diz que Platão se apaixonou por um jovem chamado Aster, que se juntou a ele no estudo da astronomia, por Dion, que foi mencionado acima, e, como alguns afirmam, por Fedro também. Sua afeição apaixonada é revelada nos seguintes epigramas, que escreveu para eles:

> Observe os atros, meu Aster! Se eu me tornasse
> o céu, com muitos olhos o contemplaria (*Antologia palatina*, VII, 669).

E outro:

> Aster, entre os vivos, brilhava como Eos;
> agora, morto, brilha como Hesper no horizonte (*Antologia palatina*, VII, 670).

[30] E ele escreveu sobre Dion o seguinte:

> Lágrimas a Hécuba e às mulheres troianas
> As Moiras decretaram desde o seu nascimento,
> Mas a você, Dion, que conquistou a vitória em belos feitos,
> As *daimones* reservaram grandes esperanças.
> Jaz na imensa pátria, honrado pelos seus concidadãos,
> Ó meu Díon, que deixou meu coração louco de amor (*Antologia palatina*, VII, 99).

[31] Esse epigrama, dizem, foi inscrito no túmulo de Dion em Siracusa. Diz-se, ainda, que, apaixonado por Alexis e Fedro, como mencionado anteriormente, compôs o seguinte:

> Agora que eu disse que não há nada tão belo quanto Alexis, é contemplado em todos os lugares e por todos quando passa.
>
> Meu coração, por que você mostra aos cães um osso e depois nele repara? Não foi assim que perdemos Fedro? (*Antologia palatina,* VII, 100).

Platão também tinha Arquenassa[81], sobre quem escreveu o seguinte:

> Possuo Arquenassa, uma meretriz de Cólofon, em cujas rugas reside um amor ardente.
>
> Ah! Infelizes os que nela navegaram em sua juventude de primeira viagem! Que chama ela deve ter acendido em vocês! (*Antologia palatina,* VII, 217).

[32] Também para Agatão:

> Enquanto beijava Agatão, tinha a alma nos lábios, como se essa infeliz quisesse passar para ele (*Antologia palatina,* VII, 78).

E outro:

> Jogo essa maçã para você e, se de fato você estiver disposto a me amar, então a receba e deixe-me provar sua virgindade.
>
> Mas se acaso pensa de outra forma – que não aconteça! – pegue esta mesma maçã e observe quão breve é (*Antologia palatina,* VII, 79).

E novamente:

> Sou uma maçã, lança quem te ama. Mas aceite, Xântipe; eu e você nos consumimos (*Antologia palatina,* VII, 80).

[33] Diz-se também que é dele o epigrama sobre os eretrianos exilados:

> Nascidos de Eubeia, somos eretrianos, e perto de Susa jazemos. Ai! Que longe estamos de nossa terra! (*Antologia palatina,* VII, 259).

E outro:

> A Cipriana falou às Musas: "Donzelas, honrem Afrodite ou armarei Eros contra vocês".
>
> As Musas para a Cipriana: "Vá para o Ares com essas baboseiras!
>
> Essa criancinha não nos abala" (*Antologia palatina,* VII, 39).

81. Uma meretriz.

E novamente:

> Tendo encontrado ouro, um homem deixou um laço; mas outro, não encontrando o ouro que havia deixado, enforcou-se com o laço encontrado (*Antologia palatina,* VII, 44).

[34] Além disso, Molon, seu inimigo, disse: "Não é admirável que Dionísio esteja em Corinto, mas sim que Platão esteja na Sicília". E parece que Xenofonte não se dava bem com ele. De qualquer forma, eles têm escritos semelhantes, como se fosse uma disputa: *Banquete*, *Apologia de Sócrates* e tratados morais. Além disso, um escreveu *República*, o outro *Ciropédia*. Em *As leis*[82], Platão declara que a história da educação de Ciro é uma invenção, pois Ciro não corresponde à descrição dada por Xenofonte. E embora ambos façam menção a Sócrates, nenhum deles se refere ao outro, exceto uma vez que Xenofonte menciona Platão no terceiro livro de *Memoráveis*. [35] Diz-se também que Antístenes, prestes a ler publicamente algo que havia composto, convidou Platão para estar presente. E ao perguntar o que estava prestes a ler, Antístenes respondeu que era algo sobre a impossibilidade de contradição. "Como então", disse Platão, "você pode escrever sobre isso?", mostrando-lhe assim que o argumento se refuta; então ele escreveu um diálogo contra Platão e intitulou-o *Sathon*. Depois disso, eles continuaram afastados um do outro. Dizem que, ao ler o *Lísis* de Platão, Sócrates exclamou: "Por Héracles, quantas falsidades este jovem está contando sobre mim!" Pois o homem escreveu muitas coisas que Sócrates nunca havia dito.

[36] Platão também tinha más relações com Aristipo. Com efeito, no diálogo *Da alma*[83], ele o acusa de não estar presente na morte de Sócrates, embora estivesse perto, em Egina. Demonstrava, dizem, certa inveja de Ésquines, devido à sua estima junto a Dionísio, e que, ao chegar à corte, Ésquines era desprezado por Platão por causa de sua pobreza, mas foi apoiado por Aristipo. Idomeneu afirma que os argumentos usados por Críton, quando na prisão incita Sócrates a escapar, são, na verdade, de Ésquines, e que Platão os atribuiu a Críton por causa de sua inimizade com Ésquines.

---

82. 694c.

83. *Fédon*, 59c.

[37] Em nenhum lugar dos seus escritos Platão se menciona pelo nome, exceto na *Apologia*[84] e em *Da alma*[85]. Aristóteles observa que o estilo dos diálogos está entre a poesia e a prosa. E de acordo com Favorino, quando Platão leu o diálogo *Da alma*, só Aristóteles permaneceu até o fim; todos os outros se levantaram e foram embora. Alguns dizem que Filipo do Opus transcreveu *As leis*, que foram deixadas em tábuas de cera, e diz-se que ele foi o autor do *Epinomis*. Euforio e Panécio relatam que o início da *República* foi várias vezes revisado e reescrito, e Aristoxeno declara que a própria *República* teria sido quase toda incluída nas *Controvérsias* de Protágoras. [38] Conta-se que *Fedro* foi seu primeiro diálogo. Pois o assunto tem algo de jovial. Dicearco, entretanto, acusa todo o seu estilo de escrita de ser vulgar.

Conta-se que Platão, certa vez, viu alguém jogando dados e o repreendeu. E, após ele protestar que jogava apenas por uma insignificância, "mas o hábito", respondeu Platão, "não é insignificante". Ao ser questionado se haveria memórias dele como de seus antecessores, ele respondeu: "Deve-se, primeiramente, fazer um nome, e não lhe faltarão memórias". Certo dia, quando Xenócrates estava presente, Platão pediu-lhe que açoitasse seu escravo, já que ele próprio não conseguia fazê-lo porque estava irritado. [39] Além disso, alega-se que ele disse a um de seus escravos: "Eu o açoitaria, se eu não estivesse irritado". Montado a cavalo, ele rapidamente desceu novamente, declarando que temia ser infectado pelo orgulho do cavalo. Aos embriagados ele aconselhava a se olharem no espelho; pois assim abandonariam o hábito tão vergonhoso. Beber em excesso não era apropriado em nenhum lugar, dizia ele, exceto nas festas do deus que dá o vinho. Dormir demais também lhe era desagradável. Em *As leis*[86] ele declara que [40] "Quem dorme não serve para nada". Também disse que a verdade é a coisa mais agradável de se ouvir; outros dizem outra versão, que a verdade é a coisa mais agradável de se falar. Novamente, sobre a verdade, Platão, em *As leis*[87], diz o seguinte: "A verdade é bela, ó estrangeiro, e estável. Mas é uma coisa da qual não é fácil persuadir".

---

84. 34a

85. *Fédon*, 59b.

86. 808b.

87. 663e.

Julgava-se digno de ser lembrado, seja nos amigos ou nos livros. Ele se mantinha o mais recluso possível, segundo alguns afirmam.

A sua morte, como já foi relatada[88], ocorreu no 13º ano do reinado do Rei Filipe, conforme afirma Favorino no terceiro livro de sua *Memorabilia*, e segundo Teopompo foram-lhe prestadas honras na sua morte por Filipe. Mironiano, porém, em seus *Paralelos*, diz que Filon menciona alguns provérbios que circulavam sobre os piolhos de Platão, o que poderia significar que esse teria sido o motivo de sua morte. [41] Ele foi enterrado na Academia, onde passou a maior parte de sua vida em estudos filosóficos. E, por essa razão, a partir dele, a escola foi chamada de Acadêmica. Todos se juntaram ao cortejo fúnebre. Os termos de seu testamento foram os seguintes:

> Essas são as coisas que Platão deixou e estabeleceu: A propriedade em Ifistiades – limitada ao norte pela estrada do templo em Cefisia, ao sul pelo templo de Héracles em Ifistiades, a leste pela propriedade de Arquéstrato de Freario, e a oeste pela propriedade de Filipo de Colideu – será ilegal para qualquer um vendê-la ou aliená-la, mas será do menino Adimanto enquanto possível; [42] a propriedade em Eresides que comprei de Calímaco – limitada ao norte pela propriedade de Eurimedonte Mirrinusio, ao sul pela propriedade de Demóstrato de Xipeteon, a leste pela propriedade de Eurimedonte Mirrinusio, e a oeste pelo rio Céfiso; três minas de prata; um vaso de prata pesando 165 [dracmas]; uma pequena taça pesando 45 [dracmas]; um anel de ouro e um brinco pesando juntos quatro dracmas e três óbolos. Euclides, o lapidário, deve-me três minas; deixo livre a Ártemis. Deixo quatro empregados domésticos: Ticon, Bictas, Apolônides e Dionísio. [43] Móveis domésticos, conforme consta do inventário, cuja cópia Demétrio possui. Não devo nada a ninguém. Meus executores são Leóstenes, Espeusipo, Demétrio, Hégias, Eurimedon, Calímaco e Trasipo.

Dessa maneira dispôs. Foram inscritos em seu túmulo os seguintes epitáfios:

> Aqui jaz o divino Arístocles, que excedeu os mortais em temperança e justiça.
>
> Se alguém, entre todos, recebeu da sabedoria um grande louvor, ele possui isso em demasia, e a inveja não o segue (*Antologia palatina*, VII, 60).

88. Cf. § 2.

Outro:

> [44] A Terra em seu seio esconde aqui o corpo de Platão, mas a alma do filho de Ariston possui a sede imortal dos abençoados, que um homem bom honra, mesmo que viva longe, porque viu a vida divina (*Antologia palatina*, VII, 61).

Outro mais novo:

> A – Águia, por que voa sobre este túmulo? Diga: está contemplando a morada estrelada dos deuses?
>
> B – Sou a imagem da alma de Platão, que subiu ao Olimpo, enquanto a Ática possui seu corpo nascido na terra (*Antologia palatina*, VII, 62).

[45] Há também um nosso que diz assim:

> Se Febo não causasse o nascimento de Platão na Grécia, como ele teria curado as almas dos homens por meio dos escritos?
> Pois assim como seu filho, Asclépio, é um curador do corpo, Platão também o é da alma imortal (*Antologia palatina*, VII, 108).

E outro sobre a maneira como morreu:

> Febo forneceu aos mortais Asclépio e Platão, um para salvar a alma, o outro para salvar o corpo.
> De um banquete de casamento, partiu para a *pólis* que fundou para si mesmo e construiu no solo de Zeus (*Antologia palatina*, VII, 109).

São esses seus epitáfios. [46] Seus discípulos foram Espeusipo de Atenas, Xenócrates da Calcedônia, Aristóteles de Estagira, Filipo de Opus, Hestieu de Perinto, Dion de Siracusa, Amico de Heraclea, Erasto e Corisco de Escépsis, Timolau de Cízico, Euáion de Lâmpsaco, Piton e Heráclides de Enus, Hipótales e Calipo de Atenas, Demétrio de Anfípolis, Heráclides de Ponto e muitos outros, incluindo duas mulheres: Lastenia de Mantineia e Axiota de Fliunte, que usava roupas masculinas, segundo Dicearco. Alguns dizem que Teofrasto também ouviu [seus discursos]. Camaleão acrescenta o orador Hipérides e Licurgo. [47] Polemo relata o mesmo. Sabino faz de Demóstenes seu discípulo, citando, no quarto livro de seus *Subsídios para a crítica*, apoiando-se em Mnesístrato de Tasos. E isso é provável.

Obras platônicas

Sendo você, com razão, um admirador de Platão, e porque você busca avidamente as doutrinas desse filósofo mais que de outros, pensamos ser necessário escrever sobre a natureza de seus discursos, sobre a disposição dos diálogos, e sobre seu método indutivo, tanto quanto possível, de maneira elementar e em linhas gerais, para que não falte informações a respeito de suas doutrinas e de sua vida aos fatos que coletamos. Seria como levar corujas para Atenas, como dizem, se lhe déssemos todos os detalhes.

[48] Conta-se que Zenão de Eleia foi o primeiro a escrever diálogos. Mas, de acordo com Aristóteles, no primeiro livro de seu diálogo *Dos poetas*, e com Favorino, em sua *Memorabilia*, foi Alexameno de Estira ou Teio. A mim, parece que Platão levou esta forma de escrita à perfeição, de modo que poderia reivindicar para si mesmo sua invenção, bem como seu embelezamento. Um diálogo é um discurso que consiste em perguntas e respostas sobre algum assunto filosófico ou político, levando em consideração os caracteres das pessoas apresentadas e a escolha da elocução. A dialética é a arte do discurso pela qual refutamos ou defendemos alguma proposição, por meio de perguntas e respostas entre os interlocutores.

[49] Entre os diálogos platônicos, existem dois tipos principais: um, expositivo; outro, investigativo. O primeiro divide-se, ainda, em dois tipos: o teórico e o prático. Destes, o teórico é dividido em físico e lógico; e o prático em ético e político. Há também dois tipos principais de diálogo investigativo: um, de exercício; outro, agonístico. Destes o de exercício divide-se em maiêutico e peirástico; e o agonístico, em acusatório e refutativo.

[50] Não nos passa despercebido que existem outras maneiras pelas quais alguns classificam os diálogos. Alguns diálogos são chamados de dramáticos, outros de narrativos e ainda outros de uma mistura dos dois. Contudo, os termos que empregam na classificação dos diálogos são mais adequados à tragédia do que à filosofia.

Como exemplo de diálogo físico há o *Timeu*; lógico, *Político*, *Crátilo*, *Parmênides* e *Sofista*; ético, *Apologia*, *Críton*, *Fédon*, *Fedro*, *Banquete*, *Menexeno*, *Clitofonte*, *Epístolas*, *Filebo*, *Hiparco* e *Rivais*; político, *República*, [51] *As leis*, *Minos*, *Epinomis* e *Atlântido*; maiêutico, *Alcibíades*, *Teages*, *Lísis* e *Laques*; peirástico, *Eutífron*, *Menon*, *Ion*, *Cármides* e *Teeteto*; acusatório, *Protágoras*;

refutativo, *Eutidemo*, *Górgias* e os dois *Hípias*. Sobre o diálogo e suas divisões já foi dito o suficiente.

Mais uma vez, como há uma grande divisão de opiniões entre aqueles que afirmam e aqueles que negam que Platão apresentou dogmas, trataremos desta questão adicional. Ser dogmático em filosofia é estabelecer dogmas, assim como ser legislador é estabelecer leis. Além disso, chamam-se dogmas a coisa opinada e a própria opinião. [52] Delas, a primeira é uma proposição; a outra, uma concepção. Com efeito, Platão expõe seu próprio ponto de vista e refuta o falso, mas, se o assunto for obscuro, ele suspende o julgamento. Suas próprias opiniões são expostas por quatro interlocutores: Sócrates, Timeu, o estrangeiro ateniense e o estrangeiro de Eleia. Esses estrangeiros não são, como alguns sustentam, Platão e Parmênides, mas personagens imaginários e anônimos, pois, mesmo quando Sócrates e Timeu são os oradores, são as doutrinas de Platão que são apresentadas. Para ilustrar a refutação de opiniões falsas, ele introduz Trasímaco, Calícles, Polo, Górgias, Protágoras, ou ainda Hípias, Eutidemo e similares.

[53] Ao apresentar seus argumentos, Platão faz maior uso da indução, nem sempre da mesma maneira, mas sob duas formas. Pois a indução é um discurso que, por meio de certas premissas verdadeiras, infere adequadamente uma verdade semelhante a elas. Há dois tipos de indução: uma que procede por contradição; e outra por conformidade. No tipo que procede por contradição, a resposta dada a cada pergunta será necessariamente o contrário da posição do inquirido. Por exemplo: "Meu pai é outro diferente de seu pai, ou é o mesmo. Se então seu pai for diferente do meu, por ser outra coisa que não pai, ele não será pai. Mas se ele for o mesmo que o meu pai, então por ser assim como meu pai, ele será meu pai". [54] E também: "Se o homem não for um animal, ele será pedra ou um pedaço de pau. Mas ele não é um pedaço de pau nem uma pedra; pois ele é animado e move-se por si mesmo. Portanto, ele é um animal. Mas se ele for um animal, e se um cão ou um boi também forem animais, então o homem, por ser um animal, será um cachorro e um boi também".

Este é o tipo de indução que procede por contradição e disputa, não para estabelecer dogmas, mas para refutação. O outro tipo de indução por conformidade aparece em duas formas, uma provando uma questão particular por meio do particular, a outra provando uma questão universal [por meio do particular]. A primeira é própria da retórica; a segunda, da dialética. Por exemplo, na primeira forma procura-se saber se um indivíduo cometeu assassinato. A prova é que ele foi encontrado na época com manchas de sangue. [55] Esta é a forma retórica de indução, uma vez que a retórica também se preocupa com fatos particulares e não com universais. Não questiona a justiça em si mesma, mas casos particulares de justiça. A outra forma, na qual a proposição universal é primeiramente estabelecida por meio de fatos particulares, é próprio da dialética. Por exemplo, a questão colocada é se a alma é imortal e se os vivos voltam dos mortos. Isto é provado no diálogo *Da alma*, por meio de uma proposição universal, de que os opostos procedem de opostos. E a própria proposição universal é estabelecida a partir de proposições particulares; por exemplo: dormir a partir do acordar, e vice-versa; o maior a partir do menor, e vice-versa. Esta é a forma que usou para mostrar seus próprios pareceres.

[56] Assim como antigamente, em que, na tragédia, o coro era o único ator, e depois, para dar descanso ao coro, Téspis introduziu um único ator, Ésquilo um segundo, Sófocles um terceiro, e assim a tragédia ficou completa, o mesmo acontece com a filosofia: nos primórdios, ela discursava sobre apenas um assunto, a natureza, depois Sócrates acrescentou um segundo assunto, a ética, e Platão um terceiro, a dialética, e assim levou a filosofia à perfeição.

Trasilo diz que Platão publicou seus diálogos em tetralogias, como os poetas trágicos que competiam com quatro peças nas Dionísias, nas Leneias, nas Panateneias e nas Cítrias. Das quatro, a última era um drama satírico; e os quatro juntos eram chamados de tetralogia. [57] Trasilo diz, ainda, que os diálogos genuinamente dele são 56 ao todo, isso se a *República* for dividida em dez e *As leis* em doze (Favorino, no entanto, no segundo livro de *Histórias diversas*, afirma que quase toda a *República* se encontra nas *Contradições*, uma obra de Protágoras). Portanto, isto resulta em nove tetralogias, se a *República* tomar o lugar de uma única obra e *As leis*, outra. Sua primeira tetralogia aborda um tema, pois pretende descrever como seria a vida do filósofo. A cada livro atribui dois títulos: um retirado do nome do interlocutor; o outro, a partir do assunto.

[58] A primeira tetralogia começa com o *Eutífron* ou *Da santidade*, um diálogo peirástico; em segundo, *Apologia de Sócrates*, um diálogo ético; em

terceiro, *Críton* ou *Do que deve se fazer*, um diálogo ético; e em quarto, *Fédon* ou *Da alma*, também ético.

A segunda tetralogia começa com *Crátilo* ou *Da correção dos nomes*, um diálogo lógico, seguido por *Teeteto* ou *Do conhecimento*, diálogo peirástico, o *Sofista* ou *Do ente*, um diálogo lógico, vem na sequência, e, por fim, o *Político* ou *Do governo*, também um diálogo lógico.

A terceira tetralogia: *Parmênides* ou *Das ideias*, diálogo lógico; *Filebo* ou *Do prazer*, diálogo ético; *Banquete* ou *Do bem*, ético; e *Fedro* ou *Do amor*, também ético.

[59] A quarta tetralogia: *Alcibíades* ou *Da natureza do homem*, um diálogo maiêutico; o segundo *Alcibíades* ou *Da prece*, também maiêutico; *Hiparco* ou *Ambicioso*, ético; e *Rivais* ou *Da filosofia*, também ético.

A quinta tetralogia: *Teages* ou *Da filosofia*, um diálogo maiêutico; *Cármides* ou *Da moderação*, peirástico; *Laques* ou *Do valor*, maiêutico; e *Lísis* ou *Da amizade*, também maiêutico.

A sexta tetralogia começa: *Eutidemo* ou *O contencioso*, um diálogo refutativo; *Protágoras* ou *Sofistas*, probatório; *Górgias* ou *Da retórica*, refutativo; e *Menon* ou *Da virtude*, peirástico.

[60] A sétima tetralogia: dois diálogos intitulados *Hípias* – o primeiro *Da beleza*, o segundo *Da mentira* –, ambos refutativos; *Íon* ou *Da Ilíada*, peirástico; e *Menexeno* ou *Epitáfio*, ético.

A oitava tetralogia: *Clitofonte* ou *Protréptico*, diálogo ético; *República* ou *Da justiça*, político; *Timeu* ou *Da natureza*, físico; e *Crítias* ou *Atlântido*, ético.

Por fim, a nona tetralogia: *Minos* ou *Da lei*, um diálogo político; *As leis* ou *Da legislação*, também político; *Epinomis* ou *A assembleia noturna* ou *Filósofo*, político; [61] e por último as *Epístolas*, em número de treze, que são diálogos éticos (nessas epístolas, seu título era *Prosperidade*, o de Epicuro era *Passar bem* e o de Cléon *Felicidade*). Sendo uma epístola para Aristodemo; duas para Arquitas; quatro para Dionísio; uma para Hérmias, Erasto e Corisco; uma para Leodamante; uma para Dion; uma para Pérdicas; e duas para os amigos de Dion.

Esta é a divisão adotada por Trasilo e alguns outros. Porém, outros ainda, incluindo o gramático Aristófanes, organizam os diálogos em trilogias. [62] Na primeira trilogia colocam a *República*, *Timeu* e *Crítias*; na segunda, *Sofista*, *Político* e *Crátilo*; na terceira, *As leis*, *Minos* e *Epinomis*; na quarta, *Teeteto*, *Eutífron* e *Apologia*; na quinta, *Críton*, *Fédon* e as *Epístolas*. Os demais seguem como composições separadas, sem ordem particular. Alguns, como já foi dito, colocam a *República* em primeiro lugar, enquanto outros colocam *Alcibíades maior*, e outros, *Teages*; outros, *Eutífron*; outros, *Clitofonte*; outros, *Timeu*; outros, *Fedro*; outros, *Teeteto*; e muitos começam com a *Apologia*. Os seguintes diálogos são reconhecidos como espúrios: *Midon* ou *Criador de cavalos*, *Erixias* ou Erasístrato, o *Alcíon*, o *Acéfalos* ou *Sísifo*, o *Axíoco*, *Feácios*, *Demódoco*, *Quélidon*, *Sétima* e *Epimênides*. Destes, acredita-se que *Alcíon* seja obra de um certo Leon, segundo Favorino no quinto livro de sua *Memorabilia*.

[63] Platão emprega uma variedade de termos para tornar seu trabalho menos inteligível para os ignorantes. Mas, de certa forma, ele considera a sabedoria como o conhecimento do que é inteligível e do que é real, o conhecimento, diz ele, que se preocupa com deus e com a alma separada do corpo. Particularmente, por sabedoria ele quer dizer filosofia, que é um desejo pela sabedoria divina. Num sentido geral, considera sabedoria a toda experiência, como, por exemplo, quando ele chama um artesão de sábio.

Platão também aplica os mesmos termos com significados diferentes. Por exemplo, a palavra *phaûlos* [leve, claro] é empregada por ele[89] no sentido de *haploûs* [simples, honesto], assim como Eurípides aplica, acerca de Héracles, em *Licimnio* no seguinte trecho: "Simples (*phaûlos*), sem adornos, bom para realizar grandes coisas, com toda sua sabedoria reduzida à ação, não muito entendido de conversas". [64] Às vezes, Platão usa essa mesma palavra para significar o que é mau, e outras vezes para o que é pequeno.

Igualmente, ele frequentemente usa termos diferentes para expressar a mesma coisa. Por exemplo, chama "ideia" (*idea*) de forma (*eîdos*), gênero (*génos*), paradigma (*parádeigma*), princípio (*archḗ*) e causa (*aítion*). Também faz uso de termos de sentido contrário para a mesma coisa. Por exemplo, chama "sensível" (*aisthetón*) de ente (*ón*) e não ente (*mḗ ón*): ente, na medida em que surge; não ente porque está continuamente mudando. Define ideia como algo que não está em movimento nem em repouso; e que é tanto uma unidade como pluralidade. Costuma fazer o mesmo em muitos outros casos.

89. *República*, 527d; *Teeteto*, 147c.

[65] A correta interpretação dos seus diálogos inclui três etapas: primeiro, o significado de cada afirmação deve ser explicado; a seguir, a sua finalidade, se é feita por uma razão primária ou a título de ilustração, e se é para estabelecer seus dogmas ou para refutar o interlocutor; em terceiro, se são ditas corretamente.

E já que certos sinais críticos são colocados em suas obras, devemos dizer algumas palavras sobre o assunto. A letra *chî* (X) indica palavras e expressões retóricas e, geralmente, expressões idiomáticas de Platão; o *diple* (>) indica as doutrinas e princípios de Platão; [66] a letra *chî* entre pontos (·X·), passagens selecionadas e com uma bela escrita; o *diple* entre pontos (·>·), correções introduzidas; o *óbelo* entre pontos (÷), passagens consideradas suspeitas sem razão; o *antisigma* entre pontos (·Ɔ·), repetições e transcrições; o *keraúnion*[90], a escola filosófica; o asterisco (*), o acordo de doutrina; e o óbelo (–), uma passagem considerada espúria. Esses são os sinais críticos e os livros. Segundo diz Antígono de Caristo, em *De Zenão*, quando os escritos eram publicados pela primeira vez com esses sinais, seus possuidores cobravam uma certa taxa de quem desejasse consultá-los.

As doutrinas platônicas

[67] As doutrinas de Platão são as seguintes[91]: dizia que a alma é imortal, que passa para muitos corpos, através da transmigração, e que tem origem numérica, enquanto o corpo a tem geométrica; definia a alma como a um sopro vital difundido em todas as direções; sustentava ainda que a alma é autônoma e se divide em três partes: a racional, cuja sede está na cabeça; a passional, cuja sede está no coração; e a apetitiva, cuja sede está no umbigo e fígado.

[68] A partir do centro, a alma envolve o corpo em um círculo por todos os lados, é composta de elementos, e, sendo dividida em intervalos harmônicos, forma dois círculos que se unem; com o círculo interior, que é dividido em seis, forma sete círculos no total. Este círculo interior move-se na diagonal para a esquerda, e o outro de lado para a direita. Por ser um círcu-

---

90. Sinal gráfico com a forma de um raio.

91. Todas as doutrinas aqui citadas por Diógenes podem ser encontradas no diálogo *Timeu*, de Platão.

lo único, esse último é superior, pois o outro círculo, o interior, é dividido; o primeiro é o círculo do Mesmo, os demais são círculos do Outro. Com isso, Platão diz que o movimento da alma é o movimento do cosmo e das revoluções dos planetas. [69] Sendo assim determinada a divisão a partir do centro para os extremos, e estando ajustada harmoniosamente, a alma conhece o que existe e o ajusta, pois ela possui os elementos dispostos harmoniosamente em si mesma. E, quando o círculo do Outro se movimenta corretamente, o resultado é a opinião; e do movimento correto do círculo do Mesmo surge o conhecimento.

Platão também estabeleceu dois princípios universais: divindade[92] e matéria – divindade chama de "mente" e matéria de "causa" –; a matéria é desprovida de forma e ilimitada, e dela surgem coisas compostas. Ela já esteve em movimento desordenado, mas, na medida em que a divindade preferiu a ordem à desordem, foi por ela reunida em um só lugar. [70] Esta substância converteu-se nos quatro elementos – fogo, água, ar e terra –, dos quais o próprio cosmo e tudo o que nele existe são formados. Desses elementos, somente a terra não está sujeita a mudanças, diz ele, por causa da variedade dos elementos que a constituem. Com efeito, Platão diz que todos os elementos têm formas homogêneas – todas consistem em um triângulo escaleno –, enquanto a terra tem uma forma peculiar; o elemento fogo tem forma de pirâmide; o ar, de octaedro; a água, de icosaedro; e a terra, de cubo. Por esse motivo, a terra não se transforma nos outros elementos, nem estes na terra. [71] Os elementos não estão, cada um, no seu próprio lugar separadamente, porque a revolução une as pequenas partículas, comprimindo-as no centro, ao mesmo tempo que separa as grandes. Assim, à medida que mudam de forma, também mudam de lugar.

Há somente um cosmo[93], de modo a ser perceptível aos sentidos e que foi criado pela divindade. É animado, porque o que é animado é melhor do que é inanimado; esta criação vem de uma causa supremamente boa; foi criado único e não ilimitado porque o modelo a partir do qual foi feito também o é; e é esférico porque tal é a forma do seu criador; [72] o criador, de fato,

---

92. O demiurgo platônico.

93. Na Filosofia, entendido como a ordem do universo, o próprio mundo ou o próprio universo.

contém todos os seres vivos, e este cosmo contém as formas de todos eles[94]; é liso e não tem nenhum órgão ao redor porque não precisa deles; além disso, permanece imperecível porque não se dissolve na divindade. A criação como um todo é causada pela divindade, porque é de sua natureza fazer o bem, e a criação do cosmo tem o bem mais elevado como causa. A mais bela das coisas criadas se deve à melhor das causas inteligíveis; de modo que, como a divindade é desta natureza, e o cosmo se assemelha ao que há de melhor na beleza, não será semelhante a nada criado, mas apenas à divindade.

[73] O cosmo é composto de fogo, água, ar e terra; de fogo, para ser visível; de terra, para ser sólido; de água e de ar, para ser proporcional. Pois as forças representadas pelos sólidos estão conectadas por duas proporções médias para criar o todo. E o cosmo foi feito de todos os elementos para ser completo e indestrutível.

O tempo foi criado como uma imagem da eternidade. E enquanto a eternidade permanece para sempre, o tempo consiste no movimento do céu. A noite, o dia, o mês e coisas semelhantes são partes do tempo; por essa razão, fora da natureza do cosmo, o tempo não existe. Mas, desde que o cosmo teve início, o tempo existe.

[74] Para a criação do tempo foram gerados o Sol, a Lua e os planetas. A divindade acendeu a luz do Sol, para que o número das estações pudesse ser definido e para que os animais pudessem partilhar um número; a Lua está no círculo imediatamente acima da terra, o Sol no círculo seguinte, e os planetas nos círculos acima. Além disso, o cosmo é um ser animado, pois está conectado ao movimento animado.

Para que o cosmo, criado à semelhança dos seres inteligíveis, pudesse se tornar completo, a natureza de todos os outros animais foi criada. Pois, visto que seu criador os possui, o cosmo também deveria possuí-los. O cosmo contém deuses de fogo, em sua maioria; dos demais, existem três tipos: alados, aquáticos e terrestres. [75] De todos os deuses no céu, a Terra é o deus mais antigo; e foi criada para fazer a noite e o dia. E, estando no centro, gira em torno do centro. Como existem duas causas, deve-se afirmar, diz Platão, que algumas coisas se devem à razão e outras têm uma causa necessária, sendo esta

94. Uma deturpação de 33b, do *Timeu*.

última o ar, o fogo, a terra e a água, que não são exatamente elementos, mas sim recipientes. São compostos de triângulos e são resolvidos em triângulos. O triângulo escaleno e o triângulo isósceles são seus elementos constituintes.

[76] Portanto, os princípios e as causas são os dois acima mencionados, dos quais a divindade e a matéria são o modelo. A matéria é necessariamente sem forma como os outros recipientes. De todos, há uma causa necessária, pois, de uma forma ou de outra, a matéria recebe as ideias e assim gera substâncias; move-se porque sua força não é uniforme e, estando em movimento, põe em movimento as coisas que são geradas a partir de si mesma. Estas coisas estavam, inicialmente, em movimento irracional e irregular, mas, ao constituírem o cosmo, foram feitas, pela divindade, simétricas e regulares, tanto quanto possível. [77] As duas causas existiam mesmo antes de o cosmo ser criado, bem como o devir em terceiro lugar, mas não eram distintas, apenas vestígios delas eram encontrados e em desordem. Quando o cosmo foi criado, elas também adquiriram ordem. A partir de todos os corpos existentes, o cosmo foi formado. Platão considera que a divindade, assim como a alma, não possui um corpo. Só assim ela está isenta de mudança e sofrimento. Como já dito, as ideias são causas e princípios, pelos quais a natureza do que existe é o que é.

[78] Sobre o bem e o mal, Platão dizia o seguinte: o fim a ser almejado é a assimilação à divindade. A virtude é em si suficiente para a felicidade, mas ela precisa de instrumentos para seu uso; primeiramente, de capacidades corporais como saúde, força, sentidos saudáveis, e similares, e, em segundo lugar, de vantagens externas como riqueza, nascimento nobre e reputação. Porém, a pessoa sábia não será menos feliz se estiver sem essas coisas. Participará nos assuntos públicos, se casará e não violará as leis impostas. Na medida do possível, ela legislará para a sua pátria, a menos que na extrema corrupção do povo ela perceba que a situação justifica completamente a sua abstenção. [79] Platão também pensa que os deuses observam a vida humana e que existem *daimones*. Ele foi o primeiro a definir a noção de belo como aquilo que está ligado a tudo o que é louvável, racional, útil, adequado e conveniente. E tudo isso está ligado àquilo que é consistente e de acordo com a natureza.

Além disso, discursou sobre o uso correto das palavras e, de fato, foi o primeiro a criar a prática de fazer e responder perguntas corretamente, tendo ele próprio empregado isso excessivamente. Nos diálogos, concebe a justiça como lei divina, porque é mais forte para incitar a prática de atos justos, e para que os malfeitores não sejam punidos após a morte. [80] Por conseguinte, para alguns, ele parecia gostar muito de mitos; pois insere essas narrativas em suas obras para dissuadir as pessoas da maldade, lembrando-lhes quão pouco sabem o que as espera após a morte. São essas, então, as suas doutrinas.

As divisões platônicas

Platão também costumava dividir as coisas, segundo Aristóteles, da seguinte maneira: quanto aos bens, uns estão na alma [isto é, na mente][95], uns no corpo, e outros são externos. Por exemplo, a justiça, a prudência, a coragem, a temperança e coisas semelhantes estão na alma; a beleza, a boa constituição, a saúde e a força, no corpo; os amigos, a felicidade da pátria e a riqueza estão entre as coisas externas. [81] Portanto, os bens são da alma, do corpo ou externos.

Existem três espécies de amizade: natural; social; e hospitaleira. Por amizade natural entendemos o afeto que os pais têm pelos filhos e os familiares uns pelos outros. Aplicada também aos outros animais. Por amizade social entendemos aquela que surge da intimidade e nada tem a ver com parentesco; como, por exemplo, a entre Pílades e Orestes. A amizade hospitaleira é aquela que se estende a estrangeiros, por meio de uma apresentação ou de cartas de recomendação. Portanto, a amizade é natural, social ou hospitaleira. Alguns acrescentam uma quarta espécie, a amizade de amor.

[82] Existem cinco formas de governo: democrática; aristocrática; oligárquica; monárquica; e tirânica. A forma democrática é aquela em que o povo tem o controle e escolhe tanto os magistrados como as leis. A forma aristocrática é aquela em que os governantes não são nem os ricos, nem os pobres, nem os nobres, mas os melhores. A oligarquia é aquela forma em que os magistrados são escolhidos a partir do patrimônio, pois os ricos são menos que os pobres. A monarquia é regulada por lei ou hereditária. Em Cartago, a realeza é regulada por lei, sendo o cargo posto à venda[96]. [83] Mas a monar-

95. N.T.

96. Cf. Platão, *República*, 544d.

quia na Lacedemônia e na Macedônia é hereditária, pois selecionam o rei de uma determinada família. A tirania é aquela forma pela qual os cidadãos são governados por meio do engano ou da força por um indivíduo. Portanto, o governo é democrático, aristocrático, oligárquico, monárquico ou tirânico.

Existem três espécies de justiça: em respeito aos deuses; aos homens; e aos que partiram. Aqueles que oferecem sacrifícios de acordo com as leis e cuidam dos templos são obviamente piedosos para com os deuses. Aqueles que reembolsam empréstimos e restauram o que receberam agem com justiça para com os homens. Aqueles que cuidam dos túmulos são justos para com os falecidos. Portanto, a justiça é relacionada aos deuses, aos homens ou aos que partiram.

[84] Existem três espécies de conhecimento: prática; produtiva; e teórica. A arquitetura e a construção naval são produtivas, pois os trabalhos por elas produzidos podem ser vistos. A política e tocar aulos, cítara e similares são práticas, pois nada visível é produzido por eles, mas ainda assim fazem algo; num caso o artista toca aulos ou cítara, no outro o político pratica política. A geometria, a harmonia e a astronomia são teóricas, pois elas não executam nem produzem nada; o geômetra teoriza como as linhas se relacionam entre si, o especialista em harmonia considera os sons, e o astrônomo investiga as estrelas e o universo. Portanto, o conhecimento é teórico, prático ou produtivo.

[85] Existem cinco espécies de medicina: farmacêutica; cirúrgica; dietética; diagnóstica; e socorrista. A farmacêutica cura as doenças com medicamentos. A cirúrgica cura através do corte e do cautério. A dietética prescreve um regime para a remoção da doença. A diagnóstica procede determinando a natureza da doença. A socorrista proporciona a remoção imediata da dor. Portanto, a medicina é farmacêutica, cirúrgica, dietética, diagnóstica ou socorrista.

[86] Existem duas divisões da lei: escrita; e não escrita. A lei escrita é aquela com a qual somos governados nas *pólis*. A lei que surgiu do costume é chamada de lei não escrita; por exemplo, não aparecer na ágora nu ou em trajes de mulher. Não existe nenhuma lei que proíba isto, mas abstemo-nos de tal conduta porque é proibido por uma lei não escrita. Portanto, a lei é escrita ou não escrita.

Existem cinco espécies de discurso, sendo a primeira um discurso que os políticos usam nas assembleias, chamado de político. [87] A segunda espécie é aquela que os oradores empregam nas composições escritas, sejam elas para demonstração, aprovação, censura ou acusação; esse discurso é denominado retórico. A terceira espécie é a das pessoas conversando entre si; tal discurso é chamado de privado. Outra espécie de discurso é a dos que conversam por meio de perguntas e respostas curtas; esse discurso é chamado dialético. A espécie é a usada pelos artesãos quando conversam sobre arte; esse é o discurso técnico. Portanto, o discurso é político, retórico, privado, dialético ou técnico.

[88] Existem três divisões da música: uma, através da boca, como o canto. A segunda faz uso tanto da boca como das mãos, como é o caso do canto acompanhado de cítara. A terceira divisão emprega apenas as mãos, como tocar apenas a cítara. Portanto, a música emprega apenas a boca, a boca e as mãos ou apenas as mãos.

Existem quatro divisões da nobreza: uma, quando os ancestrais são belos, bons e justos, diz-se que seus descendentes são nobres. Em segundo, quando os antepassados foram poderosos ou magistrados, diz-se que os seus descendentes são nobres. A terceira divisão acontece quando os ancestrais foram notáveis, por exemplo, pelo comando militar ou prêmios nos jogos nacionais, diz-se que os seus descendentes são nobres. [89] A última divisão inclui a pessoa que é de alma generosa e nobre; também é considerada nobre. E esta é, de fato, a espécie mais elevada de nobreza. Portanto, a nobreza depende de ancestrais virtuosos, de ancestrais poderosos, de ancestrais notáveis ou da beleza e valor do próprio indivíduo.

Existem três divisões da beleza: objeto de elogio, como belo de se ver. A outra beleza é útil, como um instrumento, uma casa e similares, pois são belos para uso. A outras relaciona-se com costumes, atividades e coisas do gênero, são belas porque são benéficas. Portanto, a beleza é louvável, útil ou benéfica.

[90] Existem três divisões da alma: racional; apetitiva; e irascível. Destas, a parte racional é a causa do propósito, da reflexão, da compreensão e assim por diante. A parte apetitiva da alma é a causa do desejo de comer, de relacionar-se sexualmente e coisas semelhantes. A parte irascível é a causa da coragem, do prazer e da dor e da raiva. Portanto, a alma é composta pela parte racional, pela parte apetitiva e pela parte irascível.

Existem quatro espécies de virtude perfeita: prudência; justiça; coragem; e temperança. [91] Destas, a prudência é a causa da conduta correta. A justiça é a causa de agir justamente em parcerias e transações comerciais. A coragem é a causa que faz com que uma pessoa ceda, mas persevere, de alarmes e de perigos. A temperança é a causa de dominar os desejos e nunca ser escravo do prazer, mas levar uma vida ordenada. Portanto, a virtude é prudente, justa, corajosa ou temperante.

Existem cinco divisões do poder: de acordo com a lei; de acordo com a natureza; de acordo com o costume; determinado pelo nascimento; e determinado pela força. [92] Nas *pólis*, os magistrados, quando eleitos pelos seus concidadãos, governam de acordo com a lei. Os governantes de acordo com a natureza são do sexo masculino, não apenas entre os seres humanos, mas também entre os outros animais; pois os homens em todos os lugares exercem um domínio amplo sobre as mulheres. O poder de acordo com o costume é a autoridade que os pedagogos exercem sobre as crianças e os professores sobre seus discípulos. O poder pelo nascimento é exemplificado pelos reis lacedemônios, pois o cargo de rei está nas mãos de uma determinada família; o mesmo ocorre no reino da Macedônia, pois lá também o cargo de rei é atribuído pelo nascimento. Por fim, outros adquiriram o poder pela força ou pelo engano e governam os cidadãos contra a sua vontade; esse tipo de poder é chamado de forçado. Portanto, o poder é legal, natural, habitual, hereditário ou forçado.

[93] Existem seis espécies de retórica: quando os oradores apelam à guerra ou à aliança com algum vizinho, esse tipo de retórica chama-se persuasão. Porém, quando discursam contra a guerra ou a aliança, e exortam a paz, chama-se dissuasão. A terceira espécie é empregada quando alguém declara ter sido injustiçado por outrem e afirma ter lhe causado muitos males; essa retórica é chamada de acusação. A quarta espécie de retórica é denominada defesa; nesse caso, o orador mostra que não agiu injustamente e que sua conduta não é de forma alguma anormal. [94] A quinta espécie é empregada quando alguém fala bem de outra pessoa e prova que ela é bela e boa[97]; encômio é o nome dado a essa espécie. Por fim, a sexta espécie é aquela empregada quando o orador mostra que alguém é indigno; essa espécie

97. *Kalokagathía.*

é chamada de invectiva. Portanto, a retórica inclui o encômio, a invectiva, a persuasão, a dissuasão, a acusação e a defesa.

Existem quatro divisões da oratória correta: falar o que é necessário; falar o tempo necessário; falar a quem é necessário; e falar no momento necessário. As coisas necessárias são aquelas que serão convenientes para o falante e o ouvinte. O tempo necessário é aquele que não é nem mais nem menos que suficiente. [95] Falar ao público adequado significa que, ao dirigir-se a pessoas mais velhas, o discurso deve ser adaptado para os mais velhos, e, ao dirigir-se a pessoas jovens, o discurso deve ser adaptado aos jovens. O momento necessário para falar não é nem cedo nem tarde demais; caso contrário, o orador falhará e não falará corretamente.

Existem quatro espécies de benefício: por meio do dinheiro; por meio de serviço pessoal; por meio da ciência [ou conhecimento]; e por meio da fala. O benefício financeiro é concedido quando se ajuda uma pessoa necessitada, para que ela fique aliviada quanto ao dinheiro. O benefício por meio de serviço pessoal é prestado quando se resgata ou auxilia aqueles que estão sendo espancados. [96] Os mestres, os médicos e os que ensinam algo valioso conferem benefícios por meio da ciência [ou conhecimento]. E quando, num tribunal, uma pessoa aparece para auxiliar e profere um discurso eficaz, ela está beneficiando por meio da fala. Portanto, o benefício é financeiro, pessoal, científico ou discursivo.

Existem quatro maneiras pelas quais as coisas são finalizadas: a primeira é pela lei, quando um decreto é aprovado e esse decreto é confirmado por lei. A segunda está no curso da natureza: o dia, o ano e as estações. A terceira acontece pelas regras da arte, como, por exemplo, a arte do construtor que acaba quando uma casa é concluída; o mesmo acontece com a construção naval, quando os navios são concluídos. [97] A quarta ocorre por acaso, quando resultam de forma diferente do esperado. Portanto, o fim das coisas pode ser legal, natural, artístico ou casual.

Existem quatro divisões da capacidade: aquela que pode ser feito com a mente, como calcular ou antecipar algo. Aquela que pode ser feita com o corpo, como andar, dar, receber e coisas similares. Aquela que pode ser feita com uma grande quantidade de soldados ou dinheiro; portanto, diz-se que um rei tem muita capacidade. A quarta divisão de capacidade consiste em fazer ou sofrer o bem e o mal; como ficar doentes, receber educado, ter a saúde restaurada e coisas similares. Portanto, a capacidade é mental, corporal, por meio de exércitos e recursos ou por meio do fazer e sofrer.

[98] Existem três espécies de filantropia: através de saudações, como quando algumas pessoas cumprimentam todos que encontram e, estendendo a mão direita, saúdam-nas calorosamente. Outra espécie é vista quando alguém se dedica a ajudar todos os que estão em perigo. Outra, quando algumas pessoas oferecem jantares. Portanto, a filantropia é demonstrada pela saudação, pela concessão de benefícios ou pela hospitalidade e convívio social.

Existem cinco divisões da felicidade: a prudência; os sentidos e a saúde; o sucesso nos empreendimentos; a boa reputação; e a abundância de dinheiro e tudo o que é útil para a vida. [99] A prudência é resultado da educação e da experiência em muitas coisas. A solidez dos sentidos depende dos órgãos do corpo, ou seja, se alguém vê com os olhos, ouve com os ouvidos e percebe com o nariz e com a boca os objetos apropriados, então tal condição é a sanidade dos sentidos. O sucesso é alcançado quando uma pessoa conduz os atos da maneira certa, tornando-se diligente. Uma pessoa tem boa reputação quando é bem falada. A abundância de recursos ocorre quando uma pessoa está tão equipada para as necessidades da vida que pode também beneficiar seus amigos e cumprir seus serviços públicos. Se uma pessoa consegue todas essas coisas, torna-se completamente feliz. Portanto, a felicidade consiste na prudência, na saúde corporal, no sucesso, na boa reputação e na abundância.

[100] Existem três divisões das artes: a primeira; a segunda; e a terceira. A primeira arte consiste na mineração e na silvicultura, que são artes produtivas. A segunda inclui a ferragem e a carpintaria, que são artes transformadoras; pois o ferreiro transforma o ferro em armas e o carpinteiro transforma a madeira em aulos e liras. A terceira arte é a utilitária; por exemplo: a equitação usa freios, a guerra usa armas, e a música usa aulos e lira. Portanto, as artes são as mencionadas acima em primeiro, segundo e terceiro lugar.

[101] Existem quatro espécies de bem: a primeira é quando alguém possui virtude, a quem afirmamos ser particularmente bom. Outra é a própria virtude e a justiça; pois afirmamos que estes são bens. Uma terceira inclui os alimentos, os exercícios adequados e os medicamentos. A quarta espécie que afirmamos ser um bem inclui as artes de tocar aulos, de atuar e similares.

Portanto, o bem é a posse da virtude, a própria virtude, a alimentação e os exercícios ou a arte de tocar aulos, a arte de atuar e a arte poética.

[102] De tudo o que existe, algumas coisas são más, outras boas e outras indiferentes. Chamamos de mal aquilo que é capaz de sempre causar danos, como, por exemplo, a intemperança, a imprudência, a injustiça e coisas desse tipo. Os contrários dessas são coisas boas. Mas as coisas que às vezes podem beneficiar e às vezes prejudicar – como andar, sentar e comer – ou que não podem trazer nenhum benefício nem dano, são coisas indiferentes, não são boas nem más. Portanto, todas as coisas são boas, más ou nenhuma dessas.

[103] Existem três casos da *eunomía* [ou bom governo][98]: a primeira ocorre quando as leis são boas; nesse caso dizemos que existe um bom governo. A segunda acontece quando os cidadãos obedecem às leis estabelecidas; também chamamos isso de bom governo. A terceira ocorre quando o povo administra bem os seus assuntos através de costumes e práticas, sem a ajuda de leis; novamente, chamamos isso de um bom governo. Portanto, a *eunomía* é quando as leis são boas, quando as leis existentes são obedecidas ou quando as pessoas vivem em conformidade com costumes e instituições.

Existem, também, três casos de *anomía* [ou mau governo][99]: a primeira surge quando as leis que afetam cidadãos e estrangeiros são igualmente más, [104] a segunda quando as leis existentes não são obedecidas e a terceira quando não existe lei alguma. Portanto, a *anomía* é quando as leis são más, não são obedecidas ou não existentes.

Existem três espécies de coisas contrárias: quando dizemos que os bens são contrários aos males, como a justiça é contrária à injustiça, a sabedoria é contrária à loucura, e assim por diante. Quando os males são contrários aos males, como a prodigalidade é contrária à mesquinhez, e ser torturado injustamente é o contrário de ser torturado com justiça, e o mesmo acontece com males semelhantes. E, novamente, quando uma coisa nem boa nem má e contrária de outra do mesmo tipo, como pesado é o contrário de leve, rápido de lento, e preto de branco. [105] Portanto, entre as coisas contrárias, umas

98. N.T.

99. N.T.

opõem-se como bens aos males, outras opõem-se como males aos males, e outras como coisas nem boas nem más opõem-se entre si.

Existem três espécies de coisas boas: as possuídas individualmente; as partilhadas com outros; e as que simplesmente existem. À primeira, pertencem coisas como justiça e saúde. À outra, pertencem todas aquelas coisas que, embora não possam ser possuídas individualmente, podem ser compartilhadas com outros; por exemplo, não podemos possuir o bem absoluto, mas podemos participar dele. A terceira espécie compreende as coisas boas cuja existência é necessária, embora não possamos possuí-las individualmente nem participar delas; por exemplo, a mera existência de valor e justiça é uma coisa boa, e elas não podem ser compartilhadas nem possuídas individualmente, mas devem simplesmente existir. Das coisas boas, então, algumas são possuídas, outras partilhadas e outras apenas existem por si mesmas.

[106] Existem três espécies de conselho: do passado; do futuro; e do presente. O conselho retirado do passado consiste em exemplos; como o que os lacedemônios sofreram por confiarem nos outros. O conselho extraído do presente é mostrar que as muralhas são fracas, os homens covardes e os suprimentos escassos. O conselho do futuro é insistir que não devemos prejudicar as embaixadas com suspeitas, para não tornar a Grécia inglória. Portanto, o conselho é derivado do passado, do presente ou do futuro.

[107] Existem duas espécies de som: animado; e inanimado. A voz dos seres vivos é um som animado; notas de instrumentos e ruídos são sons inanimados. Do som animado, uma parte é articulada, e outra é inarticulada; a dos seres humanos é articulada, a dos animais é inarticulada. Portanto, o som é animado ou inanimado.

Das coisas existentes, umas são divisíveis ou indivisíveis. Das coisas divisíveis, algumas são divisíveis em partes semelhantes e outras em partes diferentes. Indivisíveis são aquelas coisas que não podem ser divididas e não são compostas de elementos, como, por exemplo, a unidade, o ponto e a nota musical; enquanto aqueles que têm partes constituintes, como, por exemplo, as sílabas, as sinfonias, os animais, a água e o ouro, são divisíveis. [108] Se forem compostos de partes semelhantes, de modo que o todo não difira da parte, exceto no volume – como a água, o ouro, tudo o que é fundido e semelhantes – então são denominados homogêneos. Se forem compostos de partes diferentes – como uma casa e coisas semelhantes – são denominados heterogêneos. Portanto, todas as coisas são divisíveis ou indivisíveis; e das coisas divisíveis, algumas são homogêneas e outras heterogêneas.

Além disso, das coisas existentes, algumas são absolutas e outras relativas. As coisas chamadas absolutas são aquelas que existem enunciadas em si mesmas, sem necessidade de explicação, como o ser humano, o cavalo e todos os outros animais [109] – pois eles se afirmam sem qualquer explicação. As coisas chamadas de relativas são aquelas que necessitam de alguma explicação, como aquilo que é maior do que outro, ou mais rápido, ou mais belo e assim por diante – pois o maior existe porque existe um menor, e o mais rápido é mais rápido do que outra coisa. Portanto, as coisas existentes são absolutas ou relativas.

Platão dividia, então, as coisas dessa maneira, segundo Aristóteles.

Houve um outro Platão, filósofo de Rodes e discípulo de Panécio, como relata o gramático Seleuco, em seu primeiro livro *Da filosofia*; um outro, peripatético e discípulo de Aristóteles; um outro, discípulo de Praxifanes; e, por fim, um outro, poeta da Comédia Antiga.

LIVRO IV

1
ESPEUSIPO

As informações precedentes foram as que nos foi possível compilar sobre Platão após examiná-lo diligentemente. Seu sucessor foi Espeusipo, filho de Eurimedonte, ateniense pertencente ao *demo* de Mirrinus e também era filho da irmã de Platão, Potone. Foi escolarca por oito anos, começando na 108ª Olimpíada[100].

Espeusipo ergueu estátuas das Graças no santuário das Musas, instituído por Platão na Academia e aderiu fielmente às doutrinas de Platão. Quanto ao caráter, porém, era diferente do mestre, sendo facilmente dominado pela raiva e pelos prazeres. Conta-se que, num acesso de raiva, ele jogou seu cãozinho num poço, e que o prazer foi o único motivo de sua viagem à Macedônia para presenciar a festa de casamento de Cassandro.

[2] Dizia-se que duas discípulas de Platão, Lastênia de Mantineia e Axioeta de Fliunte, foram ouvintes de suas palestras. Nessa época, Dionísio, em uma carta, diz ironicamente: "Podemos julgar sua sabedoria graças à moça da Arcádia que é sua discípula. Pois, enquanto Platão isentava de taxas todos os que vieram a ele, você cobra uma contribuição, paga voluntariamente ou não". Segundo Diodoro, no primeiro livro de sua *Memorabilia*, Espeusipo foi o primeiro a discernir um elemento comum em todos os estudos e a colocá-los em conexão uns com os outros, na medida do possível. [3] Também foi o primeiro a divulgar o que Isócrates chamou de "mistérios órficos", de acordo com Caineus, e o primeiro a descobrir como fazer cestos facilmente portáteis com palha.

100. 348-344 a.C.

Quando estava com o corpo imobilizado pela paralisia, Espeusipo enviou uma mensagem a Xenócrates pedindo-lhe que viesse e assumisse a escola. Dizem que, enquanto era transportado para a Academia numa pequena carruagem, deparou-se com Diógenes e o saudou, Diógenes então disse: "Não lhe saúdo, pois você aceita viver nessas condições". Por fim, acometido pelo desânimo, pôs fim à própria vida, já velho.

Há um epigrama nosso para ele:

> Se eu não soubesse que Espeusipo morreria assim, ninguém teria me persuadido a afirmar
>
> que ele era do sangue de Platão; pois ele nunca teria morrido em desespero por uma causa fútil (*Antologia palatina*, VIII, 101).

[4] Plutarco, em *Vidas de Lisandro e Sila*, afirma que Espeusipo morreu de ftiríase. E Timóteo, em *Das vidas*, afirma que seu corpo definhou; ainda diz que Espeusipo, certa vez, ao encontrar um homem rico que estava apaixonado por uma pessoa feia, disse-lhe: "Por que você precisa dessa pessoa? Por dez talentos encontrarei para você uma mais bonita".

Espeusipo deixou um vasto acervo de memórias e numerosos diálogos, entre eles: *Aristipo de Cirene*; *Da riqueza*; *Do prazer; Da justiça; Da filosofia; Da amizade; Dos deuses; Do filósofo; Resposta a Céfalo; Céfalo; Clinômaco* ou *Lísias; O cidadão; Da ama; Resposta a Grilo;* [5] *Aristipo; Crítica das artes*; *Memórias*, em forma de diálogos; *Do método*; *Diálogos sobre as semelhanças na ciência*, em dez livros; *Divisões e hipóteses relativas às semelhanças*; *Exemplos de gêneros e espécies típicas; Resposta ao discurso sem testemunha; Elogio de Platão; Epístolas a Dion, Dionísio e Filipe; Da legislação; O matemático; Mandrôbolo; Lísias; Definições; Arranjos de comentários.*

Essas obras compreendem, ao todo, 43.475 linhas. A ele Timônides dirige sua narrativa na qual relata as realizações de Dion e Bion. Favorino também, no segundo livro de sua *Memorabilia*, relata que Aristóteles comprou as obras de Espeusipo por três talentos.

Houve outro Espeusipo, um médico de Alexandria, da escola de Herófilo.

2
XENÓCRATES

[6] Xenócrates, filho de Agatenor, era da Calcedônia. Ainda jovem tornou-se discípulo de Platão; e, além disso, acompanhou-o em sua viagem à Sicília. Ele era naturalmente preguiçoso, e por isso Platão disse, ao compará-lo a Aristóteles: "Um precisa de espora, o outro de rédea". E também: "Que asno estou treinando em meio a um cavalo!" Além disso, Xenócrates sempre tinha um ar aborrecido, o que fazia Platão dizer-lhe continuamente: "Xenócrates, faça um sacrifício às Graças!" Ele passava a maior parte do tempo na Academia e sempre que se dirigia à cidade, diz-se, toda a multidão barulhenta e os carregadores abriam-lhe o caminho para passar. [7] Certa vez, a cortesã Friné quis tentá-lo e, como se estivesse sendo perseguida por algumas pessoas, refugiou-se sob seu teto; Xenócrates acolheu-a por pura humanidade e, havendo apenas um pequeno leito na sala, permitiu que ela o compartilhasse com ele; e finalmente, depois de muitas insistências, ela se retirou sem sucesso, dizendo àqueles que perguntavam que ela havia deixado não um homem, mas uma estátua. Outra versão da história é que seus discípulos induziram Laís a juntar-se a ele em seu leito; tão grande era a sua resistência que muitas vezes se submeteu à amputação e ao cautério de seus órgãos sexuais.

Suas palavras eram inteiramente dignas de confiança, tanto que, embora fosse ilegal que as testemunhas prestassem depoimento sem juramento, os atenienses permitiram que apenas Xenócrates o fizesse. [8] Além disso, ele era extremamente independente; em certa ocasião, quando Alexandre enviou-lhe uma grande quantia em dinheiro, pegou apenas três mil dracmas áticos e devolveu o restante, dizendo que as necessidades de Alexandre, que tinha um número maior de pessoas para manter, eram maiores do que as suas. Outra vez, Xenócrates não aceitou o presente que lhe foi enviado por Antípatro, como atesta Mironiano em seus *Paralelos*; e quando foi homenageado na corte de Dionísio com uma coroa de ouro como prêmio por sua habilidade em beber na Festa dos Jarros, colocou-a na estátua de Hermes ao ir embora, assim como costumava enfeitá-la com guirlandas de flores. Conta-se que, quando ele participou, junto com outros também, de uma embaixada a Filipe, seus colegas deixaram-se ser subornados e aceitaram os convites de Filipe para festas e conversaram com o rei. Xenócrates, porém, não fez nem um nem outro, e por esse motivo Filipe recusou-se a recebê-lo. [9] Quando os enviados regressaram a Atenas, queixaram-se de que Xenócrates os tinha acompanhado sem prestar qualquer serviço e o povo estava pronto para multá-lo. Mas quando Xenócrates lhes disse que agora, mais do que nunca, eles deveriam considerar os interesses da *pólis*, "pois", disse ele, "Filipe corrompeu os outros, mas ele nunca me conquistou", o povo prestou-lhe honras duplas, segundo se diz. Depois disso, Filipe disse que, de todos os que tinham chegado à sua corte, Xenócrates era o único homem a quem ele não podia corromper.

Em outra ocasião, foi enviado a Antípatro para resgatar os atenienses feitos prisioneiros na Guerra Lamiaca[101]; ao ser convidado por Antípatro para jantar, Xenócrates disse-lhe assim: "Ó Circe! Que homem honesto ousaria comer e beber antes de soltar seus companheiros e vê-los com os próprios olhos?" (Homero, *Odisseia*, Canto X, vv. 383-385); agradou tanto a Antípatro com sua sagacidade que ele imediatamente os libertou.

[10] Quando um pequeno pardal era perseguido por um falcão e se refugiou em seu colo, Xenócrates acariciou-o e soltou-o, declarando que um suplicante não deve ser traído. Quando ridicularizado por Bion, ele disse que não responderia, pois a tragédia também não se digna a responder aos insultos da comédia. A alguém que nunca havia aprendido música, geometria ou astronomia, mas mesmo assim desejava assistir às suas palestras, Xenócrates disse: "Vá embora, pois você não receberá nada da filosofia". Outros autores, porém, relatam que ele disse: "Não se carda lã comigo".

101. 332 a.C.

[11] Quando Dionísio disse a Platão que arrancaria sua cabeça, Xenócrates, que estava presente, apontou para a sua própria cabeça e disse: "Não antes de arrancar a minha". Dizem também que, quando Antípatro veio a Atenas e o cumprimentou, Xenócrates não lhe respondeu de volta até terminar o que estava dizendo. Ele também era completamente livre de orgulho; e dizem que muitas vezes durante o dia ele meditava e ficava uma hora inteira em silêncio.

Xenócrates deixou um grande número de obras em prosa, em versos e exortativas, as quais são: *Da natureza*, em seis livros; *Da sabedoria*, em seis livros; *Da riqueza; O arcádio; Do indeterminado;* [12] *Da criança; Da continência; Da utilidade; Da liberdade; Da morte; Do voluntário; Da amizade*, em dois livros; *Da equidade; Do contrário*, em dois livros; *Da felicidade*, em dois livros; *Da escrita; Da memória; Da falsidade; Calícles; Da prudência*, em dois livros; *Econômico; Da temperança; Do poder da lei; Da pólis; Da santidade; A virtude pode ser ensinada; Do ser; Do destino; Das emoções; Dos modos de vida; Da concórdia; Dos discípulos*, em dois livros; *Da justiça; Da virtude*, em dois livros; *Das espécies; Do prazer*, em dois livros; *Da vida; Da coragem; Do uno; Das ideias;* [13] *Da arte; Dos deuses*, em dois livros; *Da alma*, em dois livros; *Da ciência; O estadista; Do conhecimento; Da filosofia; Dos escritos de Parmênides; Arquedêmo* ou *Da justiça; Do bem; Do intelecto*, em oito livros; *Solução de problemas lógicos*, em dez livros; *Palestras sobre a física*, em seis livros; *Sumário; Dos gêneros e espécies; Coisas pitagóricas; Soluções*, em dois livros; *Divisões*, em oito livros; *Teses*, em vinte livros e 30.000 linhas; *O estudo da dialética*, em quatorze livros e 12.740 linhas.

Além desses, há outros 15 livros e, depois outros 16 de *Estudos relacionados ao estilo; Da lógica*, em dez livros; *Da matemática*, em seis livros; dois outros livros *Do intelecto; Dos geômetras*, em cinco livros; *Comentários; Contrários; Dos números; Teoria dos números; Dos intervalos; Da astronomia*, em seis livros; [14] *Princípios elementares da realeza*, em quatro livros - dedicados a Alexandre; *A Aribas; A Heféstion; Da geometria*, em dois livros. Essas obras compreendem, ao todo, 224.239 linhas.

Os atenienses colocaram Xenócrates à venda quando ele não conseguiu pagar o imposto cobrado aos residentes estrangeiros, mesmo diante de seu carácter. Demétrio de Falero o comprou, restituindo a Xenócrates sua liberdade e aos atenienses seus impostos. Esse relato é contado por Mironiano de

Amastris, no primeiro livro de seus *Capítulos sobre paralelos históricos*. Xenócrates sucedeu Espeusipo e foi escolarca por 25 anos desde o arcontado de Lisimáquides, começando no segundo ano da 110ª Olimpíada[102]. Morreu devido aos efeitos de uma queda sobre um vaso de banho durante a noite, aos 82 anos.

Falamos sobre da seguinte forma:

> [15] Em um vaso de bronze caiu e bateu a testa dando um grito agudo,
> depois morreu Xenócrates, o homem que se tornou o melhor em tudo
> (*Antologia palatina*, VII, 102).

Houve seis Xenócrates: um estrategista em tempos muito antigos; um parente e concidadão do filósofo (existe um discurso de sua autoria intitulado *Arsinoético*, tratando de um certo Arsino já falecido); um filósofo e escritor de elegias não muito bem-sucedido (é notável o fato de que os poetas tenham sucesso quando se comprometem a escrever em prosa, mas os prosadores que tentam escrever poesia fracassam; fica claro, portanto; que a poesia é um dom da natureza e a prosa é resultado da arte); um escultor; e um escritor de cantos mencionado por Aristoxeno.

102. 309-338 a.C.

3
POLEMO

[16] Polemo, filho de Filóstrato, era ateniense e pertencia ao *demo* de Oia. Em sua juventude, era tão devasso e dissipado que sempre carregava consigo dinheiro para satisfazer seus desejos de imediato, e para isso mantinha somas escondidas em vielas e becos. Mesmo na própria Academia, uma moeda de três óbolos foi encontrada perto de um pilar, onde ele a enterrou com esse mesmo propósito. Certo dia, entrando em acordo com seus jovens amigos, Polemo irrompeu na escola de Xenócrates completamente embriagado e com uma guirlanda na cabeça. Xenócrates, porém, sem se deixar perturbar, continuou seu discurso como antes, sendo a moderação o assunto. O rapaz, enquanto ouvia, foi aos poucos conquistado, tornou-se tão diligente que superou todos os outros discípulos e chegou a ser escolarca na 116ª Olimpíada[103].

[17] Antígono de Caristo, em suas *Biografias*, diz que o pai de Polemo ocupava uma posição importante entre os cidadãos e criava cavalos para competir na corrida de bigas; acrescenta que o próprio Polemo havia sido réu em uma ação movida por sua esposa, que o acusou de maus tratos por se deitar com rapazes. Todavia, desde o momento em que começou a estudar filosofia, adquiriu tal força de caráter que sempre manteve o mesmo comportamento calmo em suas atitudes e nunca perdia o controle da voz. De fato, isso explica o fascínio que ele exercia sobre Crantor[104]. Quando um cão

---

103. 316-312 a.C.

104. Cf. § 24.

raivoso o mordeu na parte de trás da coxa, ele nem sequer empalideceu, mas permaneceu impassível por todo o clamor que se levantou na cidade com a notícia do ocorrido. Também no teatro ele ficava impassível. [18] Como quando Nicôstrato, apelidado de Clitemnestra, estava lendo para ele e Crates algo de Homero; Crates ficou profundamente afetado, mas Polemo não ficou nada comovido e comportou-se como se não tivesse ouvido.

Polemo assemelhava-se ao que Melantio o Pintor descreve em sua obra *Da pintura*, na qual diz que, assim como no caráter, a obstinação e a severidade devem aparecer nas obras de arte. Polemo costumava dizer que deveríamos nos exercitar com fatos e não com meras especulações dialéticas – que nos tornam como as pessoas que decoram um manual de harmonia, mas nunca praticaram – capazes de ganhar admiração pela habilidade em fazer questões, mas totalmente em desacordo conosco na ordem de nossas próprias vidas.

Polemo era refinado e generoso, e pedia desculpas, usando as palavras de Aristófanes sobre Eurípides, por seu "estilo ácido e pungente", [19] que era como um "tempero forte para um pedaço grande de carne", como também disse Aristófanes.

Além disso, dizem que Polemo nunca se sentava para tratar de problemas propostos por seus discípulos, mas argumentava andando de um lado para o outro. Foi homenageado na *pólis* por seu amor ao que é nobre, mas vivia afastado do convívio social[105] e se confinava ao jardim da Academia, em cujas proximidades os seus discípulos construíram pequenas barracas para viverem perto do santuário das Musas e da sala de aula. Ao que parece, Polemo imitou Xenócrates em todos os aspectos. Aristipo, no quarto livro da sua obra *Sobre a vida luxuosa dos antigos*, afirma que Polemo era apaixonado por Xenócrates. Certamente, ele sempre manteve seu antecessor em mente e, assim como ele, conservou o caráter simples e austero que é próprio do temperamento dórico. [20]

Polemo amava a poesia Sófocles, especialmente as passagens cuja criação, como dizia um poeta cômico, "um cão molosso ajudou", e outras que eram, nas palavras de Frínico, "nem doce nem misturado, mas um vinho de

---

105. Cf. § 112.

Pramnos". Também costumava dizer que Homero é o Sófocles da epopeia, e Sófocles é o Homero da tragédia.

Polemo morreu já idoso, de morte natural, deixando um número considerável de obras.

Há um epigrama de nossa autoria sobre ele:

> Não está ouvindo? Enterramos Polemo, colocado aqui pelo esgotamento, o infortúnio terrível que acontece aos homens.
> Não é verdadeiramente Polemo, mas apenas o seu corpo, que ele,
> indo para as estrelas, deixou para ser devorado no chão (*Antologia palatina*, II, 380).

4
CRATES

[21] Crates, cujo pai era Antígenes, era ateniense e pertencia ao *demo* de Tria. Foi discípulo e, ao mesmo tempo, amásio de Polemo, a quem sucedeu como escolarca. Ambos eram tão apaixonados um pelo outro que não apenas compartilhavam as mesmas atividades e interesses na vida, mas também se tornaram cada vez mais parecidos até o último suspiro e, depois de mortos, compartilharam o mesmo túmulo. Por essa razão, Antágoras escreveu sobre ambos o seguinte epigrama:

> Estrangeiro que está passando, diga que aqui neste sepulcro repousam o divino Crates e Polemo,
> homens de grande união, de cujos lábios inspirados fluiu o discurso sagrado,
> e cuja vida, pura de sabedoria e de acordo com as doutrinas divinas os preparou para uma brilhante imortalidade (*Antologia palatina*, VII, 103).

[22] Também por esse motivo, Arcesilau, que abandonou Teofrasto e foi para a escola deles, disse que eram deuses ou um remanescente da Idade de Ouro. Eles desdenhavam a popularidade e eram como o flautista Dionísodoro que, segundo diziam, se gabava de ninguém jamais ouvir suas melodias, como ouviam as de Ismênias, seja a bordo de uma trirreme seja numa fonte. Segundo Antígono, a mesa comum ficava na casa de Crantor; e estes dois e Arcesilau viveram juntos em harmonia. Arcesilau e Crantor dividiam a mesma casa, enquanto Polemo e Crates viviam com Lisiclés, um dos cidadãos. Crates, como já foi dito, era o amásio de Polemo e Arcesilau de Crantor.

[23] De acordo com Apolodoro, no terceiro livro de sua *Crônica*, Crates, ao morrer, deixou muitas obras, algumas filosóficas, outras sobre a comédia, e outras sendo discursos proferidos na assembleia ou em embaixadas. Ele também deixou discípulos ilustres; entre eles Arcesilau, de quem falaremos em breve – ele também foi discípulo de Crates –, Bion de Boristene, que mais tarde ficou conhecido como o Teodoriano devido à escola em que ingressou (dele também falaremos, após Arcesilau).

Houve dez Crates: o primeiro, o poeta da Comédia Antiga; o segundo, um retórico de Trales, discípulo de Isócrates; o terceiro, um sapador-mineiro que acompanhava Alexandre; o quarto, o filósofo cínico, do qual falaremos mais adiante; o quinto, um filósofo peripatético; o sexto, o filósofo acadêmico aqui mencionado; o sétimo, um gramático de Malos; o oitavo, um autor de obra sobre a geometria; o nono, um compositor de epigramas; e o décimo, um filósofo acadêmico de Tarso.

5
CRANTOR

[24] Crantor de Solos, embora fosse muito estimado em sua pátria, deixou-a e foi para Atenas, onde foi ouvinte das palestras de Xenócrates juntamente com Polemo. Deixou memórias que totalizam 30 mil linhas, algumas das quais são atribuídas a Arcesilau por alguns críticos. Diz-se que lhe perguntaram o que havia em Polemo que o atraía e ele respondeu: "O fato de nunca o ter ouvido levantar ou baixar a voz ao falar". Certa vez, Crantor adoeceu, retirou-se e começou a caminhar para o templo de Asclépio; imediatamente as pessoas se aglomeraram ao seu redor, acreditando que ele havia se retirado para o templo, não por doença, mas para abrir uma nova escola. Entre essas pessoas estava Arcesilau, que desejava ser apresentado a Polemo por Crantor, apesar do afeto que os unia, como será relatado na vida de Arcesilau[106]. [25] No entanto, quando se recuperou, continuou a assistir às palestras de Polemo, e por isso foi muito elogiado. Conta-se também que ele deixou a Arcesilau seus bens, no valor de doze talentos.

Quando Arcesilau lhe perguntou onde desejava ser sepultado, Crantor respondeu: "É belo repousar no interior de um solo amado". Diz-se, ainda, que ele escreveu poemas e os depositou lacrados no templo de Atena em sua terra natal. O poeta Teeteto escreve o seguinte sobre ele:

> Agradável aos homens, ainda mais agradável às Musas
> Crantor não chegou à velhice.
> Terra, receba o sagrado homem morto;
> que viva e prospere lá no submundo (*Antologia palatina*, II, 28).

106. Cf. § 29.

[26] Crantor admirava Homero e Eurípides acima de todos os outros poetas; é difícil, dizia ele, escrever tragédia e despertar, ao mesmo tempo, emoções na linguagem da vida cotidiana. Ele citava como exemplo esta linha de *Belerofonte*: "Ai de mim! Mas por que eu? Nós mortais certamente sofremos". Diz-se que existem os seguintes versos compostos por Crantor sobre Eros, que estão sob o nome de Antágoras:

> Meu coração está em dúvida, já que seu nascimento é obscuro, se de primeiro dos deuses, Eros, devo lhe chamar, ou de mais velho dos filhos que Érebo e a rainha Noite trouxeram à luz nas profundezas do vasto Oceano; [27] ou de filho da Cipriana muito sensata, ou de Gaia, ou dos Ventos; com tantas coisas boas e ruins alimenta os homens errantes que, por isso, seu corpo é de dupla natureza (*Antologia palatina*, III, 60).

Crantor também era excelente em criar expressões. Por exemplo, disse que um ator não era trabalhado e tinha uma voz cheia de casca. De um certo poeta, disse que seus versos eram cheios de avareza. Também, que as teses de Teofrasto foram escritas com uma ostra.

Sua obra mais estimada é o tratado *Do luto*. Crantor morreu antes de Polemo e de Crates, e seu fim foi causado pela hidropisia.

Há, para ele, um epigrama de nossa autoria:

> Dominou-o, Crantor, a pior das doenças, e assim você desceu ao negro abismo de Plutão.
>
> Enquanto você aí vive alegremente, ficam privados de teus discursos a Academia e Solos, sua pátria (*Antologia palatina*, II, 381).

6
ARCESILAU

[28] Arcesilau, filho de Seutes (ou Squitos, de acordo com Apolodoro, no terceiro livro de sua *Crônica*), era de Pitane, na Eólia. Com ele começa a Academia Média; foi o primeiro a suspender o julgamento devido às contradições de argumentos opostos. Ele também foi o primeiro a argumentar em ambos os lados de uma questão e o primeiro a interferir no sistema deixado por Platão, tornando-o, por meio de perguntas e respostas, mais parecido com a erística.

Arcesilau encontrou Crantor da seguinte maneira: ele era o mais novo de quatro irmãos, sendo dois deles irmãos do mesmo pai e dois da mesma mãe. Dos dois nascidos da mesma mãe, Pílades era o mais velho, e dos dois nascidos do mesmo pai, o mais velho era Moireas, e Moireas era seu tutor. [29] No início, antes de deixar Pitane e ir para Atenas, foi discípulo do matemático Autólico, seu compatriota, e com ele também viajou para Sárdis. Em seguida, estudou com o músico Xanto, de Atenas, e depois tornou-se discípulo de Teofrasto. Por último, passou para a Academia e se juntou a Crantor.

Embora seu irmão Moireas, já mencionado acima, quisesse torná-lo retórico, ele próprio se dedicava à filosofia, e Crantor, apaixonado por ele, citou um verso da *Andrômeda* de Eurípides: "Ó moça virgem, se eu te salvar, ficará grata a mim?", e foi respondido com o próximo verso: "Leva-me, estranho, como serva, se quiser, ou como esposa". [30] Depois disso, passaram a viver juntos. Conta-se que Teofrasto, atormentado com sua partida, disse que um jovem perspicaz e ágil havia deixado sua escola. Além de ser muito eficaz na argumentação e realmente apaixonado por escrever livros, ele também se dedicou à poesia. Há um epigrama dele sobre Átalo que diz o seguinte:

> Pérgamo, famoso não apenas pelas armas, mas também por seus cavalos
>
> É muitas vezes celebrado na divina Pisa.
>
> Se algum mortal pensar em expressar a vontade de Zeus, será ainda mais cantado nos dias que virão (*Antologia palatina*, III, 56).

E um outro sobre Menodoro, o amásio de Eugamo, um de seus colegas:

> [31] Distante é a Frígia e distante é a sagrada Tiatira; ó Menodoro, sua pátria, filho de Cadano.
>
> Mas para o indizível Aqueronte os caminhos são iguais, como dizem os homens, de qualquer lugar em que sejam medidos.
>
> Este brilhante sepulcro para você Eugamo ergueu; você que foi o mais querido entre todos os que a ele serviram (*Antologia palatina*, II, 382).

Arcesilau apreciava Homero acima de todos os poetas e sempre lia um trecho dele antes de dormir. Pela manhã dizia, sempre que quisesse ler Homero, que desejava visitar o seu amor. Ele também declarou Píndaro incomparável por transmitir plenitude de elocução e por fornecer uma abundante reserva de palavras e frases. Em sua juventude, escreveu sobre Íon.

[32] Ele também ouviu as palestras do geômetra Hipônico, a quem ele apontou como alguém que era, apesar de lento e preguiçoso, competente em sua arte. "A geometria", dizia ele, "deve ter voado para dentro de sua boca enquanto ele bocejava". Quando Hipônico, certa vez, perdeu o juízo, Arcesilau levou-o para sua casa e cuidou dele até que ele estivesse completamente restaurado. Além disso, assumiu a escola com a morte de Crates, após um certo Socratides ter renunciado em seu favor. Segundo alguns, uma das consequências da suspensão do julgamento sobre todos os assuntos foi que ele nunca escreveu um livro[107]. Outros relatam que ele foi pego revisando algumas obras de Crantor, uns dizem que ele as publicou, mas outros dizem que as queimou. Também parece que Arcesilau foi um admirador de Platão e possuía uma cópia de suas obras. [33] Alguns, ainda, o descrevem como um adepto de Pirro.

107. Se essa informação for verdadeira, o que escreveu sobre o poeta Íon, como dito no § 31, provavelmente não foi publicado.

Arcesilau dedicou-se à dialética e adotou os métodos de argumentação introduzidos pela escola de Erétria. Por conta disso, Ariston disse dele: "Platão na frente, Pirro atrás e Diodoro no meio"[108]; e Timon sobre ele diz o seguinte: "Tendo em seu peito a liderança de Menedemo, ele correrá até Pirro – cheio de carne – ou até Diodoro" e, um pouco mais adiante, o faz dizer: "Nadarei até Pirro e até o tortuoso Diodoro".

Arcesilau era muito axiomático e conciso e, em seu discurso, gostava de distinguir o significado dos termos. Ele era bastante satírico e franco. [34] É por isso que Timon ainda fala dele da seguinte forma: "Mistura bom-senso com artimanhas". Quando um jovem falava com muita arrogância, Arcesilau exclamou: "Ninguém o vencerá no astrágalo[109]?" Em outra ocasião, quando um homem acusado de prostituição quis demonstrá-lo que uma coisa não parece maior que outra, Arcesilau perguntou se para ele quatorze centímetros não pareciam ser maiores que oito centímetros. Havia um certo Hémon, de Quios, que, embora feio, se considerava bonito e sempre andava com roupas finas. Tendo ele opinado que um homem sábio nunca se apaixonaria, Arcesilau perguntou-lhe: "Mas e alguém tão bonito e bem vestido como você?"; esse mesmo Hémon, que levava uma vida depravada, para insinuar que Arcesilau era arrogante, disse: [35] "Posso falar, senhora, ou devo ficar em silêncio?", e sua resposta foi: "Mulher, por que está falando coisas grosserias para mim inesperadamente?" Em outra ocasião, quando uma pessoa tagarela e de baixa origem lhe causou problemas consideráveis, ele disse: "O comportamento indisciplinado é próprio dos filhos de escravos". De outra pessoa, que falava muitas bobagens, ele disse que ela não teve nem mesmo uma severa educação. E algumas pessoas ele nem sequer respondia. A um agiota que gostava de falar, ao ter confessado sua ignorância sobre certo assunto, Arcesilau disse: "A própria fêmea dos pássaros não sabe a direção do vento até que exista uma nova ninhada"; esse trecho é da peça *Oenomaus*, de Sófocles.

[36] Um certo dialético, seguidor de Alexino, foi incapaz de repetir adequadamente um argumento de seu mestre, ao que Arcesilau o lembrou da

---

108. Em referência à Quimera descrita por Homero na *Ilíada* (Canto VI, v. 181): "Leão na frente, rabo de dragão e corpo de bode".

109. Jogo no qual os participantes lançam pequenas pedras no ar e tentam pegar o maior número delas com a parte de trás da mão.

história de Filoxeno e dos oleiros: certa vez, Filoxeno encontrou alguns oleiros cantando mal umas melodias que ele compôs; então pisou nos tijolos que eles estavam fazendo, dizendo: "Se vocês destroem meu trabalho, eu destruirei o de vocês". Além disso, Arcesilau ficava genuinamente irritado com quem iniciava os estudos tarde demais. Em conversas, por algum impulso natural, ele usava frases como "eu afirmo" e "Fulano não concordará com isso", mencionando o nome. Esse hábito e também seu estilo de falar eram copiados por seus discípulos.

[37] Arcesilau era muito hábil em inventar modos de enfrentar objeções com sucesso ou trazer o curso da discussão de volta ao ponto em questão e ajustá-lo a qualquer ocasião. Em termos de persuasão, não havia outro igual a ele, e isso atraiu ainda mais discípulos para a escola, embora temessem o seu humor ácido. Mas toleravam isso de boa vontade, pois sua bondade era enorme e ele inspirava esperanças em seus ouvintes. Demonstrou ser muito generoso na vida privada, estando sempre disposto a conceder benefícios, mas modestamente tentava esconder o favor prestado. Por exemplo, uma vez visitou Ctesíbio quando este estava doente e, vendo em que situação ele se encontrava, colocou silenciosamente uma bolsa debaixo de seu travesseiro. Ao encontrá-lo, Ctesíbio disse: "Isso é uma brincadeira de Arcesilau". Além disso, em outra ocasião, enviou-lhe mil dracmas.

[38] Ao apresentar o arcádio Árquias a Eumenes, ele lhe proporcionou a ascensão a um grande cargo. E, como era muito liberal, pouco se importando com dinheiro, era o primeiro a assistir a espetáculos onde os lugares eram pagos com uma moeda de prata, e era o que mais comparecia aos espetáculos de Arquécrates e Calícrates, que custavam uma moeda de ouro. Também ajudou muitas pessoas e arrecadou contribuições para elas. Certa vez, alguém pediu emprestado sua prataria para receber amigos e nunca mais a devolveu, mas Arcesilau não a pediu de volta e fingiu que não havia sido emprestada. Outra versão da história é que ele emprestou espontaneamente e, quando ela foi devolvida, deu de presente ao beneficiado porque era uma pessoa pobre. Ele possuía propriedades em Pitane, de onde seu irmão Pílades lhe enviava suprimentos. Além disso, Eumenes, filho de Filetero, forneceu-lhe muitas coisas, e por esta razão Eumenes foi o único dos reis contemporâneos a quem dedicou suas obras.

[39] Enquanto muitas pessoas cortejavam Antígono e iam ao seu encontro sempre que estava em Atenas, Arcesilau permaneceu em casa, não desejando ser o primeiro a encontrá-lo. Mantinha boas relações de amizade com Hiérocles, que tomava conta de Muniquia e do Pireu, e em todos os festivais ia vê-lo. Hiérocles muitas vezes tentou fazê-lo cumprimentar Antígono, mas não foi persuadido; quando chegava aos seus portões, voltava atrás. Após a batalha naval, quando muitos foram até Antígono ou lhe escreveram cartas lisonjeiras ao vencer, Arcesilau permaneceu calado. No entanto, em nome da sua terra natal, ele foi até Demetrias como embaixador de Antígono, mas não teve sucesso. Passava todo o seu tempo na Academia, evitando a política.

[40] Em outro momento, quando estava em Atenas, Arcesilau ficou parado por muito tempo no Pireu, discutindo certos assuntos por conta de sua amizade com Hiérocles, e por isso foi censurado por algumas pessoas. Ele era muito magnânimo e era, por assim dizer, um outro Aristipo, e gostava de ir a banquetes, mas apenas com quem partilhasse dos seus gostos. Viveu publicamente com Teodete e Fila, cortesãs de Eleia, e para aqueles que o censuravam ele citava as máximas de Aristipo. Ele também gostava de rapazes e era muito inclinado aos prazeres; por esse motivo foi acusado por Ariston de Quios, o estoico, e seus seguidores, de corromper a juventude e de ser um mestre sem vergonha de imoralidade. [41] Diz-se que ele estava particularmente apaixonado por Demétrio – que navegou para Cirene – e por Cleocares de Mirlea; conta-se, também, que, quando um bando de foliões bateu à sua porta, Arcesilau disse-lhes que queria atendê-los, mas Cleocares o impedia. Este mesmo jovem tinha entre os seus admiradores Demócares, filho de Laques, e Pítocles, filho de Bugelo; e uma vez, quando Arcesilau os flagrou, com grande paciência, ordenou que fossem embora. Por tudo isso foi recriminado e ridicularizado, pelos críticos acima mencionados, como amante do povo e amante da popularidade.

As críticas mais violentas eram feitas pelo peripatético Hierônimo e seus adeptos sempre que reunia os amigos para comemorar o aniversário de Halcioneu, filho de Antígono (ocasião para a qual Antígono enviava grandes somas de dinheiro). [42] Durante os banquetes, Arcesilau sempre evitava discussões sob efeito do vinho; e quando Arídices, propondo uma certa questão, pediu aos presentes que falassem sobre ela, ele disse: "Uma coisa própria da filosofia é justamente saber que há um momento certo para cada coisa". Quanto à acusação feita contra ele de que era amigo do povo, Timon, entre muitas outras coisas, diz o seguinte: "Assim falando, mergulhou na multidão. E ficaram olhando para ele com olhos admirados, como tentilhões em torno de uma coruja, apontando-o como vaidoso, porque era um bajulador do povo. E por que, insignificante que é, você se exalta como um tolo?"

Arcesilau, no entanto, foi modesto o suficiente ao recomendar a seus discípulos que ouvissem outros filósofos. E quando um certo jovem de Quios não gostou das suas palestras, mostrando preferência nas de Hierônimo, o próprio Arcesilau levou-o e apresentou-o ao filósofo, aconselhando-o a comportar-se bem. [43] Outro relato agradável sobre ele é o seguinte: alguém lhe perguntou por que os discípulos de todas as outras escolas passaram para a de Epicuro, mas os epicureus nunca foram para outras, ao que ele respondeu: "Porque os homens podem se tornar eunucos, mas um eunuco nunca se torna um homem".

Estando próximo do seu fim, Arcesilau deixou todos os seus bens ao seu irmão Pílades, porque, sem o conhecimento de Moireas, o tinha levado para Quios e depois para Atenas. Em toda a sua vida nunca se casou nem teve filhos. Fez três testamentos: o primeiro deixou em Erétria aos cuidados de Anfícrito; o segundo em Atenas aos cuidados de alguns amigos; e o terceiro enviou à sua casa aos cuidados de Taumasias, um de seus parentes, com o pedido de que o mantivesse seguro. A este último ele escreveu o seguinte:

> *Saudação de Arcesilau a Taumasias.*
>
> [44] Entreguei a Diógenes meu testamento para ficar aos seus cuidados. Devido às minhas doenças frequentes e ao estado de fraqueza do meu corpo, decidi fazer um testamento, para que, se algo desagradável acontecer, você não fique desolado com minha partida, você que foi tão apegado a mim. Nesse quesito, você é o mais digno de todos de ser incumbido de minhas vontades, tanto no que diz respeito à idade quanto ao nosso parentesco. Lembre-se de que eu depositei em você a mais absoluta confiança e se esforce para agir com justiça comigo, a fim de que, no que lhe diz respeito, as disposições que tomei possam ser executadas com a devida dignidade. Uma cópia está depositada em Atenas com alguns dos meus conhecidos, e outra em Erétria com Anfícrito.

Arcesilau morreu, de acordo com Hermipo, por beber uma quantidade excessiva de vinho puro, o que afetou sua razão; ele já tinha 75 anos e era estimado pelos atenienses como nenhum outro.

[45] Há o seguinte epigrama sobre ele de nossa autoria:

> Arcesilau, diga-me: por que você bebeu tanto vinho puro a ponto de perder a razão?
>
> Não lamento tanto a sua morte, mas lamento que tenha insultado as Musas erguendo taças desmedidas (*Antologia palatina*, VII, 104).

Houve três outros indivíduos que levaram o nome de Arcesilau: um poeta da Comédia Antiga; outro, um poeta que escreveu elegias; e outro, um escultor, sobre quem Simônides compôs este epigrama:

> Esta é uma estátua de Ártemis e custa duzentos dracmas de Paros, cujo emblema é um bode.
>
> Foi feita por Arcesilau, o digno filho de Aristódico, habilidoso na arte de Atena (*Antologia palatina*, III, 9).

O filósofo aqui mencionado, segundo Apolodoro, em sua *Crônica*, teve seu apogeu por volta da 120ª Olimpíada[110].

---

110. 300-296 a.C.

7
BION

[46] Bion nasceu em Boristene; quem eram seus pais e quais eram as circunstâncias antes de ingressar na filosofia, ele próprio revela a Antígono. Pois, quando Antígono perguntou-lhe: "Quem é você entre os homens? De que *pólis* vem? E quem é seu pai?" (Homero, *Odisseia*, Canto X, 325), ele, sabendo que já havia sido caluniado, respondeu:

> Meu pai era um liberto, que limpava o nariz no braço (querendo dizer que ele era um vendedor de peixe salgado), nascido em Boristene, sem face, mas tinha uma marca no rosto, sinal da severidade de seu senhor. Minha mãe era do tipo com que um homem como meu pai se casaria, de um bordel. Depois meu pai, que havia sonegado algum imposto, foi vendido junto a todos nós [da família]. Eu, então um jovem charmoso, fui comprado por um certo retórico, que ao morrer me deixou todos os bens. [47] Queimei seus livros, juntei tudo, vim para Atenas e me dediquei à filosofia.
> Glorio-me, certamente, dessa origem e desse sangue (Homero, *Ilíada*, Canto VI, 211). Essas são as informações sobre mim. Já é tempo de Perseu e Filônides pararem de recontá-las. Julgue-me por mim mesmo.

Na verdade, Bion era de caráter astuto, um sofista sutil e alguém que dera aos inimigos da filosofia muitas oportunidades para blasfemar, enquanto que, em certos aspectos, ele era até pomposo e capaz de se entregar à arrogância. Deixou muitas memórias e também máximas de útil aplicação. Por exemplo, quando foi repreendido por não tentar conquistar um jovem, disse: "Não é possível pegar um queijo macio com um anzol". [48] Certa vez, quando lhe perguntaram quem sofre mais por antecipação, ele respondeu: "Quem deseja a máxima felicidade". Ao ser consultado por alguém sobre se deveria se casar (isso também é atribuído a ele), respondeu: "Se a noiva for feia, você sofrerá um castigo; se for bela, você terá algo de interesse público". Bion chamava a velhice de "porto dos males" – pois todos encontram-se nele –; a boa reputação de "mãe das virtudes"; a beleza de "bem do outro"; e a riqueza de "os nervos das coisas". Para alguém que gastou todo o seu patrimônio, disse: "A terra devorou Anfiarau, mas você devorou a sua terra". Não ser capaz de suportar um mal é em si um grande mal. Ele condenava quem queimava completamente os homens como se eles fossem insensíveis, e depois acendia o fogo [dos lados de suas tumbas para invocá-los] como se eles fossem ouvir.

[49] Bion costumava dizer repetidamente que conceder favores a outros era preferível a receber favores de outros; este último caso prejudica tanto o corpo como a alma. Desaprovava Sócrates, declarando que, se ele sentia desejo por Alcibíades e se abstinha, era um tolo; se não o desejava, sua conduta não seria nada notável. O caminho para o Hades, ele dizia que era fácil de percorrer; tanto é assim que as pessoas morrem e vão para lá de olhos fechados. Disse também, em censura a Alcibíades, que quando era novo ele afastava os maridos de suas esposas e, quando era um jovem adulto, afastava as esposas de seus maridos. Enquanto os atenienses praticavam a retórica, ele ensinava filosofia em Rodes. A alguém que o criticou por isso replicou: "Como posso vender cevada se eu trouxe trigo ao mercado?"

[50] Bion dizia que aqueles que estavam no Hades seriam mais severamente punidos se carregassem água em vasos inteiros em vez de perfurados. A um tagarela importuno que queria sua ajuda insistentemente, ele disse: "Eu atenderei ao seu pedido se você ficar longe e conseguir que outros falem por você". Numa viagem em má companhia, ele deu de encontro com piratas; quando seus companheiros de viagem disseram: "Estaremos perdidos se formos descobertos", ele respondeu: "Eu também, a menos que eu seja descoberto". Considerava a presunção um obstáculo ao progresso. Referindo-se a um avarento rico, disse: "Ele não adquiriu uma fortuna; a fortuna o adquiriu". Os avarentos, falava, "cuidavam de sua propriedade como se ela lhes pertencesse, mas não se beneficiavam dela como se pertencessem a outros. Quando jovens, as pessoas são corajosas, mas somente na velhice a prudência atinge o seu auge".

[51] A prudência, acrescentava Bion, é tão superior às outras virtudes quanto a visão é superior aos outros sentidos. E costumava dizer que não

devemos censurar a velhice, visto que todos desejamos alcançá-la. Para um caluniador que mostrava um rosto irado, disse: "Não sei se aconteceu algo ruim com você ou algo bom com outra pessoa". Também dizia que o nascimento humilde era um péssimo parceiro para a liberdade de expressão, "pois torna um homem servil, por mais ousado que seja seu coração" (Eurípides, *Hipólito*, v. 424). Além disso, devemos conservar os amigos e observar que tipo de pessoas são, para que não se pense que mantemos relações com os maus ou que afastamos os bons.

Bion, no início, costumava seguir as doutrinas da Academia, na época em que era discípulo de Crates. Mais tarde, adotou a doutrina cínica, vestindo manto e sacola – [52] pois o que mais seria necessário para convertê-lo à doutrina da insensibilidade? Em seguida, aderiu às teorias teodoreanas, depois de ter ouvido as palestras de Teodoro o Ateu, que usava todo tipo de argumento sofístico. E depois de Teodoro, ouviu as palestras do peripatético Teofrasto. Bion gostava de teatralidade e era ótimo em ridicularizar qualquer coisa usando expressões com nomes vulgares. Como ele empregava todos os estilos de discurso combinados, segundo ouvimos falar de Eratóstenes, foi o primeiro a adornar a filosofia com vestes floridas. Era também muito sagaz em fazer paródias. Aqui está um exemplo de seu estilo: "Ó dócil Arquitas, nascido ao som da lira, feliz em seu próprio conceito, o mais experiente dos homens para tocar a nota mais alta da discórdia" (Homero, *Ilíada* – Canto III, v. 182; Canto XVIII, v. 170).

[53] Em geral, Bion divertia-se com a música e a geometria. Vivia de forma extravagante e por isso se mudava de uma *pólis* para outra, às vezes conseguindo fazer um grande espetáculo. Em Rodes, por exemplo, ele convenceu os marinheiros a vestirem trajes de estudante e a segui-lo; e quando, acompanhado por eles, entrou no ginásio, todos os olhares se voltaram para ele. Era seu costume também adotar rapazes para a satisfação de seus impulsos e para que pudesse ser protegido pelo afeto deles. Era, porém, extremamente egoísta e insistia veementemente na máxima de que "os bens dos amigos são comuns". Por esse motivo, ninguém quis declarar-se seu discípulo, apesar de suas palestras serem ouvidas por multidões. Ainda assim, houve alguns que levaram seu impudor adiante. [54] Betíon, um de seus íntimos, certa vez dirigiu-se a Menedemo falando o seguinte: "Quanto a mim, Menedemo, passo a noite com Bion, e creio que não há nada de estranho nisso".

Em suas conversas particulares, Bion muitas vezes era contra a crença nos deuses, uma opinião que herdou de Teodoro. Mais tarde, quando adoeceu – como foi dito pelo povo de Cálcis, onde morreu –, foi persuadido a usar amuletos e a arrepender-se das suas ofensas contra as coisas divinas. Por falta de cuidadores, ficou numa situação terrível, até que Antígono lhe enviou dois criados; e é afirmado por Favorino, em suas *Histórias diversas*, que o próprio rei o seguia em uma liteira.

Mesmo assim, acabou morrendo, e nós o censuramos dessa maneira:

> [55] Ouvimos dizer que Bion, que nasceu na terra cita de Boristene, negava a existência dos deuses. Se ele tivesse persistido em manter esta opinião, parece que teria sido correto dizer: "Bion pensa erroneamente, mas ainda assim pensa". Mas no momento em que ficou doente de uma enfermidade persistente e temeu a morte, aquele que dizia que os deuses não existiam e nem sequer olhava para um templo, [56] e que muitas vezes zombou dos mortais por fazerem sacrifícios às divindades, não somente na lareira e nos altares, mas também à mesa, com doce aroma, gordura e incenso alegrou as narinas dos deuses. Não se contentou em apenas dizer: "Eu pequei, perdoem meu passado", [57] mas alegremente permitiu que uma velha colocasse um amuleto em seu pescoço e, convenientemente, amarrou seus braços com couro e colocou murta e ramos de louro sobre a porta, estando pronto para se submeter a qualquer coisa antes de morrer. Tolo por desejar que o favor divino pudesse ser comprado, como se os deuses existissem justamente quando Bion decidiu reconhecê-los. Foi então, com vã sabedoria, que, quando tudo virou cinzas, estendeu a mão e disse: "Salve, Plutão, salve!" (*Antologia palatina*, V, 37).

[58] Houve dez indivíduos que levaram o nome de Bion: o primeiro, um contemporâneo de Ferécides da Síria, a quem são atribuídos dois livros no dialeto jônico, e natural de Proconeso; o segundo, um siracusano, que escreveu manuais retóricos; o terceiro, o filósofo citado aqui; o quarto, um seguidor de Demócrito e matemático de Abdera, que escreveu tanto em ático como em jônico (o primeiro a afirmar que há lugares onde tanto a noite quanto o dia duram seis meses); o quinto, um natural de Solos, que escreveu uma obra sobre a Etiópia; o sexto, um retórico, autor de uma obra de nove livros intitulada *As musas*; o sétimo, um poeta lírico; o oitavo, um escultor milesiano, mencionado por Polemo; o nono, um poeta trágico, do chamado Círculo de Tarso; e o décimo, um escultor de Clazômenas ou Quios, mencionado por Hipônax.

8
LÁCIDES

[59] Lácides, filho de Alexandro, era de Cirene. Foi o fundador da Academia Nova e sucessor de Arcesilau. Foi um homem de caráter muito sério e tinha numerosos admiradores; esforçado desde a juventude e, embora pobre, tinha jeito e conversa agradáveis. Há um divertido relato que contam sobre sua administração doméstica: sempre que tirava alguma coisa do armazém, fechava novamente a porta e jogava o seu anel de sinete para dentro, para garantir que nada ali guardado fosse roubado ou levado. Quando souberam disso, seus servos rompiam o lacre e levavam tudo que queriam, depois jogavam o anel da mesma maneira pelo orifício da despensa. Nunca foram descobertos apesar dos repetidos furtos.

[60] Lácides costumava dar palestras na Academia, no jardim que havia sido planejado pelo Rei Átalo, e dele derivou o nome de Lacídeion. Ele foi o único de todos de quem se tem notícia que, durante sua vida, entregou a escola a Telecles e Evandro, ambos de Foceia. Evandro foi sucedido por Hegesino de Pérgamo, e este por Carnéades.

Uma graciosa anedota é atribuída a Lácides: quando Átalo o chamou, ele teria comentado que as estátuas são melhor vistas à distância. Ademais, começou a estudar geometria tardiamente e alguém lhe perguntou: "Agora é o momento adequado?", ao que ele respondeu: "Agora não é o momento adequado?"

[61] Tornou-se escolarca no quarto ano da 134ª Olimpíada[111], e morreu após ter sido diretor por 26 anos. Seu fim foi resultado de uma paralisia causada pelo excesso de bebida. Nós escrevemos sobre ele, em tom de zombaria, o seguinte:

> De ti, Lácides, há um boato de que Baco o livrou de ser agarrado pelos pés e ser arrastado até o Hades.
> É verdade que Dionisio, quando entra com força no corpo, relaxa os membros? Talvez seja por isso que ele é chamado de "Libertador" (*Antologia palatina*, VII, 105).

111. 241-240 a.C.

9
CARNÉADES

[62] Carnéades, filho de Epícomo ou Filômoco, de acordo com Alexandro em suas *Sucessões de filósofos*, era de Cirene. Estudou com dedicação os escritos dos estoicos e particularmente os de Crisipo, e, ao combatê-los com sucesso, tornou-se tão famoso que costumava dizer: "Se Crisipo não existisse, eu não seria quem sou".

Mais do que qualquer outro, Carnéades era esforçado, embora na física não fosse tão forte quanto na ética. Consequentemente, ele deixava seus cabelos e unhas crescerem devido à intensa devoção ao estudo. Tal era seu destaque na filosofia que até mesmo os retóricos abandonavam suas aulas e iam até ele para ouvi-lo palestrar.

[63] Sua voz era extremamente poderosa, de modo que o diretor do ginásio lhe enviava frequentemente uma mensagem pedindo para que não gritasse tanto; ao que ele respondeu: "Então me dê um medidor de voz". O diretor sagazmente respondeu: "Você tem esse medidor em seus ouvintes". Seu talento para criticar os oponentes era notável e ele era extraordinário nas controvérsias. E, pelas razões já apresentadas, recusava convites para jantar.

Segundo Favorino, em suas *Histórias diversas*, um de seus discípulos – Mentor, da Bitínia – tentou conquistar uma concubina de Carnéades; então, quando Mentor chegou para uma palestra, Carnéades, no decorrer de seus comentários, parodiou os seguintes verses às suas custas: [64] "Aí vem um velho do mar, infalível, semelhante a Mentor no físico e na voz. Proclamo que deve ser banido desta escola" (Homero, *Odisseia* – Canto II, v. 268 e 401; Canto IV, v. 384). Então, o discípulo levantou-se e disse: "Ouviram a proclamação e reuniram-se muito rapidamente" (Homero, *Ilíada*, Canto II, v. 52).

Parece que Carnéades demonstrou certa falta de coragem diante da morte, repetindo frequentemente as palavras: "A natureza que estruturou também destruirá". Quando soube que Antípatro cometeu suicídio bebendo veneno, ficou cheio de coragem com essa forma de se libertar e exclamou: "Dê-me também". E quando seus acompanhantes perguntaram: "O quê?", ele disse: "Vinho com mel".

Por conta de sua morte, diz-se que a Lua se eclipsou, como se o mais belo dos astros, depois do Sol, insinuasse sua simpatia. [65] Apolodoro diz, em sua *Crônica*, que Carnéades partiu do convívio dos homens no quarto ano da 162ª Olimpíada[112], aos 85 anos de idade. Ainda existem cartas suas para Ariarates, rei da Capadócia. Todo o resto foi compilado pelos seus discípulos, pois ele próprio não deixou nada por escrito.

Há o seguinte epigrama de nossa autoria sobre ele, escrito em métrica logaoédica:

> Por que, Musa, por que você quer que eu censure Carnéades? Pois é ignorante aquele que não sabe como ele temia a morte. Entretanto, ao adoecer de tísica, a pior das doenças, não quis encontrar uma solução. Quando ouviu que Antípatro partiu bebendo um veneno, [66] "Dê-me também", disse, "um gole para beber". "O que exatamente? O quê?" "Dê-me vinho com mel". Ele tinha sempre as palavras nos lábios: "A natureza que me estruturou certamente irá me dissolver". Mesmo assim, foi para debaixo da terra, e poderia ter ido ao Hades mais cedo, livrando-se de muitos males".
> (*Antologia palatina*, V, 39).

Dizem que seus olhos não enxergavam à noite e ele não percebia; ordenava ao escravo que pegasse a lamparina e este a trazia acessa dizendo: "Aqui está", e Carnéades dizia: "Acenda!"

Ele teve muitos outros discípulos, mas o mais ilustre foi Clitômaco, de quem falaremos a seguir. Houve, contudo, um outro Carnéades, um poeta elegíaco e indiferente.

---

112. 129-128 a.C.

10 CLITÔMACO

[67] Clitômaco era de Cartago, seu nome verdadeiro era Asdrúbal e ensinava filosofia em sua pátria no próprio idioma. Aos 40 anos foi para Atenas e tornou-se aluno de Carnéades que, reconhecendo seu esforço, o educou e participou na sua formação. Clitômaco era tão esforçado que compôs mais de 400 obras. Sucedeu Carnéades como escolarca e, por meio de seus escritos, muito contribuiu para elucidar suas doutrinas. Também era familiarizado com as três escolas – a Academia, os Peripatéticos e os Estoicos. Os Acadêmicos em geral são satirizados por Timon no verso: "A prolixidade insossa dos Acadêmicos".

Tendo assim revisto os Acadêmicos que derivaram de Platão, passaremos aos Peripatéticos, que também derivaram de Platão. Começando por Aristóteles.

LIVRO V

1 ARISTÓTELES

Aristóteles, filho de Nicômaco e Féstias, era de Estagira. Seu pai, Nicômaco, como Hermipo relata em sua obra *Sobre Aristóteles*, era descendente de Nicômaco, filho de Macaão e neto de Asclépio; morava na corte de Amintas, rei da Macedônia, como seu médico e amigo. Aristóteles foi o discípulo mais genuíno de Platão; ele gaguejava, como informa o ateniense Timóteo, em sua obra *Das vidas*. Além disso, dizem que suas pernas eram finas, seus olhos pequenos, e ele se destacava por sua maneira de vestir, pelos seus anéis e pelo corte de seu cabelo. Segundo Timóteo, ele teve um filho com sua concubina Herpílis, também chamado Nicômaco.

[2] Aristóteles afastou-se da Academia enquanto Platão ainda estava vivo. Por essa razão atribui-se a Platão a seguinte frase: "Aristóteles deu-me um pontapé, assim como fazem os potros com a mãe que os deu à luz". Hermipo, em *Vidas*, menciona que ele estava ausente, tendo ido como enviado ateniense à corte de Filipe, quando Xenócrates se tornou escolarca, e ao regressar e ver a escola sob nova direção, optou por fazer caminhadas (*perípatos)* no Liceu – andaria de um lado para o outro discutindo filosofia com os discípulos até a hora de se esfregarem no óleo. Daí o nome "peripatético". Outros autores, no entanto, dizem que esse nome foi dado porque, quando Alexandre se recuperava de uma doença e fazia caminhadas diárias, Aristóteles juntou-se a ele e conversou com ele sobre certos assuntos. [3] Com o tempo, seus ouvintes cresceram em número; ele, então, sentava-se para palestrar, comentando: "Seria vergonhoso calar-me e permitir que Xenócrates fale".

Aristóteles também ensinava seus discípulos a discursar sobre um tema definido, além de praticá-los em debates oratórios. Mais tarde, porém, partiu para juntar-se ao eunuco Hérmias, tirano de Atarneu. Alguns dizem que Aristóteles teria sido seu amásio, outros dizem que Hérmias se uniu a ele por laços de parentesco, dando-lhe sua filha ou sobrinha em casamento (assim relata Demétrio de Magnésia, em sua obra Homônimos; o mesmo autor conta-nos que Hérmias tinha sido escravo de Êubulo, que era de origem bitínia e tinha assassinado o seu senhor). Aristipo, no primeiro livro de *Sobre a vida luxuosa dos antigos*, diz que Aristóteles se apaixonou por uma concubina de Hérmias [4] e, com seu consentimento, casou-se com ela; e que, num excesso de deleite, ofereceu um sacrifício à sua mulher, como os atenienses faziam à deusa Deméter de Elêusis; ainda diz que ele compôs um peã para Hérmias, que é apresentado adiante[113]. Em seguida, foi para a Macedônia, permaneceu na corte de Filipe e recebeu dele seu filho Alexandre como discípulo; a quem pediu que restaurasse sua *pólis* natal, que havia sido destruída por Filipe. Alexandre atendeu a seu pedido e ainda elaborou uma constituição para os habitantes.

Além disso, Aristóteles, querendo imitar Xenócrates, estabeleceu como regra na sua escola que um novo diretor deveria ser nomeado a cada dez dias. Quando pensou que já havia ficado tempo suficiente com Alexandre, partiu para Atenas, após recomendá-lo seu parente Calístenes de Olinto. [5] Contudo, Calístenes falava com excessiva liberdade ao rei e não lhe obedecia, e Aristóteles, segundo dizem, o repreendeu citando o verso: "Acho que você morrerá cedo, jovem, por conta do que você fala" (Homero, *Ilíada*, Canto XVIII, v. 95). E, de fato, morreu. Foi confinado numa jaula de ferro sendo suspeito de cumplicidade na conspiração de Hermolau contra a vida de Alexandre, e foi carregado por vários lugares até ficar infestado de piolhos por falta de cuidados; por fim, Calistenes foi jogado a um leão e assim encontrou seu fim.

Voltando, então, para Atenas, Aristóteles dirigiu sua escola por treze anos e depois em Cálcis porque havia sido acusado de impiedade pelo hierofante Eurimedonte, ou, de acordo com Favorino, em suas *Histórias diversas*, fora acusado por Demófilo por ter composto um hino em honra de Hérmias, [6] além do seguinte epigrama para sua estátua em Delfos:

113. § 7 e § 8.

> Esse homem, violando a lei sagrada dos imortais,
> foi morto pelo rei dos persas portadores de arcos,
> que o venceu não abertamente com uma lança em combate sangrento,
> mas por traição, com a ajuda de um homem quem confiava (*Antologia Palatina*, III, 48).

Aristóteles morreu aos 70 anos, em Cálcis, ao beber acônito, de acordo com Eumelo, no quinto livro de suas *Histórias*. O mesmo autor diz que Aristóteles tinha 30 anos quando se juntou a Platão. Porém, nisso ele se engana, pois Aristóteles viveu até os 63 anos e tinha 17 quando se tornou discípulo de Platão.

O hino tem o seguinte caráter:

> [7] Ó virtude, causa de muitos sofrimentos aos mortais,
> Prêmio mais belo à vida,
> Por sua figura, ó virgem,
> Morrer é um destino invejável na Grécia
> Assim como sofrer violentos e incessantes castigos;
> Tanto você inspira na mente
> Uma força imortal, dourada, mais querida
> Que os pais e que o sono de languidos olhos.
> Por você, Héracles, filho de Zeus, e os filhos de Leda
> Suportaram muitas tarefas
> Em busca de seu poder.
> [8] Desejando você, Aquiles
> E Ajax à casa de Hades foram
> E por sua amável forma o filho de Atarneu também foi privado da luz do sol.
> Portanto, seus feitos serão cantados, e como imortal o exaltarão as Musas, filhas da Memória, como exaltam, de Zeus protetor dos estrangeiros, a veneração, o privilégio e a amizade consolidada.

Há, também, para ele, algo de minha autoria:

> Eurimedonte, sacerdote dos mistérios de Deos, certa vez, estava prestes a acusar Aristóteles de impiedade,
> Mas, bebendo acônito, escapou da acusação. Essa foi a maneira de vencer sem esforço as calúnias injustas[114] (*Antologia Palatina*, VIII, 107).

114. Há, nesse epigrama, um jogo de palavras entre os termos "acônito" e "sem esforço", que no grego seriam ἀκόνιτον (*akóniton*) e ἀκονιτί (*akonití*), respectivamente.

[9] Favorino, em suas *Histórias diversas*, afirma que Aristóteles foi o primeiro a redigir um discurso forense em sua própria defesa, escrito para este mesmo processo; e ele o cita dizendo em Atenas "pera amadurece na época de pera e figo na época de figo" (Homero, *Odisseia*, Canto VII, v. 120).

Segundo Apolodoro, em sua *Crônica*, Aristóteles nasceu no primeiro ano da 99ª Olimpíada[115]. Aproximou-se de Platão, tornando-se seu discípulo aos 17 anos, e passou 20 anos junto a ele. Foi para Mitilene, durante o arcontado de Êubulo, no quarto ano da 108ª Olimpíada[116]. Quando Platão morreu, no primeiro ano daquela Olimpíada[117], durante o arcontado de Teófilo, juntou-se a Hérmias e com ele ficou três anos. [10] No arcontado de Pitódoto, no segundo ano da 109ª Olimpíada[118], Aristóteles foi para a corte de Filipe, na época em que Alexandre estava com 15 anos. Sua volta a Atenas aconteceu no segundo ano da 111ª Olimpíada[119] e lecionou no Liceu por 13 anos; em seguida, refugiou-se para Cálcis no terceiro ano da 114ª Olimpíada[120] e morreu de alguma enfermidade, com 63 anos, durante o arcontado de Filocles, no mesmo ano em que Demóstenes morreu na Calauria. Diz-se que Aristóteles desagradou o rei porque lhe apresentou Calístenes, e que Alexandre, para incomodá-lo, honrou Anaxímenes e enviou presentes a Xenócrates.

[11] Teócrito de Quios, de acordo com Ambríon em seu *Sobre Teócrito*, ridicularizou-o em um epigrama que diz o seguinte:

> Para Hérmias, o eunuco escravo de Êubulo, um monumento vazio foi erguido por Aristóteles de espírito vazio,
> que, pela natureza de um incontrolável apetite, quis, ao invés da Academia, viver na beira de um rio lamacento (*Antologia Palatina*, II, 46).

Timon também o ataca dizendo: "Nem a dolorosa futilidade de Aristóteles".

E assim foi, então, a vida do filósofo. Também me deparei com seu testamento, que está redigido assim:

---

115. 384-383 a.C.
116. 345-344 a.C.
117. 347-346 a.C.
118. 342-341 a.C.
119. 335-334 b.c.
120. 322-321 b.c.

Que tudo fique bem! Porém, caso algo aconteça, Aristóteles tomou as seguintes disposições: Antípatro será o executor do testamento em todos os assuntos e em geral; [12] mas, até a chegada de Nicanor, Aristómenes, Timarco, Hiparco, Dioteles e (se ele consentir e se as circunstâncias o permitirem) Teofrasto ficarão encarregados tanto de Herpílis e das crianças como da herança. Quando a menina crescer, será dada em casamento a Nicanor; mas se alguma coisa acontecer à menina (que nada aconteça!) antes de seu casamento, ou quando ela já estiver casada, mas antes de ter filhos, Nicanor terá plenos poderes, tanto no que diz respeito aos filhos como em relação a tudo o mais, para administrar de uma maneira digna dele mesmo e de nós. Nicanor cuidará da menina e do menino Nicômaco como achar conveniente em tudo o que lhes diz respeito, como se fosse pai e irmão. Se algo acontecer a Nicanor (que não aconteça!), quer antes de se casar com a menina, quer depois de se casar com ela, mas antes de ter filhos, quaisquer acordos que ele possa tomar serão válidos. [13] Se Teofrasto estiver disposto a viver com ela, ele terá os mesmos direitos que Nicanor. Caso contrário, os executores do testamento, em consulta com Antípatro, adotarão as medidas que lhes parecerem melhores em relação à menina e ao menino. Os executores do testamento e Nicanor, em minha memória e pelo afeto constante que Herpílis teve por mim, cuidarão dela em todos os outros aspectos e, se ela desejar se casar, providenciarão para que sua mão seja dada a alguém que não seja indigno; e além do que ela já recebeu, darão a ela um talento de prata do patrimônio e três servas de sua escolha, além da que já tem atualmente e do servo Pirreu; [14] e se ela decidir ficar em Cálcis, receberá a cabana do jardim, mas se decidir ficar em Estagira, receberá a casa de meu pai. Qualquer que seja a moradia que ela escolher, os executores fornecerão os móveis que julgarem adequados e que a própria Herpílis aprovar. Nicanor se encarregará do menino Mírmex, para que ele seja cuidado junto aos seus de maneira digna, com os bens que recebemos. Ambracis ganhará a liberdade e, na ocasião do casamento de minha filha, receberá 500 dracmas e a serva que agora possui. A Tale serão dados, além da serva que possui e que foi comprada, mil dracmas e uma outra serva. [15] Simão, além da quantia dada anteriormente para adquirir um servo, terá um outro servo comprado para ele ou receberá uma quantia adicional em dinheiro. Tico, Filo, Olímpio e seu filho ganharão a liberdade quando minha filha se casar. Nenhum dos servos que me serviam será vendido, mas continuarão a ser empregados; e quando chegarem à idade adequada terão sua liberdade, se a merecerem. Meus executores do testamento também cuidarão para que as estátuas que Grilo foi encarregado de fazer sejam concluídas e que colocadas em seus respectivos lugares, a saber, a de Nicanor, a de Proxeno – que era minha intenção ver concluída –, e a da mãe de Nicanor; a estátua já feita de Arimnesto, deve ser posta em seu devido lugar, para perpetuar sua memória, visto que morreu sem deixar filhos; [16] e a estátua de minha mãe deve ser dedicada a Deméter, em Nemeia, ou onde acharem melhor. Onde quer que me enterrem, serão depositados no mesmo lugar os ossos de Pítias, de acordo com as suas próprias instruções. Por fim, para comemorar o retorno seguro de Nicanor, como prometi em seu nome, devem ser dedicadas estátuas de pedra, em tamanho natural, para Zeus Salvador e Atena Salvadora, em Estagira.

Essas são as disposições do testamento de Aristóteles. Diz-se que foi encontrado um grande número de pratos pertencentes a ele, e Licon diz que o filósofo se banhava numa tina com azeite aquecido e depois o vendia. Alguns autores também relatam que ele costumava colocar uma bolsa de azeite quente sobre seu estômago e que, quando ia dormir, segurava uma bola de bronze em sua mão e deixava um recipiente ao lado da cama, para que, quando a bola caísse de sua mão e batesse no recipiente fazendo barulho, pudesse se despertar.

Apotegmas aristotélicos

[17] Citarei alguns apotegmas belíssimos que são atribuídos a ele. A alguém que lhe perguntou qual a vantagem das pessoas mentirosas, Aristóteles respondeu: "A de ninguém acreditar neles quando falam a verdade". Certa vez, ao ser repreendido por dar esmola a um homem perverso, disse: "Tive pena do homem, não de seu caráter". Aristóteles dizia constantemente aos seus amigos e discípulos, sempre ou onde quer que estivesse dando palestras que, da mesma forma que a visão absorve a luz através do ar circundante, a alma a recebe do estudo científico. Frequentemente, e de forma prolongada, dizia que os atenienses foram os descobridores do trigo e das leis; mas, embora fizessem uso do trigo, não faziam uso das leis.

[18] Dizia que as raízes da educação são amargas, mas seus frutos são doces. Sendo perguntado sobre o que envelhece mais rapidamente, Aristóteles respondeu: "A gratidão". Quando lhe perguntaram o que é a esperança, respondeu: "Um sonho acordado". Quando Diógenes lhe ofereceu figos secos, pensou que, se não os aceitasse, estaria proporcionando a Diógenes a oportunidade de dizer uma máxima, então pegou os figos e disse a Diógenes que ele

havia perdido seus figos e sua máxima. Em outra ocasião, ele pegou os figos quando foram oferecidos, levantou-os no alto, como se faz com os bebês, e os devolveu exclamando: "Grande é Diógenes!"

Aristóteles dizia que três coisas eram indispensáveis para a educação: dote natural, estudo e prática. Ouvindo ser insultado por alguém, disse: "Estando longe de mim, ele pode até mesmo me chicotear". Declarou que a beleza era uma recomendação maior do que qualquer carta de apresentação [19] (outros atribuem essa sentença a Diógenes). Dizem que ele definiu a boa aparência como uma dádiva divina, Sócrates como um tirano de curta duração, Platão como uma superioridade natural, Teofrasto como um tácito engano, Teócrito como um mal feito de marfim, e Carnéades como um rei que não precisa de guarda-costas. Quando lhe perguntaram como os instruídos diferem dos não instruídos, disse: "Tanto quanto os vivos diferem dos mortos" (Homero, *Ilíada*, Canto XXIII, v. 701).

Aristóteles também costumava declarar que a educação é um ornamento na prosperidade e um refúgio na adversidade; que os pais que educam seus filhos merecem mais honra do que os pais que apenas os deram à luz – estes fornecem a vida, mas aqueles garantem uma vida boa. A alguém que se vangloriava de pertencer a uma grande *pólis*, disse: "Não é isso que se deve considerar, mas sim quem é digno de uma grande pátria".

[20] Ao ser perguntado o que é um amigo, respondeu: "Uma única alma habitando dois corpos". Dizia que a humanidade estava dividida entre aqueles que eram tão econômicos como se fossem viver para sempre, e aqueles que eram tão extravagantes como se fossem morrer no dia seguinte. Quando alguém perguntou por que passamos tanto tempo com as pessoas belas, ele disse: "Essa é uma pergunta de um cego". Quando questionado sobre que vantagem ele havia obtido com a filosofia, respondeu: "A de fazer sem receber ordens aquilo que alguns são obrigados a fazer por medo da lei". A alguém que perguntou como os estudantes podem progredir, respondeu: "Pressionando os que estão na frente e não esperando pelos que estão atrás". A um tagarela que derramou uma enxurrada de conversa sobre ele e depois perguntou: "Estou o irritando com coisas frívolas?", Aristóteles respondeu: "Não, por Zeus! Pois não estava prestando atenção em você". [21] Quando alguém o acusou de ter dado a um homem desonesto uma contribuição (pois a história

também é contada nesta forma), disse: "Não dei ao homem, mas à humanidade". À pergunta sobre como deveríamos nos comportar com os amigos, ele respondeu: "Como deveríamos desejar que eles se comportassem conosco". Definiu a justiça como uma virtude da alma que é distribuída de acordo com o mérito; e a educação como a melhor provisão para a velhice. Favorino, no segundo livro de suas *Memórias*, menciona como um de seus ditos habituais o seguinte: "Quem tem [muitos] amigos, não tem nenhum amigo". Essa frase também é encontrada no sétimo livro da *Ética*[121].

Estes são, portanto, os apotegmas atribuídos a ele.

Obras aristotélicas

Aristóteles escreveu inúmeras obras, as quais considero oportuno citar devido à excelência de todos os discursos do homem: [22] *Da justiça*, em quatro livros; *Dos poetas*, em três livros; *Da filosofia*, em três livros; *Do estadista*, em dois livros; *Retórica* ou *Grilo*, em um livro; *Nerinto*, em um livro; *O sofista*, em um livro; *Menexêno*, em um livro; *Do amor*, em um livro; *Simpósio*, em um livro; *Da riqueza*, em um livro; *Exortação à filosofia*, em um livro; *Da alma*, em um livro; *Da prece*, em um livro; *Da nobreza de nascimento*, em um livro; *Do prazer*, em um livro; *Alexandre* ou *A favor das colônias*, em um livro; *Do reinado*, em um livro; *Da educação*, em um livro; *Do bem*, em três livros; *Extratos das Leis de Platão*, em três livros; *Extratos da República*, em dois livros; *Da economia doméstica*, em um livro; *Da amizade*, em um livro; *Do sofrer ou haver sofrido*, em um livro; *Das ciências*, em um livro; *Das questões controversas*, em dois livros; *Soluções de questões controversas*, em quatro livros; *Divisões sofísticas*, em quatro livros; *Dos contrários*, em um livro; *Dos gêneros e espécies*, em um livro; *Dos atributos essenciais*, em um livro; [23] *Argumentos para refutações*, em três livros; *Proposições sobre a virtude*, em dois livros; *Objeções*, em um livro; *Dos significados de expressões* ou *expressões nos quais um determinante é adicionado*, em um livro; *Das paixões* ou *Da ira*, em um livro; *Ética*, em cinco livros; *Dos elementos*, em três livros; *Da ciência*, em um livro; *Do princípio lógico*, em um livro; *Divisões lógicas*, em dezessete livros; *Da divisão*, em um livro; *Das perguntas e respostas dialéticas*, em dois

121. *Ética a Eudemo*.

livros; *Do movimento*, em um livro; *Proposições*, em um livro; *Proposições controversas*, em um livro; *Silogismos*, em um livro; *Primeiros analíticos*, em oito livros; *Analíticos posteriores maiores*, em dois livros; *Dos problemas*, em um livro; *Questões metódicas*, em oito livros; *Do bem supremo*, em um livro; *Da ideia*, em um livro; *Definições antepostas aos tópicos*, em sete livros; *Silogismos*, em dois livros; [24] *Do silogismo e das definições*, em um livro; *Do desejável e do contingente*, em um livro; *Prefácio aos lugares comuns*, em um livro; *Tópicos para as definições*, em dois livros; *Das paixões* ou *Das qualidades*, em um livro; *Da divisão lógica*, em um livro; *Da matemática*, em um livro; *Definições*, em treze livros; *Argumentações*, em dois livros; *Do prazer*, em um livro; *Proposições*, em um livro; *Do voluntário*, em um livro; *Do belo*, em um livro; *Teses para refutação*, em vinte e cinco livros; *Teses sobre o amor*, em quatro livros; *Teses sobre a amizade*, em dois livros; *Teses sobre a alma*, em um livro; *Política*, em dois livros; *Lições sobre a política como as de Teofrasto*, em oito livros; *Das ações justas*, em dois livros; *Coleção de artes*, em dois livros; *Arte retórica*, em dois livros; *Da arte*, em um livro; outra *Coleção de artes*, em dois livros; *Do método*, em um livro; *Compêndio da "arte" de Teodectes*, em um livro; *Tratado sobre a arte poética*, em dois livros; *Entimemas retóricos*, em um livro; *Dos graus de grandeza*, em um livro; *Divisões de entimemas*, em um livro; *Da dicção*, em dois livros; *Do conselho*, em um livro; [25] *Compêndio*, em dois livros; *Da natureza*, em três livros; *Do natural*, em um livro; *Da filosofia de Arquitas*, em três livros; *Da filosofia de Espeusipo e Xenócrates*, em um livro; *Extratos do Timeu e de obras de Arquitas*, em um livro; *Contra a doutrina de Melisso*, em um livro; *Contra a doutrina de Alcmeão*, em um livro; *Contra os pitagóricos*, em um livro; *Contra a doutrina de Górgias*, em um livro; *Contra a doutrina de Xenófanes*, em um livro; *Contra a doutrina de Zenão*, em um livro; *Dos pitagóricos*, em um livro; *Dos animais*, em nove livros; *Dissecações*, em oito livros; *Seleção das dissecações*, em um livro; *Dos animais complexos*, em um livro; *Dos animais mitológicos*, em um livro; *Da esterilidade*, em um livro; *Das plantas*, em dois livros; *Da fisionomia*, em um livro; *Da medicina*, em dois livros; *Da unidade*, em um livro; [26] *Prognósticos de tempestades*, em um livro; *Da astronomia*, em um livro; *Da ótica*, em um livro; *Do movimento*, em um livro; *Da música*, em um livro; *Da memória*, em um livro; *Problemas homéricos*, em seis livros; *Problemas poéticos*, em um livro; *Problemas físicos em ordem alfabética*, em trinta e oito livros; *Problemas teóricos*, em dois livros; *Instrução enciclopédica*, em dois livros; *Da mecânica*, em um livro; *Problemas retirados das obras de Demócrito*, em dois livros; *Da pedra magnética*, em um livro; *Analogias*, em um livro; *Problemas diversos*, em doze livros; *Descrições de gêneros*, em quatorze livros; *Controvérsias jurídicas*, em um livro; *Vencedores dos Jogos Olímpicos*, em um livro; *Vencedores dos Jogos Píticos*, em um livro; *Da música*, em um livro; *Píticos*, em um livro; *Crítica à lista dos vencedores píticos*, em um livro; *Vitórias nas Dionísias*, em um livro; *Das tragédias*, em um livro; *Registros dramáticos*, em um livro; *Provérbios*, em um livro; *Regras para banquetes públicos*, em um livro; *Leis*, em quatro livros; *Categorias*, em um livro; *Da interpretação*, em um livro; [27] *Constituições de 158 pólis, em geral e em particular, democráticas, oligárquicas, aristocráticas e tirânicas*; *Cartas a Filipe*; *Cartas de Selembriano*; quatro *Cartas a Alexandre*; nove *Cartas a Antípatro*; uma carta: *A Mentor*; *A Ariston*; *A Olímpias*; *A Heféstion*; *A Temistágoras*; e *A Filoxeno*; *Em resposta a Demócrito*, em um livro. Além desses, um poema cujo início é "ó puro que lança longe seus dardos, o mais venerado dos deuses"[122]; e um poema elegíaco que se inicia com "ó filha de uma mãe de belos filhos"[123].

Todas essas obras compreendem 445.270 linhas. [28] Essas são, portanto, as obras escritas por ele. Nelas, Aristóteles apresenta os seguintes princípios.

Princípios aristotélicos

Há duas divisões na filosofia: a prática e a teórica. A parte prática inclui a ética e a política, esta última ocupando-se da economia tanto da *pólis* como da doméstica. A parte teórica inclui física e lógica, embora a lógica não seja uma ciência independente, mas é como um instrumento para todo o resto. Aristóteles também estabelece que há um duplo fim: a probabilidade e a verdade. Para cada um deles, emprega duas faculdades: a dialética e a retórica para a probabilidade, e a análise e a filosofia para a verdade; além disso, não dispensa nada que leve à descoberta, ao julgamento ou ao uso prático. [29] Para a descoberta, Aristóteles deixou, nos *Tópicos* e nos *Metódicos*, uma série de proposições, pelas quais é possível dispor de argumentos prováveis para a

122. Em grego: ἁγνὲ θεῶν πρέσβισθ' ἑκατηβόλε (*hagnè theôn présbisth' hekatēbóle*).

123. Em grego: καλλιτέκνου μητρὸς θύγατερ (*kallistéknou mētròs thýgater*).

solução de problemas. Para o julgamento, deixou os *Primeiros analíticos* e os *Analíticos posteriores*; nos *Primeiros* as premissas são julgadas, nos *Posteriores* as conclusões são provadas. Para o uso prático, deixou preceitos sobre controvérsia, sobre o processo de perguntas e respostas, sobre refutações sofísticas, e sobre silogismos e similares. Aristóteles, também, propõe a sensação como critério da verdade na esfera dos objetos representados, mas, na esfera da moral pertinente à *pólis*, à família e às leis, propõe a razão.

[30] Aristóteles considerava o exercício da virtude como o único fim em uma vida completa. Definia a felicidade como um composto perfeito de três tipos de bens: bens da alma, que designa como de maior valor; em segundo lugar, bens corporais, como a saúde, a força, a beleza e coisas afins; e em terceiro lugar, bens externos, como a riqueza, o nascimento nobre, a reputação e similares. Concebia a virtude por si só insuficiente para garantir a felicidade, pois os bens corporais e os bens externos também são necessários, uma vez que a pessoa sábia seria miserável se vivesse em meio a dores, pobreza e circunstâncias semelhantes. O vício, porém, é suficiente por si só para garantir a infelicidade, mesmo que seja abundantemente acompanhado de bens corporais e externos. [31] Sustentava, ainda, que as virtudes não são dependentes umas das outras; pois uma pessoa pode ser prudente, ou mesmo justa, e ao mesmo tempo perdulária e incapaz de controlar suas emoções. Ademais, a pessoa sábia não está isenta de todas as emoções, mas entrega-se a elas com moderação.

Aristóteles definia a amizade como uma igualdade de boa vontade recíproca, e que ela se distingue em três tipos: a amizade entre parentes, a amizade entre amantes, e a amizade entre anfitrião e hóspede[124]. O amor não tem como fim apenas a convivência, mas também a filosofia. Uma pessoa sábia é aquela que amará e participará da vida política; além disso, ela se casará e passará a residir na corte de um rei. Dos três tipos de vida – a contemplativa [ou teórica], a prática [ou ativa], e a hedonista [ou amorosa] –, Aristóteles deu preferência à contemplativa. Sustentava que os estudos constituintes da educação comum são úteis para a obtenção da virtude.

[32] Na esfera das ciências naturais Aristóteles superou todos os outros filósofos na investigação das causas, de modo que até os fenômenos mais

124. Cf. § 81 do Livro III; e Aristóteles, *Retórica*, Livro II, 1381b.

insignificantes foram por ele explicados (daí os numerosos livros científicos que escreveu). Como Platão, sustentava que deus era incorpóreo; que sua providência se estende aos corpos celestes; que permanece imóvel; e que os eventos terrestres são governados pela afinidade com os corpos celestes. Além dos quatro elementos, afirmava que há um quinto, do qual são compostos os corpos celestes, e cujo movimento é diferente do dos demais elementos, pois é circular. Ainda, dizia que a alma é incorpórea, definindo-a como a primeira enteléquia[125] de um corpo orgânico natural potencialmente possuidor de vida[126]. [33] Por enteléquia ele quer dizer aquilo que possui uma forma incorpórea.

O ente, segundo Aristóteles, é duplo: ou é potencial, como uma figura de Hermes implícita na cera – desde que seja adaptada para receber as molduras adequadas – ou como uma estátua implícita no bronze; ou é determinado, como é o caso da figura acabada de Hermes ou da estátua acabada. A alma é a realização de um corpo natural, uma vez que os corpos podem ser divididos em corpos artificiais (feitos pelas mãos de artesãos como uma torre ou um navio) e corpos naturais (obra da natureza como plantas e corpos de animais). Quando Aristóteles diz "orgânico", ele quer dizer "os meios para um fim", como a visão está adaptada para ver e o ouvido para ouvir. Quando diz "corpo potencialmente possuidor de vida", quer dizer "em si mesmo". [34] Além disso, existem dois sentidos de "potencial", um correspondente a um estado formado e o outro ao seu exercício em ato. Neste último sentido do termo, diz-se que quem está acordado possui alma; já no primeiro, possui alma aquele que está dormindo. Então, para incluir até mesmo quem dorme, Aristóteles acrescentou a palavra "potencial".

Aristóteles tinha muitas outras opiniões sobre numerosos assuntos que seria tedioso enumerar. No geral, sua operosidade e invenção foram notáveis, como mostra o catálogo de suas obras fornecido acima, que chega à quantidade de quase 400, considerando apenas aquelas cuja autenticidade não é contestada. Com efeito, muitas outras obras escritas são atribuídas a ele, além de apotegmas que, apesar de não escritos, felizmente sobrevivem na tradição oral.

---

125. No aristotelismo, uma realização plenamente completa a partir de leis próprias.

126. Aristóteles, *Da alma*, Livro II, 412 a 427.

[35] Houve oito com o nome de Aristóteles: o primeiro, o citado aqui; o segundo, um estadista ateniense, autor de agradáveis discursos forenses; o terceiro, um comentador da *Ilíada*; o quarto, um retórico siciliano, que escreveu uma resposta ao panegírico de Isócrates; o quinto, um discípulo de Ésquines, o filósofo socrático, apelidado de Mito; o sexto, um autor sobre a arte poética, de Cirene; o sétimo, um treinador de ginástica, mencionado por Aristoxeno em sua obra *Vida de Platão*; e o oitavo, um gramático obscuro, cujo manual *Da redundância* ainda existe.

Aristóteles de Estagira teve muitos discípulos; entre os quais o mais ilustre foi Teofrasto, de quem falaremos a seguir.

2
TEOFRASTO

[36] Teofrasto, filho do pisoeiro Melantes, era de Eressos, como diz Atenodoro no oitavo livro de *Passeios filosóficos*. Ouviu inicialmente as palestras de seu compatriota Alcipo, em sua própria pátria, e depois passou a ouvir Platão, mudando posteriormente para Aristóteles. Quando este último se retirou para Cálcis, ele próprio se tornou escolarca, na 114ª Olimpíada[127]. Diz-se que um escravo seu, chamado Pompilo, também foi filósofo, de acordo com Mironiano de Amastris no primeiro livro de seus *Paralelos históricos*.

Teofrasto era um homem de notável inteligência, muito dedicado ao trabalho e, como Panfile diz no trigésimo segundo livro de sua *Memorabilia*, ele deu aulas a Menandro, o poeta cômico. [37] Além disso, estava sempre pronto para fazer gentilezas e gostava de discutir. Cassandro certamente concedeu-lhe uma audiência e Ptolomeu associou-se a ele. Os atenienses o valorizavam tanto que, quando Agnonides ousou acusá-lo por impiedade, o próprio acusador escapou por pouco da punição.

Cerca de 2 mil alunos costumavam assistir às suas palestras. Em carta ao peripatético Fânias, entre outros temas, ele fala sobre as leituras públicas da seguinte maneira: "Não é fácil reunir um público como o das festas panegíricas, nem mesmo um círculo seleto, como se desejaria. As leituras públicas são fundamentais para corrigir as obras. Os atuais alunos não mais toleram a indiferença às críticas e o descuido". Nesta mesma carta ele chamou alguém de "escolástico".

---

127. 323 a.C.

[38] Embora sua reputação fosse elevada, por um curto período Teofrasto teve que deixar a pátria, juntamente a todos os outros filósofos, quando Sófocles, filho de Anficlides, propôs uma lei segundo a qual nenhum filósofo poderia dirigir uma escola sem a permissão do Conselho e do povo, sob pena de morte. No ano seguinte, porém, os filósofos regressaram, pois Fílon havia acusado Sófocles de fazer uma proposta ilegal. Após revogarem a lei, os atenienses multaram Sófocles em cinco talentos e decretaram a volta dos filósofos, e assim Teofrasto pôde retornar e viver lá como antes.

Seu nome era, na verdade, Tirtamo, mas, devido à sua elocução graciosa, foi renomeado como Teofrasto[128] por Aristóteles. [39] Aristipo, no quarto livro de *Sobre a vida luxuosa dos antigos*, afirma que Teofrasto estava apaixonado pelo filho de Aristóteles, Nicômaco, embora ele fosse seu mestre. Diz-se que Aristóteles aplicou a ele e a Calístenes o que Platão havia dito de Xenócrates e do próprio Aristóteles, como já dito antes, ou seja, que um precisava de uma rédea e o outro de espora; pois Teofrasto expressava com grande inteligência tudo que pensava, enquanto Calístenes era naturalmente lerdo quanto ao pensamento. Diz-se que Teofrasto adquiriu seu próprio jardim após a morte de Aristóteles, por intervenção de seu amigo Demétrio de Falero.

Há apotegmas úteis atribuídos a Teofrasto, como os seguintes. Dizia que se deve confiar mais em um cavalo sem rédeas do que em um discurso malfeito. [40] A alguém que nunca abria a boca em um banquete, ele comentou: "Se você for um ignorante, comporta-se prudentemente, mas se for instruído, tolamente". Dizia constantemente que nas nossas despesas o item mais precioso é o tempo.

Teofrasto morreu aos 85 anos, pouco depois de ter abandonado suas atividades.

Meus versos sobre ele são os seguintes:

> Não foi em vão a máxima dita por um mortal: "O arco da sabedoria afrouxado se romperá";
>
> realmente, enquanto Teofrasto trabalhou, manteve os membros sãos, mas quando se afrouxou do trabalho, seus membros decaíram e ele morreu (*Antologia palatina*, VII, 110).

---

128. "Teofrasto" é formado a partir dos termos θεός (*theós* – divino, gracioso) e φράσις (*phrásis* – elocução, estilo, modo de falar).

Diz-se que seus discípulos lhe perguntaram se ele tinha alguma última mensagem para eles, ao que ele respondeu:

> Não há nada mais a ser declarado, a não ser que muitos dos prazeres que a vida demonstra são apenas aparentes. [41] Pois quando estamos apenas começando a viver, eis que morremos. Nada então é tão desfavorável quanto o amor à glória. Sejam felizes e abandonem minha doutrina, que envolve muito trabalho, ou dediquem-se a ela retamente, pois a glória é grande. A vida carrega consigo mais o vazio do que a abundância. Mas, como não posso mais discutir a correta conduta, vocês devem investigar o que deve ser feito.

Ao dizer essas palavras, dizem, Teofrasto morreu. Conta-se, também, que todos os atenienses, em honra a ele, seguiram seu cortejo a pé. Favorino conta que, durante sua velhice, Teofrasto teve que ser carregado numa liteira. Isso é também dito por Hermipo, cujo relato é retirado de uma obra de Arcesilau de Pitane dedicada a Lácides de Cirene.

[42] Teofrasto deixou um grande número de obras. Acho correto catalogá-las também porque abundam em excelência de todo tipo. São, pois, as seguintes: *Primeiros analíticos*, em três livros; *Analíticos posteriores*, em sete livros; *Da análise de silogismos*; *Epítome dos "Analíticos"*; *Deduções lógicas*, em dois livros; *Discussões sobre a teoria dos argumentos erísticos*; *Dos sentidos*; *Resposta a Anaxágoras*; *Dos escritos de Anaxágoras*; *Dos escritos de Anaxímenes; Dos escritos de Arquelau; Do sal, do salitre e do alúmen*; *Da petrificação*, em dois livros; *Das linhas indivisíveis*; *Palestras*, em dois livros; *Dos ventos*; *Características das virtudes*; *Da realeza*; *Da educação dos reis*; *Dos modos de vida*; em três livros. [43] *Da velhice*; *Da astronomia de Demócrito*; *Da Meteorologia; Das imagens visuais* ou *Emanações*; *Dos sabores, das cores e da carne; Da ordem do mundo; Da humanidade; Compêndio dos escritos de Diógenes; Definições*, em três livros; *Do amor*; outro *Do amor; Da felicidade; Das espécies* ou *Formas*, em dois livros; *Da epilepsia*; *Do entusiasmo*; *Sobre Empédocles*; *Argumentos dialéticos*, em dezoito livros; Objeções, em três livros; *Do voluntário*; *Epítome da "República" de Platão*, em dois livros; *Da diversidade de sons emitidos por animais da mesma espécie*; *Das aparições repentinas; Dos animais que mordem ou chifram; Dos animais com fama de rancorosos; Dos animais que permanecem em terra seca;* [44] *Dos animais que mudam de cor; Dos animais que escavam; Dos animais*, em sete livros; *Do prazer se-*

gundo Aristóteles; outro *Do prazer; Teses*, em vinte e quatro livros; *Do Calor e do frio; Da vertigem e da tontura; Dos suores; Da afirmação e da negação; Calístenes* ou *Do luto; Das fadigas; Do movimento*, em três livros; *Das pedras preciosas; Das pestilências; Dos desmaios; Megárico; Da melancolia; Das minas*; em dois livros. *Do mel; Compêndio sobre as doutrinas de Metrodoro; Dos fenômenos atmosféricos*, em dois livros; *Da embriaguez; Leis em ordem alfabética*, em vinte e quatro livros; *Epítome das leis*, em dez livros; [45] *Das definições; Dos odores; Do vinho e do azeite; As primeiras premissas*, em dezoito livros; *Dos legisladores*, em três livros; *Da política*, em seis livros; *Tratado político adaptado à crises importantes*, em quatro livros; *Dos costumes políticos*, em quatro livros; *Da melhor constituição*; *Coleção de problemas*, em cinco livros; *Dos provérbios; Da coagulação e da liquefação; Do fogo*, em dois livros; *Dos ventos; Da paralisia; Da sufocação; Da perturbação mental; Das paixões; Dos sintomas; Sofismos*, em dois livros; *Da solução de silogismos; Tópicos*, em dois livros; *Da punição*, em dois livros; *Dos cabelos; Da tirania; Da água*, em três livros; *Do sono e dos sonhos; Da amizade*, em três livros; *Da ambição*, em dois livros; [46] *Da natureza*, três livros; Da física, em dezoito livros; *Epítome da "Física"*, em dois livros; *Física*, em oito livros; *Resposta aos filósofos físicos*; *Das pesquisas botânicas*, em dez livros; *Das causas botânicas*, em oito livros; *Dos sucos*, em cinco livros; *Do falso prazer*; *Da alma*, uma tese; *Das provas não científicas*; *Dos problemas simples*; *Harmônicos; Da virtude; Materiais para argumento ou contradições; Da negação; Da inteligência; Do ridículo; Ensaios vespertinos*, em dois livros; *Divisões*, em dois livros; *Das diferenças; Dos crimes; Da calúnia; Do louvor; da experiência; Cartas*, em três livros; *Dos animais gerados espontaneamente; Da secreção*; [47] *Panegíricos aos deuses; Dos festivais*; *Da boa sorte; Dos entimemas; Das descobertas*, em dois livros; *Palestras sobre ética*; *Caracteres éticos; Do tumulto; Da pesquisa histórica; Do julgamento de silogismos; Da adulação; Do mar; A Cassandro, sobre a realeza; Da Comédia; Da dicção; Compêndio de argumentos; Soluções; Da música*, em três livros; *Dos metros; Megaclés; Das leis; Das ilegalidades; Compêndio dos escritos de Xenócrates; Da conversação; Do juramento*; *Preceitos retóricos; Da riqueza; Da arte poética; Problemas políticos, éticos, físicos e amorosos*; [48] *Prelúdios; Coleção de problemas; Dos problemas físicos; Do exemplo; Da introdução e da narrativa*; outro *Da arte poética; Dos sábios; Das consultas; Dos solecismos; Da arte retórica; Dos lugares dos tratados retóricos*, em dezessete livros; *Da atuação; Notas das palestras de Aristóteles ou de Teofrasto*, em seis livros; *Opiniões físicas*; em dezesseis livros; *Epítome de "Opiniões físicas"; Da gratidão; Da verdade e da falsidade; Indagações sobre a divindade*, em seis livros; *Dos deuses*, em três livros; *Pesquisas geométricas*, em quatro livros; [49] *Epítomes sobre "Dos animais" de Aristóteles*, em seis livros; *Argumentos dialéticos*, em dois livros; *Teses*, em três livros; *Da realeza*, em dois livros; *Das causas; Sobre Demócrito; Da calúnia; Da geração; Da inteligência e do caráter dos animais; Do movimento*, em dois livros; *Da visão*, em quatro livros; *Das definições*, em dois livros; *Dos dados; Do Maior e do menor; Dos músicos; Da felicidade divina; Resposta aos acadêmicos; Exortação à filosofia; Da melhor maneira de governar as pólis; Notas; Da erupção vulcânica na Sicília; Das coisas geralmente admitidas; Dos problemas de física; Dos métodos do saber; Do mentiroso*, em três livros; [50] *Prolegômenos aos "Tópicos"; Sobre Ésquilo; Pesquisa astronômica*, em seis livros; *Pesquisas aritméticas; Do crescimento; Dos discursos forenses; Epístolas* – a Aristocreonte, a Fanias e a Nicanor; *Da Piedade; Euiás; Da oportunidade*, em dois livros; *Dos argumentos relevantes; Da educação das crianças*; outro tratado com o mesmo título; *Da educação* ou *Das virtudes* ou *Da temperança; Dos números; Definições relativas à disposição dos silogismos; Do céu; Questões políticas*, em dois livros; *Da natureza; Das frutas; Dos animais.*

Ao todo são 232.808 linhas. Tão grande é o número de suas obras.

[51] Encontrei, também, seu testamento, redigido nos seguintes termos:

> Que tudo fique bem! Porém, caso algo me aconteça, tomei as seguintes disposições: entrego e lego todos os meus bens em minha casa a Melantes e Pancreonte, filhos de Leon. É meu desejo que, dos recursos à disposição de Hiparco, sejam feitas as seguintes dotações: Primeiramente, para terminar a reconstrução do Museu com as estátuas das deusas e para acrescentar quaisquer melhorias que pareçam viáveis para embelezá-las. Em segundo lugar, para colocar o busto de Aristóteles no templo juntamente ao resto das oferendas dedicadas que ali estavam anteriormente. Em seguida, para reconstruir o pequeno pátio adjacente ao Museu, deixando-o, pelo menos, não tão rústico como antes, e para recolocar no pátio inferior as tabuinhas que representam a rotação da Terra. [52] Além disso, para reparar o altar, de maneira que fique perfeito e elegante. Também é meu desejo que a estátua de Nicômaco seja concluída em tamanho natural. O preço acordado para a confecção da estátua já foi pago a Praxíteles, mas o restante do custo

deverá ser custeado pela fonte acima mencionada. A estátua deverá ser erguida no lugar que pareça desejável aos executores encarregados de minhas outras disposições testamentárias. Que tudo o que diz respeito ao templo e às ofertas preparadas seja organizado desta maneira.

Lego a Calino a propriedade de Estagira que me pertence. Lego a Neleu toda a minha biblioteca. O jardim, o *perípatos* e as casas adjacentes ao jardim, lego a todos os meus amigos abaixo nomeados que queiram estudar e cultivar entre si a filosofia, [53] uma vez que não é possível para todos que lá residem para sempre, sob a condição de que ninguém aliene essa propriedade ou sirva-se dela para uso privado, mas que a mantenham como se fosse um templo em posse conjunta e vivam, como é certo e justo, em termos de familiaridade e amizade. A comunidade deverá ser composta de Hiparco, Neleu, Estratão, Calino, Demótimo, Demarato, Calistenes, Melantes, Pancreonte e Nicipo. Aristóteles, filho de Metrodoro e Pítias, também terá o direito de estudar e juntar-se a eles, se assim o desejar; e os mais velhos deles prestará toda a atenção a ele, a fim de assegurar-lhe a máxima proficiência em filosofia.

Que eu seja sepultado em qualquer lugar do jardim que pareça mais adequado, sem gastos desnecessários com meu funeral ou com meu monumento. [54] E, de acordo com o acordo prévio, que, após cumprir o meu destino, a responsabilidade de executar minhas determinações acerca do templo, do monumento, do jardim e do *perípatos* seja de Pompilo, pois vive perto. Ele também deverá exercer a mesma supervisão sobre todos os outros assuntos, como fazia antes. Os detentores da propriedade zelarão pelos seus interesses. Pompilo e Trepte há muito foram emancipados e me prestaram muitos serviços; e determino que 2 mil dracmas lhes sejam dados por Hiparco, além de permanecerem na posse de tudo que receberam anteriormente de mim e por seus próprios ganhos. Conversei muitas vezes sobre isso com os próprios Melantes e Pancreonte, que concordaram comigo. Lego a eles, ainda, a serva Somatale.

[55] Entre os meus servos, declaro livres, de modo imediato, Molon, Timon e Parmeno. A Manes e Calias dou-lhes a liberdade com a condição de que fiquem quatro anos no jardim e lá trabalhem juntos e que a sua conduta seja isenta de culpa.

A mobília de minha casa, os executores de meu testamento devem dar a Pompilo o que lhes parecerem adequado, e que o restante seja vendido. Eu também deixo Carion para Demotimus e Donax para Neleu. Mas Euboios deve ser vendido. Que Hiparco pague a Calino 3 mil dracmas. E se eu não tivesse visto que Hiparco prestou grande serviço a Melantes e Pancreonte e anteriormente a mim, e que agora em seus patrimônios privados ele naufragou, eu o teria nomeado juntamente com Melantes e Pancreonte para realizar meus desejos. [56] Contudo, sabendo que não seria fácil para eles dividir a gestão com ele, e considerando mais vantajoso para eles receber uma quantia fixa de Hiparco, que Hiparco pague a Melantes e a Pancreonte um talento cada. Que Hiparco forneça as somas necessárias aos testamenteiros, nas datas de vencimento, para pagarem as despesas previstas por mim nesse testamento. Quando Hiparco tiver cumprido todas essas disposições, ele será totalmente liberado de suas responsabilidades para comigo. E qualquer avanço que ele tenha feito em Cálcis em meu nome pertence somente a ele.

Sejam Hiparco, Neleu, Estratão, Calino, Demótimo, Calístenes e Ctesarco os executores para cumprir os termos do testamento. [57] Uma cópia do testamento, selada com o anel de sinete de Teofrasto, está depositada com Hegésias, filho de Hiparco, sendo as testemunhas Calipo de Palene, Filomelo de Euonimaia, Lisandro de Hiba e Filo de Alopece. Olimpiodoro possui outra cópia, com as mesmas testemunhas. A terceira cópia foi recebida por Adimanto, sendo o portador Andróstenes, seu filho, e as testemunhas são Arimnesto, filho de Cleóbulo, Lisístrato, filho de Fidon de Tasos, Estratão, filho de Arcesilau de Lâmpsaco, Tésipo, filho de Tésipo de Cerameus, e Dióscurides, filho de Dionísio de Epicefísia.

Essas são as disposições do testamento de Teofrasto. Dizem, além disso, que o médico Erasístrato foi seu discípulo; e isso é provável.

3
ESTRATÃO

[58] O sucessor de Teofrasto na escola foi Estratão de Lâmpsaco, filho de Arcesilau, a quem Teofrasto mencionou em seu testamento. Era um homem distinto e geralmente conhecido como "físico", porque, mais do que qualquer outra pessoa, se dedicou ao mais cuidadoso estudo da natureza. Além disso, foi mestre de Ptolomeu Filadelfo e recebeu dele, segundo dizem, 80 talentos. De acordo com Apolodoro, em sua *Crônica*, Estratão tornou-se escolarca na 123ª Olimpíada[129] e permaneceu assim por dezoito anos.

[59] Conservam-se, dele, as obras: *Da realeza*, em três livros; *Da justiça*, em três livros; *Do bom*, em três livros; *Dos deuses*, em três livros; *Dos princípios*, em três livros; *Dos vários modos de vida; Da felicidade; Do filósofo-rei; Da coragem; Do vazio; Do céu; Do vento; Da natureza humana; Da geração dos animais; Da mistura; Do sono; Dos sonhos; Da visão; Da sensação; Do prazer; Das cores; Das doenças; Das crises das doenças; Das faculdades; Das máquinas de mineração; Da fome e da vertigem; Do leve e do pesado; Do entusiasmo* ou *Do êxtase; Do tempo; Do crescimento e da nutrição; Dos animais cuja existência é questionada; Dos animais mitológicos; Das causas; Soluções de problemas; Introdução aos tópicos; Do acidente;* [60] *Da definição; Do mais e do menos; Da injustiça; Do anterior e do posterior; Do gênero do anterior; Da propriedade* ou *Dos atributos essenciais; Do futuro; Refutações das descobertas,*

129. 288-284 a.C.

em dois livros; *Notas de aula* (cuja autenticidade é questionada); e *Cartas*, cujo início é "Saudações de Estratão a Arsinoe".

Diz-se que Estratão ficou tão magro que nada sentiu quando chegou ao seu fim. Há, de minha autoria, o seguinte sobre ele:

> Era um homem magro de corpo, se acredita em mim, devido ao uso de unguentos. Digo a você que esse foi Estratão
> A quem Lâmpsaco deu à luz. Sempre contra doenças lutando, morreu sem perceber e sem saber (*Antologia palatina*, VII, 111).

[61] Houve oito indivíduos que levaram o nome de Estratão: o primeiro, um aluno de Isócrates; o segundo, o aqui mencionado; o terceiro, um médico, um discípulo ou, como dizem alguns, filho de criação de Erasístrato; o quarto, um historiador que escreveu sobre a luta de Filipo e Perseu contra os romanos; o quinto, [...][130]; o sexto, um poeta que escreveu epigramas; o sétimo, um médico que viveu na Antiguidade, mencionado por Aristóteles; e o oitavo, um filósofo peripatético que viveu em Alexandria.

Voltando, contudo, a Estratão o Físico, seu testamento traz as seguintes disposições:

> Caso algo me aconteça, tomei estas disposições: todos os bens em minha casa lego a Lampírio e Arcesilau. Com o dinheiro que me pertence em Atenas, em primeiro lugar os meus executores providenciarão o meu funeral e para tudo o que o costume exige que seja feito após o funeral, sem extravagâncias, mas também sem mesquinhez. [62] Os executores deste meu testamento serão Olímpico, Aristides, Mnesígenes, Hipócrates, Epicrates, Górgilo, Dioclés, Licon, Atanes. Deixo a escola para Licon, pois dos demais alguns são muito velhos e outros muito ocupados. Seria bom, no entanto, que os outros cooperassem com ele. Também lhe deixo todos os meus livros, exceto aqueles de minha autoria, e todos os móveis da sala de jantar, incluindo as almofadas de assento e as taças. Os testamenteiros devem dar a Epicrates 500 dracmas e um dos servos que Arcesilau aprovar. [63] Primeiramente, Lampirio e Arcesilau anularão o acordo que Daipo fez em nome de Iraios; e ele não deverá nada nem a Lampirio nem aos herdeiros de Lampirio, mas terá quitação total de toda a transação. A seguir, os executores darão a ele 500 dracmas de prata e um dos servos que Arcesilau aprovar, para que, em troca de todo o trabalho que

130. Registro apagado nos manuscritos.

compartilhou comigo, e de todos os serviços que me prestou, ele tenha os meios para ter uma vida respeitável. Além disso, emancipo Diofanto, Dioclés e Abos; e Sírias passo a Arcesilau. Também emancipo Dromo. [64] Assim que Arcesilau chegar, Iraios deverá, juntamente a Olímpico, Epicrates e os outros executores, contar os gastos das despesas do funeral e dos outros ritos habituais. Qualquer que seja a quantia que sobrar, Arcesilau receberá de Olímpico, sem no entanto pressioná-lo quanto a datas e prazos. Arcesilau também anulará o acordo feito por Estratão com Olímpico e Ameinias, cujo depositário é Filócrates, filho de Tisameno. No que diz respeito ao meu monumento, deverá ser feito conforme Arcesilau, Olímpico e Licon aprovarem.

Essas são as disposições do testamento de Estratão, de acordo com a coleção de Ariston de Céos. O próprio Estratão era, como afirmado acima, um homem digno de plena consideração, uma vez que se destacou em todos os ramos do conhecimento, e sobretudo na física, um ramo da filosofia mais antigo e importante do que os outros.

4
LICON

[65] O sucessor de Estratão foi Licon, filho de Astíanax de Trôade, e ele era um homem eloquente e da mais alta competência na educação de meninos. Licon costumava dizer que o pudor e o amor à honra eram um equipamento tão necessário para os meninos quanto esporas e rédeas para os cavalos. Sua eloquência e a plenitude de seu estilo evidenciam-se pelo seguinte exemplo, no qual Licon fala de uma donzela sem recursos: "Um fardo pesado para um pai é uma donzela que, por falta de dote, ultrapassa o tempo da idade fecunda". Daí o que Antígono fala sobre ele: assim como não seria possível transferir a fragrância e o encanto da maçã para outro objeto, toda expressão isolada deve ser contemplada no próprio orador, como a maçã na árvore. [66] Essa fala ocorreu porque a voz de Licon era extremamente suave, de modo que algumas pessoas colocaram um G no começo de seu nome, [chamando-o de Glicon][131].

Todavia, quanto à sua escrita, era diferente de si mesmo. Por exemplo, sobre aqueles que lamentavam a sua negligência em aprender quando tiveram a oportunidade e desejavam tê-lo feito, ele exprimia-se da seguinte forma: "eles são os seus próprios acusadores, gloriam-se de um arrependimento por uma preguiça incorrigível". Dizia, também, que aqueles que deliberam erroneamente estão errados em seus cálculos, como se fizessem uso de uma régua torta para medir algo reto, ou como se olhassem para o reflexo de seus rostos em águas agitadas ou em um espelho distorcido. Além disso, disse: "Muitas

131. Remetendo ao adjetivo γλυκύς (*glykýs* – doce, suave, agradável).

pessoas vão em busca da coroa da vitória na ágora; mas poucas, ou nenhuma, buscam-na nos Jogos Olímpicos".

Licon frequentemente dava conselhos aos atenienses sobre vários assuntos e, assim, conferia-lhes os maiores benefícios. [67] Em seu modo de vestir, era refinado, de modo que suas roupas eram insuperáveis pela suavidade do material, como afirma Hermipo. Além disso, praticava atividades físicas e mantinha-se em boa forma, exibindo todos os hábitos corporais de um atleta, com orelhas machucadas por golpes e pele manchada de óleo, como conta Antígono de Caristo. Por isso, diz-se que Licon, nos festivais de sua terra natal, Ílion, mostrava-se um pugilista e jogador de bola. Entre todos, Licon foi o mais estimado filósofo por Eumenes e Átalo, que também lhe prestaram uma grande ajuda. Antíoco também tentou conquistar sua consideração, porém sem sucesso. [68] Ele odiava tanto o filósofo peripatético Hierônimo que foi o único a não comparecer ao aniversário mencionado na Vida de Arcesilau[132], somente para não se encontrar com ele.

Licon foi escolarca por 44 anos após Estratão ter-lhe legado, por testamento, esse posto na 127ª Olimpíada[133]. Além disso, assistiu às palestras do dialético Pantoides. Morreu aos 74 anos, após ter muito sofrido de gota.

Há um epigrama de minha autoria sobre ele:

> Não, por Zeus! Não deixarei de lado Licon, que morreu de gota. Isso é o que mais me admira:
>
> O longo caminho para o Hades, ele, que antes só conseguia andar com os pés dos outros, percorreu numa única noite (*Antologia palatina*, VII, 112).

[69] Houve outros que levaram o nome de Licon: o primeiro, um pitagórico; o segundo, o aqui mencionado; o terceiro, um poeta épico; e o quarto, um poeta que escreveu epigramas.

As disposições do testamento do filósofo acontecem de ser as seguintes:

> Estas são as minhas disposições relativas aos meus bens, caso eu não consiga superar minha atual doença. Todos os bens de minha casa eu lego aos meus irmãos Astianax e Licon, e por meio desse fundo, penso eu, deve ser pago todos os compromissos que assumi em Atenas, seja

132. Cf. § 41 do Livro IV.

133. 274-270 a.C.

por empréstimo ou por compra, bem como todos os custos do meu funeral e as despesas habituais da cerimônia. [70] Minha propriedade na *pólis* e em Egina deixo para Licon, porque ele tem o mesmo nome que o meu e residiu comigo por muito tempo, para minha total alegria; é justo assim agir a quem tratei como meu filho. Deixo o *perípatos* para os meus amigos que decidirem continuar a fazer uso dele: Bulo, Calino, Ariston, Anfião, Licon, Pito, Aristômaco, Heráclio, Licomedes e meu sobrinho Licon. Que eles escolham como escolarca qualquer pessoa que, em sua opinião, dará continuidade ao trabalho da escola e será mais capaz de fazê-la progredir. Todos os meus outros amigos deverão cooperar por amor a mim e ao local. Bulo e Calino, juntamente com os seus companheiros, providenciarão o meu funeral e minha cremação, de modo que evitem a mesquinhez e a extravagância da cerimônia. [71] Depois da minha morte, Licon colocará à disposição dos jovens o óleo das oliveiras que me pertencem em Egina para a devida recordação – desde que o usem – de minha pessoa e do benfeitor que me prestou homenagem. Licon também deverá erguer uma estátua minha e escolher um local conveniente para ela, com a ajuda de Diofanto e Heráclides, filho de Demétrio.

Da minha propriedade na *pólis*, Licon pagará a todos a quem pedi algo emprestado após minha partida. Bulo e Calino serão responsáveis pelas despesas gastas em meu funeral e outras despesas habituais da cerimônia. Estas somas serão providenciadas do dinheiro contido nos bens de minha casa e por mim legada a ambos em comum. [72] Eles também devem remunerar os médicos Pasitemis e Medias que, por sua atenção a mim e por sua habilidade, merecem uma recompensa muito maior. Deixo ao filho de Calino um par de taças de Tericleia, e à sua esposa um par de taças de Rodes, um tapete liso, um tapete com penugem dos dois lados, uma coberta e duas almofadas de assento, das melhores que sobrarem, pois assim, na medida em que eu tenha meios de recompensá-los, demonstro não ser ingrato. No que diz respeito aos servos que me serviram, os meus desejos são os seguintes: a Demétrio restituo o dinheiro da compra da liberdade que ele desfruta há muito tempo, e lego-lhe cinco minas e um manto e uma túnica para lhe garantir uma vida decente, em troca de todo o serviço que ele prestou a mim. A Críton de Calcedônia também restituo o dinheiro da compra pela sua liberdade e lego-lhe quatro minas. Concedo liberdade a Micro, e Licon deverá mantê-lo e educá-lo pelos próximos seis anos. [73] Concedo liberdade também a Cares, Licon o manterá, e eu lego a ele duas minas e meus escritos publicados, enquanto aqueles que são inéditos eu confio a Calino, para que ele possa editá-los cuidadosamente. A Siro, que foi libertado, deixo quatro minas e Menodora, e quito qualquer dívida que ele tenha feito comigo. A Hilara deixo cinco minas e um tapete duplo, duas almofadas de assento, uma coberta e uma cama, à sua escolha. Ademais, concedo liberdade à mãe de Micro, bem como a Noemo, a Dion, a Teo, a Eufranor e a Hermias. Agatão deverá ser libertado após dois anos, e os carregadores de liteira, Ofélio e Posidônio, deverão ser libertadods após quatro anos de serviço. [74] A Demétrio, a Críton e a Siro deixo uma cama para cada um e roupas de cama de minha propriedade – as que Licon achar apropriado –; esses itens devem ser dados a eles pelo desempenho adequado das tarefas que lhes foram atribuídas.

Quanto à minha sepultura, que Licon me enterre, caso queira, ou, se assim preferir, me enterre em casa. Deixo-o responsável por isso, pois estou convencido de que seu respeito pela propriedade não é menor do que o meu. Quando Licon tiver satisfeito todas essas minhas vontades, ele poderá dispor do restante, e tal disposição será definitiva. Testemunhas: Calino de Hermione, Ariston de Céos e Eufrônio de Paiania.

Dessa maneira Licon – cuja inteligência foi mostrada em todas as suas ações, no seu ensino e em todos os seus discursos – não foi menos sábio ao expressar as disposições de seu testamento, mostrando um cuidado excepcional na administração doméstica; de modo que também neste aspecto ele deve ser digno de inspiração.

5
DEMÉTRIO

[75] Demétrio, filho de Fanostrato, era de Falero. Foi discípulo de Teofrasto e, em razão de sua eloquência na assembleia ateniense, governou a *pólis* durante dez anos e foi honrado com 360 estátuas de bronze, a maioria delas representando-o montado a cavalo ou conduzindo uma carruagem ou uma biga. Essas estátuas foram concluídas em menos de 300 dias, de tanto que era estimado. Demétrio iniciou sua vida política, segundo Demétrio de Magnésia em sua obra Homônimos, quando Hárpalo, fugindo de Alexandre[134], veio para Atenas. Como estadista, prestou à sua pátria muitos serviços esplêndidos. Embora não fosse de origem nobre, ele enriqueceu a *pólis* com proventos e edifícios. [76] Demétrio era, na verdade, um dos servos de Cónon, de acordo com Favorino no primeiro livro de sua *Memorabilia*; no entanto, Lâmia, com quem vivia, era cidadã de família nobre, como também afirma Favorino no mesmo livro. Além disso, em seu segundo livro, Favorino alega que Demétrio foi violentado por Cléon; e Dídimo, em suas *Conversas convivais*, diz que uma cortesã o apelidou de Charitoblépharos ["olhos charmosos"] e Lampito ["olhos brilhantes"]. Diz-se que ele perdeu a visão quando estava em Alexandria e a recuperou por meio de uma dádiva de Sérapis; e por essa razão ele compôs os peãs que são cantados até hoje.

Apesar de toda a sua popularidade entre os atenienses, Demétrio foi colocado na obscuridade devido à inveja devoradora de tudo. [77] Foi acusado

134. 324 a.C.

por algumas pessoas e condenado à morte. E, quando seus acusadores não conseguiram apoderar-se de sua pessoa, derramaram veneno sobre o bronze de suas estátuas; derrubaram algumas delas de seus pedestais, outras foram vendidas, outras jogadas ao mar e outras foram até, dizem, quebradas para serem transformadas em urinóis. Apenas uma estátua continua preservada na Acrópole. Em *Histórias diversas*, Favorino conta que os atenienses fizeram isso por ordem do Rei Demétrio. [78] O mesmo Favorino ainda diz que os atenienses denominaram o ano de seu início no arcontado de "o ano sem lei".

Hermipo conta que, após a morte de Cassandro, Demétrio refugiou-se na corte de Ptolomeu Soter, com medo de Antígono. Lá ele passou um tempo considerável e aconselhou Ptolomeu, entre outras coisas, a conferir poder soberano a seus filhos tidos com Eurídice. Ptolomeu não concordou com isso e transferiu o diadema a seu filho com Berenice, que, após a morte de Ptolomeu, achou conveniente deter Demétrio como prisioneiro no país até que alguma decisão fosse tomada a respeito dele. Ali, ele viveu dominado pelo desânimo e, de alguma forma, enquanto dormia, recebeu uma picada de serpente na mão e perdeu a vida. Demétrio foi sepultado no distrito de Busíris, próximo a Dióspolis.

[79] Para ele, eu escrevi:

> Uma víbora matou o sábio Demétrio, com muito veneno impuro,
> Fazendo brilhar não a luz de seus olhos, mas a morte negra (*Antologia palatina*, VII, 113).

Heráclides, em sua *Epítome da "Sucessão de filósofos" de Sótion*, diz que o próprio Ptolomeu desejava transferir o reino a Filadelfo, mas que Demétrio tentou dissuadi-lo, dizendo: "Se você der a outro, você mesmo não terá". Na época em que era continuamente atacado em Atenas – também soube disso –, Menandro, o poeta cômico, quase foi levado a julgamento por nenhuma outra causa senão o fato de ser amigo de Demétrio; no entanto, Telesforo, primo de Demétrio, intercedeu.

[80] Quanto ao número de obras e à extensão total em linhas Demétrio superou quase todos os peripatéticos contemporâneos; pois foi, acima de qualquer outro, o mais erudito e versátil. Algumas dessas obras são históricas, outras políticas, outras poéticas, outras retóricas, outras são discursos públicos e outras são relatórios diplomáticos, além de coleções

de fábulas de Esopo e muitos outros gêneros. São as seguintes: *Da legislação de Atenas*, em cinco livros; *Das constituições de Atenas*, em dois livros; *Da demagogia*, em dois livros; *Da política*, em dois livros; *Das leis; Da retórica*, em dois livros; *Da estratégia*, em dois livros; [81] *Sobre a "Ilíada"*, em dois livros; *Sobre a "Odisseia"*, em quatro livros; *Ptolomeu; Do amor; Fedondas; Médon; Cléon; Sócrates; Artaxerxes; Sobre Homero; Aristides; Aristômaco; Exortação à filosofia; Da constituição; Dos dez anos de governo; Dos jônicos; Das embaixadas; Da crença; Da gratidão; Da sorte; Da magnanimidade; Do casamento; Da opinião; Da paz; Das leis; Dos negócios; Da oportunidade; Dionísio; Sobre Cálcis; Denúncia contra os atenienses; Sobre Antífanes; Introdução à história; Cartas; Uma assembleia jurada; Da velhice; Dos direitos; Fábulas de Esopo;* e *Anedotas*.

[82] Seu estilo é filosófico, com uma mistura de vigor e força retórica. Ao ouvir que os atenienses haviam destruído suas estátuas, Demétrio disse: "Mas não podem destruir os méritos que fizeram com que elas fossem erguidas". Dizia que as sobrancelhas formavam apenas uma pequena parte do rosto, mas podem ofuscar toda uma vida [pelo desprezo que expressam]. Além disso, dizia que não apenas a riqueza era cega, mas também sua guia, a sorte, e que tudo o que o aço conseguiu alcançar na guerra foi conquistado na política pelo discurso. Ao ver um jovem miserável, disse: "Olhe aqui um Hermes sólido, com manto longo, barriga e barba". Das pessoas vaidosas e arrogantes, ele declarou que deveríamos reduzir-lhes a estatura e deixar-lhes o seu espírito com a mesma dimensão; dos jovens, que eles devem honrar os pais em casa, todos que encontram fora de casa, e a si mesmos quando sozinhos; [83] dos amigos, que eles aparecem na prosperidade se chamados, mas aparecem na adversidade por vontade própria. Esses parecem ser todos os ditos atribuídos a ele.

Houve vinte indivíduos notáveis chamados Demétrio: o primeiro, um retórico da Calcedônia, mais antigo que Trasímaco; o segundo, o aqui mencionado; o terceiro, um peripatético de Bizâncio; o quarto, um escritor chamado de "Gráfico", que era claro nas narrativas, e também pintor; o quinto, um discípulo de Apolônio de Soles, natural de Aspendo; o sexto, um autor da Calatia, que escreveu sobre a Ásia e a Europa em vinte livros; o sétimo, um bizantino, que escreveu uma história da migração dos gauleses da Europa para a Ásia em treze livros, e outra obra em oito livros que trata de Antíoco e Ptolomeu e sua colonização da Líbia; [84] o oitavo, um sofista que viveu em Alexandria, autor de manuais de retórica; o nono, um gramático de Adramítio, apelidado de "Ixion" devido a algum ultraje a Hera; o décimo, um gramático de Cirene, apelidado de "Jarra de Vinho", um homem notável; o décimo primeiro, um homem rico e de origem nobre de Escépsis, ardentemente dedicado ao aprendizado e contribuiu muito para a formação de seu compatriota Metrodoro; o décimo segundo, um gramático de Eritreia, listado como cidadão de Mnos; o décimo terceiro, um bitínio, filho do estoico Dífilo, e discípulo de Panécio de Rodes; [85] o décimo quarto, um retórico de Esmirna. Esses foram autores de prosa. Dos poetas com este nome, o primeiro pertenceu à Comédia Antiga; o segundo foi um poeta épico de quem sobreviveu apenas o seguinte escrito contra os invejosos: "Enquanto viver, os invejosos desprezarão o homem que as pessoas lamentarão quando este partir; ainda assim, algum dia, pela honra de seu túmulo e imagem sem vida, a discórdia toma conta das *pólis* e o povo inicia conflitos"; o terceiro era de Tarso, um autor de dramas satíricos; o quarto foi um escritor de sátiras, num estilo amargo; o quinto foi um escultor, citado por Polemo; e o sexto era de Eritreia, homem versátil que também escreveu obras históricas e retóricas.

6
HERÁCLIDES

[86] Heráclides, filho de Eutífron, era de Herácleia do Ponto e um homem rico. Em Atenas, uniu-se primeiramente a Espeusipo, mas também assistia às palestras dos pitagóricos e admirava as obras de Platão. Posteriormente, tornou-se discípulo de Aristóteles, como diz Sótion na *Sucessão de filósofos*. Usava roupas finas e macias e era extremamente corpulento, o que fez com que os áticos o chamassem não de *pontikós* (do Ponto), mas de *pompikós* (pomposo); tinha um semblante suave e austero. Suas obras trazem grande beleza e excelência.

As obras de caráter ético são: *Da justiça*, em três livros; *Da moderação*; *Da piedade*, em cinco livros; *Da coragem*; *Da virtude em geral*; um outro de mesmo título; *Da felicidade*; [87] *Do governo*; *Das leis e assuntos afins; Dos nomes; Dos acordos; Do involuntário;* e *Do amor e Clínias.*

As obras de caráter físico são: *Da mente; Da alma*; um tratado separado com o mesmo título; *Da natureza; Das imagens; Contra Demócrito; Dos fenômenos celestes; Das coisas no submundo; Dos vários modos de vida*, em dois livros; *Das causas das doenças; Do bem; Contra as doutrinas de Zenão;* e *Contra as doutrinas de Metron.*

As obras de caráter gramático são: *Da era de Homero e Hesíodo*, em dois livros; e *Sobre Arquíloco e Homero*, em dois livros.

As obras de caráter literário são: *Sobre passagens de Eurípides e Sófocles*, em três livros; *Da Música*, dois livros; [88] *Soluções de problemas homéricos*, em dois livros; *Dos teoremas; Sobre os três poetas trágicos; Caracteres; Da poesia e dos poetas; Da conjectura; Da previsão; Exposições de Heráclito*, em quatro livros; *Exposições em resposta a Demócrito; Soluções de problemas erísticos*, em dois livros; *Axioma; Das espécies; Soluções; Exortações;* e *Contra Dionísio.*

A obra de caráter retórico é: *Sobre falar em público* (ou *Protágoras*). E as obras de caráter histórico são: *Dos pitagóricos*; e *Das descobertas*.

Algumas dessas obras têm o estilo da comédia, como, por exemplo, *Do prazer* e *Da moderação*; outras possuem o estilo da tragédia, como, por exemplo, *Das coisas do submundo, Da piedade* e *Do poder*.

Todavia, Heráclides também tinha um estilo intermediário de conversação, que emprega quando filósofos, generais e estadistas conversam entre si. [89] Além disso, ele escreveu tratados geométricos e dialéticos e com estilo versátil e elevado, dando-lhe grande capacidade de encantar o leitor.

Parece que Heráclides livrou sua pátria da tirania ao assassinar seu governante, como é afirmado por Demétrio de Magnésia em *Homônimos*, onde o autor também conta a seguinte história sobre ele: "Desde jovem, e também quando já crescido, Heráclides criava uma serpente de estimação e, estando à beira da morte, ordenou a um de seus confidentes que escondesse seu cadáver e colocasse, em seu lugar, a serpente no caixão, para que se acreditasse que havia se juntado aos deuses. [90] E isso foi feito, mas, enquanto os cidadãos estavam bem no meio da procissão e louvando em voz alta, a serpente, ouvindo o alvoroço, saiu do caixão e criou uma confusão generalizada. Posteriormente, porém, tudo foi revelado, e eles viram Heráclides, não como ele parecia, mas como ele realmente era".

Escrevi sobre ele o seguinte:

> Rumores que você quis deixar aos homens, Heráclides, a fama de que, após a morte, se transformou numa serpente viva.
>
> Mas você se enganou, sofista; pois o animal era realmente uma serpente, e você foi considerado um selvagem e não um sábio (*Antologia palatina*, VII, 104).

Hipóboto também conta essa história. [91] Hermipo, porém, relata que, quando sua região foi assolada pela fome, o povo de Heráclea fez um apelo à Sacerdotisa Pítia, mas Heráclides subornou os enviados, bem como a referida sacerdotisa, para responder que eles se livrariam da calamidade se Heráclides, filho de Eutífron, fosse coroado com uma coroa de ouro durante sua vida e após sua morte recebesse honras heroicas. O pretenso oráculo foi levado à Herácleia, mas seus falsificadores não obtiveram nada com isso, pois, logo após Heráclides ser coroado no teatro, morreu de um ataque apoplético, enquanto os enviados ao oráculo eram apedrejados até a morte. Além disso, ao mesmo tempo, a Sacerdotisa Pítia, depois de descer ao santuário e sentar-se, foi mordida por uma das serpentes e morreu instantaneamente. Essas são as versões sobre sua morte.

[92] O músico Aristoxeno diz que Heráclides também compôs tragédias e as publicou com o nome de Téspis. Camaleão, por sua vez, diz que o tratado de Heráclides sobre as obras de Homero e Hesíodo é um plágio de sua obra. Além disso, o epicurista Autodoro critica Heráclides contra seu tratado *Da justiça*. Ademais, Dionísio o Renegado, ou, como algumas pessoas o chamam, a "Faísca", escreveu o drama *Partenopeus* e intitulou-o sob o nome de Sófocles; e Heráclides, acreditando nisso, baseou-se nessa peça, numa de suas próprias obras, como evidência de Sófocles. [93] Dionísio, ao perceber isso, confessou o que havia feito e Heráclides o contestou e não quis acreditar nele. Então Dionísio chamou-lhe a atenção para o acróstico formado pelas primeiras letras dos versos, que compunham o nome Pancalo, nome de seu amásio. Heráclides, ainda assim, não foi convencido e disse que tal coisa poderia muito bem acontecer por acaso. Nisso, Dionísio disse para ele:

> Você também encontrará estas linhas:
> A – Macaco velho não é pego em armadilha.
> B – É pego sim; mas leva tempo.

E disse ainda: "Heráclides não presta atenção ao texto e não se envergonha disso".

Quatorze indivíduos levam o nome de Heráclides: o primeiro, o aqui mencionado; o segundo, um concidadão seu, autor de versos pírricos e contos insignificantes; [94] o terceiro, um nativo de Cime, que escreveu sobre a Pérsia em cinco livros; o quarto, outro nativo de Cime, que escreveu livros de retórica; o quinto, de Cálatis ou Alexandria, autor da *Sucessão de filósofos* em seis livros e de uma obra intitulada *Lembeutico*, da qual obteve o sobrenome Lembos; o sexto, um alexandrino que escreveu sobre o caráter peculiar persa; o sétimo, um dialético de Bargilia, que escreveu uma obra contra Epicuro; o oitavo, um médico da escola de Hicesio; o nono, outro médico de Tarento, da escola empírica; o décimo, um poeta, autor de cantos parenéticos; o décimo primeiro, um escultor de Foceia; o décimo segundo, um poeta da Ligúria, autor de epigramas; o décimo terceiro, natural de Magnésia, que escreveu sobre Mitrídates; e o décimo quarto, um autor de um tratado de astronomia.

LIVRO VI

1
ANTÍSTENES

Antístenes, filho de Antístenes, era ateniense. Dizia-se, porém, que ele não era originalmente de Atenas. Por isso respondeu a alguém que o ridicularizou sobre isso: "A mãe dos deuses também é frígia".; pois parece que sua mãe era trácia. Quando se distinguiu na batalha de Tanagra, achou oportuno fazer uma observação a Sócrates, de que, se ambos os seus pais fossem atenienses, ele não teria feito aquilo. Antístenes mostrava desprezo pelos que se vangloriavam de terem nascidos em solo ateniense, e falava que isso não os tornava mais atenienses do que os caracóis e gafanhotos [ali nascidos].

No início, Antístenes tornou-se discípulo do retórico Górgias, e daí o estilo retórico que introduz nos seus diálogos, principalmente nas obras *Verdade* e *Exortações*. [2] De acordo com Hermipo, ele pretendia, na reunião pública dos Jogos Ístmicos, discursar sobre as falhas e méritos dos atenienses, tebanos e lacedemônios, mas desistiu quando viu multidões chegando dessas *pólis*. Mais tarde, porém, entrou em contato com Sócrates e obteve tantos benefícios dele que costumava aconselhar seus próprios discípulos a se tornarem discípulos de Sócrates junto a ele. Antístenes morava no Pireu e todos os dias caminhava quarenta estádios[135] até Atenas para ouvir o filósofo. Com Sócrates ele aprendeu a resistência, emulando a impassibilidade, e assim deu início ao modo de vida cínico. Antístenes demonstrou que a dor é um bem

135. Aproximadamente nove quilômetros.

usando Héracles e Ciro como exemplos, e tirando deles um modelo do mundo grego e o outro dos bárbaros.

[3] Antístenes foi o primeiro a definir que o discurso: "O discurso é aquilo que expõe o que uma coisa é ou era". Costumava também dizer repetidamente: "Prefiro ficar louco a sentir prazer", e "Devemos ter relações sexuais com mulheres que nos demonstram a devida gratidão". Quando um rapaz do Ponto desejava ouvir suas palestras e perguntou-lhe as condições, Antístenes disse: "Um livro novo, uma caneta nova, uma tabuinha nova[136]" (Parecendo falar sobre inteligência). A alguém que lhe perguntou com que tipo de mulher deveria se casar, ele respondeu: "Se ela for bela, você terá algo de interesse público; se for feia, você sofrerá um castigo". Ao tomar conhecimento de que Platão falava mal dele, disse: "É um privilégio digno de rei fazer o bem e ouvir ser malfalado". [4] Quando estava sendo iniciado nos mistérios órficos, o sacerdote disse que aqueles admitidos nesses mistérios partilhariam de muitas coisas boas no Hades, "Então", disse Antístenes, "por que você não morre?"

Outra vez, ao ser ridicularizado por não ter nascido de duas pessoas livres, disse: "Nem nasci de dois lutadores, mas ainda assim sou um lutador". Quando perguntado por que tinha poucos discípulos, respondeu: "Porque eu os expulso com uma vara de prata". E quando perguntado por que repreendia seus discípulos de maneira cruel, ele respondeu: "Os médicos agem da mesma maneira com seus pacientes". Certo dia, ao ver um adúltero fugindo, ele exclamou: "Ó infeliz! Com um simples óbolo você poderia ter escapado desse perigo". Antístenes costumava dizer, de acordo com Hécato em suas *Sentenças*, que é melhor cair entre corvos do que entre bajuladores; pois aqueles devoram os mortos, esses devoram os vivos. [5] Quando lhe perguntaram qual era a maior felicidade humana, ele respondeu: "Morrer feliz". A um amigo se lamentou com ele por ter perdido suas anotações, disse: "Você deveria tê-las gravado em sua alma, não no papel".

Antístenes dizia, também, que, assim como o ferro é consumido pela ferrugem, os invejosos são consumidos pela sua própria índole; que aqueles que desejam ser imortais devem viver piedosamente e com justiça; e que as *pólis* estão condenadas quando são incapazes de distinguir os bons dos maus.

---

136. Há um trocadilho aqui entre καινοῦ (*kainoû* – novo(a)(s)) e καὶ νοῦ (*kaì noû* – inteligência/mente também).

Certa vez, quando foi elogiado por pessoas más, ele comentou: "Tenho muito medo de ter agido mal". [6] Dizia que, quando os irmãos concordam, nenhuma fortaleza é tão forte quanto a vida comum; e que a bagagem adequada para uma viagem é aquela que, mesmo que você naufrague, flutua nas águas com o viajante. Um dia, quando ele foi censurado por manter más companhias, a resposta que ele deu foi: "Ora, os médicos vivem na companhia de doentes sem eles próprios contraírem febre". Ele considerava estranho que, enquanto separamos o joio do trigo e os soldados inaptos dos bons, não mantemos os homens maus longe do governo. Quando lhe perguntaram que vantagem havia tirado da filosofia, sua resposta foi: "A capacidade de falar comigo mesmo". Quando alguém que bebia vinho o convidou para cantar, ele respondeu: "Então acompanhe-me com a flauta!" Quando Diógenes lhe pediu uma túnica, Antístenes ordenou que ele dobrasse o manto ao redor dele. [7] Ao ser questionado sobre qual aprendizado é mais necessário, ele respondeu: "O que ensina a não esquecer o que foi aprendido". Às pessoas que eram caluniadas, ele as aconselhava a suportarem isso com mais coragem do que as pessoas que são apedrejadas.

Antístenes também costumava zombar de Platão por este ser orgulhoso. Certa vez, durante uma procissão, ele avistou um cavalo de batalha trotando e, voltando-se para Platão, disse: "Parece-me que você também seria um cavalo assim orgulhoso". Isso porque Platão elogiava incessantemente o cavalo. Outra vez, Antístenes visitou Platão, que estava doente, e vendo a bacia onde Platão havia vomitado, comentou: "Vejo aqui a bile, mas não vejo o orgulho".

[8] Antístenes recomendou aos atenienses a decretarem que os asnos são cavalos.[137] Quando eles consideraram isso absurdo, sua resposta foi: "Mas ainda assim parece que há generais entre vocês que não tiveram treinamento, mas foram meramente eleitos". Alguém lhe disse: "Muitos o elogiam", e ele replicou: "Que mal eu fiz?" Quando ele virou a parte rasgada de seu manto para que ficasse à vista, Sócrates percebeu e disse: "Vejo através de seu manto, seu amor à glória".

Fanias, em sua obra *Sobre os socráticos*, diz que Antístenes disse o seguinte a alguém que lhe perguntou o que deve fazer para ser bom e nobre: "Você

137. Cf. Platão, *Fedro*, 260c.

deve aprender com aqueles que sabem que as falhas que você tem devem ser corrigidas". Quando alguém exaltou o luxo, sua resposta foi: "Que os filhos de seus inimigos vivam no luxo!"

[9] Ao jovem que costumava posar como modelo artístico, Antístenes fez esta pergunta: "Se o bronze pudesse falar, do que você acha que ele se vangloriaria mais?" "Sua beleza", foi a resposta. "Então", disse ele, "você não tem vergonha de sentir a mesma alegria de uma coisa inanimada?" Quando um jovem do Ponto prometeu tratá-lo com grande consideração assim que chegasse seu barco com sua carga de peixe salgado, ele levou o rapaz junto consigo e, pegando um saco vazio, dirigiu-se a uma vendedora de farinha, encheu o saco e foi embora; quando a mulher lhe pediu o dinheiro, Antístenes disse: "Esse jovem pagará quando chegar o seu barco cheio de peixe salgado".

Antístenes é considerado responsável pelo exílio de Anito e pela execução de Meleto. [10] Ele se encontrou com alguns jovens do Ponto, que tinham ido a Atenas por conta da fama de Sócrates, e os conduziu até Anito, declarando ironicamente que ele era mais sábio do que Sócrates; então, diz-se, as pessoas ao redor, com muita indignação, expulsaram Anito da *pólis*. Se Antístenes visse, em qualquer lugar, uma mulher enfeitada com ornamentos, ele se dirigia até a casa dela e pediria ao marido que mostrasse seus cavalos e suas armas; se os possuísse, deixaria a extravagância da mulher em paz, pois o homem poderia defendê-la, mas, caso contrário, mandava-o tirar os ornamentos da mulher.

As doutrinas de Antístenes foram as seguintes. Demonstrava que a virtude pode ser ensinada; que a nobreza pertence a ninguém menos que os virtuosos; [11] que a virtude é suficiente para garantir a felicidade, uma vez que ela não precisava de mais nada, exceto da firmeza de um Sócrates; que a virtude é uma questão de ações e não precisa de muitas palavras ou aprendizado; que o homem sábio é autossuficiente, pois todos os bens dos outros são dele; que a ausência de glória é uma coisa boa e semelhante à fadiga; que o sábio é guiado em seus atos não pelas leis estabelecidas, mas pela lei da virtude; que também deve se casar para ter filhos, unindo-se às mulheres mais belas; e que o sábio não desdenha do amor, pois só ele sabe quem é digno de ser amado.

[12] Dioclés registra as seguintes máximas de Antístenes: para a pessoa sábia, nada é estranho ou impraticável; a pessoa boa merece ser amada; pessoas de valor são dignas de amigos; é preciso aliar-se a pessoas que sejam ao mesmo tempo corajosas e justas; a virtude é uma arma que não nos pode ser tirada; é melhor estar com poucas pessoas boas lutando contra todas as más, do que com muitas más lutando contra poucas pessoas boas; preste atenção aos seus inimigos, pois eles são os primeiros a notar os seus erros; considere uma pessoa honesta acima de um parente; a virtude é a mesma para as mulheres e para os homens; coisas boas são belas, coisas ruins são feias; considere estranhas todas as más ações; [13] a sabedoria é uma fortaleza segura que nunca desmorona nem é traída; muros de defesa devem ser construídos em nossos próprios raciocínios inexpugnáveis.

Antístenes costumava conversar no ginásio de Cinosargo, próximo aos portões, e alguns pensam que a escola cínica derivou seu nome de Cinosargo. O próprio Antístenes foi apelidado de "cão puro e simples", e foi o primeiro, segundo Dioclés, a dobrar o manto e vestir somente essa peça de roupa, e a fazer uso de um cajado e uma bolsa. Neantes também afirma que ele foi o primeiro a dobrar o manto. Sosicrates, porém, no terceiro livro de suas *Sucessões de filósofos*, diz que isso foi feito pela primeira vez por Diodoro de Aspendo, que também deixou crescer a barba e usava um cajado e uma bolsa.

[14] De todos os socráticos, só Antístenes é elogiado por Teopompo, que diz ter extrema habilidade e capacidade de, por meio de um discurso agradável, conquistar qualquer ouvinte. E isso fica claro em seus próprios escritos e no *Banquete* de Xenofonte. Parece, ainda, que a origem mais viril do estoicismo é atribuída a ele. Por esse motivo que o epigramático Ateneu escreveu o seguinte sobre ele:

> Ó especialistas em fábulas estoicas que inscrevem a melhor doutrina nas sagradas páginas:
>
> A virtude é o único bem da alma; pois somente ela salva a vida dos homens e as *pólis*.
>
> Mas o prazer da carne, que outros homens escolheram como fim supremo, uma das filhas da Memória[138] aprova (*Antologia palatina*, IX, 496).

138. Erato, musa da poesia romântica.

[15] Antístenes antecipou a indiferença de Diógenes, a continência de Crates e a resistência de Zenão, estabelecendo ele mesmo as bases de sua doutrina. Xenofonte o chama de o mais agradável dos homens nas conversas e o mais moderado em todos os aspectos. Seus escritos estão preservados em dez volumes.

No primeiro volume estão incluídos: *Da expressão* ou *Dos estilos de falar*; *Ájax* ou *O Discurso de Ájax*; *Odisseu* ou *Sobre Odisseu*; *Defesa de Orestes* ou *Sobre autores forenses*; *Isografia* ou *Lísias e Isócrates*; e *Contra o discurso de Isócrates "Sem testemunhas"*.

No segundo volume estão incluídos: [16] *Da natureza dos animais*; *Da procriação* ou *Do casamento*, um discurso sobre o amor; *Dos sofistas*, uma obra sobre a fisionomia; *Da justiça e coragem*, uma obra exortativa em três livros; e *Sobre Teógnis*, quarto e quinto livro exortativo.

No terceiro volume estão incluídos: *Do bem; Da coragem; Da lei* ou *Da cidadania; Da lei* ou *Do belo e do justo; Da liberdade e da escravidão; Da crença; Do guardião* ou *Da obediência*; e *Da vitória*, uma obra de economia.

No quarto volume estão incluídos: *Ciro*; e *Héracles maior* ou *Da força*.

No quinto volume estão incluídos: *Ciro* ou *Da realeza*; e *Aspásia*.

No sexto volume estão incluídos: *Verdade*; *Da discussão*, um manual dialético; *Sáton* ou *Da contradição*, em três livros; e *Do dialeto*.

[17] No sétimo volume estão incluídos: *Da educação* ou *Dos nomes*, em cinco livros; Do uso dos nomes, uma obra erística; Das perguntas e respostas; *Da opinião e do conhecimento*, em quatro livros; *Do morrer; Da vida e da morte; Dos que estão no Hades; Da natureza*, em dois livros; *Um problema relativo à natureza*, em dois livros; *Opiniões* ou *Erística*; e *Problemas sobre aprendizagem*.

No oitavo volume estão incluídos: *Da música*; *Dos intérpretes*; *Sobre Homero*; *Da injustiça e impiedade*; *Sobre Calcas*; *Do explorador*; e *Do prazer*.

No nono volume estão incluídos: *Sobre a "Odisseia"*; *Do cajado; Atena* ou *Sobre Telêmaco; Sobre Helena e Penélope; Sobre Proteu; Ciclope* ou *Sobre Odisseu*; [18] *Do uso do vinho* ou *Da embriaguez* ou *Do ciclope*; *Sobre Circe; Sobre Anfiarau;* e *Sobre Odisseu, Penélope e o cão.*

Por fim, no décimo volume estão incluídos: *Héracles* ou *Midas*; *Héracles* ou *Da sabedoria* ou *Da força*; *Ciro* ou *O amado*; *Ciro* ou *Os exploradores*; *Menexêno* ou *Do governo*; *Alcibíades*; e *Arquelau* ou *Da realeza*.

Esses são, portanto, seus escritos. E Timon critica Antístenes por escrever tanto e o chama de "tagarela produtivo".

Antístenes morreu de alguma doença bem no momento em que Diógenes, que havia chegado, perguntou-lhe: "Você precisa de um amigo?" Certa vez, Diógenes, quando foi visitá-lo, levou uma adaga; e quando Antístenes gritou: "Quem me livrará desse sofrimento?", Diógenes respondeu: "Isto", mostrando-lhe a adaga. "Eu disse", replicou por fim Antístenes, "do meu sofrimento, não da minha vida". [19] Parece que ele demonstrava alguma fraqueza ao enfrentar sua doença, por amor à vida.

Há o seguinte epigrama, de minha autoria, sobre ele:

> Durante a vida você foi um cão, Antístenes, capaz de morder o coração com palavras, não com a boca;
> No entanto, morreu de tuberculose. Talvez alguém pergunte: "E daí?"
> De qualquer forma, é preciso ter um guia para o Hades (*Antologia Palatina*, VII, 115).

Houve outros três indivíduos chamados Antístenes: um seguidor de Heráclito; um outro natural de Éfeso; e um historiador de Rodes.

Embora tenhamos tratado dos discípulos de Aristipo e de Fédon, voltaremos agora aos cínicos e estoicos que sucedem a Antístenes. Que seja, então, nessa ordem.

2
DIÓGENES

[20] Diógenes, filho do banqueiro Hiquésio, era de Sinope. Dioclés diz que ele foi exilado porque seu pai, a quem foi confiado o dinheiro da *pólis*, adulterou a moeda corrente. Porém, Eubulides, em seu livro sobre Diógenes, diz que o próprio Diógenes fez isso e foi forçado a sair de sua pátria junto com seu pai. Além disso, o próprio Diógenes confessa, em sua obra *Pordalo*, que adulterou a moeda. Alguns dizem que, tendo sido nomeado superintendente dos operários, ele foi por eles persuadido a ir até Delfos ou ao oráculo de Delos na terra de Apolo para perguntar se deveria fazer o que lhe foi instado a fazer. Quando o deus lhe deu permissão para alterar a instituição política, sem entender o que isso significava, ele adulterou a moeda e, quando foi descoberto, segundo alguns, foi banido, mas segundo outros, ele deixou voluntariamente a *pólis* por medo das consequências. [21] Uma outra versão é que seu pai lhe confiou o dinheiro e que ele o adulterou, consequentemente o pai foi preso e morreu, enquanto o filho fugiu, foi a Delfos e perguntou não se deveria falsificar a moeda, mas o que ele deveria fazer para ganhar fama; e foi assim que ele recebeu o oráculo.

Ao chegar a Atenas, encontrou-se com Antístenes. Sentindo repulsa por ele, porque Antístenes nunca acolhia bem os discípulos, por persistência Diógenes o convenceu. Certa vez, quando Antístenes estendeu o cajado contra ele, o discípulo ofereceu a cabeça, dizendo: "Golpeie! Pois você não encontrará madeira dura o suficiente que me faça desistir de que você me diga algo". Daquele momento em diante, passou a ser seu ouvinte, e, estando exilado, adotou uma vida modesta.

[22] Ao observar um rato correndo, diz Teofrasto no diálogo *Megárico*, sem procurar um lugar para se deitar, sem medo do escuro, e sem procurar nenhuma das coisas que são consideradas desejáveis, Diógenes descobriu os meios de se adaptar às dificuldades. Ele foi o primeiro, dizem alguns, a dobrar o manto porque precisava dormir com ele também, e carregava uma bolsa de couro para guardar seus alimentos; servia-se de qualquer lugar para qualquer necessidade, fosse para o dejejum, para dormir ou para conversar. Dizia, assim, apontando para o pórtico de Zeus e para a Sala das Procissões, que os próprios atenienses lhe haviam fornecido lugares para viver. [23] Ele não se apoiava no cajado até ficar enfermo, mas depois ele o carregava para todos os lugares. Não usava, porém, na *pólis*, usava seu cajado e sua bolsa somente quando caminhava pela estrada (assim dizem Olimpiodoro, que já foi magistrado em Atenas, Polieucto, o orador, e Lisânias, filho de Esquirio).

Em certa ocasião, Diógenes escreveu a alguém tentando conseguir uma pequena casa para ele. Depois de muito tempo esperando uma resposta, ele tomou como residência um grande barril existente no Metroon, como ele mesmo informa em suas cartas. No verão, costumava rolar o barril sobre a areia quente, enquanto no inverno costumava abraçar estátuas cobertas de neve, querendo fazer uso de todos os meios para se acostumar com as adversidades.

[24] Diógenes era extraordinariamente hábil em tratar os outros com arrogância. Chamava a escola (*scholḗ*) de Euclides de bile (*cholḗ*), dizia que as palestras de Platão eram uma perda de tempo, que as apresentações nas Dionisíacas eram grandes maravilhas para tolos, e que os demagogos eram os lacaios da multidão. Ele também costumava dizer que quando via médicos, filósofos e pilotos trabalhando, considerava o ser humano o mais inteligente de todos os animais; mas, quando via intérpretes de sonhos, adivinhos, pessoas que dão ouvidos a isso, e pessoas cheias de presunção ou de riqueza, considerava que não havia animal mais tolo do que o ser humano. Constantemente, ele também dizia que, para se adaptar à vida é preciso razão ou uma corda para se enforcar.

[25] Observando Platão, certa vez em um luxuoso banquete, comendo apenas azeitonas, Diógenes disse: "Por que você, o filósofo que navegou até a Sicília por causa de mesas como essa, não as aprecia agora que estão a seu dispor?" Platão respondeu: "Não, pelos deuses, Diógenes, lá eu também co-

mia, na maior parte do tempo, azeitonas e coisas do gênero". Diógenes replicou: "Por que, então, você precisou navegar até Siracusa? Ou naquela época a Ática não cultivava azeitonas?" (Favorino, em suas *Histórias variadas*, atribui essa passagem a Aristipo). Noutra ocasião, Diógenes estava comendo figos secos quando se encontrou Platão e lhe disse: "Você pode compartilhá-los". Quando Platão os pegou e comeu, Diógenes exclamou: "Eu disse compartilhar, não devorar". [26] Em outro momento, quando Platão convidou para sua casa amigos vindos da parte de Dionísio, Diógenes pisou em seus tapetes e disse: "Estou pisando na vanglória de Platão". Platão falou para ele: "Ó Diógenes, quanto orgulho você demonstra, ao parecer não estar orgulhoso". Outros autores dizem que Diógenes na verdade disse: "Estou pisando no orgulho de Platão", que respondeu: "Com um orgulho diferente, Diógenes" (Sótion, entretanto, em seu quarto livro, relata que o cínico que dirigiu essa resposta ao próprio Platão). Ainda em outra ocasião, Diógenes pediu vinho e também alguns figos secos a Platão; este enviou-lhe um jarro cheio de vinho, e então Diógenes disse: "Se alguém lhe perguntar quanto é dois mais dois, você responderá vinte? Ao que parece, você não dá o que lhe é pedido, nem responde o que lhe é perguntado". Diógenes também zombava de Platão como alguém que falava sem parar.

[27] A alguém que perguntou a Diógenes onde, na Grécia, ele tinha visto pessoas boas, ele respondeu: "Pessoas boas em lugar nenhum, mas vi boas crianças na Lacedemônia". Quando certa vez ele estava discursando seriamente e ninguém prestava atenção, ele começou a assobiar e, vendo que as pessoas se aglomeravam ao seu redor, ele as repreendeu por se aproximarem atentamente para ouvir bobagens, mas desdenharem quando o assunto era sério. Ele dizia que as pessoas se esforçam para cavar[139] e chutar uns aos outros, mas ninguém se esforça para conseguir a *kalogathía*. Admirava-se com os críticos que estudavam os males de Odisseu, enquanto ignoravam os seus próprios; e com os músicos que afinavam as cordas da lira, deixando de lado a harmonia de suas próprias almas; [28] e com os matemáticos que olhavam para o Sol e para a Lua, mas ignoravam as coisas sob seus próprios olhos; e com os oradores que falavam sem parar de justiça em seus discursos, mas nunca a colocavam em prática; e com os avarentos que esbravejavam contra

139. Cavar trincheiras era parte dos exercícios preparatórios de atletas em Olímpia.

o dinheiro, mas que, na verdade, o amavam excessivamente. Ele também costumava condenar aqueles que elogiavam os honestos por estarem acima das riquezas, enquanto eles próprios invejavam os muito ricos. Enfurecia-se com sacrifícios aos deuses para garantir a saúde e, durante o sacrifício, festejavam em detrimento da saúde. Também se surpreendia com os escravos que, vendo seus senhores comerem desregradamente, não roubavam algumas das iguarias.

[29] Diógenes elogiava aqueles que estavam prestes a se casar, mas não se casavam, aqueles que pretendiam fazer uma viagem, mas nunca iam, aqueles que pensavam em se envolver na política, mas não o faziam, aqueles que pretendiam criar uma família, mas não a constituíam, e aqueles que se preparavam para viver com os poderosos, mas nunca chegavam perto deles. Costumava dizer, além disso, que deveríamos estender as mãos aos nossos amigos com os dedos abertos e não fechados. Menipo, em seu *Diógenes à venda*, conta que, quando Diógenes foi capturado e colocado à venda, lhe perguntaram o que ele sabia fazer; "Comandar os homens", respondeu ele. E disse ao arauto para avisar caso alguém quisesse comprar um mestre para si. Ao ser proibido de sentar-se, ele disse: "Não faz diferença, pois em qualquer posição que os peixes estejam, eles ainda assim são vendidos". [30] Em certo momento, ele disse que ficou maravilhado com o fato de que, antes de comprarmos uma jarra ou um prato, tentamos ver se são verdadeiros fazendo-os tinir, mas quando se trata de uma pessoa, contentamo-nos apenas em olhar para ela. Para Xeniades, que o comprou, ele disse: "Você deve me obedecer, embora eu seja seu escravo; pois, se um médico ou um capitão fossem escravos, eles seriam igualmente obedecidos". Êubulo, em seu livro intitulado *Diógenes à venda*, conta que foi assim que ele educou os filhos de Xeniades e, depois de outras disciplinas, ele os ensinou a cavalgar, a atirar com arco, a arremessar pedras e a lançar dardos. Mais tarde, quando eles chegaram à escola de luta livre, ele não permitiu que o mestre lhes desse treinamento atlético completo, mas apenas o suficiente para deixá-los vermelhos e mantê-los em boas condições. [31] Os meninos costumavam decorar muitas passagens de poetas, historiadores e dos escritos do próprio Diógenes; e ele os treinava a todo instante para terem uma boa memória. Em casa, ele os ensinou a cuidar de si mesmos e a se contentar com comida simples e água para beber. Fazia com que eles cortassem o cabelo bem curto e o usassem sem adornos,

e andassem com roupas leves, descalços, silenciosos e somente cuidar de si mesmos nas ruas. Diógenes também os levava para caçar. Os meninos, por sua vez, tinham grande consideração por Diógenes e fizeram pedidos por ele aos pais. O mesmo Êubulo relata que Diógenes envelheceu junto a Xeniades e, quando morreu, foi sepultado pelos filhos. Xeniades, certa vez, perguntou-lhe como ele desejava ser enterrado, ao que ele respondeu: "Com o rosto para baixo". [32] "Por quê?", perguntou Xeniades. "Porque", respondeu, "depois de um pouco de tempo, o que está embaixo estará por cima". Querendo dizer com isso que os macedônios tinham agora se tornado poderosos, ou seja, reverteram sua posição baixa de humildes.

Outra vez, alguém o levou para uma casa magnífica e o advertiu para não cuspir no chão, diante disso ele pigarreou profundamente e cuspiu o catarro no rosto da pessoa, pois não encontrava, disse ele, um receptáculo pior (outros atribuem essa passagem a Aristipo)[140]. Certo dia, ele gritou: "Venham, homens!", e quando muitos ali se juntaram, bateu neles com seu cajado, dizendo: "Chamei homens, não canalhas". Isto é contado por Hécato no primeiro livro de suas *Sentenças*. Conta-se que Alexandre o Grande disse que se não tivesse nascido Alexandre, ele gostaria de ter nascido Diógenes".

[33] Diógenes dizia que a palavra "deficiente" (*anáperos*) não deveria ser aplicada aos surdos ou cegos, mas aos que não possuíam uma bolsa (*pḗra*). Noutra ocasião, como Metrocles relata em suas *Sentenças*, ele entrou com metade da cabeça raspada em um banquete de jovens e foi recebido com golpes; depois disso, ele escreveu numa tabuinha os nomes daqueles que o atacaram e andou com ela pendurada em seu pescoço, até que isso os cobrisse de vergonha e trouxesse culpa e descrédito público sobre eles. Ele se descrevia como um cão de caça do tipo que todas as pessoas elogiavam, mas que nenhum de seus admiradores, acrescentava, ousava sair para caçar com ele. Quando alguém exclamou: "Venci os homens nos Jogos Píticos!", Diógenes falou: "Eu que venço os homens, você venceu escravos".

[34] Aos que lhe dizem: "Você é velho; descanse!", "O quê?", ele responde, "se eu estivesse correndo um longo trajeto, deveria diminuir o ritmo ao me aproximar da chegada ou aumentar a velocidade?" Ao ser convidado para um

140. Cf. Livro II, § 75.

jantar, declarou que não iria, pois, da última vez que foi, o anfitrião não havia expressado gratidão. Diógenes caminhava descalço na neve e fazia as outras coisas mencionadas acima. Até mesmo tentou comer carne crua, mas não conseguiu digeri-la. Certa vez, ele encontrou o orador Demóstenes almoçando em um albergue e, quando se retirou, Diógenes disse: "Ainda assim estará dentro do albergue". Quando alguns estrangeiros desejaram ver Demóstenes, ele esticou o dedo médio e disse: "Ei, vocês! Aqui está o demagogo ateniense". [35] Numa ocasião, alguém deixou cair um pão e ficou com vergonha de pegá-lo; então Diógenes, desejando dar-lhe uma lição, amarrou uma corda no gargalo de uma jarra de vinho e começou a arrastá-la através do Cerâmico[141].

Diógenes dizia que seguia o exemplo dos formadores de coros; pois eles dão um tom mais alto para garantir que o resto atinja o tom certo. A maioria das pessoas, dizia ele, está tão próxima da insanidade que um dedo faz toda a diferença; pois, se você estiver com o dedo médio esticado, pensarão que você está louco, mas, se for o dedo mínimo, não pensarão dessa maneira. Coisas muito valiosas, dizia ele, são vendidas por um pequeno valor e vice-versa; assim, uma estátua é vendida por três mil dracmas, enquanto uma *quênice*[142] de farinha de cevada é vendida por duas moedas de cobre.

[36] A Xeniades, que o comprou, ele disse: "Venha para que faça o que é ordenado!", Xeniades respondeu: "Os rios remontam às nascentes" (Eurípides, *Medeia*, v. 410), então Diógenes perguntou: "Se você estivesse doente e tivesse comprado um médico, você então, em vez de obedecê-lo, teria dito 'os rios remontam às nascentes'?"

A alguém que queria estudar filosofia com Diógenes, este deu-lhe um atum para carregar e disse-lhe para segui-lo. Esse indivíduo ficou envergonhado, jogou o peixe fora e foi embora. Algum tempo depois, encontrou-se com ele, e disse rindo: "A amizade entre você e eu foi desfeita por um atum". A versão dada por Dioclés, entretanto, é a seguinte: alguém disse a Diógenes: "Às suas ordens, Diógenes!", ele o conduziu e lhe deu um queijo para carregar, que custou meio óbolo; diante da recusa do outro, disse: "A amizade entre você e eu foi quebrada por um queijo de meio óbolo".

---

141. Bairro ateniense onde as oficinas de cerâmica se situavam.

142. O *medimno* era geralmente utilizado para medir o volume de grãos secos e equivalia a cerca de 52 litros. Uma *quênice* valia 1/48 do *medimno*, ou seja, 1,08 litro.

[37] Ao observar uma criança bebendo com as mãos, Diógenes jogou fora o copo de sua bolsa dizendo: "Uma criancinha me venceu na mesquinhez". Ele também jogou fora sua tigela quando viu uma criança, que havia quebrado seu prato, comendo lentilhas com a parte oca de um pedaço de pão. Também pensava assim: "Aos deuses tudo pertence; os sábios são amigos dos deuses; os amigos têm coisas em comum. Portanto, tudo pertence aos sábios". Ao ver uma mulher ajoelhada em súplica aos deuses em uma posição inconveniente, e desejando libertá-la da superstição – segundo Zoilo de Perga –, ele se aproximou e disse: "Você não teme, mulher, que um deus possa estar atrás de você, pois sua presença está em tudo, e você está passando vergonha?" [38] A Asclépio, Diógenes ofereceu uma pessoa violenta que avançava contra as pessoas e batia nelas quando elas caíam de boca no chão.

Todas as maldições da tragédia, ele costumava dizer, haviam caído sobre ele. Era, de qualquer maneira, "sem *pólis*, sem casa, banido da pátria, mendigo, andarilho que busca diariamente um pedaço de pão"[143]. Afirmava que poderia opor a coragem à sorte, à natureza convencional, à paixão e à razão. Quando estava tomando sol no Craneion, Alexandre se aproximou e disse: "Peça-me o que quiser", ao que Diógenes respondeu: "Afaste sua sombra de mim". Alguém ficou lendo em voz alta há muito tempo e, quando estava próximo ao fim do livro, mostrou um espaço sem nenhuma escrita; Diógenes, então, gritou: "Ânimo, homens! Vejo a terra!" A alguém que, por meio de silogismos, provou que tinha chifres, ele disse, tocando a testa: "Quanto a mim, não os percebo". [39] Quando alguém declarou que não existe movimento, ele se levantou e andou. Quando alguém estava discursando sobre fenômenos celestes, "Há quantos dias", perguntou Diógenes, "você chegou do céu?" Um eunuco perverso havia escrito em sua casa "Não de ruim entrará". "Como então o dono", perguntou ele, "entrará na casa?" Depois de ungir os pés com unguento, declarou que da cabeça o unguento passava para o ar, mas dos pés ia para as narinas. Os atenienses instaram-no a ser iniciado nos mistérios e disseram-lhe que aqueles que foram iniciados gozam de um privilégio especial no Hades; Diógenes disse: "Seria ridículo se Agesilau e Epaminondas habitassem na lama, enquanto alguns iniciados sem valor fossem para as ilhas dos abençoados".

143. Fragmento trágico de autor desconhecido.

[40] Quando ratos subiram em sua mesa, ele se dirigiu a eles assim: "Veja! Até Diógenes mantém parasitas". Quando Platão o chamou de cachorro, "Sim", disse ele, "pois eu volto sempre para aqueles que me venderam". Ao sair dos banhos públicos, alguém perguntou se havia muitos homens tomando banho, ele negou; mas a outro que perguntou se havia muitos banhistas, ele confirmou. Platão definiu o ser humano como um animal bípede e sem penas, e foi aplaudido; Diógenes depenou um galo e levou-o para a sala de aula dizendo: "Eis o ser humano de Platão!" Em consequência disso foi acrescentado "tem unhas chatas" à definição. A alguém que perguntou a que horas deveria almoçar, ele disse: "Se for rico, quando quiser; se for pobre, quando puder". [41] Ao ver, em Mégara, ovelhas com as peles protegidas, enquanto as crianças andavam nuas, disse: "É melhor ser uma ovelha de um megárico do que seu filho". A alguém que o atingiu com uma viga e depois gritou: "Atenção!", ele respondeu: "Vai me atingir novamente?"

Diógenes falava que os demagogos eram os lacaios do povo e as coroas que lhes concediam eram o florescimento da fama. Certa vez, ele acendeu uma lamparina em plena luz do dia e disse, enquanto andava: "Estou procurando um homem". Quando ficou parado embaixo de uma forte chuva e os espectadores suscitaram compaixão por ele, Platão disse: "Se querem suscitar compaixão por ele, se afastem!", aludindo à sua vaidade. Quando alguém lhe deu um soco, disse: "Héracles! Esqueci-me que preciso colocar um capacete para caminhar!"

[42] Ainda, Meidias agrediu-o dizendo: "3 mil em seu crédito", no dia seguinte Diógenes pegou um par de luvas de boxe, deu-lhe um murro e disse: "3 mil em seu crédito". Quando o farmacêutico Lísias lhe perguntou se ele reconhecia os deuses, respondeu: "Como não reconhecer quando vejo um desgraçado como você abandonado pelos deuses?" (outros atribuem esta resposta a Teodoro). Ao ver alguém realizando purificações religiosas, ele disse: "Ó infeliz, não sabe que, assim como não é possível livrar-se de erros de gramática, não é possível livrar-se de erros da vida por meio de purificação?" Ele repreendia as pessoas no que diz respeito às suas orações, declarando que elas pedem coisas que lhes parecem boas, e não as que são verdadeiramente boas. [43] Quanto às pessoas que ficavam assustadas com seus sonhos, ele dizia que elas não se atormentavam com o que faziam durante o dia, mas se dedicavam

para interpretar as visões evocadas durante o sono. Em Olímpia, quando o arauto proclamou: "Dioxipo venceu os homens!", Diógenes exclamou: "Ele venceu escravos, sou eu quem vence homens"..

Mesmo assim, Diógenes era amado pelos atenienses. Tanto o amavam que, quando um jovem quebrou seu barril, eles deram uma surra no menino e presentearam Diógenes com outro. O estoico Dionísio diz que, após a batalha de Queroneia, ele foi capturado e levado à presença de Filipe; sendo questionado sobre quem ele era, respondeu: "Um observador de sua ganância insaciável". Por isso ele foi admirado e libertado. [44] Em uma ocasião, ele estava presente à chegada de uma carta enviada por Alexandre a Antípatro em Atenas, por intermédio de um certo Áthlios; Diógenes, então, disse: "Um infeliz filho de um infeliz para um infeliz por meio de um infeliz"[144]. Ao ser ameaçado de morte por Pérdicas, a menos que ele fosse até sua presença, disse: "Nada de mais, pois até um escaravelho ou uma tarântula poderia matar-me". Em vez disso, ele teria esperado que a ameaça fosse a de que Pérdicas ficaria muito feliz em ficar sem sua companhia. Ele frequentemente proclamava que os deuses haviam dado aos seres humanos os meios de viver facilmente, mas isso tinha sido escondido dos seres humanos porque eles buscam bolos de mel, unguentos e coisas semelhantes. Por esse motivo disse a um homem cujos sapatos estavam sendo calçados por seu servo: "Você ainda não é feliz, a menos que ele assoe seu nariz também; e isso acontecerá quando você perder o uso das mãos".

[45] Certa vez, Diógenes viu os guardiões de um templo arrastando alguém que havia roubado uma tigela pertencente aos distribuidores e disse: "Os grandes ladrões arrastam o pequeno ladrão". Ao notar um rapaz atirando pedras em uma estaca de madeira, disse: "Muito bem! Você atingirá seu alvo". A alguns rapazes que o cercavam dizendo: "Cuidado para não nos morder!", Diógenes respondeu: "Não se preocupem, crianças, cachorro não come planta". A alguém que se exibia por estar usando pele de leão, disse: "Pare de desonrar as vestimentas da coragem!" Quando alguém exaltou a felicidade de Calístenes e disse que esplendor ele compartilhava na comitiva de Alexandre, Diógenes comentou: "Na verdade ele é infeliz, pois toma café da manhã e janta quando

144. O termo *áthlios* (em grego ἄθλιος) significa "infeliz". Um jogo de palavras com o nome do mensageiro.

Alexandre tem vontade". [46] Quando precisava de dinheiro, ele dizia a seus amigos que estava lhes pedindo restituições, e não doações. Ao se masturbar na ágora, disse: "Se ao menos a fome passasse ao esfregar o ventre". Vendo um jovem saindo para jantar com sátrapas, ele o arrastou, levou-o até seus familiares e ordenou-lhes que o vigiassem. Quando um jovem todo enfeitado lhe fez uma pergunta, ele recusou-se a responder, a menos que levantasse a roupa e mostrasse se era mulher ou homem. A um jovem que jogava *cótabo* no banho público, Diógenes disse: "Quanto melhor joga, pior para você". Num jantar, certas pessoas atiraram-lhe ossos como se fosse um cão; então ele se levantou e urinou sobre os ossos, como um cão".

[47] Os retóricos e todos os que buscavam fama na eloquência Diógenes chamava de "três vezes humanos", significando "três vezes infelizes". Costumava também chamar um homem rico e ignorante de "ovelha do velo de ouro". Ao ver um anúncio de venda na casa de um devasso, disse: "Eu sabia que depois de tanta depravação você vomitaria o dono". A um jovem que se queixava do número de pessoas que o incomodavam com suas atenções, ele disse: "Pois então pare de provocá-los com esses sinais convidativos!" Sobre um banho público que estava sujo, disse: "Os que aqui se banham vão para onde se limpar?" Havia um tocador de cítara robusto que todos ridicularizavam e era elogiado apenas por Diógenes; quando questionado sobre o motivo, ele disse: "Apesar de ser tão grande, ele canta ao som da cítara em vez de tornar-se bandido". [48] Ao tocador de cítara que sempre era abandonado pelos ouvintes, foi saudado com um "Salve, galo!" e, quando questionado por que isso, respondeu: "Porque seu canto faz todos se levantarem". Quando um jovem fazia um discurso elaborado, Diógenes, depois de encher a frente de seu manto com tremoços, começou a comê-los diante dele; tendo assim desviado a atenção dos presentes, ele disse que ficou muito surpreso ao ver se desinteressarem do orador para olhar para ele. Uma pessoa muito supersticiosa disse a ele: "Com um golpe quebrarei a sua cabeça". "E eu", respondeu Diógenes, "com um espirro da narina esquerda farei você tremer"[145]. Hegésias tendo-lhe pedido que lhe emprestasse um de seus escritos, Diógenes disse: "Você é certamente um tolo, Hegésias! Você não escolhe figos pintados, mas sim figos reais; e ainda assim ignora a realidade cotidiana e se dedica a regras escritas".

---

145. O lado esquerdo era visto como o lado de mau agouro.

[49] Quando alguém o repreendeu por seu exílio, sua resposta foi: "Foi por isso, seu infeliz, que me dediquei à filosofia". Quando alguém lhe disse: "Os habitantes de Sinope o condenaram ao exílio", ele disse: "E eu os condenei a permanecerem". Ao ver um vencedor olímpico cuidando de ovelhas, disse: "Ó excelente homem, você trocou Olímpia por Nemeia muito rápido"[146]. Ao ser questionado certa vez por que os atletas são tão estúpidos, respondeu: "Porque eles são feitos de carne de porco e de boi". Outra vez, Diógenes pediu esmola a uma estátua e, quando questionado por que fazia isso, respondeu: "Para me acostumar a não conseguir". Ao pedir esmola – como fez inicialmente por causa de sua pobreza – falava: "Se você já deu a outro, dê-me também; se não, comece por mim!"

[50] Ao ser questionado por um tirano sobre qual bronze é melhor para uma estátua, respondeu: "Aquele do qual foram feitas as estátuas de Harmódio e Aristógito". Questionado sobre como Dionísio tratava seus amigos, respondeu: "Como bolsas; são carregados quando cheios e jogados fora quando vazios". Alguém recém-casado colocou um aviso em sua casa: "O filho de Zeus e vitorioso Héracles mora aqui; que nada de mal entre"; ao que Diógenes escreveu: "Depois da guerra, a aliança". O amor ao dinheiro ele declarou ser a metrópole de todos os males. Ao ver um perdulário comendo azeitonas em uma taverna, ele disse: "Se você tomasse o café da manhã dessa maneira, não estaria assim jantando".

[51] Bons homens ele chamava de imagens dos deuses, e amor de ocupação dos desocupados. Ao ser perguntado sobre o que há de mais miserável na vida, respondeu: "Um velho na miséria". Quando lhe perguntaram de qual animal é a pior mordida, ele disse: "Dos selvagens, a de um sicofanta; dos domesticados, a de um bajulador". Ao ver dois centauros muito mal pintados, perguntou: "Qual destes dois é Quíron?"[147]. Diógenes comparava o discurso cativante a um laço de forca untado com mel, e chamava o estômago de "Caríbdis da vida". Ao ouvir um relato de que o flautista Dídimo havia sido

---

146. Jogo de palavras entre Νεμέα (*Neméa* – Nemeia, *pólis* onde ocorriam o Jogos Nemeus) e νέμεα (*némea* – pasto).

147. Jogo de palavras entre Χείρων (*Cheírōn* – o centauro Quíron) e χείρων (*cheírōn* – pior, inferior).

pego em adultério, disse: "O nome dele já é o suficiente para enforcá-lo"[148]. À pergunta por que o ouro é pálido, sua resposta foi: "Porque há muitos ladrões tramando contra ele". Ao ver uma mulher em uma liteira, disse: "A gaiola não condiz com a fera".

[52] Ao ver um servo fugitivo sentado à beira de um poço, ele disse: "Rapaz, cuidado para não cair!" Ao ver um menino roubando roupas no banho público, perguntou: "É para uma massagem de unguento (*aleimmátion*) ou para uma roupa nova (*áll' himátion*)?" Ao ver algumas mulheres enforcadas numa oliveira, disse: "Bem que todas as árvores pudessem produzir frutos como esses!" Ao ver um ladrão de roupas, disse: "O que você está fazendo aqui, meu caro? Veio por acaso saquear os mortos?" (Homero, *Ilíada*, Canto X, v. 343; 387). Ao ser questionado se dispunha de algum servo ou serva, respondeu: "Não"; o outro continuou: "E se você morrer, então, quem o carregará?", "Quem quiser a minha casa", respondeu Diógenes. [53] Ao ver um belo jovem deitado em uma posição exposta, ele o cutucou e disse: "Acorde! Para que ninguém enfie uma lança por trás". A alguém que estava gastando muito em festas, ele disse: "Sua vida será curta, meu filho, por conta do que compra" (Homero, *Ilíada,* Canto XVIII, v. 95). Enquanto Platão falava sobre ideias e usava os termos "mesidade"[149] e "tacidade"[150], ele disse: "Ó Platão, mesa e taça eu vejo; mas *mesidade* e *tacidade* não vejo de forma alguma". Platão, então, falou: "Isso é lógico, pois você tem olhos para ver a mesa e a xícara; mas não tem mente para perceber a *mesidade* e a *tacidade*". [54] Platão, ao ser questionado por alguém: "Que tipo de homem você considera Diógenes?", "Um Sócrates transtornado", disse ele.

Ao ser questionado sobre qual era o momento certo para se casar, Diógenes respondeu: "Para um jovem ainda não; para um velho, nunca". Ao ser questionado sobre o que ele gostaria em troca de receber um murro, ele respondeu: "Um capacete". Vendo um jovem todo enfeitado, ele disse: "Se for para homens, você é um desafortunado; se for para mulheres, age contra a norma". Certa vez, ele percebeu um jovem corando; "Coragem!", disse ele, "essa é a cor da virtude". Em outra ocasião, depois de ouvir dois promotores

---

148. δίδυμος (*dídymos*), em grego, também significa testículos.

149. Qualidade daquilo que é mesa.

150. Qualidade daquilo que é taça.

discutindo, condenou os dois, dizendo que um sem dúvida havia roubado, mas o outro não havia perdido nada. Quando questionado sobre que vinho é agradável de beber, ele respondeu: "O dos outros". Quando lhe disseram que muitas pessoas riam dele, ele respondeu: "Eu não rio". [55] Quando alguém declarou que a vida é um mal, ele disse: "Não a vida em si, mas viver mal". Quando foi aconselhado a perseguir seu escravo fugitivo, ele respondeu: "Seria ridículo se Manes pudesse viver sem Diógenes, mas Diógenes não pudesse viver sem Manes". Ao tomar o café da manhã com azeitonas entre as quais havia um bolo, ele o afastou e dirigiu-se a ele assim: "Estrangeiro, afaste-se dos pés dos tiranos!" (Eurípides, *Fenícias*, v. 40). E em outra ocasião: "Ele chicoteou uma azeitona"[151] (Homero, *Ilíada*, Canto V, v. 366; Canto VIII, v. 45).

Quando lhe perguntaram que tipo de cão ele era, respondeu: "Com fome, um maltês; quando satisfeito, um molosso – duas raças que muitos elogiam, mas que, por medo do cansaço, não se aventuram a caçar com eles. Da mesma maneira, vocês não conseguem conviver comigo por medo dos sofrimentos". [56] Quando lhe perguntaram se os sábios comem bolos, "Sim", ele disse, "bolos de todos os tipos, assim como os outros homens". Quando lhe perguntaram por que as pessoas dão esmolas aos mendigos, mas não aos filósofos, ele respondeu: "Porque elas pensam que um dia poderão se tornar aleijadas ou cegas, mas nunca filósofas". Certa vez, Diógenes estava pedindo dinheiro a um homem avarento que demorava a responder; então disse: "Homem, é para comer que estou pedindo, não para despesas de funeral". Noutra ocasião, ao ser repreendido por ter falsificado dinheiro, ele disse: "Naquela época eu era como você é agora; mas tal como sou agora, você nunca será". A um outro que o repreendeu com a mesma ofensa, disse: "Naquela época eu urinava mais rápido, hoje não".

[57] Ao chegar a Mindos e encontrar portões grandes, embora a *pólis* em si fosse muito pequena, ele exclamou: "Homens de Mindos, tranquem seus portões para que a *pólis* não fuja de vocês!" Ao ver um homem que foi pego roubando púrpura, ele disse: "Dominado pela morte púrpura e pela Moira poderosa" (Homero, *Ilíada*, Canto V, v. 83). Quando Crátero considerou hospedá-lo, Diógenes disse: "Prefiro lamber sal em Atenas do que desfrutar de

151. Jogo de palavras entre ἐλάαν (*eláan* – azeitona) e ἐλάαν (*eláan* – fazer correr).

uma comida saborosa na mesa de Crátero". Encontrando-se com o retórico Anaxímenes, que estava acima do peso, disse: "Dê para nós, os mendigos, um pouco da sua barriga; será um alívio para você, e uma vantagem para nós". E quando esse mesmo Anaxímenes estava discursando, Diógenes distraiu seu público mostrando um peixe salgado; isso irritou o palestrante, e Diógenes disse: "Um peixe salgado que vale um óbolo interrompeu a palestra de Anaxímenes". [58] Ao ser repreendido por estar comendo na ágora, disse: "Pois foi na ágora que senti fome".

Alguns autores dizem também que a seguinte anedota é atribuída a Diógenes: Platão o viu lavando verduras, aproximou-se dele e disse-lhe baixinho: "Se você tivesse cortejado Dionísio, não estaria lavando verduras", e Diógenes, da mesma maneira silenciosa, respondeu: "Se você lavasse verduras, não teria que cortejar Dionísio". A alguém que disse: "A maioria das pessoas ri de você", Diógenes respondeu: "Talvez os asnos riem delas, mas como elas não se importam com os asnos, eu também não me importo com elas". Numa ocasião, observando um jovem estudando filosofia, disse: "Parabéns por desviar os amantes do corpo para a verdadeira beleza da alma". [59] Ao notar a admiração de alguém com as ofertas votivas na Samotrácia, disse: "Haveria muito mais se aqueles que não foram salvos tivessem feito oferendas" (outros atribuem esta fala a Diágoras de Melos). A um belo jovem, que estava saindo para jantar, ele disse: "Você voltará pior (*cheírōn*)". Quando o jovem voltou no dia seguinte, falou para Diógenes: "Fui e não me tornei pior", ao que Diógenes disse: "Não pior (*Cheirōn*), mas Euritião"[152].

Certa vez, Diógenes estava pedindo esmola a um homem temperamental, que disse: "Só se você puder me persuadir". "Se eu pudesse persuadi-lo", disse Diógenes, "seria para você se enforcar". Noutra ocasião, ele estava voltando da Lacedemônia para Atenas, quando alguém perguntou: "De onde e para onde?", ao que Diógenes respondeu: "Dos aposentos dos homens para os das mulheres". [60] Voltando de Olímpia, alguém lhe perguntou se lá havia muitas pessoas, e respondeu: "Sim, uma multidão, mas poucos homens". Diógenes também comparava os libertinos às figueiras que crescem em penhascos, cujo fruto não é apreciado por nenhum homem, mas é comido por

---

152. Aqui há um trocadilho como visto no § 51. Além disso, dos centauros, Quíron era o mais sábio e Euritião era o mais destemperado e bebia exageradamente.

corvos e abutres. Quando Friné ergueu uma estátua de ouro de Afrodite em Delfos, diz-se que Diógenes inscreveu nela: "[Proveniente] da intemperança da Grécia". Certa vez, Alexandre ficou em frente a ele e disse: "Sou Alexandre, o grande rei". "E eu", disse Diógenes, "sou Diógenes, o cão". Quando lhe perguntaram o que havia feito para ser chamado de cão de caça, disse: "Balanço o rabo para aqueles que me dão algo, ladro para aqueles que não me dão nada, e mordo os perversos".

[61] Diógenes estava colhendo figos e o guardião disse-lhe: "Há pouco tempo um homem se enforcou aí"; "Então eu", disse ele, "irei purificá-la". Ao ver um vencedor olímpico lançando olhares insistentes para uma cortesã, disse: "Eis um carneiro louco por batalhas pego pelo pescoço por uma moça comum". Ele comparava as belas cortesãs a poções mortais de mel. Certa vez, ele estava tomando café da manhã na ágora e os que ali passavam se reuniam ao seu redor e diziam: "Cão!", Diógenes, então, exclamou: "Vocês que são cães! Ficam ao meu redor e me observam tomando café da manhã". Quando dois homens frágeis se esconderam dele, ele disse: "Não temam! Um cão não come plantas". [62] Ao ver um lutador estúpido praticando medicina, Diógenes perguntou-lhe: "O que é isso? Agora quer abater aqueles que o venceram antes?" Ao ver o filho de uma cortesã atirando pedras na multidão, ele disse: "Cuidado para não acertar no seu pai". Certa vez, um menino lhe mostrou uma adaga que recebeu de um admirador, e Diógenes falou: "Uma bela lâmina com um cabo feio". Quando algumas pessoas elogiaram uma pessoa que havia lhe dado algo, ele comentou: "E vocês não me elogiam, eu que fui digno de recebê-la". Quando alguém perguntou se ele poderia devolver seu manto, Diógenes respondeu: "Se me foi cedido, é meu; se me foi emprestado, estou usando-o". Um suposto filho tendo lhe dito que tinha ouro no bolso do manto, "É verdade", disse Diógenes, "por isso você dorme com ele debaixo do travesseiro". [63] Ao ser questionado sobre o que ele havia ganhado com a filosofia, ele respondeu: "A pelo menos estar preparado para qualquer inconstância da sorte". Questionado sobre de onde ele era, ele disse: "Eu sou um cidadão do mundo". Ao ver duas pessoas fazendo sacrifícios aos deuses para terem um filho, Diógenes disse-lhes: "Mas vocês não fazem sacrifícios para garantir que tipo de homem ele se tornará?" Quando pediram a ele uma con-

tribuição para uma associação, ele disse ao encarregado: "Despoje os outros; mas mantenha as mãos longe de Heitor!"

Diógenes chamava as cortesãs de rainhas dos reis, pois, dizia ele, eles fazem tudo que elas querem. Quando os atenienses deram a Alexandre o título de Dionísio, ele disse: "Façam de mim Sérapis[153]!" A alguém que o repreendeu por entrar em lugares sujos, disse: "O Sol entra em vasos sanitários, mas não é contaminado". [64] Quando ele estava jantando em um templo, foram colocados pães com impurezas sobre a mesa, ele os pegou e jogou fora, declarando que nada impuro deveria entrar no templo. Ao homem que lhe disse: "Você não sabe nada, embora seja um filósofo", ele respondeu: "Embora eu seja um pretendente à sabedoria, isso é filosofar". Quando alguém lhe trouxe uma criança e declarou que ela era altamente talentosa e de excelente caráter, "Então, o que de mim", disse ele, "ele precisa?" Os que dizem coisas excelentes, mas não as praticam, ele dizia que nada diferem de uma cítara, pois ela não ouve nem nada percebe. Ao entrar num teatro, deparou-se com aqueles que estavam saindo; ao ser questionado por que, respondeu: "Isso é o que, em toda a minha vida, procuro fazer".

[65] Ao ver um jovem se comportando de maneira efeminada, Diógenes disse: "Você não se envergonha de querer ser pior do que sua natureza? Pois ela fez de você um homem, mas você se força a ser uma mulher". Ao ver um tolo afinando um saltério, disse: "Você não se envergonha de afinar o som deste objeto de madeira enquanto não consegue harmonizar sua alma à vida?" A alguém que lhe falou: "Sou incapaz de filosofar", Diógenes disse: "Por que então você vive, se não tem interesse em viver bem?" A alguém que desprezava seu pai, disse: "Você não se envergonha de desprezar aquele que é a causa de você se sentir vivo?" Ao ver um belo jovem tagarelando de maneira imprópria, disse: "Você não se envergonha de sacar uma adaga de chumbo de uma bainha de marfim?" [66] Ao ser repreendido por beber em uma taverna, Diógenes disse: "E em uma barbearia eu corto meu cabelo". Ao ser repreendido por ter aceitado um manto de Antípatro, ele disse: "Não são recusáveis os gloriosos presentes dos deuses" (Homero, *Ilíada,* Canto III, v. 65). Quando alguém primeiro o atingiu com uma viga e depois gritou "Atenção!", Diógenes bateu no homem com sua bengala e disse: "Atenção!" A um homem que importunava uma cortesã,

153. Divindade egípcia com cabeça de cão.

ele disse: "O que você quer que aconteça, ó infeliz? Que você não consiga algo melhor?" A alguém com cabelos perfumados, disse: "Cuidado para que o cheiro doce em sua cabeça não deixe um mau cheiro em sua vida".

Diógenes também disse que as más pessoas são escravas de seus desejos assim como os servos de seus senhores. [67] Ao ser perguntado por que os cativos (*andrápodas – pés de homens*) eram assim chamados, ele respondeu: "Porque eles têm pés de homens, mas almas como você, que agora me pergunta". Ao pedir uma mina a um perdulário, este lhe perguntou por que ele pedia um óbolo a outros, mas uma mina a ele; Diógenes respondeu: "Porque espero receber dos outros novamente, mas se receberei alguma coisa de você novamente está nos joelhos dos deuses[154]". Ao ser repreendido por pedir coisas, enquanto Platão não pede nada, disse: "Ele pede sim, mas quando o faz 'aproxima a cabeça, para que os outros não o ouçam'" (Homero, *Odisseia,* Canto I, v. 157; Canto IV, v. 70). Ao ver um arqueiro ruim, sentou-se ao lado do alvo dizendo: "Para não ser atingido".

Diógenes também declarou que os amantes são desafortunados em razão de seus prazeres. [68] Quando lhe perguntaram se a morte era um mal, ele respondeu: "Como pode ser um mal se, quando ela está presente, não a percebemos?" Quando Alexandre ficou à sua frente e perguntou: "Não tem medo de mim?", Diógenes disse: "O que você é? Um bem ou um mal?", ao que Alexandre respondeu: "Um bem!", "Quem", disse, por fim, Diógenes, "teme o bem?" A educação, disse ele, é uma moderação para os jovens, um consolo para os velhos, uma riqueza para os pobres e um ornamento para os ricos. Certa vez, disse a Dídimo, que era um adúltero e tratava do olho de uma moça: "Cuidado para não destruir a pupila[155], em vez de curar o olho da garota!" Quando alguém lhe disse que os amigos estavam conspirando contra ele, Diógenes falou: "O que deve ser feito, então se você tiver que tratar amigos e inimigos da mesma forma?" [69] Ao ser perguntado sobre o que é mais belo na humanidade, ele respondeu: "Liberdade de expressão". Ao entrar numa escola, viu muitas estátuas das musas e poucos alunos, então disse: "Contando com os deuses, ó professor, você tem muitos alunos!"

154. Equivalente grego ao "nas mãos dos deuses" do português.

155. Termo com duplo sentido. Em grego, κόρη (*kórē*) pode significar "moça, jovem virgem" ou "pupila".

Diógenes tinha o hábito de fazer tudo em público, tanto as obras de Deméter[156] como as de Afrodite[157]; e apresentava os seguintes argumentos: "Se tomar café da manhã não é estranho, nem é estranho estar na ágora; então não há nada de estranho em tomar café da manhã na ágora". Ao se masturbar na ágora, disse: "Se ao menos a fome passasse ao esfregar o ventre"[158]. A ele são atribuídos muitos outros ditos, cuja catalogação seria muito longa.

[70] Diógenes costumava dizer que há dois tipos de exercícios: o espiritual e o corporal; sendo este último aquele por meio do qual, com prática constante, são formadas percepções que tornam as ações virtuosas mais eficientes. Estes exercícios ficam incompletos sem o outro. A boa saúde e o vigor são igualmente essenciais para o corpo e para a alma. Diógenes apresentava evidências indiscutíveis para mostrar quão facilmente, a partir do treinamento corporal, chegamos à virtude; pois no artesanato e em outras artes pode-se ver que os artesãos desenvolvem habilidades manuais extraordinárias através da prática; também, no caso dos flautistas e dos atletas, a habilidade extraordinária que adquirem é através da prática incessante; e, se estes transferissem seus esforços para o treinamento da alma, tais esforços não teriam sido inúteis nem ineficazes. [71] Além disso, não se pode obter nada na vida, afirmou Diógenes, sem a prática extenuante; e isso é capaz de superar tudo. Portanto, em vez de esforços inúteis, as pessoas deveriam escolher aqueles que a natureza requer, pelas quais possam viver felizes; e a falta de razão é a causa da vida infeliz. O próprio desprezo pelo prazer é muito prazeroso quando estamos habituados a ele; e assim como aqueles que estão acostumados a uma vida de prazeres sentem repulsa quando passam para a experiência oposta, também aqueles cujo treinamento foi do tipo oposto obtêm mais prazer em desprezar os próprios prazeres.

Estas eram as suas resoluções e Diógenes agiu de acordo com elas. Assim, adulterou a moeda corrente porque dava importância menor às prescrições da lei que às da natureza; afirmando que o modo de vida que levava era o mesmo de Héracles, que preferia a liberdade a tudo mais.

---

156. Ou seja, comer.

157. Ou seja, fazer sexo.

158. Essa repetição, bem como os cinco parágrafos seguintes, indicam a provável inserção de uma fonte diferente.

[72] Dizia que todas as coisas são dos sábios e empregava os seguintes argumentos já citados acima[159]: aos deuses tudo pertence; os sábios são amigos dos deuses; os amigos têm coisas em comum; portanto, tudo pertence aos sábios. Quanto às leis: é impossível que a sociedade exista sem elas; pois sem uma *pólis* nenhum benefício pode ser obtido daquilo que é civilizado. A *pólis* é uma comunidade civilizada e as leis não têm utilidade sem a *pólis*; portanto a lei é algo civilizado. Diógenes ridicularizaria o nascimento nobre, a fama e todas essas distinções, chamando-as de ornamentos ostentatórios de vício. A única organização política correta era a universal, dizia ele. Também dizia que as mulheres devem ser parte da comunidade, e não reconhecia outro casamento senão a união do homem persuasivo com a mulher que consente. Por esta razão, ter filhos deveria ser de comum acordo.

[73] Para Diógenes não havia nada de estranho em roubar alguma coisa de um templo ou em comer a carne de qualquer animal; nem nada de ímpio em comer carne humana, como era sabidamente o costume de povos estrangeiros. Além disso, de acordo com a razão correta, ele dizia que todos os elementos estão contidos em todas as coisas e permeiam tudo; assim, há carne no pão, e pão nos vegetais. E todos os outros corpos também, por meio de certas passagens e partículas invisíveis, encontram seu caminho e se unem a todas as substâncias na forma de vapor. Isso ele deixa claro no *Tiestes* (se as tragédias são realmente suas e não obra de seu amigo Filisco, filho de um habitante de Egina, ou de Pasifonte, filho de Luciano, que, segundo Favorino em suas *Histórias diversas*, as escreveu após a morte de Diógenes).

Diógenes também sustentava que deveríamos negligenciar a música, a geometria, a astronomia e estudos semelhantes, pois são inúteis e sem necessidade. [74] Além disso, tornou-se muito rápido para réplicas em debates verbais, como é evidente pelo que foi dito acima. Ademais, quando foi vendido como escravo, suportou isso com muita nobreza; numa viagem a Egina, ele foi capturado por piratas sob o comando de Esquírpalo[160], transportado para Creta e colocado à venda. Quando o leiloeiro perguntou o que ele sabia fazer, ele respondeu: "Comandar os homens"; em seguida, ele apontou para um certo coríntio, que vestia um manto com uma bela borda roxa (Xeniades, acima

159. Cf. § 37.

160. Ou Hárpalo.

mencionado), e disse: "Venda-me a este homem! Ele precisa de um senhor". Assim, Xeniades comprou-o, levou-o para Corinto e confiou-lhe a educação de seus próprios filhos e a administração da casa. Ele administrou tudo de tal maneira que Xeniades costumava dizer: "Um bom *daímon* entrou em minha casa".

[75] Cleomenes, em sua obra *Pedagógico*, diz que os amigos de Diógenes queriam resgatá-lo, e por isso ele os chamou de tolos; pois, disse ele, os leões não são escravos daqueles que os alimentam, mas aqueles que alimentam os leões são escravos deles: o medo é a marca do escravo, e os animais selvagens amedrontam os seres humanos. Tinha, de fato, o dom da persuasão, de modo que poderia facilmente derrotar qualquer um que quisesse em uma discussão. Sobre isso, diz-se que um certo Onesícrito de Egina enviou a Atenas um de seus dois filhos, chamado Andróstenes, e este, após ouvir as palestras de Diógenes, ficou lá; o pai, então, enviou também o outro filho, Filisco, que era o mais velho, em busca do irmão; mas Filisco, da mesma maneira, permaneceu. [76] Quando, pela terceira vez, o próprio pai chegou, ele se juntou aos outros para se dedicar à filosofia – tão sedutores assim eram os discursos de Diógenes. Entre seus ouvintes estavam Fócion, chamado de O Honesto, o megárico Estilpo, e muitos outros homens políticos.

Conta-se que Diógenes tinha quase 90 anos quando morreu. Quanto à sua morte, existem vários relatos diferentes. Um deles é que após comer um polvo cru, contraiu cólera e assim morreu. Outro relato é que ele morreu voluntariamente, prendendo a respiração. Este relato também é dito por Cercidas da Megalópole (ou de Creta), que escreve em seus *Meliambos*:

> Não mais existe aquele que antes era cidadão de Sinope,
> que carregava um cajado, dobrava o manto e se alimentava de ar.
> [77] Ele subiu com os lábios pressionados contra os dentes e prendendo a respiração. Diógenes[161] foi verdadeiramente um filho de Zeus, cão do céus.

Outra versão é que, ao dividir um polvo com os cães, Diógenes foi fortemente mordido no tendão do pé, e que isso lhe causou a morte. Seus amigos, porém, de acordo com Antístenes em *Sucessões de filósofos*, acreditavam que ele havia morrido prendendo a respiração.

161. Esse nome significa "nascido de Zeus".

Diógenes costumava viver no Craneion, o ginásio em frente a Corinto. Quando seus amigos chegaram, como de costume, encontraram-no enrolado em seu manto e pensaram que ele estava dormindo, embora não fosse do tipo sonolento. Em seguida, afastaram seu manto e descobriram que ele não mais respirava. Por essa razão, pensaram que isso tivesse sido um ato deliberado para escapar da vida. [78] Conta-se, ainda, que surgiu uma disputa entre seus conhecidos sobre quem deveria enterrá-lo – dizem que chegou ao nível de se esmurrarem –; mas, quando os pais desses conhecidos e outras pessoas influentes chegaram, ele foi enterrado por eles ao lado do portão que conduzia ao istmo. Sobre seu túmulo, foi erguido um pilar em cujo topo havia um cão em mármore de Paros. Posteriormente, seus concidadãos o homenagearam com estátuas de bronze, nas quais foram inscritos o seguinte:

> O bronze envelhece com o tempo, mas a tua glória nem toda a eternidade, Diógenes, destruirá.
>
> Apenas você ensinou aos mortais a lição da autossuficiência e do caminho mais fácil de viver (*Antologia palatina*, XVI, 334).

[79] Também nós escrevemos sobre ele na métrica proceleusmática:

> A – Diógenes, venha falar que destino o levou ao Hades!
>
> D – A mordida de um cão selvagem levou-me (*Antologia palatina*, VII, 116).

Alguns autores, porém, dizem que, ao morrer, Diógenes deixou instruções para que o jogassem em qualquer lugar sem ser enterrado, para que todos os animais selvagens se alimentassem dele, ou que o jogassem numa vala e o cobrissem com um pouco de pó. Outros ainda dizem que suas instruções eram para que o jogassem no Rio Ilisso, para que ele pudesse ser útil a seus irmãos. Demétrio, em *Homônimos*, afirma que Diógenes morreu no mesmo dia em que Alexandre morreu na Babilônia. Ele morreu em Corinto; já era um homem velho durante a 113ª Olimpíada[162].

[80] Atribui-se a ele as seguintes obras. Diálogos: *Cefalão; Ictias; A gralha; Pordalo; Demo dos atenienses; República; Arte da ética; Da riqueza; Do amor; Teodoro; Hipsias; Aristarco; Da morte*; e *Cartas*. Sete tragédias: *Helena; Tiestes; Héracles; Aquiles; Medeia; Crisipo*; e *Édipo*.

---

162. 324-321 a.C.

Sosicrates, no primeiro livro de *Sucessões*, e Sátiro, no quarto livro de *Vidas*, dizem que Diógenes não deixou nada por escrito, e Sátiro ainda acrescenta que as medíocres tragédias são de seu amigo Filisco de Egina. Sótion, em seu sétimo livro, declara que apenas as seguintes obras são de Diógenes: *Da virtude; Do bem; Do amor; O mendigo; Tolmeu; Pordalo; Cassandro; Cefalão*; *Filisco*; *Aristarco; Sísifo; Ganímedes; Anedotas*; e *Cartas*.

[81] Houve cinco indivíduos chamados Diógenes. O primeiro, de Apolônia, um filósofo físico, cujo tratado se inicia: "No início de qualquer discurso, parece-me necessário que um princípio inquestionável seja estabelecido"; o segundo, de Sicião, que escreveu uma *História do Peloponeso*; o terceiro, o aqui mencionado; o quarto, um estoico nascido em Selêucia, também chamado de O Babilônico, porque Selêucia fica próxima da Babilônia; e o quinto, de Tarso, autor de uma obra sobre problemas poéticos, que tenta resolver. Atenodoro, no oitavo livro de seus *Passeios filosóficos*, diz que o filósofo sempre teve uma aparência brilhante devido ao uso de unguentos.

3
MÔNIMO

[82] Mônimo de Siracusa foi discípulo de Diógenes; e, segundo Sosícrates, ele estava a serviço de um banqueiro coríntio, a quem Xeniades, o comprador de Diógenes, fazia visitas frequentes, e pelo relato que Xeniades deu da bondade nas palavras e ações de Diógenes, despertou em Mônimo uma apaixonada admiração. Este, logo depois, fingiu estar louco e começou a jogar fora as moedas e todo o dinheiro da mesa do banqueiro, até que finalmente foi dispensado; Mônimo, então, foi imediatamente até Diógenes. Ele também seguiu bem de perto o cínico Crates, e aderiu atividades semelhantes; seu mestre, ao vê-lo fazer isso, ficou ainda mais convencido de que ele estava louco.

[83] Mônimo tornou-se um homem ilustre; tanto que foi lembrado pelo poeta cômico Menandro. Assim, em uma de suas peças, em *O cavalariço*, diz o seguinte:

> A – Houve um Mônimo, Filo, que foi um homem sábio, mas de pouquíssima fama.
>
> B – O que carregava um saco?
>
> A – Um não, três! No entanto, por Zeus, ele nunca disse nenhuma frase comparável a"Conhece a ti mesmo", nem outras frases desse tipo. Ele foi muito além disso tudo, aquele mendigo sujo, e disse que conceber as coisas é totalmente uma ilusão.

Mônimo se mostrou realmente muito sério, de modo que sempre desprezou a glória e a busca pela verdade. Escreveu poemas ligeiros misturados com uma seriedade dissimulada, e dois livros: *Dos impulsos* e *Exortação à filosofia*.

4
ONESÍCRITO

[84] Alguns relatam que Onesícrito era de Egina, mas Demétrio de Magnésia diz que ele era de Astipaleia. Ele foi um dos ilustres discípulos de Diógenes. Sua carreira é semelhante à de Xenofonte; enquanto Xenofonte juntou-se à expedição de Ciro, Onesícrito juntou-se à de Alexandre; e Xenofonte escreveu a *Ciropédia*, enquanto Onesícrito descreveu a educação de Alexandre. Uma dessas obras é um elogio a Ciro, a outra é um elogio a Alexandre. Quanto ao estilo, eles também não são diferentes, exceto que Onesícrito, como é de se esperar de um imitador, fica abaixo do padrão.

Há outros discípulos de Diógenes: Menandro, apelidado de "bosque", um admirador de Homero; Hegésias de Sinope, apelidado de "coleira"; e Filisco de Egina, mencionado acima.

5
CRATES

[85] Crates, filho de Ascondas, era de Tebas. Estava também entre os ilustres discípulos do Cão. Hipóboto, entretanto, alega que ele não foi discípulo de Diógenes, mas de Bríson de Acaia. A ele são atribuídos os seguintes poemas ligeiros:

> Há uma *pólis*, Pere, no meio de um vapor cor de vinho, bela e fértil, toda suja e que nada possui, para onde não navegam nem tolos, nem parasitas, nem cobiçosos que se regalam com nádegas de prostitutas, mas que produz tomilho, alho, figos e pães, e por isso seus habitantes não lutam entre si, nem fazem uso de armas por dinheiro ou por fama (*Antologia palatina*, V, 13).

Há também sua crônica muito conhecida que diz o seguinte:

> [86] Reserve para o cozinheiro dez minas, para o médico um dracma, para o bajulador cinco talentos, para o conselheiro algo sem importância, para a prostituta um talento, e para o filósofo três óbolos.

Ele era chamado de "abridor de portas", devido ao seu hábito de entrar em todas as casas e dar bons conselhos aos presentes. Aqui está outro exemplar dele:

> Possuo o que aprendi, pensei, e os preceitos que as musas ensinaram; mas a riqueza e a prosperidade pertencem à vaidade (*Antologia palatina*, VII, 326).

E, novamente, ele diz que o que tirou da filosofia foi "uma *quênice* de tremoços e não me preocupar com ninguém". Também é atribuído a ele o seguinte:

> O amor é cessado pela fome, se não, pelo tempo; se nenhum dos dois resolver, por uma corda de forca (*Antologia palatina*, IX, 497).

[87] Crates estava em seu apogeu durante a 113ª Olimpíada[163]. De acordo com Antístenes em *Sucessões dos filósofos*, o primeiro impulso à filosofia cínica lhe foi dado quando viu Télefo em uma certa tragédia carregando uma pequena cesta e com um aspecto miserável; então, vendeu seus bens, pois pertencia a uma família distinta, e tendo arrecadado cerca de 200 talentos, distribuiu essa soma entre seus concidadãos. Mostrou tanta força na prática filosófica que foi mencionado pelo poeta cômico Filemon, que diz: "No verão, usava um grosso manto, para ser como Crates, no inverno usava trapos". E Dioclés diz como Diógenes convenceu Crates a ceder seus campos para pastagens de ovelhas e lançar ao mar todo o dinheiro que tinha.

[88] Dizem que Alexandre esteve na residência de Crates, assim como Filipe esteve na casa de Hipárquia. Muitas vezes, alguns de seus parentes iam visitá-lo e tentavam desviá-lo de seu propósito, e ele os expulsava com sua bengala, pois sua resolução era inabalável. Demétrio de Magnésia conta que Crates confiou a um banqueiro uma quantia em dinheiro com a condição de que, se seus filhos viessem a ser pessoas comuns, lhes desse o dinheiro, mas, se eles se tornassem filósofos, o distribuísse entre o povo; pois seus filhos não precisariam de nada se adotassem a filosofia.

Eratóstenes diz que com Hipárquia, de quem falaremos adiante, Crates teve um filho chamado Pasiclés, e, após concluir a iniciação militar, Crates o levou a um bordel e lhe disse que era assim que seu pai havia celebrado as núpcias. [89] Para ele, os casamentos entre os adúlteros pertenciam à tragédia, tendo o exílio ou o assassinato como resultado; enquanto os casamentos dos que se relacionam com cortesãs pertenciam à comédia, pois, como resultado da extravagância e da embriaguez, provocam a loucura.

Crates tinha um irmão também chamado Pasiclés, que era discípulo de Euclides. Favorino, no segundo livro de sua *Memorabilia*, conta uma engraçada história de Crates: ao fazer algum pedido ao mestre do ginásio, Crates

163. 328-324 a.C.

tocou-lhe os quadris; e quando o mestre se irritou, disse: "O que foi? Esses seus quadris não são seus tanto quanto os joelhos?" Ele dizia que era impossível encontrar alguém totalmente isento de falhas, pois, assim como numa romã, há sempre uma semente podre. Tendo provocado o citarista Nicodromo, foi atingido por ele no rosto; Crates, então, colocou uma faixa na testa na qual estava escrito "Nicodromo fez isso". [90] Constantemente, Crates insultava as cortesãs, acostumando-se a enfrentar seus abusos. Quando Demétrio de Falero lhe enviou pães e um pouco de vinho, ele o repreendeu, dizendo: "Se ao menos as fontes produzissem pão!" – claramente ele bebia somente água. Ao ser reprovado pelos protetores de Atenas por usar uma roupa de tecidos finos, disse: "Vou mostrar para você que Teofrasto também usa esses tecidos finos!", os protetores não acreditaram nisso e Crates levou-os a uma barbearia e mostrou-lhes Teofrasto sendo barbeado.

Em Tebas, certa vez, Crates foi açoitado pelo mestre do ginásio – outra versão é que foi por Eutícrates, em Corinto – e arrastado pelos pés; e, como se isso não o afetasse acrescentou: "Agarrou seu pé e arrastou-o pela sagrada soleira da porta" (Homero, *Ilíada*, Canto I, v. 591). [91] Dioclés, porém, diz que ele foi arrastado por Menedemo de Erétria; por ser bem apessoado e aparentemente íntimo de Asclepíades de Fliunte, Crates bateu-lhe nas coxas e disse: "Asclepíades está aqui dentro!", então Menedemo exaltou-se e arrastou-o, e Crates falou o verso acima.

Zenão de Cítio, em suas *Anedotas*, diz que Crates, certa vez, não se importou em costurar uma pele de carneiro em seu manto. Crates tinha uma aparência feia e, quando fazia seus exercícios de ginástica, riam dele. Ele costumava dizer, levantando as mãos: "Coragem, Crates! Isso é em favor de seus olhos e do restante de seu corpo! [92] Você logo verá esses que estão rindo sendo torturados por uma doença, considerando-o abençoado e censurando-se por sua própria preguiça!"

Crates dizia que é necessário estudar filosofia até não conseguir ver nos generais nada além de condutores de asnos. Dizia também que os que vivem com bajuladores são tão indefesos quanto bezerros no meio de lobos, pois nem estes nem aqueles têm quem os proteja, mas apenas quem conspira contra eles. Ao perceber que estava morrendo, ele cantava para si mesmo: "Você está caminhando, caro corcunda, você está indo para a casa de Hades, curvado pela velhice". De fato, ficou corcunda com o passar do tempo.

[93] A Alexandre que lhe perguntou se ele gostaria que sua pátria fosse reconstruída, Crates disse: "Por que deveria? Talvez outro Alexandre a destrua novamente". Declarou que tinha como pátria a obscuridade e a pobreza, e que a fortuna nunca poderia conquistá-la; e que era concidadão de Diógenes, que desafiou todas as conspirações da inveja. Menandro o menciona em *As gêmeas* dessa maneira: "Andará comigo vestindo uma capa, assim como a esposa do cínico Crates fez com ele certa vez". Crates disse, ainda, que sua própria filha foi dada em casamento por 30 dias, como parte de uma experiência. Passemos, portanto, a seus discípulos.

6
METROCLES

[94] Metrocles de Maroneia era irmão de Hipárquia. Ele havia sido aluno do peripatético Teofrasto e ficou tão fraco fisicamente que, enquanto praticava um discurso, soltou flatos; foi tomado pela vergonha e trancou-se em sua casa, com a intenção de deixar-se morrer de fome. Ao saber disso, Crates foi visitá-lo como lhe havia sido solicitado e, depois de fazer uma satisfatória refeição de tremoços, tentou persuadi-lo, por meio de argumentos, de que não havia cometido nenhum erro, pois seria admirável sc não tivesse liberado os gases da natureza. Por fim, o próprio Crates forçou uma flatulência e, usando esse acontecimento para seu consolo, conseguiu reanimá-lo. A partir de então, Metrocles tornou-se seu discípulo e um homem competente na filosofia.

[95] Metrocles queimou seus escritos, como relata Hécato, no primeiro livro de suas *Anedotas*, dizendo: "Estes são fantasmas dos sonhos dos mortos". Outros dizem que quando ele ateou fogo às suas anotações das palestras de Teofrasto, disse: "Hefesto, venha aqui! Tétis agora precisa de você" (Homero, *Ilíada*, Canto XVIII, v. 392). Ele dizia que algumas das coisas podem ser adquiridas por dinheiro, como uma casa, e outras que podem ser adquiridas com tempo e esforço, como a educação. A riqueza, dizia ele, é prejudicial, se não for utilizada de forma digna. Morreu de velhice, estrangulando-se.

Seus discípulos foram Teombroto e Cleomenes. Teombroto teve Demétrio de Alexandria como discípulo, enquanto Cleomenes instruiu Timarco de Alexandria e Equecles de Éfeso. Porém, Equecles também foi discípulo de Teombroto, que por sua vez ouviu palestras de Menedemo, de quem falaremos mais adiante. Menipo de Sinope também aparece entre eles.

7 HIPÁRQUIA

[96] Hipárquia, irmã de Metrocles, também foi atraída pelas doutrinas de Crates; ambos nasceram em Maroneia. Apaixonou-se pelos discursos e pela vida de Crates, e não dava atenção a nenhum de seus pretendentes, nem à sua riqueza, à sua origem nobre, nem mesmo à sua beleza. Para ela Crates era tudo. Além disso, até ameaçou seus pais de que se mataria se não fosse dada em casamento a ele. Os pais, portanto, imploraram a Crates para que dissuadisse a menina; ele fez tudo o que pôde, e finalmente, não conseguindo convencê-la, levantou-se, tirou a roupa diante dela e disse: "Este é o noivo, estes são os seus bens. Faça sua escolha, então! Pois você não poderá ser minha companheira se não compartilhar meu modo de viver". [97] A moça escolheu e, adotando a mesma veste, andava com o marido, unia-se a ele em público e saía para jantar com ele. Por esse motivo, Hipárquia apareceu no banquete oferecido por Lisímaco, e lá refutou Teodoro, conhecido como O Ateu, por meio do seguinte sofisma: "Qualquer ação que Teodoro faça sem ser considerada errada não é considerada errada se realizada por Hipárquia. Assim, Teodoro não age errado quando ataca a si mesmo, portanto, Hipárquia também não age mal quando ataca Teodoro". Ele ficou sem resposta e tentou despi-la do manto. Hipárquia, porém, não demonstrou nenhum sinal de espanto ou perturbação, como seria natural numa mulher. [98] E, quando Teodoro lhe disse: "Foi ela que abandonou a lançadeira do tear?" (Eurípides, As bacantes, v. 1236), ela respondeu: "Sou eu, Teodoro, mas a você lhe parece que escolhi mal se, em vez de perder tempo no tear, o gastei na educação?" Essas e inúmeras outras anedotas são contadas sobre a filósofa.

Existe uma obra de Crates intitulada *Epístolas*, contendo excelente filosofia num estilo que às vezes se assemelha ao de Platão. Ele também escreveu tragédias, marcadas por uma filosofia muito elevada; como, por exemplo, a seguinte passagem:

> Não há uma torre em minha terra, não há um telhado,
> mas há toda a terra e uma *pólis* e uma casa preparada
> para nós habitarmos nela.

Crates morreu já velho e foi enterrado na Beócia.

8
MENIPO

[99] Menipo, também era cínico, era fenício por descendência e um escravo, como diz Acaico em sua *Ética*. Dioclés diz ainda que seu dono era cidadão do Ponto e se chamava Baton. Mas como seu amor pelo dinheiro era forte, começou a mendigar e conseguiu tornar-se tebano. Não há nada de sério em Menipo, e seus livros causam muitos risos, da mesma forma que os de seu contemporâneo Meleagro.

Hermipo conta que ele emprestava dinheiro todo dia e por isso ganhou o apelido de "hēmerodaneistḗs"[164]; Menipo costumava dar empréstimos no comércio marítimo e recebia garantias, acumulando assim uma grande fortuna. [100] Porém, no fim, ele foi vítima de um golpe, todos os seus bens foram roubados e, no desespero, terminou seus dias enforcando-se. Escrevi para ele:

> De origem fenícia, mas um cão cretense,
> "emprestador diário" – assim era chamado – talvez conheça Menipo
> Em Tebas, certa vez, sua casa arrombada
> E tudo foi roubado; sem entender a natureza de um cínico, enforcou-se (*Antologia palatina*, V, 41).

Alguns autores questionam a autoria dos livros que lhe são atribuídos, alegando que sejam de Dionísio e Zópiro, ambos de Cólofon, que, escrevendo por divertimento, entregaram-nos a Menipo como pessoa mais capaz de vendê-los.

---

164. Em grego, quer dizer "aquele que empresta diariamente".

[101] Houve seis indivíduos chamados Menipo: o primeiro, o autor de uma *História dos Lídios*, resumida na obra de Xanto; o segundo, o aqui citado; o terceiro, um sofista de Estratoniceia, de ascendência cária; o quarto, um escultor; o quinto e o sexto pintores, ambos mencionados por Apolodoro.

Os escritos do cínico Menipo são em número de treze: *O mundo dos mortos*; *Testamentos*; *Epístolas fictícias compostas como se fossem pelos deuses*; *Contra os físicos, matemáticos e gramáticos*; *Do nascimento de Epicuro e da reverência dos epicuristas no vigésimo dia*. E outros.

9
MENEDEMO

[102] Menedemo foi discípulo de Colotes de Lâmpsaco. De acordo com Hipóboto, ele atingiu tal grau de audácia em encenar maravilhas que andava vestido como uma Erínia, dizendo que tinha vindo do Hades para tomar conhecimento dos erros cometidos e que iria retornar para relatá-los aos seres de lá. Assim era a sua aparência: uma túnica cinza que chegava até os pés, um cinto vermelho, um chapéu arcádio na cabeça no qual os doze signos estavam gravados, e coturnos trágicos; e ele usava, também, uma barba muito longa e carregava um cajado de madeira na mão.

10
DOUTRINAS CÍNICAS

[103] Essas são as vidas de cada cínico. Acrescentarei as doutrinas que eles tinham em comum, isto é, se o cinismo for considerado realmente uma escola filosófica e não, como alguns sustentam, apenas um modo de vida. Assim como Ariston de Quios, desprezavam a lógica e a física, e dedicavam toda a sua atenção à ética. E o que alguns atribuem a Sócrates, Dioclés atribui a Diógenes, fazendo-o dizer que devemos investigar "tudo o que faz bem ou mal em nossas casas" (Homero, *Odisseia,* Canto IV, v. 392).

Os cínicos também dispensavam as disciplinas comuns de instrução. Antístenes costumava dizer que aqueles que tivessem alcançado o equilíbrio espiritual não deveriam estudar literatura, para não serem desviados por influências estranhas. [104] Desprezavam a geometria, a música, e todos esses estudos similares. Quando alguém mostrava um relógio a Diógenes, ele disse: "Um instrumento útil para não se atrasar para o jantar". E ao homem que se exibia num recital musical diante dele, ele disse: "A inteligência dos homens é que governa bem as *pólis* e as casas, não vibrações e acordes".

[105] Os cínicos sustentam ainda que viver de acordo com a virtude é o fim a ser buscado, como diz Antístenes em seu *Héracles*, exatamente como os estoicos; pois, de fato, existe uma certa relação entre essas duas escolas. Por isso foi dito que o cinismo é um atalho para a virtude. E Zenão de Cítio viveu nesse mesmo padrão de vida.

Também afirmam que se deve viver frugalmente, comendo apenas o necessário, vestindo uma única roupa, e desprezando a riqueza, a fama e o nascimento nobre. Alguns deles, aliás, eram vegetarianos e bebiam apenas água fria, contentando-se com qualquer tipo de abrigo ou barril, como Diógenes, que costumava dizer que era privilégio dos deuses não precisar de nada e dos homens semelhantes a deuses precisar apenas de pouco.

Por fim, sustentam, além disso, que a virtude pode ser ensinada, como afirma Antístenes em seu *Héracles*, e que, uma vez adquirida, não pode ser perdida; que a pessoa sábia é digna de ser amada, impecável e amiga de seus semelhantes; e que não devemos confiar nada à sorte. Tudo o que é intermediário entre a virtude e o vício os cínicos, de acordo com Ariston de Quios, consideram indiferente.

Foram estes, então, os cínicos. Passemos aos estoicos, dos quais o primeiro foi Zenão, discípulo de Crates.

LIVRO VII

1
ZENÃO

Zenão, filho de Mnaseas (ou Demeas), era de Cítio, no Chipre, uma *pólis* grega que recebeu colonos fenícios. Ele tinha o pescoço torto, segundo Timóteo de Atenas em sua obra *Das vidas*. Além disso, Apolônio de Tiro diz que ele era magro, bastante alto e moreno, e por isso era chamado de "ramo de videira egípcio", de acordo com Crisipo no primeiro livro de seus *Provérbios*. Ele tinha pernas grossas, era débil e delicado. Perseu, em suas *Memórias conviviais*, relata que Zenão recusou a maioria dos convites para jantar. E dizem que ele gostava de comer figos verdes e de tomar sol.

[2] Zenão foi discípulo de Crates, como dito acima. Posteriormente, assistiu às palestras de Estilpo e Xenócrates durante dez anos, assim diz Timócrates em seu *Dion*, e ainda de Polemo. É afirmado por Hécato e por Apolônio de Tiro, no primeiro livro de *Sobre Zenão*, que ele consultou o oráculo para saber o que deveria fazer para alcançar a melhor vida, e que a resposta do deus foi que ele deveria igualar-se aos mortos. Então, percebendo o que isso significava, passou a estudar autores antigos.

A maneira como encontrou Crates foi a seguinte: após ter comprado uma carga de púrpura na Fenícia, Zenão sofreu um naufrágio próximo ao Pireu; foi, então, até Atenas e sentou-se numa livraria, nessa época ele tinha trinta anos. Ao ler o segundo livro das *Memoráveis* de Xenofonte, ficou tão satisfeito que perguntou onde poderiam ser encontrados homens como Sócrates. [3] Crates estava, nesse exato momento, passando por lá e o livreiro apontou para o filósofo e disse: "Siga aquele homem!" A partir desse dia tornou-se discípulo de Crates, demonstrando, em todo os aspectos, uma forte inclinação para a filosofia, embora com demasiada timidez para se adaptar à falta de pudor cínica. Por esse motivo, Crates, desejoso de curar esse defeito, deu-lhe um pote cheio de sopa de lentilhas para levar até o Cerâmico; Crates, vendo que ele estava envergonhado e tentando esconder o pote, quebrou-o com um golpe de cajado. Zenão pôs-se em fuga com a sopa de lentilhas escorrendo pelas pernas, e Crates disse-lhe: "Por que fugir, meu pequeno fenício? Nada de terrível aconteceu com você".

[4] Por um certo período, Zenão foi discípulo de Crates; e quando, nessa época, ele escreveu sua *República*, alguns disseram em tom de brincadeira que ele a havia escrito em Cinosura [ou seja, no rabo do cão][165]. Escreveu, além da *República*, as seguintes obras: *Da vida segundo a natureza; Do impulso* ou *Da natureza humana; Das emoções; Do dever; Da lei; Da educação helênica; Da visão; Do cosmos; Dos sinais; Questões pitagóricas; Dos universais; Das variedades de estilo; Problemas homéricos*, em cinco livros; e *Da leitura poética*. Há também dele uma *Arte retórica*, *Soluções*, dois livros de *Refutações*, *Lembranças de Crates* e *Ética*. Estes são os seus escritos.

Por fim, Zenão deixou Crates, e ouviu as palestras dos homens acima mencionados durante vinte anos. Por isso, ele teria dito: "Fiz uma viagem próspera quando naufraguei". Outros, no entanto, atribuem esse seu dito à época em que convivia com Crates. [5] Outros dizem que Zenão estava, na verdade, hospedado em Atenas quando soube que seu navio naufragou e disse: "A sorte age bem em me conduzir à filosofia". E outros ainda dizem que ele vendeu sua carga em Atenas, antes de desfrutar da filosofia.

Zenão costumava discursar andando de um lado para o outro no Stoa Pecile, que também é chamado de Pórtico de Pisianax, mas que recebeu o nome devido às pinturas de Polignoto; pois queria manter o local seguro (foi o local onde, na época dos Trinta, 1.400 cidadãos foram mortos). Ali, as pessoas iam para ouvir Zenão, e por isso passaram a ser conhecidos como estoicos; e assim eram chamados também os seus seguidores, que anteriormente eram conhecidos como zenonianos, como afirma Epicuro em suas *Epístolas*. De acordo com Eratóstenes, no oitavo livro de *Sobre a comédia antiga*, o nome

165. N.T..

"estoico" havia sido anteriormente aplicado aos poetas que ali passavam o tempo, e eles tornaram esse nome ainda mais famoso.

[6] O povo de Atenas tinha grande estima por Zenão, como é provado por deixarem com ele as chaves das muralhas da *pólis* e por honrá-lo com uma coroa de ouro e uma estátua de bronze. Este último sinal de honra também lhe foi demonstrado pelos cidadãos da sua terra natal, que consideravam a sua estátua um ornamento para a sua *pólis*.[166] Os cidadãos de Cítio, que viviam em Sidon, também se orgulhavam de ser seus concidadãos. Antígono II Gónatas também o estimava, e sempre que ia a Atenas ouvia-o palestrar e frequentemente o convidava para ir à sua corte. Zenão recusou os convites, mas enviou para lá um de seus amigos, Perseu, filho de Demétrio e natural de Cítio, que estava em seu apogeu na 130ª Olimpíada[167], na época em que Zenão já era um homem velho. De acordo com Apolônio de Tiro, em seu *Sobre Zenão*, a carta dizia:

> [7] *Rei Antígono ao filósofo Zenão, saudação.*
> Embora na fortuna e na fama considero-me superior a você, na razão e na educação considero-me inferior, bem como na felicidade perfeita que você alcançou. Por esse motivo, decidi pedir-lhe que me faça uma visita, convencido de que você não recusará o pedido. Por todos os meios, então, faça o possível para ser meu hóspede, entendendo claramente que você não será apenas o meu instrutor, mas de todos os macedônios juntos. Pois é evidente que quem instrui o governante da Macedônia e o orienta nos caminhos da virtude também estará preparando seus súditos para serem boas pessoas. Como for o governante, eventualmente assim seus súditos, em sua maioria, se tornarão.

E Zenão respondeu o seguinte:

> [8] *Zenão ao Rei Antígono, saudação.*
> Aprecio o seu amor pelo aprendizado, na medida em que você aspira à verdadeira educação que propicia benefícios e não àquela vulgar que leva à ruptura da moral. Ao ansiar pela filosofia, afastando-se do tão louvado prazer que enfraquece as almas dos jovens, é evidente que, não apenas naturalmente, mas também pela tendência de sua vontade, se está inclinado à nobreza de caráter. Se uma natureza nobre for auxiliada por exercícios moderados e receber instrução sem má vonta-

166. Cf. Plínio, *História natural,* Livro XXXIV, 92.

167. 260-256 a.C.

de, chega-se facilmente à posse da perfeita virtude. [9] Contudo, sofro com a fraqueza corporal devido à velhice, pois tenho 80 anos; e por essa razão não posso me juntar a você. Mas eu lhe envio alguns companheiros de estudo cujas capacidades mentais não são inferiores às minhas, e cujas forças corporais são muito superior. Convivendo com eles, de forma alguma ficará aquém das condições necessárias para a felicidade perfeita.

Zenão, então, enviou Perseu e o tebano Filônides. Epicuro, em uma carta a seu irmão Aristóbulo, menciona que ambos viviam com Antígono. Parece-me conveniente reproduzir também o decreto pelo qual os atenienses honraram Zenão. [10] Deste modo:

No arcontado de Arrenides, na quinta pritania de Acamantis, no vigésimo primeiro dia do mês de Maemactérion[168], na vigésima terceira assembleia suprema da pritania, um dos presidentes, Hípon, filho de Cratistoteles, do demo Xipetaion e seus copresidentes submeteram a proposta à votação; Traso, filho de Traso, do demo Anacaia, propôs: Considerando que Zenão de Cítio, filho de Mnaseas, dedicou-se durante muitos anos à filosofia na *pólis* e continuou a ser um homem de valor em todos os outros aspectos, exortando à virtude e à temperança dos jovens que o procuraram para serem instruídos, guiando-os para o que é melhor, proporcionando a todos em sua própria conduta um exemplo de imitação em perfeita consistência com seu ensinamento, [11] pareceu bom ao povo – e que tudo dê certo – conceder louvores a Zenão de Cítio, filho de Mnaseas, e coroá-lo com uma coroa de ouro, de acordo com a lei, por sua bondade e temperança, e construir-lhe um túmulo no Cerâmico, a custo do tesouro público. Quanto à coroa e à construção do túmulo, o povo elegerá imediatamente cinco comissários entre todos os atenienses para assumirem tal compromisso, e o secretário da assembleia deverá inscrever este decreto em dois pilares de pedra, sendo lícito estabelecer um pilar na Academia e o outro no Liceu. O magistrado que preside a administração deverá cuidar das despesas incorridas sobre os pilares, para que todos saibam que o povo ateniense honra o bem tanto em vida como após a morte. [12] Traso, do demo Anacaia, Filocles, do Pireu, Fedro, de Anaflisto, Medon, de Acarnai, Micito, de Sipaleto, e Dion, de Paiania foram eleitos comissários para a confecção da coroa e do túmulo.

168. Aproximadamente novembro.

O decreto tem esses termos. Antígono de Caristo diz que Zenão nunca negou ser cidadão de Cítio. Com efeito, ele foi um dos que contribuíram para a restauração dos banhos públicos e quando seu nome foi inscrito no pilar como "Zenão o Filósofo", ele solicitou que ali acrescentassem "de Cítio".

Zenão, certa vez, colocou uma tampa oca num frasco e costumava carregar dinheiro dentro dela, para que tivesse dinheiro ao alcance da mão para as necessidades de seu mestre Crates. [13] Diz-se que ele possuía mais de mil talentos quando chegou na Grécia, e que empregou esse dinheiro em empréstimos marítimos. Ele costumava alimentar-se de pequenos pães e mel, e bebia um pouco de vinho barato, mas de odor agradável. Raramente relacionava-se com rapazes; e uma ou duas vezes ele teve relações com uma certa moça, a fim de não parecer um misógino. Dividia a mesma casa com Perseu, e quando levou para casa uma pequena flautista, ele imediatamente a conduziu até Perseu. Dizem que ele se adaptava prontamente às circunstâncias, tanto que o rei Antígono muitas vezes o acompanhava para festas barulhentas, e uma vez o levou, junto a outros foliões, até o citarista Arístocles; Zenão, porém, em pouco tempo escapou deles. [14] Dizem, também, que ele evitava ficar junto a multidões, tanto que se sentava nos últimos assentos, poupando-se assim, pelo menos, de metade de tal incômodo. Também não andava com mais de duas ou três pessoas. Ocasionalmente, ele pedia moedas de cobre aos transeuntes, de modo que, por medo de serem obrigados a dar, as pessoas evitavam passar perto dele, como diz Cleantes em *Sobre o bronze*. Quando várias pessoas o rodeavam no Stoa, ele apontava para a pilastra de madeira no topo do altar e dizia: "Esse lugar antes era público, mas colocaram aquela trava por causa de perturbações ocorridas. Se vocês saírem do caminho, serão menos irritantes para nós".

Quando Demócares, filho de Laques, o cumprimentou e lhe disse que só precisaria falar ou escrever sobre o que quisesse de Antígono, que certamente atenderia a todos os seus pedidos, Zenão, depois de ouvir isso, não quis mais se relacionar com ele. [15] Conta-se que, após a morte de Zenão, Antígono disse: "Que audiência perdi!" Por isso ele se serviu de Traso como seu agente para solicitar aos atenienses que enterrassem Zenão no Cerâmico. Quando perguntaram ao rei por que ele admirava Zenão, respondeu: "Porque as muitas e enormes coisas que lhe ofereci nunca o tornaram vaidoso e ele nunca foi visto como alguém medíocre".

Zenão tinha um caráter investigativo e pesquisava minuciosamente todos os assuntos. Por isso Timon, nas *Sátiras*, diz o seguinte:

> Vi uma fenícia, uma velha mimada, com um orgulho sombrio e desejosa de todas as coisas; mas os fios de seu sutil tecido desfizeram-se e ela tinha menos inteligência do que um instrumento musical de quatro cordas[169].

[16] Zenão costumava discutir cuidadosamente com o dialético Filon e estudava junto com ele. Por esse motivo, Zenão, que era o mais novo, sentia por Filon uma admiração tão grande quanto a que sentia por seu mestre Diodoro. E ele tinha ao seu redor certos sujeitos pelados e sujos, como diz Timon:

> Reunia uma multidão de servos ignorantes, os maiores mendigos entre todos e eram os mais vazios dos mortais da cidade[170].

Zenão era detestável, cruel e vivia de cara fechada. Era muito mesquinho e de uma maldade bárbara, e usava a economia como pretexto para isso. Se atacasse alguém, o fazia de forma concisa, e não efusiva, mantendo-se longe. Cito, como exemplo, o seu comentário sobre um homem que estava enfeitado; [17] quando esse homem hesitou passar sobre uma pequena corrente d'água, Zenão disse: "Com razão ele olha para a lama, pois não consegue ver seu rosto nela". Quando um certo filósofo cínico lhe disse que não tinha óleo em seu frasco e pediu por um pouco do dele, Zenão recusou-se. Contudo, enquanto o homem se afastava, Zenão pediu-lhe que considerasse qual dos dois era o mais imprudente.

Zenão era apaixonado por Cremônides e, quando ele e Cleantes estavam sentados ao lado do jovem, ele se levantou e, ao ver Cleantes expressar surpresa, disse: "Ouço dos bons médicos que o melhor remédio para o inchaço é o repouso". Quando dois indivíduos estavam caídos por conta da bebida, aquele que estava ao lado de Zenão chutou um deles, então Zenão cutucou o homem com o joelho e, quando o homem se virou, perguntou: "Qual impressão você acha que quem está abaixo de você tem de você?" [18] A um amante de meninos, ele disse que assim como os mestres perdem o bom-senso ao passar todo o tempo com meninos, o mesmo acontece com pessoas como ele.

---

169. Cf. Homero, *Odisseia*, Canto XI, vv. 281-271.

170. Cf. Homero, *Ilíada*, Canto II, v. 831; Canto XXIII, v. 133.

Zenão costumava dizer que as expressões usadas por aqueles que evitavam os solecismos eram como as moedas cunhadas por Alexandre: eram bonitas na aparência e bem arredondadas, mas nem por isso eram melhores. Escritos que assimilavam algo oposto ele comparava a tetradracmas áticos: embora feitos de maneira descuidada e pouco artística, ainda assim muitas vezes superavam os belamente compostos. Quando seu discípulo, Ariston, discursou longamente de maneira pouco inspirada, às vezes de maneira obstinada e excessivamente confiante, Zenão disse: "É impossível que seu pai não estivesse bêbado quando gerou você". Por isso ele, que era conciso em seus discursos, o chamava de tagarela.

[19] Certa vez, ao servirem um grande peixe, Zenão pegou-o para si como se fosse devorá-lo inteiro e, quando um guloso que nada deixava para seus companheiros de mesa o encarou, Zenão disse: "O que você acha que seus companheiros sentem todos os dias, se você não consegue suportar minha gula neste único caso?" Noutra ocasião, um jovem fez-lhe uma pergunta com mais curiosidade do que se esperaria na sua idade, quando então Zenão o levou até um espelho e pediu-lhe que olhasse nele; em seguida, perguntou ao jovem se achava adequado para alguém com aquela aparência fazer tais perguntas. Alguém disse a Zenão que no geral não concordava com Antístenes, ao que Zenão reproduziu um ensaio de Antístenes sobre Sófocles e perguntou-lhe se o achava de algum mérito; ao ouvir a pessoa respondendo que não sabia, disse: "Não se envergonha de escolher e mencionar apenas o que foi dito de ruim por Antístenes, enquanto não compreende o que ele disse de bom?"

[20] Alguém tendo dito que as sentenças dos filósofos lhe pareciam breves, Zenão disse: "Você diz a verdade; na verdade, suas próprias sílabas deveriam ser breves, se possível". Quando alguém falou para ele sobre como Polemo falava algo diferente do que anunciava, Zenão franziu a testa e disse: "Pois como não amar o que foi fornecido?" Ele dizia que ao conversar devemos ser como os atores: ter a voz forte e proeminente, mas não devemos abrir muito a boca, o que é feito por tagarelas quando falam coisas inúteis. Dizia, também, que não se deve pausar para contemplar as obras dos bons artistas; ao contrário, o ouvinte deveria estar tão absorto no próprio discurso que não teria tempo nem para tomar notas.

[21] A um jovem que falava muito, Zenão falou: "Suas orelhas afluíram para sua língua". A um belo jovem que disse que, em sua opinião, a pessoa sábia não parece apaixonar-se, ele disse: "Assim, ninguém seria mais feliz que vocês, os belos". Ele costumava dizer que os filósofos são, em grande parte, insensatos nas coisas importantes e ignorantes nas coisas pequenas e casuais. Também costumava citar a frase de Cafísio; quando um de seus discípulos tentou tocar uma flauta soprando com muita força, Zenão bateu nele e disse que tocar bem não está no esforço, mas o esforço está no tocar bem. E a um jovem que falava de maneira atrevida, ele disse: "Não poderia dizer, rapaz, as coisas que estou pensando".

[22] Certa vez, um habitante de Rodes – bonito e rico, porém nada mais que isso – quis tornar-se seu discípulo; querendo impedi-lo, Zenão, de primeira, o fez sentar-se em bancos empoeirados, para sua capa ficar suja, depois o levou ao lugar onde os mendigos estavam, para que ele esfregasse suas roupas nos ombros deles; por fim, o jovem foi embora. Zenão dizia que a arrogância é a coisa mais desonrosa de todas, especialmente nos jovens. Também dizia que não eram as palavras e expressões que devíamos lembrar, mas que deveríamos exercitar a mente para tirar utilidade do que ouvimos, em vez de, por assim dizer, saborear algo bem cozido ou bem preparado. Dizia que os jovens devem comportar-se com perfeita propriedade no andar, nas atitudes e no vestir. E costumava citar continuamente os versos do Capaneu de Eurípides:

> Era pouco arrogante quanto à riqueza,
> Não tinha o pensamento mais elevado que o de um homem pobre (*Suplicantes,* vv. 861-863).

[23] Zenão dizia que não há nada tão fatal quanto a presunção na apreensão das ciências, e que não há nada mais necessário para nós do que o tempo. Ao lhe perguntarem o que é um amigo, respondeu: "Um outro eu". Dizem que, certa vez, ele estava castigando um escravo por roubar, e quando este alegou: "Roubar era meu destino", Zenão disse: "Ser espancado também!" Ele chamava a beleza de flor da sensatez, enquanto, segundo outros, era a sensatez que ele chamava de flor da beleza. Certa vez, ao ver o escravo de um de seus conhecidos marcado com vergões, disse: "Vejo as marcas da sua impetuosidade". A alguém que havia se encharcado de unguento, falou: "Quem é

este que cheira a mulher?" Quando Dionísio o Renegado perguntou-lhe por que era o único que não era corrigido, Zenão respondeu: "Pois não confio em você". A um jovem que falava bobagens, falou: "A razão de termos dois ouvidos e apenas uma boca é que devemos ouvir mais e falar menos".

[24] Durante um banquete, Zenão estava sentado em silêncio e lhe perguntaram o motivo; então ele pediu a quem lhe havia feito a pergunta que anunciasse ao rei que havia alguém presente capaz de ficar calado (aqueles que lhe fizeram a pergunta eram embaixadores do Rei Ptolomeu e queriam saber que mensagem deveriam levar ao rei). Ao ser questionado sobre como ele se sentia em relação à injúria, respondeu: "Como um embaixador enviado de volta sem uma resposta". Apolônio de Tiro conta que, quando Crates agarrou Zenão pelo manto para afastá-lo de Estilpo, Zenão disse: "Ó Crates, a maneira mais hábil de agarrar um filósofo é pelas orelhas; convença-me, então, e arraste-me por elas; mas, se você me levar à força, meu corpo estará com você, mas minha alma com Estilpo". [25] De acordo com Hipóboto, Zenão também passou um tempo com Diodoro, com quem exercitou a dialética. E quando já havia progredido, entrou na escola de Polemo, sem qualquer arrogância. Por esse motivo, diz-se que Polemo se dirigiu a ele assim: "Não deixei de perceber, Zenão, que você entrou pelas portas do jardim e que roubou minhas doutrinas dando-lhes uma aparência fenícia". Numa ocasião, um dialético mostrou-lhe sete formas lógicas por meio de um sofisma conhecido como "o ceifador", e Zenão perguntou quanto ele lhe devia pela demonstração; ao pedir cem dracmas, deu-lhe duzentos, tão grande era seu amor pelo aprendizado. Dizem também que ele introduziu pela primeira vez a palavra *kathêkon* (dever) e escreveu um tratado sobre o assunto. Diz-se, além disso, que ele fez uma transposição dos versos de Hesíodo assim:

> Aquele que segue bons conselhos é o melhor de todos;
> Bom também é aquele que descobre tudo por si mesmo[171].

[26] A razão que ele deu para isso foi que a pessoa capaz de ouvir bem o que é dito e tirar proveito disso era superior àquela que descobre tudo sozinha; pois esta tem apenas inteligência, e aquela, ao obedecer aos bons conse-

---

171. Em Hesíodo (*Trabalhos e dias*, vv. 293 e 295), os versos são: "Aquele que descobre tudo por si mesmo é o melhor de todos; / Bom também é aquele que segue bons conselhos".

lhos, demonstra conduta. Quando lhe perguntaram por que ele, embora tão austero, exagerava nas bebidas em banquetes, ele respondeu: "Os tremoços também são amargos, mas quando molhados tornam-se doces". Hécato também diz, no segundo livro de suas *Sentenças*, que ele se acalmava em tais reuniões. Zenão dizia que é melhor tropeçar com os pés do que com a língua, e que o bem-estar é alcançado aos poucos, no entanto não é pouca coisa (outros atribuem essa frase a Sócrates)[172].

[27] Zenão era muito paciente e frugalíssimo; a comida que comia não precisava de fogo para ser preparada, e o manto que usava era leve. Por isso foi dito dele:

> Nem o gélido inverno, nem a tempestade incessante
> Nem a chama do sol o dominam
> Nem a doença pungente
> Nem dá importância às festas populares
> Paciente e incansavelmente dedica-se a seus estudos
> Noite e dia.

Ainda, os poetas cômicos, com seus próprios gracejos às custas dele, elogiaram-no sem perceber. Assim diz Filémon na peça *Filósofos*:

> Um pão, figo como sobremesa, água para beber.
> Esse filósofo adota uma nova filosofia.
> Pois ele filosofa e ensina a passar fome,
> mas consegue discípulos.

Outros atribuem essas linhas a Poseidipo. Nessa época, Zenão já era quase um provérbio. Dizia-se sobre ele: "Mais moderado que Zenão". Poseidipo também escreve em *Os convertidos*: "Assim, por dez dias ele parecia mais moderado que Zenão".

[28] Na verdade, a todos superou no modo de viver e na dignidade, e, por Zeus, na felicidade; tinha 98 anos quando morreu e gozava de boa saúde, sem jamais adoecer. Perseu, porém, em suas *Lições éticas* diz que Zenão morreu aos 72 anos, tendo ido para Atenas com 22 anos. E Apolônio diz que ele foi escolarca durante 58 anos. A maneira de sua morte foi a seguinte: ao sair da escola, tropeçou e caiu, quebrando um dedo do pé; bateu com a mão no chão

172. Cf. Livro II, § 32.

e citou o verso de *Niobe*[173]: "Estou indo! Por que você me chama?", e morreu no local prendendo o fôlego.

[29] Os atenienses o enterraram no Cerâmico e o honraram com os decretos citados acima, acrescentando seu testemunho de sua excelência. Antípatro de Sidon compôs o seguinte para ele:

> Aqui jaz o grande Zenão, querido por Cítio, que escalou o Olimpo sem sobrepor o Pélion ao Ossa, e sem realizar os trabalhos de Héracles, mas este foi o caminho que ele descobriu para as estrelas: apenas a temperança (*Antologia palatina*, III, 104).

[30] Há também uma outra composição, do estoico Zenódoto, discípulo de Diógenes:

> Você pagou o preço da autossuficiência e desprezou a riqueza arrogante, Zenão, com imponência e sobrancelhas grisalhas;
> descobriu uma doutrina viril, e pela tua prudência,
> com muito trabalho, fundou uma nova escola, mãe da liberdade destemida;
> se sua pátria é a Fenícia, quem seria o invejoso? Pois não veio de lá também o próprio Cadmo,
> de quem a Grécia recebeu as páginas e a arte de escrever? (*Antologia palatina*, VII, 117).

Ateneu, o epigramático, fala de todos os estoicos em comum da seguinte forma:

> Ó, alunos das fábulas estoicas, que colocaram as mais excelentes doutrinas nas sagradas páginas:
> Que a virtude é o único bem da alma; a única que mantém a vida dos homens e das *pólis*.
> Porém, uma só das filhas da Memória aprova os prazeres da carne, que outros colocam acima do fim supremo (*Antologia palatina*, IX, 496).

[31] Eu mesmo menciono como foi a morte de Zenão nos *Pammetros*[174] dessa maneira:

---

173. De Timóteo.

174. *Livro em metros de todos os tipos.*

> Há um relato de que Zenão de Cítio morreu de velhice depois de muitos trabalhos, deixando de comer;
> Outros dizem que, certa vez, ao tropeçar, bateu com a mão no chão e gritou: "Estou indo espontaneamente! Por que me chama?"
> (*Antologia palatina*, VII, 118).

Com efeito, alguns dizem que essa foi a maneira de sua morte. São essas as versões sobre seu fim.

Demétrio o Magnésio, em *Homônimos*, diz que Mnaseas, pai de Zenão, sendo um comerciante, ia frequentemente a Atenas e levava muitos livros sobre Sócrates para Zenão quando ainda era menino. [32] Por isso, antes mesmo de deixar sua pátria, ele foi bem treinado. E aconteceu que, ao chegar em Atenas, Zenão encontrou-se com Crates e parece, acrescenta Demétrio, que, quando os restantes dos discípulos não sabiam como expressar suas opiniões, Zenão já havia elaborado uma definição do fim supremo. Dizem que ele tinha o hábito de jurar por alcaparras, assim como Sócrates costumava jurar pelo cão. Alguns autores, entre eles o cético Cássio e seus discípulos, censuravam duramente Zenão; a primeira acusação é devido ao início de sua *República,* na qual ele declara inútil a educação comum; a segunda é devido a sua afirmação de que todos aqueles que não são virtuosos são adversários, inimigos, escravos e estranhos uns aos outros – pais a filhos, irmãos a irmãos, familiares a familiares. [33] Além disso, na *República*, fazendo um contraste, Zenão declara que somente os bons são verdadeiros cidadãos ou amigos ou parentes ou livres; e, consequentemente, na visão dos estoicos, pais e filhos são inimigos se não forem sábios. Novamente, o criticavam porque, ainda na *República*, ao longo de 200 páginas, ele estabelece a comunidade de mulheres e proíbe a construção de templos, tribunais e ginásios nas *pólis*; e no que diz respeito à moeda, ele escreve que não se deve achar necessária a sua introdução, nem para fins de câmbio nem para viagens ao exterior. Por fim, ainda era criticado por determinar que homens e mulheres usassem as mesmas vestes e não mantivessem nenhuma parte do corpo totalmente descoberta.

[34] Que a *República* é obra de Zenão é atestado por Crisipo, em sua própria *República*. Zenão tratou de assuntos relativos ao amor no início de seu livro intitulado *A arte do amor,* e, além disso, escreveu muito sobre a mesma coisa em seus *Interlúdios*. Tanto é que as críticas acima não se encontram ape-

nas em Cássio, mas também no retórico Isidoro de Pérgamo. Isidoro afirma que as passagens contrárias à escola estoica foram expurgadas de suas obras pelo estoico Atenodoro, o encarregado da biblioteca de Pérgamo; mas que posteriormente, quando se descobriu a conduta de Atenodoro, elas foram reinseridas. É isso que se sabe a respeito das passagens de seus escritos que são consideradas espúrias.

[35] Houve oito indivíduos com o nome de Zenão: o primeiro, o filósofo eleata, do qual falaremos mais adiante; o segundo, o aqui mencionado; o terceiro, um ródio que escreveu uma história de sua pátria em um volume; o quarto, um historiador que escreveu sobre a expedição de Pirro à Itália e à Sicília e também autor de uma epítome da história política de Roma e Cartago; o quinto, um discípulo de Crisipo, que deixou poucos escritos, mas muitos discípulos; o sexto, um médico da escola de Herófilo, pensador competente, mas um fraco escritor; o sétimo, um gramático que, além de outros escritos, deixou epigramas; o oitavo, um filósofo epicurista de Sidon, claro tanto no pensamento quanto no estilo.

[36] Os discípulos de Zenão são muitos, um dos mais famosos foi Perseu, filho de Demétrio, nascido em Cítio, a quem alguns chamam de discípulo e outros de membro da família, e segundo outros estava entre os enviados por Antígono para atuar em serviços bibliográficos; e foi tutor do filho de Antígono, Halcioneu. Certa vez, Antígono, desejando testá-lo, fez com que lhe fossem trazidas notícias falsas de que suas terras haviam sido devastadas pelo inimigo, e, quando se mostrou preocupado, Antígono disse-lhe: "Vê como a riqueza não é uma questão de indiferença?" As seguintes obras são de Perseu: *Da realeza*; *A constituição espartana*; *Do casamento*; *Da impiedade*; *Tiestes*; *Do amor*; *Exortações*; *Interlúdios*; *Anedotas*, em quatro livros; *Comentários*; e *Contra as "Leis" de Platão*, em sete livros.

[37] Outros discípulos famosos foram: Ariston, filho de Milcíades e natural de Quios, que introduziu a doutrina da indiferença; Hérilos de Cartago, que afirmava que o conhecimento era o fim supremo; Dionísio, chamado também de "O Renegado", que se tornou defensor da doutrina hedonista devido à gravidade de uma doença nos olhos e não obtinha mais convicção para declarar a dor como algo indiferente; ele era de Herácleia; Esfero do Bósforo; Cleantes, filho de Fanias, nascido em Assos, sucessor de Zenão como

escolarca – Zenão costumava compará-lo a tábuas de cera duras, difíceis de escrever, mas que retêm os caracteres escritos nelas –; Esfero também tornou-se discípulo de Cleantes após a morte de Zenão, e teremos oportunidade de mencioná-lo na *Vida de Cleantes.* [38] Além desses, os seguintes, de acordo com Hipóboto, foram também discípulos de Zenão: Filonides de Tebas; Calipo de Corinto; Posidônio de Alexandria; Atenodoro de Solos; e Zenão de Sidon.

Pareceu-me adequado fazer nesta *Vida de Zenão* um resumo geral de todas as doutrinas estoicas, uma vez que ele foi o fundador da Escola. Já forneci uma lista de seus numerosos escritos, nos quais Zenão manifestou-se como nenhum outro estoico.

Suas doutrinas, de forma geral, são as seguintes. Uma declaração resumida basta, seguindo o mesmo método que fiz sobre outros [filósofos].

Divisões estoicas

[39] A doutrina filosófica, dizem os estoicos, divide-se em três partes: física, ética e lógica. Zenão de Cítio foi o primeiro a fazer esta divisão em *Sobre o lógos*; Crisipo também o fez no primeiro livro de seu *Sobre o lógos* e no primeiro livro de seu *Sobre a física*; igualmente, há essa divisão em Apolodoro e Silo, na primeira parte de suas *Introduções às doutrinas*, em Eudromo, na sua *Ética*, em Diógenes da Babilônia e em Posidônio.

Essas partes Apolodoro chama de *tópoi* (tópicos); Crisipo e Eudromo chamam-nas de *eíde* (espécies); e outros chamam-nas de *génos* (gêneros).

[40] Os estoicos comparam a filosofia a um animal: a lógica corresponde aos ossos e nervos, a ética às partes carnais, e a física à alma. Ou então comparam-na a um ovo: a casca é a lógica, a parte seguinte (clara) é a ética, e a parte central (gema) é a física. Ou, ainda, comparam a filosofia a um campo fértil: a lógica é a cerca, a ética os frutos, e a física o solo ou as árvores. Ou, por fim, a uma *pólis* bem protegida por muralhas e administrada pela razão.

Nenhuma parte, dizem alguns estoicos, é separada de outra, mas todas se misturam. Nem é habitual ensiná-las separadamente. Outros estoicos, porém, iniciam pela lógica, passam à física e terminam pela ética. Entre esses últimos estão Zenão, em seu *Sobre o lógos*, Crisipo, Arquedemo e Eudromo. [41] Diógenes de Ptolemais, por sua vez, começa com a ética; mas Apolodoro coloca a ética em segundo lugar, enquanto Panécio e Posidônio começam com a física, como afirma Fanias, discípulo de Posidônio, no primeiro livro de suas *Palestras de Posidônio*. Cleantes, no entanto, fala em seis partes: dialética, retórica, ética, política, física e teologia. Outros dizem que essas não são divisões da exposição filosófica, mas da própria filosofia – é o caso, por exemplo, de Zenão de Tarso. Alguns estoicos dividem a parte lógica em duas ciências, uma retórica e uma dialética; enquanto outros acrescentam a ciência que trata de definições e outra parte relativa a cânones e critérios; e outros, ainda, dispensam a parte relativa às definições.

Lógica

[42] A parte que trata dos cânones e critérios, os estoicos admitem como meio para a descoberta da verdade, pois no decorrer dela explicam os diferentes tipos de percepções que temos. Da mesma forma, a parte sobre definições é aceita como meio de reconhecer a verdade, na medida em que as coisas são apreendidas por meio de conceitos gerais. Além disso, definem a retórica como a ciência de falar bem sobre assuntos expostos por narrativa simples, e a dialética como a ciência de discutir corretamente assuntos mediante perguntas e respostas. Por esse motivo, dão outra definição: a ciência do que é verdadeiro, do que é falso, e do que não é verdadeiro nem falso.

A própria retórica, dizem eles, divide-se três partes: deliberativa (ou política), forense e encomiástica (ou solene). Segundo eles, a retórica compõe-se de invenção de argumentos, expressão em palavras, disposição e representação; e um discurso retórico é composto de proêmio, narrativa, refutações aos oponentes e epílogo.

[43] Já a própria dialética divide-se em duas categorias: a coisa significada e a linguagem (ou expressão, ou palavra). Das coisas significadas, compreendem-se a parte da *phantasía* (ou apresentação) e a parte dos vários elementos a que dão origem, das proposições enunciadas – independentes ou predicadas –, dos termos semelhantes diretos ou invertidos, dos gêneros e espécies, assim como dos argumentos, tópicos, silogismos e sofismas, sejam determinados pelo assunto ou pelo idioma; [44] entre os sofismas, estão os argumentos falsos, verdadeiros e negativos, os sorites e similares – sejam defectivos, insolúveis ou conclusivos –, o velado, o cornudo, o ninguém e o

ceifador. A outra categoria principal mencionada acima como pertencente à dialética é o da linguagem, na qual estão incluídas a linguagem escrita e as partes do discurso e trata do solecismo, do barbarismo, da dicção poética, das ambiguidades, da eufonia e da música; e, de acordo com alguns autores, trata também das definições, das divisões e do estilo.

[45] O estudo dos silogismos é extremamente útil, dizem os estoicos, pois mostra o que é capaz de produzir demonstração, que contribui muito para a formação de julgamentos corretos, e sua disposição e memorização conferem um caráter científico à concepção das coisas.

O *lógos* (ou raciocínio, ou argumento) propriamente dito consiste em premissas e conclusões, e o silogismo (ou inferência) é um *lógos* composto destas. A demonstração é um *lógos* que infere, por meio do que é melhor compreendido, algo menos claramente compreendido.

A *phantasía* (ou apresentação, ou impressão mental) é uma impressão na alma; o nome foi apropriadamente emprestado da impressão feita por um selo na cera. [46] Existem duas espécies de *phantasía*, uma que apreende a realidade (*katalēptikḗ*), e outra que apreende pouca realidade ou nenhuma (*akatálēptos*). A primeira espécie, que os estoicos consideram ser o critério da realidade, é definida como aquilo existente, que está em conformidade com essa própria existência e que foi impressa em forma de selo e estampada na mente; a outra não é determinada pelo existente, ou, se determinada, não está em conformidade com a própria realidade, não sendo, portanto, nem clara nem distinta.

A dialética em si é necessária, e uma virtude abrangendo outras formas de virtudes particulares. A ponderação é a ciência de quando dar ou negar o assentimento da mente às impressões; a cautela é a força da razão contra o que parece provável, de modo a não ser enganado por isso; [47] a irrefutabilidade é a força da razão diante do provável, que não permite ser levado por ele; e a seriedade (ou ausência de frivolidade) é o hábito de encaminhar as apresentações à razão correta.

Os estoicos definem o próprio conhecimento como uma apreensão infalível ou como um hábito ou estado que, ao receber apresentações, não pode ser abalado pelo *lógos*. Sem o estudo da dialética, o sábio não pode se proteger na discussão para nunca cair em erro, pois ele lhe permite distinguir entre verdade e falsidade, e discriminar o que é meramente plausível e o que é expresso de forma ambígua, e sem a dialética não é possível fazer perguntas e dar respostas metodicamente.

[48] O excesso de afirmação afeta o curso real dos acontecimentos, de modo que, a menos que tenhamos nossas apresentações bem disciplinadas, estaremos sujeitos a cair em conduta imprópria e negligência; e de nenhuma outra maneira o sábio se mostrará penetrante, perspicaz e, principalmente, hábil na argumentação, pois é próprio de um sábio falar e argumentar bem, discutir questões propostas e responder às questões colocadas; e todas essas qualificações são qualificações pertencentes ao dialético habilidoso.

São esses, resumidamente, os princípios estoicos do ensino lógico. Para fornecê-los também em detalhes, deixe-me agora citar tudo o que estiver dentro do escopo de seu manual introdutório. Citarei literalmente Dioclés de Magnésia, que diz o seguinte em seu *Sumário de filósofos*:

> [49] Os estoicos concordam em colocar em primeiro plano a doutrina da apresentação e da sensação, na medida em que o critério pelo qual a verdade das coisas é testada é geralmente uma apresentação; a teoria do assentimento, da apreensão e do pensamento, que precede todo o resto, não podem ser afirmadas sem a apresentação. De fato, a apresentação vem primeiro; e então o pensamento, que é capaz de se expressar e coloca em forma de proposição aquilo que recebe de uma apresentação.

[50] Há uma diferença entre o processo e o resultado da apresentação. O resultado é uma aparência na mente, tal como acontece nos sonhos, enquanto o processo é a impressão de algo na alma, ou seja, é um processo de mudança, como estabelece Crisipo no segundo livro de *Da alma*. Não se devem considerar "impressão" no sentido próprio da marca de um selo, porque é impossível supor que um grande número de impressões ocorra simultaneamente no mesmo lugar. Entende-se por apresentação aquilo que se forma de algo existente em conformidade com o próprio existente, e que foi estampado, marcado e impresso na alma, o que não aconteceria se proviesse do inexistente.

[51] Segundo os estoicos, algumas apresentações devem-se a sensações, e outras não; as primeiras são as impressões transmitidas através de um ou mais órgãos dos sentidos, enquanto as últimas são aquelas recebidas através da própria mente, como é o caso das coisas incorpóreas e de todas as outras

apresentações que são recebidas pela razão. Das impressões sensoriais, algumas provêm do que é existente e são acompanhadas de aprovação e consentimento de nossa parte. Mas há também apresentações que são aparências, que nos mostram como se proviessem do que é existente.

Outra divisão das apresentações é em racionais e irracionais; as racionais são de seres racionais, e as irracionais de seres irracionais. As racionais são processos de pensamento, enquanto as irracionais não têm nome. Além disso, algumas das apresentações são técnicas e outras não técnicas, como, por exemplo, uma estátua que é vista pelo escultor de uma forma e pelo leigo de outra.

[52] Os estoicos chamam de *aísthēsis* (sensação) o sopro espiritual que passa pela parte principal da alma para os sentidos, a apreensão por meio dos sentidos, e o aparelho dos órgãos dos sentidos, em que algumas pessoas são deficientes. Além disso, chamam de sensação a atividade dos órgãos dos sentidos.

Segundo os estoicos, é pelos sentidos que a apreensão se realiza, como discernir o preto do branco e o áspero do liso, ao passo que é pela razão que apreendemos as conclusões da demonstração, como, por exemplo, a existência dos deuses e a sua providência. Algumas noções gerais podem ser obtidas por acidente, algumas por semelhança, algumas por analogia, algumas por transposição, algumas por composição e algumas por contrariedade.

[53] Por acidente surgem as noções de coisas sensíveis; por semelhança obtemos uma noção cuja origem é algo diante de nós, como a noção de Sócrates que extraímos do seu busto; já por analogia vêm aquelas noções que obtemos por meio de ampliação, como a de Titios ou do Ciclope, ou por meio de diminuição, como a do pigmeu. E assim também, por analogia de esferas menores, o centro da Terra foi originalmente concebido. Das noções obtidas por transposição são um exemplo as criaturas com olhos no peito, enquanto o centauro exemplifica as alcançadas pela composição, e a morte as noções por contrariedade. Além disso, há noções que implicam uma espécie de transição para o reino do imperceptível, é o caso do espaço e do significado das palavras. As noções de justiça e bondade vêm por natureza. Novamente, a privação origina noções; por exemplo, a do homem sem mãos. Esses são os princípios estoicos relativos à apresentação, sensação e pensamento.

[54] O critério da verdade, dizem os estoicos, é a apresentação que apreende imediatamente a realidade, isto é, do existente, como afirma Crisipo, no décimo segundo livro de sua *Física,* e Antípatro e Apolodoro. Boetos,

por outro lado, admite uma pluralidade de critérios, nomeadamente a inteligência, a percepção sensorial, a propensão e o conhecimento; enquanto Crisipo, no primeiro livro de sua *Lógica*, o contradiz e declara que a sensação e a preconcepção são os únicos critérios, sendo a preconcepção uma noção natural do universal. Novamente, alguns outros estoicos mais antigos fazem da reta razão o critério; o mesmo faz Possidônio em seu *Sobre o critério*.

[55] Quanto à teoria da dialética, a maioria dos estoicos considera adequado tomar como ponto de partida o tema da voz. A voz é uma percussão do ar ou o objeto próprio da audição, como diz Diógenes da Babilônia, em seu manual *Da voz*. A voz de um animal é apenas uma percussão de ar provocada por um impulso natural, enquanto a voz do ser humano é articulada e, como diz Diógenes, uma expressão da razão que atinge a maturidade aos 14 anos de vida. Além disso, segundo os estoicos, a voz é algo corpóreo, como afirmam Arquedemo, em *Da voz*, Diógenes, Antípatro e Crisipo, no segundo livro de sua *Física*.

[56] De fato, tudo o que produz um efeito é corpo; e a voz, ao passar daqueles que a pronunciam para aqueles que a ouvem, produz um efeito. Reduzida à escrita, o que era voz torna-se, de acordo com Diógenes, expressão verbal, como, por exemplo, "dia". Uma declaração ou proposição é um discurso que sai da mente e significa algo, como "é dia". O dialeto é uma variedade de fala que está cunhada em uma parte do mundo grego como distinta de outra, ou nos gregos como distinta de outras raças, ou, ainda, significa uma forma peculiar a alguma região particular, ou seja, tem uma certa qualidade linguística; por exemplo, no dialeto ático, é "*thálatta*"[175] (mar) e no jônico é "*hēmérē*"[176] *(dia)*.

Os elementos da linguagem são as 24 letras. "Letra", entretanto, tem três significados: o som articulado; o elemento; e o símbolo do elemento – por exemplo, *alpha* [é o elemento do som "A" e seu símbolo é α]. [57] Sete das letras são vogais: α (*a – alpha*), ε (*e – épsilon*), η (*ē – ḗta*), ι (*i – iota*), ο (*o – ômicron*), υ (*u/y – hýpsilon*), e ω (*ō – ômega*); e seis são mudas: β (*b – beta)*, γ (*g – gamma*), δ (*d – delta*), κ (*k – kappa*), π (*p – pi*), e τ (*t – tau*). Existe uma diferença entre voz e expressão; a voz é um mero som, a expressão é sempre

175. Em outros dialetos, encontra-se sob a forma *thálassa* (θάλασσα).

176. Em outros dialetos, encontra-se sob a forma *hēméra* (ἡμέρα).

articulada. A expressão, por sua vez, difere de um discurso, porque o discurso sempre significa algo, enquanto uma expressão pode ser ininteligível – por exemplo *blítyri* (βλίτυρι)[177] – o que uma sentença nunca é. E discorrer é mais do que uma mera expressão, pois enquanto os sons vocais são emitidos, discorre-se sobre coisas com significado, isto é, são questões de discurso.

Existem cinco partes do discurso, como afirmam Diógenes da Babilônia, em seu tratado *Da voz*, e Crisipo: nome próprio, nome comum, verbo, conjunção e artigo. A esses Antípatro, em *Sobre a expressão e as coisas expressas*, menciona outra parte, o "meio"[178].

[58] O nome comum é definido por Diógenes como uma parte de uma frase que significa uma qualidade comum, por exemplo, "homem" e "cavalo"; enquanto o nome próprio é uma qualidade peculiar a um indivíduo, por exemplo, "Diógenes" e "Sócrates". O verbo é, ainda de acordo com Diógenes, uma parte da frase que significa um predicado isolado; ou, como outros autores[179] o definem, o verbo é uma parte indeclinável de uma frase, significando algo que pode ser anexado a um ou mais sujeitos, como, por exemplo, "eu escrevo" e "eu falo". A conjunção é uma parte, também indeclinável, que une as várias partes de uma frase. E o artigo é uma parte declinável que distingue os gêneros e os números dos nomes, por exemplo, ὁ (*ho – o*), ἡ (*hē – a*), τό (*tó – o/a neutro*), οἱ (*hoi – os*), αἱ (*hai – as*), τά (*tá – os/as neutro*).

[59] Existem cinco excelências no discurso: grego puro, lucidez, concisão, adequação e distinção. Por grego puro entende-se uma expressão sem erros gramaticais e livre de vulgaridade descuidada. Lucidez é um estilo que apresenta o pensamento de forma facilmente compreensível. Concisão é um estilo que não emprega mais palavras do que as necessárias para expor o assunto em questão. Adequação reside num estilo semelhante ao assunto. E distinção consiste em evitar o coloquialismo. Entre os defeitos estilísticos está a violação dos usos gregos clássicos; embora haja solecismo quando a frase tem uma construção incongruente.

[60] Posidônio, em *Do estilo*, define uma composição poética como aquela que é métrica ou rítmica estilisticamente, evitando assim mecanicamente

177. Sem significado.

178. Provavelmente o advérbio.

179. Apolodoro e sua escola.

o caráter de prosa; como, por exemplo: "Terra enorme, éter divino"[180]. Poesia é uma composição poética significativa que inclui uma imitação[181] de coisas humanas e divinas.

Um termo é, como afirma Antípatro, no primeiro livro de *Dos termos*, uma palavra pronunciada com significado completo quando uma frase é analisada; ou, de acordo com Crisipo, em *Das definições*, é uma representação da própria coisa. Delineamento é uma afirmação que leva ao conhecimento do assunto de modo geral, ou pode ser chamada de uma definição que incorpora a forma da definição propriamente dita de uma forma mais simples. Gênero é a compreensão de um de uma série de objetos de pensamento inseparáveis, como, por exemplo, "animal", pois esse termo inclui todas as espécies de animais.

[61] Uma noção [ou objeto de pensamento] é uma apresentação ao pensamento que, embora não seja realmente substância nem atributo, é quase substância ou quase atributo. Assim, a imagem de um cavalo pode surgir diante da mente, embora não haja cavalo presente. Espécie é aquilo que está compreendido no gênero; assim, o homem está incluído no gênero animal. O gênero no sentido mais elevado, ou mais universal, é aquele que, sendo ele próprio um gênero, não tem gênero superior, como, por exemplo, a realidade ou o real. E a espécie no sentido mais inferior e mais particular é aquela que, sendo ela própria uma espécie, não tem nenhuma espécie abaixo dela, como, por exemplo, Sócrates.

A divisão de um gênero consiste em dissolvê-lo em suas espécies próximas, por exemplo: dos animais, uns são racionais e outros irracionais. A divisão contrária disseca o gênero em espécies de qualidades contrárias, por exemplo, por meio da negação: das coisas existentes, algumas são boas e outras não são boas; e a subdivisão é a divisão aplicada a uma divisão anterior, por exemplo, continuando: das coisas que não são boas, algumas são más, e outras indiferentes.

[62] A partição é, como diz Crínis, a distribuição de um gênero em classes; por exemplo: dos bens, alguns são relacionados à alma, outros ao corpo. A ambiguidade verbal surge quando uma palavra usada de maneira adequada, e de acordo com o uso fixo, denota duas ou mais coisas diferentes, de

180. Fragmento de Eurípides (*Nauck* 839).

181. Conceito de μίμησις (*mímesis*).

modo que ao mesmo tempo podemos entendê-la em vários sentidos distintos; por exemplo: αὐλητρὶς πέπτωκε (*aulētrìs péptōke*) pode significar tanto que "uma casa caiu três vezes" como "uma flautista caiu".

A dialética é, como define Posidônio, a ciência que trata do verdadeiro, do falso e daquilo que não é verdadeiro nem falso; enquanto Crisipo considera que ela se refere aos significantes e significados. Esses são os princípios estoicos relativos à teoria da linguagem.

[63] No que concerne às coisas como tais e às coisas significadas, os estoicos atribuem a doutrina das expressões, incluindo aquelas que são completas em si mesmas, bem como axiomas, silogismos e expressões elípticas compreendendo predicados diretos e invertidos[182]. Por expressão verbal entendem aquilo cujo conteúdo corresponde a alguma apresentação racional. Sobre tais expressões, os estoicos dizem que algumas são completas em si mesmas e outras elípticas. As elípticas são expressões cuja enunciação está incompleta, como, por exemplo, "escreve", pois perguntamos "quem?" Enquanto as completas em si mesmas são expressões cuja enunciação está completa, como, por exemplo, "Sócrates escreve". Assim, sob a categoria de expressões elípticas são classificados todos os predicados, enquanto sob as completas em si mesmas incluem-se axiomas, silogismos, questões e indagações.

[64] Um predicado é o que é dito de algo ou alguém, ou então, segundo os seguidores de Apolodoro, algo associado a um ou mais assuntos ou a uma ou mais pessoas; ou, novamente, pode ser definido como uma expressão elíptica que deve ser unida a um caso nominativo para produzir um axioma. Dos predicados, alguns são acidentais [ou adjetivos], como, por exemplo, "navegar entre as rochas". Além disso, alguns predicados são diretos, alguns invertidos, outros nem um nem outro. Os predicados diretos são aqueles que são construídos com um dos casos oblíquos, como "ouve", "vê" e "conversa"; enquanto invertidos são aqueles compostos com a voz passiva, como "sou ouvido" e "sou visto". Predicados nem diretos nem invertidos são aqueles que não correspondem a nenhum destes, como "pensar" e "caminhar".

Os predicados reflexivos são aqueles entre os invertidos que, embora na forma passiva, são ainda operações ativas, como "ele corta seu cabelo", [65]

182. Cf. § 43. Também chamados de "ativos" e "passivos".

pois aqui o agente se inclui na esfera de sua ação. Os casos oblíquos são genitivo, dativo e acusativo.

Um axioma é aquilo que é verdadeiro ou falso, ou uma coisa completa em si mesma, capaz de ser negada em si e por si, como diz Crisipo em suas *Definições dialéticas*: "Um axioma é aquilo que pode ser negado ou afirmado em si e por si. Por exemplo: 'é dia' e 'Dion passeia'". A palavra grega para axioma (ἀξίωμα – *aksíōma*) é derivada do verbo ἀξιοῦσθαι (*aksioûsthai*), ou seja, que pode ser aceito ou rejeitado; pois quando se diz "é dia", parece aceitar-se o fato de que é dia. Ora, se realmente é dia, o axioma diante de nós é verdadeiro, mas se não é dia, o axioma é falso.

[66] Há uma diferença entre, de um lado, axioma, questão e investigação, e do outro, entre imperativo, juramento, optativo, hipotético, apóstrofe, e enunciados semelhantes ao axioma. Pois um axioma é aquilo que, quando o expressamos na fala, se torna uma afirmação do que é falso ou verdadeiro. Uma questão é uma coisa completa em si mesma como um axioma, mas que exige uma resposta, como, por exemplo: "é dia?" – e isso não é verdadeiro nem falso. Assim, "é dia" é um axioma e "é dia?" uma questão. Uma indagação é algo a que não se pode responder por meio de gestos, tal como acenar com um sim a uma questão, mas deve ser respondida em palavras, como: "Ele mora neste ou naquele lugar".

[67] Um imperativo é algo que transmite um comando, como, por exemplo: "Vá para as águas do Ínaco!" Um juramento é algo [...][183]. Uma apóstrofe é algo cujo uso dirige-se a alguém, como, por exemplo: "Glorioso Atrida, senhor dos homens, Agamêmnon!" (Homero, *Ilíada*, Canto IX, v. 96). Um enunciado semelhante a um axioma é aquele que, embora tenha a enunciação de um axioma em consequência do tom ou emoção intensificada de uma de suas partes, distingue-se dos axiomas propriamente ditos, por exemplo: "É realmente belo o Partenon!" e "Como o guardião de bois é parecido com os Priamidas!" [68] Há também, diferentemente de uma proposição ou axioma, o que pode ser chamado de forma dubitativa, cuja expressão deixa alguém em dúvida; por exemplo: "Será que a dor e a vida são aparentadas?"

Questões, indagações e enunciações similares não são verdadeiras nem falsas, enquanto axiomas são sempre verdadeiros ou falsos. Os seguidores de

183. Passagem perdida nos manuscritos.

Crisipo, Arquedemo, Atenodoro, Antípatro e Crínis dividem os axiomas em simples e não simples. Simples são aqueles que consistem em uma ou mais proposições que não são ambíguas, como "é dia". Não simples são constituídas por uma ou mais proposições ambíguas. [69] Estas podem consistir, portanto, em uma única proposição ambígua, como "se é dia, é dia", ou de mais de uma proposição, como "se é dia, há luz".

Nos axiomas simples estão incluídos os de afirmação, negação, privação, declaração, definidos e indefinidos; nos não simples estão o hipotético, o inferencial, o conjuntivo [ou complexo], o disjuntivo, o causal e o indicativo do mais ou do menos. Um exemplo de axioma negativo é "não é dia". Do axioma negativo, uma espécie é a dupla negativa; por dupla negativa entende-se a negação de uma negação, por exemplo: "não é um não dia". – isso pressupõe que é dia. [70] Uma negação contém uma parte ou partícula negativa e uma predicação, por exemplo: "Ninguém passeia". Um axioma privativo é aquele que contém uma partícula privativa que inverte o efeito de um axioma, como, por exemplo, "Este homem é desumano". Um axioma declarativo é aquele que consiste em um substantivo no caso nominativo e um predicado, como "Dion passeia". Um axioma definitivo é aquele que consiste em um demonstrativo no caso nominativo e um predicado, como "este homem passcia". Um axioma indefinido é aquele que consiste em um termo ou termos indefinidos e um predicado, como "alguém passeia" ou "aquele indivíduo se movimenta".

[71] Dos axiomas que não são simples, a hipotética, de acordo com Crisipo em suas *Definições dialéticas*, e Diógenes, em sua *Arte dialética*, é aquela que é formada por meio da conjunção "se". Esta conjunção propõe que a segunda de duas coisas segue consequentemente a primeira, como, por exemplo, "Se é dia, há luz". Um axioma inferencial, de acordo com Crínis, em sua *Arte dialética*, é aquele introduzido pela conjunção "uma vez que" e consiste em uma proposição inicial e uma conclusão; por exemplo: "Uma vez que é dia, há luz". Esta conjunção garante que de uma primeira parte decorre uma segunda, e que a primeira é um fato. [72] Um axioma conjuntivo é aquele reunido por certas conjunções aditivas, como, por exemplo: "É dia e há luz". Um axioma disjuntivo é aquele constituído pela conjunção "ou", por exemplo: "É dia ou é noite". Esta conjunção garante que uma ou outra das alternativas é falsa. Um axioma causal é construído por meio da conjunção "já que", por exemplo: "Já que é dia, há luz". Pois a primeira parte é, por assim dizer, a

causa da segunda. Um axioma que indica mais ou menos é aquele formado pela palavra "mais" e pela palavra "que" entre as orações, como, por exemplo, "É mais dia que noite". [73] O axioma de caráter oposto, isto é, do menos, é aquela proposição que declara o que é menos fato, por exemplo: "É menos noite que dia".

Além disso, entre as proposições há algumas que, no que diz respeito à verdade e à falsidade, se opõem uma à outra, das quais uma nega a outra, como, por exemplo, as proposições "É dia" e "Não é dia". Uma proposição hipotética é, portanto, verdadeira, se a contraditória da sua conclusão for incompatível com a sua premissa, por exemplo: "Se é dia, há luz". Isto é verdade. Pois a afirmação "não há luz", contradizendo a conclusão, é incompatível com a premissa "é dia". Por outro lado, uma proposição hipotética é falsa se a contraditória da sua conclusão não entrar em conflito com a premissa, por exemplo: "Se é dia, Dion passeia". Pois a afirmação "Dion não passeia" não entra em conflito com a premissa "é dia".

[74] Uma proposição causal é verdadeira se, partindo de uma premissa verdadeira, ela também tiver uma conclusão consequente, como, por exemplo: "Já que é dia, o sol está sobre a terra". Mas é falsa se parte de uma premissa falsa ou tem uma conclusão inconsequente, como por exemplo: "Já que é noite, Dion passeia" – isso é válido também durante o dia. Uma proposição causal é verdadeira se a sua conclusão realmente decorre de uma premissa verdadeira, embora a premissa não decorra inversamente da conclusão, como, por exemplo, "Já que é dia, há luz", onde do "é dia" segue-se devidamente o "há luz", embora da afirmação "há luz" não se siga que "é dia". Todavia, uma proposição causal é falsa se parte de uma premissa falsa ou tem uma conclusão inconsequente ou tem uma premissa que não corresponde à conclusão, como, por exemplo: "Já que é noite, Dion passeia".

[75] Um axioma provável é aquele que induz ao assentimento, por exemplo: "Quem deu à luz alguma coisa é a mãe dessa coisa". Isto, contudo, não é necessariamente verdadeiro, pois a galinha não é mãe do ovo.

Além desses, alguns axiomas são possíveis, outros impossíveis; e alguns são necessários, outros não. É possível uma proposição que admite ser verdadeira, não havendo nada nas circunstâncias externas que a impeça de ser verdadeira, por exemplo: "Dioclés está vivo". Impossível é aquela proposição que pode ser verdadeira, como por exemplo: "A terra voa". É necessário aquilo que, além de ser verdadeiro, não admite ser falso ou, embora possa admitir ser falso, é impedido de ser falso por circunstâncias externas a si mesmo, por exemplo: "a virtude é útil". Não é necessário aquilo que, embora verdadeiro, ainda é capaz de ser falso se não houver condições externas que o impeçam, como "Dion passeia". [76] Uma proposição razoável é aquela que deve começar com mais possibilidades de ser verdadeira, como "estarei vivo amanhã".

Há, ainda, outras distinções nas proposições e graus de transição do verdadeiro para o falso – e conversões dos seus termos – que passaremos agora a descrever de modo geral.

Um argumento, segundo os seguidores de Crínis, consiste numa premissa maior, numa premissa menor e numa conclusão, como, por exemplo: "Se é dia, há luz; e é dia, logo, há luz". Aqui, a sentença "se é dia, há luz" é a premissa maior, a sentença "e é dia" é a premissa menor, e "logo, há luz" é a conclusão. Um raciocínio é uma espécie de esboço de um argumento, como o seguinte: "Se o primeiro, então o segundo; o primeiro é, logo, o segundo existe".

[77] O silogismo é uma combinação de argumento completo e raciocínio; por exemplo: "Se Platão está vivo, ele respira; o primeiro é verdadeiro, logo, o segundo é verdadeiro". Este silogismo foi introduzido para que, ao lidar com argumentos longos e complexos, não tenhamos que repetir a premissa menor, se for longa, e depois declarar a conclusão, mas possamos chegar à conclusão tão concisamente quanto possível: "Se o primeiro, então o segundo".

Dos argumentos, alguns são conclusivos, outros inconclusivos. Inconclusivos são tais que a contradição da conclusão não é incompatível com a combinação das premissas, como no seguinte: "Se é dia, há luz; e é dia, logo, Dion passeia". [78] Dos conclusivos, alguns são chamados pelo nome comum a todo gênero, outros são chamados de silogísticos. Os silogísticos são os que não admitem, ou são redutíveis aos que não admitem, prova imediata em relação a uma ou mais das premissas; por exemplo: "Se Dion passeia, Dion está em movimento; e Dion está passeando, logo, Dion está em movimento". Especificamente conclusivos são aqueles que tiram conclusões, mas não por silogismo; por exemplo: "É falso que é dia e é noite; e é dia; logo, não é noite". Argumentos não silogísticos são aqueles que se assemelham plausivelmente aos argumentos silogísticos, mas não são provas convincentes; por exemplo:

"Se Dion é um cavalo, ele é um animal; mas Dion não é um cavalo, logo, ele não é um animal".

[79] Além disso, os argumentos podem ser divididos em verdadeiros e falsos. Os primeiros tiram as suas conclusões por meio de premissas verdadeiras; por exemplo: "Se a virtude é útil, o vício é prejudicial; a virtude é útil, logo, o vício é prejudicial". São falsos aqueles que contêm erros nas premissas ou são inconclusivos; por exemplo: "Se é dia, há luz; e é dia, logo, Dion está vivo".

Os argumentos também podem ser divididos em possíveis e impossíveis, necessários e desnecessários. Além disso, existem afirmações que são indemonstráveis porque não necessitam de demonstração; eles são empregados na construção de cada argumento. Quanto ao número destes, os autores divergem; Crisipo fala sobre cinco. Estes são usados da mesma forma nos argumentos especificamente conclusivos ou em silogismos tanto categóricos quanto hipotéticos.

[80] O primeiro tipo de argumento indemonstrável é aquele em que todo o argumento é construído a partir de uma proposição hipotética e da cláusula com a qual a proposição hipotética começa, enquanto a cláusula final é a conclusão; por exemplo: "Se o primeiro, também o segundo; há o primeiro, logo, há o segundo". O segundo é aquele que emprega uma proposição hipotética e a contraditória do consequente, enquanto a conclusão é a contraditória do antecedente; por exemplo: "Se é dia, há luz; mas é noite, logo, não é dia". Aqui a premissa menor é a contraditória do consequente; e a conclusão é contraditória do antecedente. O terceiro tipo de indemonstrável emprega uma conjunção de proposições negativas para premissa maior e uma das proposições conjuntas para premissa menor, concluindo daí a contraditória da proposição restante; por exemplo: "Não é verdade que Platão esteja vivo e morto; mas Platão está morto, logo, Platão não está vivo". [81] O quarto tipo emprega uma proposição disjuntiva e uma das duas alternativas na disjunção como premissas, e sua conclusão é a contraditória da outra alternativa; por exemplo: "Ou A ou B; mas A é, logo, B não é". O quinto tipo é aquele em que o argumento como um todo é construído a partir de uma proposição disjuntiva e contraditória de uma das alternativas da disjunção, sendo sua conclusão a outra alternativa; por exemplo: "Ou é dia ou é noite; mas não é noite, logo, é dia".

De uma verdade segue-se uma verdade, de acordo com os estoicos, como, por exemplo: "Há luz" de "é dia"; e de uma falsidade segue-se uma falsidade, como, por exemplo: "Está escuro" de "é noite" – se este último for falso. Além disso, uma verdade pode resultar de uma falsidade; por exemplo, de "a terra voa" segue-se "a terra existe"; ao passo que de uma verdade nenhuma falsidade resultará, pois de "a terra existe" não se segue "a terra voa".

[82] Existem também certos argumentos insolúveis: os velados, os ocultos, os sorites, os cornudos, os ninguém. Um exemplo do velado é [...][184]. [Um exemplo do sorites é: "Dois é pouco"], tal afirmação carece de valor, pois três também é pouco e isso não vale sem que quatro seja também pouco, e assim por diante, até dez. Mas dois é pouco, logo, dez também é. [...][185] O argumento ninguém é um argumento cuja premissa maior consiste em uma cláusula indefinida e uma definida, seguida por uma premissa menor e uma conclusão; por exemplo: "Se alguém está aqui, não está em Rodes; e há alguém aqui, logo, não há ninguém em Rodes" [...][186].

[83] Está é, portanto, a lógica dos estoicos, pela qual eles procuram estabelecer sua afirmação de que o sábio é o único verdadeiro dialético. Pois todas as coisas, dizem os estoicos, são discernidas por meio do estudo lógico, incluindo tudo o que cai na esfera da física e, também, tudo o que pertence à ética. Com efeito, dizem eles, no que diz respeito à declaração e ao raciocínio, a física e a ética não poderiam dizer como se expressar, ou ainda no que diz respeito ao uso adequado dos termos, como as leis definiram várias ações. Além disso, dos dois tipos de investigação do senso comum incluídos na virtude, um considera a natureza de cada coisa particular, o outro considera a terminologia dos conceitos.

Essa é lógica para os estoicos.

Ética

[84] Os estoicos dividem a parte ética da filosofia em impulso, coisas boas e más, paixões, virtude, fim supremo, valor primário e ações, deveres

184. Passagem perdida nos manuscritos.

185. Outra passagem perdida.

186. Outra passagem perdida.

(ou adequação), e exortação e dissuasão ao agir. Essa é a subdivisão adotada por Crisipo, Arquedemo, Zenão de Tarso, Apolodoro, Diógenes, Antípatro e Posidônio, e seus discípulos. Zenão de Cítio e Cleantes, por serem estoicos de uma geração mais antiga, trataram o assunto de forma menos elaborada. Eles, no entanto, subdividiram a lógica e a física.

[85] O primeiro impulso de um animal, dizem os estoicos, é o da sobrevivência, um bem que lhe foi dado, desde o início, pela natureza. No primeiro livro de *Dos fins*, Crisipo afirma que o primeiro bem de todo animal é a sua própria constituição física e a sua consciência disso; pois não se pode admitir que a natureza afaste o ser vivo de si mesmo ou que deixe o ser que criou estranho a si mesmo ou sem afeição pela sua própria constituição. Somos então forçados a concluir que a natureza, ao constituir o animal, tornou-o caro a si mesmo; pois, dessa maneira, ele repele tudo o que lhe é prejudicial e acolhe tudo o que lhe é útil ou semelhante a ele. [86] Quanto à afirmação feita por alguns de que o prazer é o objeto ao qual se dirige o primeiro impulso dos animais, ela é demonstrada pelos estoicos como falsa.

Por prazer, se realmente existe, os estoicos declaram ser um estágio secundário, que nunca surge até que a própria natureza tenha procurado e encontrado os meios adequados à existência ou constituição do animal; é uma consequência comparável à condição dos animais prosperando e das plantas em plena floração. E a natureza, dizem eles, originalmente não fazia diferença entre plantas e animais, pois ela regula a vida das plantas também; no caso delas, seria sem impulso e sensação, assim como também ocorrem em nós certos processos análogos aos das plantas. Porém, uma vez que, no caso dos animais, o impulso foi acrescentado, permitindo-lhes ir em busca do alimento adequado, para eles, dizem os estoicos, a disposição natural é seguir o impulso. Mas quando a razão, por meio de uma conduta mais perfeita, foi concedida aos seres racionais, para eles a vida de acordo com a razão torna-se exatamente a vida segundo a natureza. Pois a razão sobrevém para aperfeiçoar o impulso.

[87] Por esse motivo, Zenão foi o primeiro, em seu *Da natureza do homem*, a designar como fim supremo a vida de acordo com a natureza, ou seja, viver de acordo com virtude, pois a virtude é o fim para a qual a natureza nos guia. Cleantes, em *Do prazer*, Posidônio, e Hécato, em *Dos fins*, dizem o mesmo. Novamente, viver virtuosamente equivale a viver de acordo com a

experiência do curso real da natureza, como diz Crisipo, no primeiro livro de *Dos fins*; pois nossas naturezas individuais são partes da natureza de todo o universo. [88] E é por isso que o fim supremo pode ser definido como a vida de acordo com a natureza, ou, em outras palavras, de acordo com a nossa própria natureza humana, bem como a do universo, uma vida na qual nos abstemos de toda ação proibida pela lei comum a todas as coisas, isto é, a reta razão que permeia todas as coisas e é idêntica ao próprio Zeus, senhor e governante de tudo o que existe. E isso mesmo constitui a virtude do homem feliz e o curso suave da vida, quando todas as ações promovem a harmonia do espírito que habita em cada ser humano com a vontade daquele que ordena o universo. Diógenes, então, declara expressamente que o fim supremo é agir com razão na seleção do que é natural. Arquedemo, por sua vez, diz que o fim supremo é viver na realização de todos os deveres.

[89] Por natureza com a qual a nossa vida deve estar de acordo, Crisipo entende tanto a natureza universal como mais particularmente a natureza do ser humano, enquanto Cleantes toma apenas a natureza do universo como aquela que deve ser seguida, sem acrescentar a natureza individual. E a virtude, afirma ele, é uma disposição harmoniosa, digna de escolha por si mesma e não por esperança, medo ou qualquer motivo externo. Além disso, a felicidade consiste na virtude; pois a virtude é o estado de espírito que tende a tornar toda a vida harmoniosa. Quando um ser racional é perverso, isso se deve à sedução de coisas externas ou, às vezes, à influência de pessoas com as quais convive, porque os pontos de partida da natureza nunca são perversos.

[90] A virtude é, em certo sentido, a perfeição de qualquer coisa em geral, como, por exemplo, de uma estátua; ela pode ser não-teórica como a saúde, ou teórica, como a prudência. Com efeito, Hécato diz, no primeiro livro de *Das virtudes*, que algumas virtudes são científicas e baseadas na teoria, a saber, aquelas que têm uma estrutura de princípios teóricos, como a prudência e a justiça; são não teóricas aquelas que são consideradas coextensivas e próximas às primeiras, como a saúde e a força física. Assim, a saúde segue e é coextensiva à virtude teórica da temperança, assim como a força física é o resultado da estrutura de um arco. [91] Estas são chamadas não teóricas, porque não requerem o consentimento da mente; elas sobrevêm e ocorrem até mesmo em pessoas más; por exemplo: saúde e coragem. A prova, diz Posidônio, no primeiro livro de seu tratado *Da ética*, de que a virtude realmente

existe é o fato de Sócrates, Diógenes, Antístenes e seus seguidores terem feito progresso na mesma. E a existência do vício como fato fundamental é prova que ele é o oposto da virtude. Que ela, a virtude, pode ser ensinada é afirmado por Crisipo, no primeiro livro de sua obra *Do fim supremo*, por Cleantes, por Posidônio, em *Exortações*, e por Hécato. Outra prova de que a virtude pode ser ensinada fica clara no caso de pessoas más que se tornam boas.

[92] Panécio, entretanto, divide a virtude em dois tipos: teórica e prática; outros fazem uma divisão tripla: lógica, física e ética; Posidônio, e seus seguidores, admitem quatro tipos; e mais de quatro por Cleantes, Crisipo, Antípatro e seus seguidores. Apolófanes, por sua vez, reconhece apenas um tipo: a prudência.

Entre as virtudes, algumas são primárias, outras estão subordinadas a estas. As primárias são: prudência, coragem, justiça e temperança. As virtudes particulares são: magnanimidade, continência, perseverança, perspicácias e bom-senso. Os estoicos definem a prudência como o conhecimento das coisas boas e más e daquilo que não é bom nem mau; a coragem como o conhecimento do que devemos escolher, do que devemos evitar e do que é indiferente; [93] a justiça [...][187]; a magnanimidade como o conhecimento ou atitude que torna alguém superior a qualquer coisa que aconteça, seja igualmente bom ou mau; a continência como a disposição nunca superada no que diz respeito à razão correta, ou um hábito que nenhum prazer pode superar; a perseverança como o conhecimento ou hábito que sugere aquilo a que devemos nos apegar, o que não devemos e o que é indiferente; a perspicácia como o hábito que nos leva a descobrir o que é melhor fazer a qualquer momento; e o bom-senso como o conhecimento pelo qual vemos o que fazer e como fazer se consultarmos nossos próprios interesses.

Da mesma forma, entre os vícios, alguns são primários, outros subordinados; por exemplo, a imprudência, a covardia, a injustiça e a devassidão são consideradas primárias; mas a incontinência, a estupidez e a insensatez são subordinadas. Além disso, os estoicos sustentam que os vícios são formas de ignorância daquelas coisas cujas virtudes correspondentes são o conhecimento.

[94] O bem, em geral, é aquilo de onde provém alguma vantagem e, mais particularmente, aquilo que é idêntico ou não distinto do útil. Daí resulta que a própria virtude, e tudo o que dela participa, é chamada de bem nestes três

187. Passagem perdida.

sentidos: (1) a fonte da qual resulta o útil; (2) aquilo em relação ao qual resulta o útil, como, por exemplo, o ato virtuoso; (3) o bem que opera o útil, como, por exemplo, a pessoa boa que participa da virtude. Outra definição particular de bem que eles dão é "a perfeição natural de um ser racional enquanto racional". A isto corresponde a virtude e, como participantes da virtude, os atos virtuosos e as pessoas boas; assim como seus fenômenos acessórios, como o júbilo, a alegria e similares.

[95] O mesmo acontece com os males; ou são vícios, como a imprudência, a covardia, a injustiça e assim por diante, ou são coisas que partilham do vício, incluindo atos cruéis e pessoas perversas, bem como fenômenos que os acompanham, como o desespero, a tristeza e similares.

Além disso, alguns bens são bens da alma e outros exteriores, enquanto alguns não são nem da alma nem exteriores. Os bens da alma são a virtude e os atos virtuosos; bens externos são ter um bom país ou um bom amigo, e a felicidade de ambos. Ao passo que ser bom e feliz pertence à classe dos bens que não são da alma nem exteriores. [96] Da mesma forma, entre os males, alguns são males da alma, como os vícios e ações viciosas; outros são males exteriores, como ter um país indigno ou um amigo tolo e a infelicidade de ambos; e outros males não são da alma nem exteriores, como ser uma pessoa má e infeliz.

Mais uma vez, os bens ou são da natureza dos fins ou são os meios para esses fins, ou são ao mesmo tempo fim e meio. Um amigo e as vantagens que dele derivam são meios para o bem; enquanto a confiança, a nobreza de espírito, a liberdade, o deleite, a alegria, a ausência de dor e todo ato virtuoso são da natureza dos fins.

[97] As virtudes são bens da natureza ao mesmo tempo dos fins e dos meios. Por um lado, na medida em que causam felicidade, são meios e, por outro, na medida em que a completam e, portanto, fazem parte dela, são fins. Da mesma forma, no caso dos males, alguns são da natureza de fins e outros de meios, enquanto outros são ao mesmo tempo meios e fins. Um inimigo e o mal que ele causa são meios; já a consternação, a mesquinhez, a escravidão, a melancolia, o desespero, a tristeza e todo tipo de ação viciosa são da natureza dos fins. Os vícios são males tanto como fins quantos como meios; pois na medida em que causam miséria são meios, mas na medida em que a completam, de modo que se tornam parte dela, são fins.

[98] Dos bens da alma, alguns são hábitos, outros são disposições, enquanto outros não são nem hábitos nem disposições. As virtudes são disposições, enquanto as realizações ou ocupações são questões de hábito, e as ações não são nem uma nem outra. No geral, existem alguns bens mistos, como, por exemplo: ser feliz quanto aos filhos ou ser feliz na velhice. Todavia, o conhecimento é um bem puro. Novamente, alguns bens são permanentes como as virtudes, outros transitórios como a alegria e o exercício de caminhada.

Todo bem, dizem os estoicos, é conveniente, obrigatório, compensador, útil, benéfico, belo, vantajoso, desejável e justo. [99] É conveniente porque provoca coisas de tal natureza que, pela sua ocorrência, somos beneficiados. É obrigatório porque causa unidade onde a unidade é necessária. É compensador porque custeia o que é gasto com ele, de modo que o retorno rende um equilíbrio de benefício na transação. É útil porque assegura o uso do benefício. É benéfico porque a utilidade que proporciona é digna de todos os elogios. É belo porque o bem é proporcional ao uso que dele se faz. É vantajoso porque beneficia pela sua natureza inerente. É desejável porque, graças a seu conteúdo, escolhê-lo é razoável. E é justo porque está em harmonia com a lei e tende a unir a humanidade.

[100] A razão pela qual caracterizam o bem perfeito como belo é que ele contém em sua totalidade todos os fatores exigidos pela natureza ou porque tem proporção perfeita. Há quatro espécies de belo: o que é justo, corajoso, ordenado e sábio; pois é sob essas formas que as ações justas são realizadas. Da mesma forma, existem quatro espécies do que é feio: o que é injusto, covarde, desordenado e imprudente. Entendem por belo, propriamente e num sentido único, aquele bem que torna louváveis os seus possuidores, ou o bem que é digno de louvor – embora, em outro sentido, o belo signifique uma boa aptidão para uma função adequada –, ou, ainda, o belo é aquilo que confere nova graça a qualquer coisa, como quando dizemos do sábio que só ele é bom e belo.

[101] Os estoicos também dizem que só o belo é bom. Assim dizem Hécato, no terceiro livro de *Dos bens*, e Crisipo, em sua obra *Do belo*. Sustentam, pois, que a virtude e tudo o que dela participa consiste no belo, o que equivale a dizer que tudo o que é bom é belo, ou que o termo "bom" tem força igual ao termo "belo", que vem a ser a mesma coisa. Se uma coisa é boa, é bela; e é bela, logo, é boa. Eles sustentam, ainda, que todos os bens são iguais e que

todos os bens são desejáveis no mais alto grau e não admitem redução nem aumento. Das coisas que existem, algumas, dizem eles, são boas, algumas são más e outras nem boas nem más; isto é, indiferentes.

[102] As coisas boas compreendem as virtudes da prudência, da justiça, da coragem, da temperança e das demais; enquanto as más são seus opostos, a saber, a imprudência, a injustiça e as demais. As coisas nem boas nem más são todas aquelas que não beneficiam nem prejudicam a pessoa, como a vida, a saúde, o prazer, a beleza, a força, a riqueza, a boa reputação e o nascimento nobre, assim como seus opostos, como a morte, a doença, a dor, a feiura, a fraqueza, a pobreza, a mediocridade, o nascimento humilde e assim por diante. Isto Hécato afirma no sétimo livro de seu *Do fim supremo*, e também Apolodoro em sua *Ética*, além de Crisipo. Dizem que essas coisas não são bens em si mesmas, mas são moralmente indiferentes, embora sejam desejadas. [103] Pois assim como a propriedade do quente é aquecer, e não esfriar, assim a propriedade do bem é beneficiar, e não prejudicar; a riqueza e a saúde não trazem mais benefícios do que danos; portanto, nem a riqueza nem a saúde são boas. Além disso, dizem que não é um bem aquilo de que se possa fazer bom e mau uso; da riqueza e da saúde pode-se fazer tanto bom como mau uso; portanto, riqueza e saúde não são bens. Por sua vez, Posidônio sustenta que estas coisas também estão entre os bens. Hécato, no nono livro de seu tratado *Dos bens*, e Crisipo, em sua obra *Do prazer*, também sustentam que o prazer não é um bem; pois alguns prazeres são vergonhosos e nada que seja vergonhoso é um bem. [104] Beneficiar é pôr em movimento ou sustentar de acordo com a virtude; enquanto prejudicar é agir ou sustentar de acordo com o vício.

O termo "indiferente" tem dois significados: no primeiro, denota as coisas que não contribuem nem para a felicidade nem para a infelicidade – como a riqueza, a glória, a saúde, a força e assim por diante –, pois é possível ser feliz sem tê-las, embora, se forem usadas de uma certa maneira, tal uso tenda à felicidade ou à infelicidade. No outro sentido, são indiferentes aquelas coisas que não têm o poder de despertar propensão ou aversão – como o número de fios de cabelo na cabeça ser ímpar ou par, ou ter o dedo reto ou torto. Porém, não foi neste sentido que as coisas antes mencionadas foram denominadas indiferentes, sendo elas perfeitamente capazes de excitar propensão ou aversão. [105] Portanto, destes últimos bens, alguns são escolhidos, outros são evitados, enquanto a indiferença no outro sentido não oferece base para escolher ou evitar.

Das coisas indiferentes, como os estoicos declaram, algumas são escolhidas, outras evitadas. Aquelas que têm valor são dignas de escolha, enquanto aquelas que têm valor negativo, em vez de positivo, são evitadas. Eles definem valor como, em primeiro lugar, qualquer contribuição para uma vida harmoniosa com a razão, tal como atribuída a todo bem; em segundo lugar, alguma faculdade ou uso que contribui parcialmente para a vida de acordo com a natureza, como qualquer contribuição trazida pela riqueza ou pela saúde para viver uma vida natural; em terceiro lugar, o valor é o equivalente completo de um avaliador, conforme fixado por um perito familiarizado com os fatos – como quando se diz que o trigo é trocado por certa quantidade de cevada junto a uma mula.

[106] Assim, as coisas dignas de escolha são aquelas que têm valor positivo, por exemplo; entre as qualidades espirituais: habilidade natural, capacidade técnica, aperfeiçoamento moral e similares; entre as qualidades corporais: vida, saúde, força, boa condição física, integridade física, beleza, e assim por diante; e na esfera das coisas externas: riqueza, glória, nascimento nobre e assim por diante. Pertencem à classe de coisas evitadas, entre as qualidades espirituais, a falta de habilidades naturais, técnicas e assim por diante; entre as qualidades corporais: morte, doença, fraqueza, indisposição, mutilação, feiura e coisas semelhantes; na esfera das coisas externas: pobreza, mediocridade, nascimento humilde e assim por diante. Entretanto, há coisas que não pertencem a nenhuma das duas classes; tais não são escolhidas nem são evitadas.

[107] Novamente, das coisas escolhidas, algumas são escolhidas por si mesmas, algumas por causa de outra coisa, e outras tanto por si mesmas quanto por causa de outra coisa. À primeira destas classes, escolhidas por si mesmas, pertencem a habilidade natural, o aperfeiçoamento moral e coisas semelhantes; à segunda, riqueza, nascimento nobre e coisas semelhantes; à última, força, faculdades perfeitas e saúde corporal. As coisas são escolhidas por si mesmas porque estão de acordo com a natureza; são escolhidas por outra coisa porque garantem várias vantagens. E o mesmo acontece com a classe de coisas evitadas por motivos contrários.

Além disso, o termo "dever" é aplicado, pelos estoicos, àquilo para o qual, quando feito, uma defesa razoável pode ser apresentada, por exemplo, a harmonia no teor do processo de vida, que se estende até às plantas e aos animais. Pois mesmo em plantas e animais, afirmam eles, é possível discernir os deveres.

[108] Zenão foi o primeiro a usar o termo "dever" (καθῆκον – *kathêkon*), derivado de "alcançar, estar à altura ou ser incumbido de certa coisa" (κατά τινας ἥκειν – *katá tinas hḗkein*), e é uma ação em si adaptada aos arranjos da natureza. Pois dos atos praticados por impulso, alguns são condizentes ao dever, outros o contrário, enquanto há uma terceira classe que não é nem um nem outro. Atos condizentes são todos aqueles que a razão nos obriga a praticar; e este é o caso de honrar os pais, irmãos, a pátria, e manter relações com amigos. [109] Contrários ao dever (ou inadequados) são todos os atos que a razão reprova, como, por exemplo, negligenciar os pais, ser indiferente aos irmãos, não concordar com os amigos, desconsiderar os interesses da pátria, e assim por diante. Atos que não se enquadram em nenhuma das classes anteriores são aqueles que a razão não nos incita nem proíbe, como arrancar um galho, segurar uma pena ou um estilete e assim por diante.

Além disso, dos deveres, alguns deveres são incondicionais, outros são condicionais. Os deveres incondicionais são os seguintes: cuidar adequadamente da saúde e dos órgãos dos sentidos e similares. Os deveres condicionais são, como exemplo, mutilar-se e sacrificar propriedades. E o mesmo acontece com atos que constituem violações do dever.

Outra divisão entre deveres é a de que há os que são sempre impositivos e aqueles que não o são. Viver de acordo com a virtude é sempre um dever, ao passo que perguntar e responder, passear e similares nem sempre são deveres impositivos. O mesmo pode ser dito das ações contrárias ao dever. [110] Nas coisas intermediárias também há deveres; já que as crianças devem obedecer aos que deles cuidam.

De acordo com os estoicos, a alma se divide em oito partes: os cinco sentidos, a faculdade da fala, a faculdade intelectual (que é a própria mente), e a faculdade geradora. Do falso resulta a perversão, que se estende à mente; e desta perversão surgem muitas paixões (ou emoções), que são causas de instabilidade. Paixão, ou emoção, é definida por Zenão como um movimento irracional e não natural da alma, ou ainda como um impulso em excesso. As emoções principais, ou mais universais, segundo Hécato, no segundo livro de sua obra *Das paixões*, e Zenão, em seu tratado com o mesmo título, constituem quatro grandes classes: dor, medo, desejo e prazer. [111] Os estoicos consideram as emoções como julgamentos, como afirma Crisipo, em *Das paixões*. A avareza é uma suposição de que o dinheiro é belo, e analogamente a embriaguez, a devassidão e todas as outras emoções. A dor é considerada uma contração irracional da alma. Suas espécies são a compaixão, a inveja, o ciúme, a rivalidade, a aflição, o aborrecimento, a inquietação, a angústia, e a distração. Compaixão é a dor sentida pelo sofrimento imerecido de outro; inveja é a dor pela prosperidade dos outros; ciúme é a dor pela posse, por outro, daquilo que se deseja para si; rivalidade é dor pela posse por outro daquilo que se tem; [112] aflição é a dor que nos oprime; aborrecimento é o que nos prende e nos estreita por falta de espaço; inquietação é uma dor provocada por pensamentos ansiosos que duram e aumentam; angústia é uma dor penosa; distração é uma dor irracional, que piora constantemente e impede de ver a situação como um todo.

O medo é a expectativa do mal. Sob o medo, há as seguintes espécies: terror, hesitação, vergonha, consternação, pânico e inquietação. O terror é um medo que produz angústia; a vergonha é o medo da desonra; a hesitação é o medo de que seja preciso agir; a consternação é o medo devido à apresentação de alguma ocorrência incomum; [113] o pânico é medo em que ocorre o aumento da voz; a inquietação é o medo sentido quando algum assunto ainda é obscuro.

O desejo é um apetite irracional. Sob o desejo, há os seguintes estados: escassez, ódio, ambição, raiva, amor, ira e ressentimento. A escassez é um desejo quando é impedida e, por assim dizer, separada de seu objeto, mas mantida em plena expansão e atraída para ele em vão; o ódio é um desejo crescente e duradouro de que algo ruim aconteça com alguém; a ambição é um desejo ligado a fins pessoais; a raiva é um desejo de punir alguém que supostamente lhe causou um dano imerecido; o amor é um desejo do qual as pessoas estão livres, pois é um esforço para conquistar afeto pela presença visível da beleza; [114] a ira é a raiva que há muito tempo irrita e se tornou maliciosa, esperando por sua oportunidade, como é evidenciado por: "Mesmo que por um dia ele engula sua raiva, ainda mantém rancor em seu coração, até que consiga dar-se por satisfeito" (Homero, *Ilíada*, Canto I, v. 81); o ressentimento é a primeira fase da raiva.

O prazer é uma euforia irracional diante daquilo que parece ser digno de escolha. Sob o prazer, há os seguintes: o encantamento, a alegria malévola, a satisfação e a efusão. O encantamento é o prazer que encanta o ouvido; a alegria malévola é o prazer pelos males do outro; a satisfação é a propulsão do espírito para a fraqueza, por isso seu nome τέρψις (*térpsis*) ser semelhante a τρέψις (*trépsis* – giro); a efusão é a dissolução da virtude.

[115] Da mesma forma que se fala que existem certas enfermidades no corpo, como a gota e os distúrbios artríticos, também existem enfermidades na alma, como o amor pela glória, a busca pelo prazer e assim por diante. Por enfermidade da alma entende-se a afecção acompanhada de fraqueza e consiste na imaginação afetuosa de algo que parece desejável. Assim como no corpo existem tendências para certas indisposições, como resfriados e diarreia, o mesmo ocorre com a alma, como inveja, piedade, discórdia e similares.

[116] Os estoicos também dizem que existem três estados emocionais que são bons, a saber, alegria, cautela e vontade. A alegria, contrária ao prazer, é a exaltação racional; a cautela, contrária ao medo, é uma evitação racional; pois embora o sábio nunca sinta medo, ele ainda assim fará uso da cautela. Os estoicos ainda fazem da vontade a parte contrária do desejo (ou anseio), na medida em que é um apetite racional. E, consequentemente, assim como sob as emoções primárias são classificadas outras subordinadas a elas, o mesmo acontece com as disposições racionais primárias. Assim, subordinadas à vontade estão a boa vontade (ou benevolência), a complacência, a cordialidade; subordinados à cautela estão o pudor e a modéstia; subordinados à alegria estão o encanto, o contentamento e o ânimo.

[117] Os estoicos dizem que o homem sábio é impassível, porque não é propenso a cair diante das paixões. Mas acrescentam que, num outro sentido, o termo "apatia" é aplicado à pessoa má; isto é, quando significa que ele é insensível e implacável. Além disso, diz-se que o sábio está livre de vaidade; pois ele é indiferente à glória e à obscuridade. Porém, o termo "indiferente" pode também designar a pessoa classificada como temerária, e essa é a pessoa má. Mais uma vez, os estoicos nos dizem que todos as pessoas boas são austeras[188], porque elas próprias não dão importância aos prazeres nem se deixam levar por outras. O termo "austero" é aplicado, entretanto, também a outras pessoas, no mesmo sentido em que se diz que um vinho é áspero quando é empregado medicinalmente e não como bebida.

[118] As pessoas boas são genuinamente cuidadosas e vigilantes quanto a seu próprio aperfeiçoamento, usando um estilo de vida que afasta o mal e

188. Em grego, αὐστηρός (*austerós*) pode significar tanto "austero" como "áspero, seco".

faz aparecer o que há de bom nas coisas. Ao mesmo tempo, estão livres de fingimento; pois elas se desprendem de todo fingimento, seja na voz ou na aparência. Elas também estão livres de todas as ações comerciais, recusando-se a fazer qualquer coisa que entre em conflito com o dever. Elas tomarão vinho, mas não ficarão bêbadas. Também não estarão sujeitas à loucura; embora estejam sujeitas a impressões estranhas devido à melancolia ou ao delírio, ideias essas não determinadas pelo princípio do que é digno de escolha e contrárias à natureza. A pessoa sábia nunca sentirá tristeza, pois isso é a contração irracional da alma, como diz Apolodoro em sua *Ética*.

[119] Os sábios também são semelhantes a deuses; pois possuem algo divino dentro deles; enquanto a pessoa má é ímpia. No entanto, este termo "ímpio" possui dois sentidos, um em que é o oposto do termo "piedoso", o outro denota aquele que ignora completamente o divino; neste último sentido, como observam os estoicos, o termo não se aplica a todas as pessoas más. Os bons, acrescenta-se, também veneram a divindade; pois eles conhecem os ritos dos deuses, e piedade é o conhecimento de como servir aos deuses. Além disso, eles oferecem sacrifícios aos deuses e se mantêm puros; pois evitam todos os atos que são ofensas contra os deuses, e os deuses os têm em alta estima. São santos e justos no que diz respeito aos deuses. Os sábios também são os únicos sacerdotes, porque têm ideias claras sobre sacrifícios, construção de templos, purificações e todos os outros assuntos pertencentes aos deuses.

[120] Os estoicos consideram que devamos honrar pais e irmãos em segundo lugar, logo após os deuses. Sustentam, ainda, que a afeição dos pais pelos filhos é natural para a pessoa boa, mas não para a má. Além disso, para eles, as culpas são todas iguais; como dizem Crisipo, no quarto livro das suas *Questões éticas*, Perseu e Zenão. Pois se uma verdade não é mais verdadeira do que outra, nem uma falsidade é mais falsa do que outra, e da mesma forma um engano não é mais enganoso do que outro, nem culpa é mais culposa do que outra. A pessoa que está a cem estádios de Canopo e a pessoa que está a apenas um metro de distância também não estão em Canopo, e assim também aquela que comete o maior erro e aquela que comete o menor não estão igualmente no caminho da conduta correta. [121] Todavia, Heráclides de Tarso, que foi discípulo de Antípatro de Tarso, e Atenodoro afirmam que as culpas não são iguais.

Os estoicos dizem, ainda, que o sábio participará na política, se nada o impedir – é o que diz, por exemplo, Crisipo, no primeiro livro da sua obra *Dos vários modos de vida* –, visto que assim ele restringirá o vício e propagará a virtude. Além disso, como diz Zenão em sua *República*, o sábio se casará e terá filhos. Também dizem que ele nunca formará meras opiniões, isto é, nunca dará consentimento a nada que seja falso; que ele também parecerá um cínico, sendo a filosofia cínica um atalho para a virtude, como Apolodoro a chama em sua *Ética*; que ele até se tornará canibal sob certas circunstâncias. Declaram que somente o sábio é livre e as pessoas más são servas, sendo a liberdade o poder de ação independente, enquanto a servidão é a privação dessa ação; [122] de fato, há também uma segunda forma de servidão, que consiste na subordinação, e uma terceira que implica a posse de outrem bem como a sua subordinação; o correlativo de tal servidão é o senhorio; igualmente mau.

De acordo com os estoicos, os sábios não são apenas livres, mas também reis; a realeza é um governo irresponsável, que ninguém, exceto os sábios, pode dominar; é o que diz Crisipo em sua obra *Da propriedade dos termos usados por Zenão*. Com efeito, ele sustenta que o conhecimento do bem e do mal é um atributo necessário de um governante, e que nenhuma pessoa má está familiarizada com esta ciência. Da mesma forma, somente os sábios e os bons estão aptos a ser magistrados, juízes ou oradores, ao passo que entre os maus não há ninguém tão qualificado. Além disso, os sábios são infalíveis, não estando sujeitos ao erro. [123] Também são inofensivos; pois eles não fazem mal aos outros nem a si mesmos. Ao mesmo tempo, não são complacentes nem fazem concessões a ninguém; nunca deixam de aplicar as penas fixadas pelas leis, uma vez que a indulgência, a piedade e até mesmo a condescendência são marcas de uma alma fraca, que afeta a bondade em face da punição. Nem consideram as punições muito severas. Novamente, eles dizem que o homem sábio nunca se surpreende com nenhuma das coisas que parecem extraordinárias, como as portas pestilentas de Caronte, o fluxo das marés, as fontes termais ou as erupções de fogo. Tampouco, dizem eles, o sábio viverá na solidão; pois ele é naturalmente feito para a vida comunitária e a ação. Ele irá, no entanto, submeter-se a treinamento para aumentar sua capacidade de resistência corporal.

[124] Posidônio, no primeiro livro de *Dos deveres*, e Hécato, no terceiro livro de *Dos paradoxos*, dizem que o homem sábio oferecerá orações e pedirá coisas boas aos deuses. A amizade, declaram eles, existe apenas entre os sábios e os bons, em razão da semelhança entre eles. Definem a amizade como um

uso comum de tudo o que interessa à vida, enquanto tratamos nossos amigos como a nós mesmos. Argumentam, também, que é digno escolher um amigo por seus próprios méritos e que é bom ter muitos amigos. Porém, afirmam que entre os maus não existe e, portanto, nenhuma pessoa má tem amigos. Todos os insensatos são loucos, na medida em que não são sábios, agindo em todas as circunstâncias com loucura que é equivalente à sua insensatez.

[125] Além disso, o sábio é bem-sucedido em todas as coisas, assim como dizemos que Ismênia toca bem todas as árias da flauta. Tudo pertence aos sábios; pois a lei, dizem eles, conferiu-lhes o poder absoluto sobre todas as coisas. É verdade que se diz que certas coisas pertencem aos maus, tal como se pode dizer que aquilo que foi adquirido desonestamente pertence, num certo sentido, à *pólis*, e noutro sentido, àqueles que o desfrutam.

Os estoicos sustentam que as virtudes se envolvem entre si, e que o possuidor de uma é o possuidor de todas, na medida em que têm princípios comuns, como diz Crisipo, no primeiro livro de sua obra *Das virtudes*, Apolodoro, em sua *Física de acordo com a escola antiga*, e Hécato, no terceiro livro de seu tratado *Das virtudes*. [126] Pois se uma pessoa possui virtude, ela é imediatamente capaz de descobrir e pôr em prática o que deve fazer. Ora, tais regras de conduta compreendem regras para escolher, resistir, permanecer e distribuir; de modo que, se uma pessoa faz algumas coisas por escolha inteligente, algumas coisas com coragem, algumas coisas por meio de distribuição justa e outras com firmeza, ela é, ao mesmo tempo, sábia, corajosa, justa e temperante. E cada uma das virtudes tem um assunto particular do qual trata, como, por exemplo, a coragem se relaciona com coisas que devem ser suportadas, a temperança com atos a serem feitos, atos dos quais se deve abster-se e atos que não se enquadram em nenhum dos dois. Da mesma forma, cada uma das outras virtudes diz respeito à sua própria esfera. À sabedoria estão subordinados o bom-senso e a compreensão; à temperança, o amor; à boa disciplina e à ordem, a justiça, a igualdade e a imparcialidade; à coragem, a constância e o esforço.

[127] Na opinião dos estoicos, entre a virtude e o vício não há nada intermediário, ao passo que, de acordo com os peripatéticos, existe esse grau intermediário, que é o estado de aperfeiçoamento moral. Pois, dizem os estoicos, assim como um bastão deve ser reto ou torto, o ser humano deve ser

justo ou injusto. Também não existem graus de justiça e injustiça; e a mesma regra se aplica às outras virtudes. Além disso, enquanto Crisipo afirma que a virtude pode ser perdida, Cleantes afirma que não é possível. Segundo o primeiro, pode ser perdida em consequência da embriaguez ou da melancolia; o último considera-a inalienável devido à certeza da nossa apreensão mental. A virtude em si é considerada digna de escolha por si mesma; por outro lado, temos vergonha da má conduta, como se soubéssemos que nada é realmente bom, exceto o que é moralmente belo. Além disso, sustentam que a virtude por si só é suficiente para garantir a felicidade, como dizem Zenão, Crisipo, no primeiro livro de *Das virtudes*, e Hécato, no segundo livro de seu *Dos bens*. [128] Dizem: "Pois se a magnanimidade por si só pode nos elevar acima de tudo, e se a magnanimidade é apenas uma parte da virtude, então também a virtude, como um todo, irá ser suficiente por si só para a felicidade, desprezando todas as coisas que possam perturbá-la". Panécio, porém, e Posidônio negam que a virtude seja autossuficiente; pelo contrário, a saúde é necessária, e alguns meios de vida e de força. Cleantes e seus seguidores afirmam que temos de fazer uso constante da virtude; pois a virtude nunca pode ser perdida, e a pessoa boa está sempre exercitando a sua mente, que é perfeita.

Novamente, os estoicos dizem que a justiça, assim como a lei e a reta razão, existem por natureza e não por convenção; é o que diz Crisipo, em *Do belo*. [129] Tampouco pensam que a divergência de opinião entre os filósofos seja qualquer razão para abandonar o estudo da filosofia, uma vez que, nesse ritmo, teríamos que desistir completamente da vida; é o que diz Posidônio, em *Exortações*. E Crisipo, por seu turno, admite que a educação grega comum é útil.

Segundo ainda a doutrina estoica, não pode haver qualquer relação jurídica entre o ser humano e os outros animais, devido à sua dessemelhança. Assim dizem Crisipo, no primeiro livro de *Da justiça*, e Posidônio, no primeiro livro de *Dos deveres*. Além disso, dizem que o sábio sentirá afeição pelos jovens que, pelo seu semblante, mostram um dom natural para a virtude. Assim sustentam Zenão, em sua *República*, Crisipo, no primeiro livro de *Dos modos de vida*, e Apolodoro, em sua *Ética*.

[130] O amor é um esforço em direção à amizade devido ao aparecimento da beleza visível, cujo único fim é a amizade, e não o prazer corporal. Alegam que Trasônides, embora tivesse sua amante em seu poder, absteve-se dela porque ela o odiava. Com isso fica demonstrado, pensam eles, que o amor

depende da consideração, como diz Crisipo, em *Do amor*, e não é enviado pelos deuses. A beleza eles descrevem como o desabrochar ou a flor da virtude.

Dos três tipos de vida – o contemplativo, o prático e o racional –, os estoicos declaram que devemos escolher o último, pois um ser racional é expressamente produzido pela natureza para a contemplação e para a ação. Eles nos dizem que o sábio, por uma causa razoável, desprezará a vida por conta própria, em nome de sua pátria ou de seus amigos, ou se sofrer dor intolerável, mutilação ou doença incurável.

[131] É também sua doutrina que entre os sábios deveria haver uma comunidade de mulheres com livre-escolha de parceiros, como Zenão diz em sua *República* e Crisipo, em *Do governo* [e não apenas eles, mas também o cínico Diógenes e Platão][189]. Sob tais circunstâncias, sentiríamos afeição paterna por todos os filhos, e haveria um fim dos ciúmes decorrentes do adultério. Os estoicos também consideram que a melhor forma de governo é uma mistura de democracia, monarquia e aristocracia.

Essas são, portanto, as afirmações que os estoicos fazem nas suas doutrinas éticas, além de muitas outras, juntamente com as suas devidas provas. Contudo, que isso seja suficiente para uma declaração delas numa forma sumária e elementar.

Física

[132] A doutrina física dos estoicos divide-se em seções sobre corpos, sobre princípios, sobre elementos, sobre os deuses, sobre o espaço e sobre o vazio. Esta é uma divisão em espécies; mas há também uma divisão por gênero em três partes: o cosmos, os elementos, e as causas. A parte que trata do cosmos admite, dizem os estoicos, uma divisão em dois; pois também os matemáticos se preocupam com um aspecto dele, na medida em que tratam de questões relativas aos astros fixos e aos planetas – como, por exemplo, se o Sol é ou não tão grande quanto parece ser, e o mesmo sobre a Lua –, a questão de suas revoluções e outras questões do mesmo tipo.

189. Passagem considerada espúria e retirada do texto, porém posteriormente recolocada.

Contudo, há outro aspecto ou campo de investigação que pertence apenas aos físicos: [133] isso inclui questões como qual é a substância do cosmos, se o Sol e os astros são feitos de forma e matéria, se o mundo teve um começo no tempo ou não, é animado ou inanimado, se é destrutível ou indestrutível, se é governado pela providência, e tudo mais.

A parte relacionada com as causas é subdividida em duas. Num de seus aspectos, as investigações médicas possuem participação, na medida em que envolve a investigação do princípio governante da alma, dos fenômenos da alma, do sêmen e assim por diante. A outra parte também é comum aos matemáticos, como, por exemplo, como a visão deve ser explicada, o que causa a imagem no espelho, qual é a origem das nuvens, dos trovões, do arco-íris, dos halos, dos cometas e assim por diante.

[134] Os estoicos sustentam que existem dois princípios no cosmos: o ativo e o passivo. O princípio passivo é uma substância sem qualidade, isto é, matéria, enquanto o ativo é a razão inerente a esta substância, que é deus. Pois deus é eterno e é o artífice de todas as coisas em toda a extensão da matéria. Esta doutrina é estabelecida por Zenão de Cítio, em *Da substância*, por Cleantes, em *Dos átomos*, por Crisipo, no primeiro livro de *Física*, por Arquedemo, em *Dos elementos*, e por Posidônio, no segundo livro de sua *Física*. Há uma diferença, segundo eles, entre princípios e elementos; os princípios não foram gerados e são indestrutíveis, enquanto os elementos são destrutíveis quando todas as coisas se transformam em fogo. Além disso, os princípios são incorpóreos e desprovidos de forma, enquanto os elementos são dotados de forma.

[135] O corpo é definido por Apolodoro, em sua *Física*, como aquilo que se estende em três dimensões: comprimento, largura e profundidade. A isso dá-se também o nome de corpo sólido. Superfície é a extremidade de um corpo sólido, ou aquilo que só tem comprimento e largura sem profundidade. Essa superfície existe não apenas em nosso pensamento, mas também na realidade, e isso é sustentado por Posidônio, no terceiro livro de *Dos fenômenos celestiais*. Uma linha é a extremidade de uma superfície ou comprimento sem largura, ou aquela que só tem comprimento. Um ponto é a extremidade de uma linha, e constitui a menor marca visível.

Deus é uma substância única, também chamada de mente, destino, Zeus, e por muitos outros nomes. [136] No começo deus estava em um só ser; e transformou toda a substância através do ar em água; e assim como na geração o sêmen tem um veículo úmido, também na umidade cósmica deus, que é a razão seminal do cosmos, permanece na umidade como tal agente, adaptando-se em si mesmo para continuar a gerar. O próprio deus criou, primeiramente, os quatro elementos: fogo, água, ar e terra. Esse assunto é discutido por Zenão, em seu *Do cosmos*, por Crisipo, no primeiro livro de sua Física, e por Arquedemo, em *Dos elementos*. Um elemento é definido como aquilo a partir do qual todas as coisas surgem e no qual são finalmente dissolvidas. [137] Os quatro elementos juntos constituem substância privada de qualidade, ou seja, a matéria. O fogo é o elemento quente, a água o úmido, o ar o frio, a terra o seco. Mas a qualidade da secura também é encontrada no ar. O fogo ocupa o lugar mais importante; é também chamado de éter, e nele é criada primeiramente a esfera dos astros fixos; depois vem a esfera dos planetas, depois dela o ar, depois a água e, mais abaixo, a terra, que está no centro de todas as coisas.

O termo "cosmos" (ou "universo) é usado pelos estoicos em três sentidos: primeiro, o próprio deus, o ser individual cuja qualidade é derivada da totalidade da substância; é indestrutível e não gerável, sendo o artífice desse arranjo ordenado, que em determinados períodos de tempo absorve em si toda a substância e novamente a cria a partir de si mesmo. [138] Segundo, dão o nome de cosmos ao arranjo ordenado dos corpos celestes em si mesmos como tais. E, em terceiro lugar, àquele todo do qual estes dois são partes.

O cosmos é definido como o ser individual que qualifica a totalidade da substância, ou, segundo Posidônio, em *Dos fenômenos celestiais*, um sistema composto de céu e terra e as naturezas neles, ou, novamente, como um sistema constituído por deuses e homens e todas as coisas criadas por causa deles. Por céu entende-se a circunferência extrema ou anel em que a divindade tem sua sede.

Além disso, o cosmos é ordenado pela razão e pela providência, assim diz Crisipo, no quinto livro de *Da providência*, e Posidônio, no terceiro livro de *Dos deuses*, enquanto a mente permeia cada parte dele, assim como a alma em nós. Porém, há uma diferença de grau; em algumas partes há mais, em outras menos. [139] Através de algumas partes o cosmos passa como um princípio de coesão, como é o caso de nossos ossos e tendões; enquanto, através de outros, passa como inteligência, por exemplo, na parte governante da alma. Sendo assim, o cosmos inteiro é um ser vivo, dotado de alma e razão, e tendo o éter como princípio governante; assim diz Antípatro de Tiro, no oitavo livro de seu *Do cosmos*. Crisipo, no primeiro livro de *Da providência*, e Posidônio, em seu *Dos deuses*, dizem que o céu – Cleantes diz que é o Sol – é o poder governante do mundo. Crisipo, porém, no decorrer da mesma obra dá uma explicação um tanto diferente, a saber, que o céu é a parte mais pura do éter; o mesmo que eles declaram ser preeminentemente deus e que sempre permeou, por assim dizer, de maneira sensata, tudo o que está no ar, todos os animais e plantas, e também a própria terra, como um princípio de coesão.

[140] O mundo, dizem os estoicos, é único e finito, tendo uma forma esférica, sendo tal forma a mais adequada ao movimento, como diz Posidônio, no quinto livro de sua *Física*, e os discípulos de Antípatro, em *Do cosmos*. Fora do mundo se difunde o vazio infinito, que é incorpóreo. Por incorpóreo entende-se aquilo que, embora capaz de ser ocupado pelo corpo, não o é. O mundo não tem espaço vazio dentro dele, mas forma um todo unido. Este é um resultado necessário da sintonia e da tensão que une as coisas no céu e na terra. Crisipo discute o vazio em *Do vazio* e no primeiro livro de suas *Ciências físicas*, também Apolófanes, em sua *Física*, Apolodoro e Posidônio, no segundo livro de *Discurso físico*. Mas a sintonia e a tensão são igualmente corpos.

[141] O tempo também é incorpóreo, sendo a medida do movimento. E o tempo passado e o tempo futuro são infinitos, mas o tempo presente é finito. Os estoicos sustentam que o cosmos deve chegar ao fim, na medida em que teve um começo, na analogia das coisas que são compreendidas pelos sentidos. Aquilo cujas partes são perecíveis é perecível como um todo. Ora, as partes do cosmos são perecíveis, visto que se transformam umas nas outras, portanto, o próprio cosmos está condenado a perecer. Além disso, qualquer coisa é destrutível se admitir deterioração; o cosmos, portanto, é destrutível, pois primeiro evapora e depois é dissolvido em água.

[142] O cosmos, afirmam eles, surgiu quando sua substância primeiro se converteu do fogo, através do ar, em umidade, e então a parte mais densa da umidade condensou-se como terra, enquanto as partículas mais finas foram transformadas em ar, e esse processo de rarefação fez surgir o fogo. Então, a partir desses elementos, animais, plantas e todas as outras espécies naturais são formadas por sua mistura. A geração e a destruição do cosmos

são discutidas por Zenão, em *Do todo*; por Crisipo, no primeiro livro de sua *Física*; por Posidônio, no primeiro livro de *Do cosmos*; por Cleantes e por Antípatro, no décimo livro de seus *Do cosmos*. Panécio, entretanto, sustenta que o cosmos é indestrutível.

A doutrina de que o cosmos é um ser vivo, racional, animado e inteligente, é estabelecida por Crisipo, no primeiro livro de *Da providência*, por Apolodoro, em sua *Física*, e por Posidônio. [143] É um ser vivo no sentido de que o cosmos é uma substância animada dotada de sensação; pois o ser vivo é superior ao ser sem vida, e nada é melhor do que o cosmos; logo, o cosmos é um ser vivo. É animado, ou seja, dotado de alma, pois isso fica claro pelo fato de nossas diversas almas serem, cada uma delas, um fragmento do cosmos. Boêtos, entretanto, nega que o cosmos seja um ser vivo. A unidade do mundo é demonstrada por Zenão em sua obra *Do Todo*, por Crisipo, por Apolodoro, em sua *Física*, e por Posidônio, no primeiro livro de seu *Discurso físico*. Pela totalidade das coisas, o todo significa, de acordo com Apolodoro, o cosmos, e, em outro sentido, o sistema composto pelo mundo e pelo vazio fora dele. O mundo então é finito, o vazio infinito.

[144] Dos astros, alguns são fixos e são transportados por todo o céu; outros, as estrelas ou planetas errantes, têm seus movimentos especiais. O Sol viaja em uma trajetória oblíqua através do zodíaco. Da mesma forma, a Lua viaja em espiral. O Sol é fogo puro, assim diz Posidônio, no sétimo livro de seus *Fenômenos celestiais*, e é maior do que a Terra, como diz o mesmo autor, no sexto livro de seu *Discurso físico*. Além disso, o Sol tem formato esférico como o próprio mundo, segundo este mesmo autor e sua escola. Que é fogo é provado pela produção de todos os efeitos do fogo; que é maior do que a terra pelo fato de que toda a Terra é iluminada por ela; e também o céu. Além disso, o fato de a Terra projetar uma sombra cônica prova que o Sol é maior que ela. É devido a seu grande tamanho que é visto de todas as partes da Terra. [145] A Lua, porém, tem uma composição mais terrena, pois está mais próxima da Terra. Esses corpos ígneos e os astros geralmente obtêm sua própria fonte de alimento; o Sol, sendo uma massa ígnea dotada de intelecto, nutre-se do vasto oceano; a Lua, sendo uma mistura de ar e próxima da Terra, nutre-se das águas doces; assim diz Posidônio, no sexto livro de sua *Física*; os outros corpos celestes nutrem-se da Terra. Os estoicos sustentam que os

astros, assim como a Terra, que é imóvel, têm forma esférica; e que a Lua não brilha com sua própria luz, mas com a luz emprestada do Sol quando este brilha sobre ela. Um eclipse do Sol ocorre quando a Lua passa à sua frente, de lado voltado para nós, como demonstra Zenão, com um diagrama, em seu *Do todo*. [146] Pois a Lua é vista aproximando-se nas conjunções e ocultando-o, e depois afastando-se dele novamente. Isso pode ser melhor observado quando esses astros são espelhados em uma bacia com água. A Lua é eclipsada quando cai na sombra da Terra; por isso é apenas na Lua cheia que ocorre um eclipse, embora ela esteja em oposição ao sol todos os meses; porque a Lua se move em uma órbita oblíqua, divergindo em latitude em relação à órbita do Sol, e ela, consequentemente, move-se mais para o Norte ou para o Sul. Quando, porém, o movimento da Lua em latitude a coloca no caminho do Sol através do zodíaco, e ela fica assim diametralmente oposta ao Sol, ocorre um eclipse. A Lua está na latitude exata do zodíaco quando se localiza nas constelações de Câncer, Escorpião, Áries e Touro; assim dizem Posidônio e seus seguidores.

[147] O deus, dizem os estoicos, é um ser vivo, imortal, racional, perfeito, inteligente e feliz, não admitindo nada de mal, solícito em sua providência em relação ao cosmos e de tudo o que nele existe, mas ele não tem forma humana. Ele é, no entanto, o artífice do cosmos e, por assim dizer, o pai de tudo, tanto no geral como naquela parte particular dele que tudo permeia e que é chamada de muitos nomes de acordo com suas várias potências. Chamam de Δία (*Día*) porque todas as coisas acontecem através (*diá*) dele; Zeus (Ζῆνα – *Zêna*) na medida em que é a causa da vida (*zên*) ou permeia toda a vida; Atena (Ἀθηνᾶ – *Athēnâ*) porque a parte governante da divindade se estende até o éter (*aithéra*); Hera(Ἥρα – *Hḗra*) marca a sua extensão para o ar (*aéra*); Hefesto(Ἥφαιστος – *Hḗphaistos*) porque é senhor do fogo (*pyr*) criador; Poseidon (Ποσειδῶν – *Poseidôn*) porque domina o elemento líquido (*hyrgón*); Deméter (Δημήτηρ – *Dēmḗtēr*) porque domina o elemento terra (*gên*). Da mesma forma, os seres humanos deram a deus outros títulos, fixando-se, da melhor maneira que podem, em um ou outro de seus atributos peculiares.

[148] Zenão declara que a substância de deus é o cosmos inteiro e o céu, assim como Crisipo, no primeiro livro de *Dos deuses*, e Posidônio, no primeiro livro de mesmo título. Além disso, Antípatro, no sétimo livro de sua obra *Do*

cosmos, diz que a substância de deus é semelhante ao ar, enquanto Boêtos, em sua obra *Da natureza*, fala da esfera dos astros fixos como a substância de deus.

O termo "natureza" é usado pelos estoicos para significar, às vezes, aquilo que mantém o cosmos unido, ou, outras vezes, aquilo que faz com que as coisas terrestres surjam. A natureza é definida como uma força que se move por si mesma, produzindo e preservando seus descendentes de acordo com princípios seminais dentro de períodos definidos, e efetuando resultados homogêneos com suas fontes. [149] A natureza, afirmam os estoicos, visa tanto a utilidade quanto o prazer, como fica claro na analogia da criação do ser humano. Que todas as coisas acontecem por destino é afirmado por Crisipo, em seu *Do destino*; por Posidônio, no segundo livro de seu *Do destino*; por Zenão, e por Boêtos, no primeiro livro de seu *Do destino*. O destino é definido como uma cadeia interminável de causalidade, pela qual as coisas existem, ou como a razão ou fórmula pela qual o cosmos continua. Além disso, os estoicos dizem que a adivinhação em todas as suas formas é um fato real e substancial, se realmente existe providência. E eles provam que ela é realmente uma ciência com base na evidência de certos resultados. Assim dizem Zenão, Crisipo, no segundo livro de *Da adivinhação*; Atenodoro e Posidônio, no segundo livro de *Discurso físico*, e no quinto livro de sua obra *Da adivinhação*. Todavia, Panécio nega que a adivinhação tenha qualquer existência real.

[150] Os estoicos chamam a matéria-prima de todas as coisas de substância; assim dizem Crisipo, no primeiro livro de sua *Física*, e Zenão. Por matéria entende-se aquilo a partir do qual qualquer coisa é produzida. Tanto "substância" quanto "matéria" são termos usados em um sentido duplo, e podem significar a substância ou matéria universal ou a universal. A universal não aumenta nem diminui, enquanto a matéria das coisas particulares aumenta e diminui. O corpo, de acordo com os estoicos, é uma substância finita; assim dizem Antípatro, no seu segundo livro de *Da substância*, e Apolodoro, em sua *Física*. A matéria também pode sofrer ação, como diz o mesmo Apolodoro, pois se fosse imutável, as coisas que são produzidas nunca teriam sido produzidas a partir dela. Por essa razão, há uma doutrina adicional de que a matéria é divisível ao infinito. Crisipo diz que a divisão não é ao infinito, mas é ela mesma infinita, pois não há nada infinitamente pequeno ao qual a divisão possa se estender. Mesmo assim a divisão é incessante. [151] Portanto, a

mistura de duas substâncias é, de acordo com Crisipo no terceiro livro de sua *Física*, perene e perfeita; elas se permeiam completamente, e não são apenas superficiais e acessórias. Assim, se uma pequena gota de vinho for lançada ao mar, ela será igualmente difundida por todo o mar por um tempo e depois será misturada com ele.

Afirmam também os estoicos que existem *daímones* que simpatizam com a humanidade e zelam pelos assuntos humanos. Também acreditam em heróis, isto é, nas almas dos justos que sobreviveram aos seus corpos.

Dos fenômenos que ocorrem no ar, eles descrevem o inverno como o resfriamento do ar acima da terra devido ao afastamento do Sol em relação à Terra; [152] a primavera como a temperatura correta do ar resultante da aproximação do Sol até nós; o verão como o aquecimento do ar acima da terra quando o Sol viaja para o norte; enquanto o outono eles atribuem ao afastamento do Sol de nós. Quanto aos ventos, são correntes de ar, com nomes[190] diferentes conforme as localidades de onde sopram; a causa de sua produção é o Sol através da evaporação das nuvens. O arco-íris é explicado como o reflexo dos raios solares em nuvens úmidas ou, como diz Posidônio, em sua *Meteorologia*, uma imagem de um segmento do Sol ou da Lua em uma nuvem umedecida de orvalho, oca e visível sem interrupção, mostrando-se como um espelho em forma de arco circular. Os cometas, os barbudos[191] e os meteoros são incêndios que surgem quando o ar denso é transportado para a região do éter. [153] Uma estrela cadente é o surgimento repentino de uma massa de fogo em rápido movimento pelo ar, que deixa um rastro atrás dela apresentando uma aparência de comprimento. A chuva é a transformação de nuvens em água, quando a umidade retirada da terra ou do mar pelo Sol evaporou apenas parcialmente. Se a chuva for resfriada, é chamada de geada. O granizo é uma nuvem congelada, desintegrada pelo vento; enquanto a neve é matéria úmida de uma nuvem que congelou; assim explica Posidônio, no oitavo livro de seu *Discurso físico*. O relâmpago é um acendimento de nuvens ao serem esfregadas ou rasgadas pelo vento, como Zenão diz, em seu tratado *Do Todo*. O tro-

---

190. Ventos maiores: Bóreas, o vento norte; Noto, o vento sul; Zéfiro, o vento oeste; e Euro, o vento leste. Ventos menores: Cécias, o vento nordeste; Siroco, o vento noroeste; Apeliotes, o vento sudeste; e Lips, o vento sudoeste.

191. Um tipo de cometa.

vão é o barulho que as nuvens fazem quando se esfregam umas nas outras ou explodem. [154] Raio é o termo usado quando o fogo é aceso violentamente e lançado ao chão com grande força enquanto as nuvens se chocam umas contra as outras ou são rasgadas pelo vento (outros dizem que é uma compressão de ar ardente que desce com grande força). Um tufão é uma grande e violenta tempestade semelhante a um redemoinho ou um redemoinho de fumaça de uma nuvem que estourou. Um fulgor é uma nuvem rasgada pela força do fogo e do vento. Terremotos, dizem os estoicos, acontecem quando o vento entra ou fica aprisionado nas partes ocas da terra – assim diz Posidônio, em seu oitavo livro –, e alguns deles são tremores, outros aberturas da terra, outros deslocamentos laterais, e, ainda, outros deslocamentos verticais.

[155] Os estoicos ainda sustentam que as partes do cosmos estão organizadas da seguinte maneira: a Terra está no meio, correspondendo ao centro; em seguida vem a água, que tem a forma de uma esfera ao seu redor, concêntrica com a Terra, de modo que a Terra está na água. Depois da água vem uma camada esférica de ar. Existem cinco círculos celestes: o primeiro, o círculo ártico, que está sempre visível; o segundo, o trópico de verão; o terceiro, o círculo do equinócio; o quarto, o trópico de inverno; e o quinto, a Antártica, que é invisível para nós. Esses círculos são chamados de paralelos porque não se inclinam um para o outro; no entanto, são descritos em torno do mesmo centro. O zodíaco é um círculo oblíquo, pois atravessa os círculos paralelos. [156] Há, também, cinco zonas terrestres: a primeira, a zona norte, que fica além do círculo ártico, inabitável por causa do frio; a segunda, uma zona temperada; a terceira, uma zona inabitável por causa dos grandes calores, chamada zona tórrida; a quarta, uma zona intemperada; a quinta, a zona sul, inabitável por causa do frio.

A natureza, na doutrina estoica, é um fogo que trabalha artisticamente que percorre seu caminho para criar; ele é equivalente a um sopro ardente, criativo e modelador. A alma é uma natureza capaz de percepção. E eles consideram-na como o sopro de vida, congênito em nós; por isso é corpo que permanece depois da morte. No entanto, é perecível, embora a alma do cosmos, do qual as almas individuais dos animais fazem parte, seja indestrutível. [157] Zenão de Cítio e Antípatro, em seus tratados *Da alma*, assim como Posidônio, definem a alma como um sopro quente que nos torna animados e permite que nos movamos. Cleantes, por sua vez, sustenta que todas as almas continuam a existir até a conflagração geral; mas Crisipo diz que apenas as almas dos sábios o fazem.

Os estoicos falam sobre oito partes da alma: os cinco sentidos, o poder gerador em nós, o poder de fala e o de raciocínio. Sustentam também que vemos quando a luz entre o órgão visual e o objeto se estende na forma de um cone; é o que dizem Crisipo, no segundo livro de sua *Física,* e Apolodoro. O ápice do cone no ar é o olho e a base é o objeto visto. Assim, a coisa vista nos é comunicada pelo ar que se estende em sua direção, como se fosse uma haste.

[158] Ouvimos quando o ar entre o corpo sonante e o órgão da audição sofre uma concussão, numa vibração que se espalha esfericamente e depois forma ondas e atinge os ouvidos, assim como a água em um reservatório forma círculos ondulados quando uma pedra é atirada. Dizem os estoicos que o sono é causado pelo afrouxamento da tensão em nossos sentidos, o que afeta a parte governante da alma. E consideram que as paixões são causadas pelas variações do sopro vital. O sêmen é por eles definido como aquilo que é capaz de gerar descendentes semelhantes ao progenitor. O sêmen humano, emitido por um progenitor humano num veículo úmido, é misturado com partes da alma na mesma proporção em que estão presentes no progenitor. [159] Crisipo, no segundo livro de sua *Física*, declara que o sêmen é, em substância, idêntico ao sopro vital. Isto, pensa ele, pode ser visto nas sementes lançadas na terra, as quais, se mantidas até envelhecerem, não germinam, simplesmente porque sua fertilidade evaporou. Esfero e seus seguidores também sustentam que o sêmen tem sua origem na totalidade do corpo e, por isso, todas as partes do corpo podem ser reproduzidas a partir dele. O sêmen da mulher é, segundo os estoicos, estéril, sendo, como diz Esfero, sem tensão, escasso e aquoso. Por parte governante da alma entende-se aquilo que é mais verdadeiramente uma alma, na qual surgem apresentações e impulsos, e de onde surge a razão. Sua sede é o coração.

[160] Esse, então, é o resumo de física estoica que considerei adequado, sendo meu objetivo preservar a devida proporção em meu trabalho. Os pontos em que alguns dos estoicos diferem dos demais são mencionados a seguir.

2 ARISTON

Ariston o Calvo, também chamado de Sereia, era de Quios. Declarava que o fim supremo é viver com perfeita indiferença a tudo o que não é virtude nem vício; não reconhecendo nenhuma distinção nas coisas indiferentes, mas tratando-as todas igualmente. Ele comparava o sábio a um bom ator que, se for chamado a interpretar um Tersites ou um Agamêmnon, personificará ambos apropriadamente. Descartava tanto a lógica quanto a física, dizendo que a física estava fora do nosso alcance e que a lógica não nos dizia respeito; tudo o que nos diz respeito é a ética.

[161] Os raciocínios dialéticos, disse Ariston, são como teias de aranha, que, embora pareçam exibir algum trabalho artístico, ainda assim são inúteis. Ele não admitia uma pluralidade de virtudes como Zenão, nem a existência de uma única virtude com vários nomes, como os megáricos, mas tratava a virtude de acordo com a categoria dos modos de vida. Ensinando esse tipo de filosofia, e lecionando nos Cinosargo, Ariston adquiriu tal influência que foi considerado fundador de uma escola. De qualquer forma, Miltíades e Dífilo foram denominados aristonianos. Ariston era muito persuasível e agradava ao gosto do público em geral. Daí o que Timon diz sobre ele: "Alguém que se vangloria de ser descendente do astuto Ariston".

[162] Depois de conhecer Polemo, diz Dioclés de Magnésia, enquanto Zenão sofria de uma doença prolongada, Ariston mudou seus pontos de vista. A doutrina estoica à qual ele atribuía maior importância era a recusa do sábio em manter meras opiniões. Perseu opôs-se a essa doutrina quando

induziu um de dois gêmeos a depositar uma certa quantia com Ariston e depois conseguiu que o outro irmão a sacasse. Ariston, ao ficar perplexo, foi refutado por Perseu. Ariston costumava entrar em desacordo com Arcesilau; e certa vez, quando viu um monstro na forma de um touro com útero, disse: "Ai de mim! Arcesilau tem nas mãos um argumento contra a evidência".

[163] Quando um certo acadêmico alegou que não tinha certeza de nada, Ariston perguntou: "Não vê nem mesmo seu vizinho sentado ao seu lado?" E quando o outro respondeu que não, ele disse: "Quem o cegou? Quem roubou a luz de seus olhos?"

Os livros atribuídos a ele são os seguintes: *Exortações*, em dois livros; *Das doutrinas de Zenão*; *Diálogos*; *Palestras*, em seis livros; *Dissertações sobre filosofia*, em sete livros; *Dissertações sobre o amor*; *Notas sobre a vanglória*; *Notas*, em vinte e cinco livros; *Memorabilia*, em três livros; *Anedotas*, em onze livros; *Contra os retóricos*; *Resposta contra os argumentos de Alexino*; *Contra os dialéticos*, em três livros; e *Cartas a Cleantes*, em quatro livros.

Panécio e Sosicrates consideram que as *Cartas* são as únicas genuínas; todas as outras obras atribuem a Ariston o Peripatético.

[164] Conta-se que, por ser careca, Ariston teve uma insolação e morreu em decorrência disso. Compus, como uma zombaria, um poema sobre ele em metros coliâmbico:

> Por que, ó Ariston, velho e calvo, você deixou o sol queimar sua careca? Buscando calor mais do que o necessário, descobriu o frio Hades, contra a sua vontade (*Antologia palatina*, V, 38).

Houve outro Ariston, natural de Iulis; um terceiro, músico de Atenas; um quarto, poeta trágico; um quinto, de Halas, autor de tratados de retórica; e um sexto, filósofo peripatético de Alexandria.

3
HÉRILOS

[165] Hérilos era de Cartago. Declarava que o fim supremo é o conhecimento, isto é, viver sempre de modo a fazer da vida conforme ao conhecimento o padrão em todas as coisas e não ser enganado pela ignorância. Definia conhecimento como um hábito mental, sem se perturbar com discussões, na aceitação de apresentações. Às vezes, Hérilos costumava dizer que não havia um fim supremo único, mas que mudava de acordo com circunstâncias e objetos variados, assim como o mesmo bronze poderia se tornar uma estátua de Alexandre ou de Sócrates. Ele fazia uma distinção entre fim principal e fim subordinado; até mesmo os insensatos podem almejar o último, mas apenas os sábios buscam o primeiro. Tudo o que existe entre a virtude e o vício ele declarava indiferente. Seus escritos, embora não muitos, são cheios de vigor e contêm algumas passagens controversas em resposta a Zenão.

[166] Diz-se que Hérilos teve muitos admiradores quando menino; e como Zenão desejava afastá-los, obrigou Hérilos a raspar a cabeça, o que enojou os pretendentes.

Seus escritos são os seguintes: *Do exercício; Das paixões; Da suposição; O legislador; O obstetra; O desafiante; O mestre; O revisor; O fiscal; Hermes; Medeia; Diálogos;* e *Temas éticos.*

4
DIONÍSIO

Dionísio o Renegado[192] declarava que o prazer era o fim supremo; disse isso sob a difícil circunstância de um ataque de oftalmia. De fato, tão violento era o seu sofrimento que ele não conseguia chamar a dor de algo indiferente. Dionísio era filho de Teofanto e natural de Heracleia. No início, como relata Dioclés, ele foi discípulo de seu concidadão, Heráclides, depois de Alexino e Menedemo e, por fim, de Zenão.

[167] A princípio, Dionisio gostava de literatura e dedicou-se a todos os tipos de poesia; em seguida, tomou Arato como modelo, a quem se esforçou por imitar. Quando se afastou de Zenão, optou pelos cirenaicos e costumava frequentar bordéis, entregando-se a todos os outros excessos sem pudor. Viveu até quase os 80 anos de idade, e cometeu suicídio por inanição.

Seus escritos são os seguintes: *Da apatia*, em dois livros; *Do exercício*, em dois livros; *Do prazer*, em quatro livros; *Da riqueza, da popularidade e da vingança*; *Como viver entre os homens; Da prosperidade; Dos reis antigos; Dos que são elogiados;* e *Dos costumes dos bárbaros.*

Esses três, então, são os estoicos heterodoxos. O sucessor de Zenão, porém, foi Cleantes, de quem devemos falar.

---

192. Cf. § 37.

5
CLEANTES

[168] Cleantes, filho de Fanias, era de Assos. Inicialmente, foi pugilista, segundo Antístenes, em *Sucessão de filósofos*. Chegou a Atenas, como dizem alguns autores, com apenas quatro dracmas e, encontrando-se com Zenão, passou a estudar filosofia com muita dedicação e aderiu às mesmas doutrinas. Ele era conhecido por sua operosidade, pois era obrigado, devido à sua extrema pobreza, a trabalhar para ganhar a vida. Assim, enquanto à noite tirava água dos poços nos jardins, de dia exercitava-se na argumentação; daí lhe foi dado o apelido de Freantles[193]. Diz-se que ele foi levado ao tribunal para responder à investigação sobre como um sujeito tão robusto ganhava a vida, e depois foi absolvido ao apresentar como testemunhas o jardineiro junto ao qual tirava água [169] e a mulher que vendia a farinha que ele costumava moer. Os Areopagitas ficaram satisfeitos e decretaram que lhe fossem doadas dez minas, que Zenão o proibiu de aceitar. Diz-se, também, que Antígono lhe deu de presente três mil dracmas. Certa vez, enquanto conduzia alguns jovens para um espetáculo público, o vento levantou seu manto e revelou que ele não usava túnica, sendo então aplaudido pelos atenienses, como afirma Demétrio de Magnésia, em *Homônimos*. Esse episódio também aumentou a admiração sentida por ele. Há outro relato de que Antígono, ao assistir às suas palestras, perguntou-lhe por que ele tirava água de poços e recebeu a resposta: "Tirar água é tudo o que faço? E então? Não cavo? O que mais? Não

193. Significa, em grego, "aquele que tira água do poço".

rego o jardim e também trabalho por amor à filosofia?" Zenão costumava disciplina-lo a isso e pedia-lhe um óbolo de seu salário.

[170] Certa vez, Cleantes apresentou um punhado de pequenas moedas diante de seus conhecidos e disse: "Cleantes poderia até sustentar um segundo Cleantes, se quisesse, enquanto aqueles que possuem os meios para se manterem procuram viver às custas dos outros, embora tenham muito tempo de sobra para dedicar-se aos estudos filosóficos". Por isso, Cleantes foi chamado de segundo Héracles. Ele era diligente, mas nenhuma aptidão natural para a física e era excessivamente lento. Por esse motivo, Timon disse sobre ele: "Quem é este obediente que paira sobre as fileiras dos homens, obtuso, amante das palavras, de Assos, uma rocha, e sem audácia?"

Cleantes costumava suportar as zombarias dos colegas e não se importava de ser chamado de asno, dizendo-lhes que só ele era forte o suficiente para carregar o fardo de Zenão. [171] Certa vez, quando foi repreendido por covardia, ele respondeu: "É por isso que erro poucas vezes". Novamente, considerando seu estilo de vida superior ao dos ricos, costumava dizer que, enquanto eles jogavam bola, ele trabalhava cavando a terra dura e árida. Muitas vezes ele também criticava a si mesmo, e numa ocasião, quando Ariston o ouviu fazer isso e perguntou: "Quem você está repreendendo?", Cleantes, rindo, respondeu: "Um velho com cabelos grisalhos e sem inteligência". A alguém que declarou que Arcesilau não fez o que deveria, sua resposta foi: "Pare! Não o censure! Pois se em suas palavras ele despreza o dever, ele o mantém em todos os seus atos". E Arcesilau respondeu: "Não sou conquistado pela bajulação". Ao que Cleantes disse: "Sim, mas o bajulo alegando que você fala uma coisa e faz outra".

[172] Quando alguém lhe perguntou que lição deveria dar a seu filho, Cleantes em resposta citou palavras da Electra: "Silêncio, silêncio, um passo leve" (Eurípides, *Electra*, v. 140). Tendo um lacedemônio declarado que a fadiga era uma coisa boa, Cleantes alegrou-se e disse: "Você é de sangue bom, querido filho" (Homero, *Odisseia*, Canto IV, v. 611). Em suas sentenças, Hécato diz que um formoso rapaz lhe disse: "Se quem toca o ventre pratica a arte do ventre, quem toca as coxas pratica a arte das coxas". Ao que Cleantes respondeu: "Então você, jovem, guarde para ti a arte das coxas". Noutra ocasião, conversando com um jovem, Cleantes perguntou-lhe se ele estava ven-

do, o rapaz assentiu e Cleantes continuou: "Por que, então, não vejo o que você vê?"

[173] Cleantes estava presente no teatro quando o poeta Sositeos dirigiu-lhe o verso: "Impulsionados como bois pela loucura de Cleantes", e ele permaneceu impassível e imóvel. Os espectadores ficaram tão admirados que o aplaudiram e expulsaram Sositeos. Depois, quando o poeta se desculpou pelo insulto, aceitou as desculpas, dizendo que, já que Dionísio e Hércules foram ridicularizados pelos poetas sem se irritarem, seria um absurdo ele se irritar com insultos casuais. Cleantes costumava dizer que com os peripatéticos acontecia o mesmo que com as liras, pois, embora emitam belos doces, nunca os ouvem. Diz-se que quando ele expôs a máxima de Zenão de que o caráter de uma pessoa poderia ser conhecido pela sua aparência, certos jovens brincalhões trouxeram diante dele um ancião com as mãos calejadas pelo trabalho no campo e pediram-lhe que declarasse a respeito de seu caráter; Cleantes ficou perplexo e ordenou que o homem fosse embora; mas, enquanto o homem se retirava, ele espirrou e Cleantes gritou: "Ei-lo! Ele é frágil!" [174] Ao homem solitário que falava consigo mesmo, ele disse: "Você não está falando com um homem mau". Quando alguém zombou dele sobre sua velhice, sua resposta foi: "Também estou pronto para partir; mas, uma vez que me considero estar em boa saúde em todos os aspectos e que ainda posso escrever e ler, contento-me em esperar". Conta-se, ainda, que ele escreveu as palestras de Zenão em conchas de ostras e ossos de bois por falta de dinheiro para comprar papel.

Esse foi Cleantes, e, embora Zenão tivesse muitos outros discípulos notáveis, ele foi capaz de sucedê-lo como escolarca. Cleantes deixou alguns excelentes escritos, que são os seguintes: *Do tempo; Da filosofia natural de Zenão*, em dois livros; *Interpretações de Heráclito*, em quatro livros; *Da sensibilidade; Da arte; Contra Demócrito; Contra Aristarco; Contra Hérilos; Do impulso*, em dois livros; [175] *Antiguidades; Dos deuses; Dos gigantes; Do casamento; Sobre Homero; Do dever*, em três livros; *Do bom conselho; Da gratidão; Exortação; Das virtudes; Das habilidades naturais; Sobre Górgipo; Da inveja; Do amor; Da liberdade; A arte do amor; Da honra; Da glória; O estadista; Da deliberação; Das leis; Do julgamento; Da educação; Da lógica*, em três livros; *Do fim supremo; Da beleza; Da conduta; Do conhecimento; Da realeza; Da amizade;*

Do banquete; Sobre a tese de que a virtude é a mesma no homem e na mulher; Do sábio que usa sofismas; Das vantagens; Palestras, em dois livros; *Do prazer; Das características próprias; Dos problemas insolúveis; Da dialética; Os tropos*; e *Dos predicados*. São essas as suas obras.

[176] Sua morte ocorreu da seguinte maneira. Cleantes obteve uma inflamação grave nas gengivas e, por conselho dos médicos, absteve-se de comer durante dois dias inteiros. Tal tratamento foi bem-sucedido, de modo que os médicos foram a favor de permitir que ele retomasse sua dieta habitual. Com isso, porém, ele não consentiu, declarando que já havia avançado demais no caminho, e continuou jejuando o resto de seus dias até sua morte. Morreu com a mesma idade de Zenão, segundo alguns autores, tendo passado dezenove anos como seu discípulo. Seguem meus versos sobre ele:

> Louvo Cleantes, mas louvo mais Hades;
> Quem não suportaria vê-lo tão velho,
> e deu-lhe finalmente descanso entre os mortos,
> a ele que tirou tanta água durante a vida (*Antologia palatina*, V, 36).

6
ESFERO

[177] Esfero do Bósforo[194] estava entre aqueles que, após a morte de Zenão, se tornaram discípulos de Cleantes, como já mencionado[195]. Após fazer progressos consideráveis em seus estudos filosóficos, foi até Alexandria para a corte do Rei Ptolomeu Filopator[196]. Certa vez, quando surgiu uma discussão sobre a questão de saber se o sábio poderia mudar de opinião[197], Esfero sustentou que isso era impossível, e então o rei, desejando refutá-lo, ordenou que algumas romãs de cera fossem servidas. Esfero foi enganado e o rei gritou que o filósofo havia dado consentimento a uma apresentação falsa. Porém Esfero estava pronto com uma resposta clara, dizendo que havia concordado não com a proposição de que eram romãs, mas com outra, a de que havia bons motivos para pensar que fossem romãs, pois a certeza de apresentação e a probabilidade razoável são duas coisas diferentes. Mnesístrato, tendo-o acusado de negar que Ptolomeu era um rei, sua resposta foi: "Sendo como é, Ptolomeu é um rei".

[178] Seus livros foram os seguintes: *Do cosmos*, em dois livros; *Dos elementos; Do sêmen; Da sorte; Dos corpos mínimos; Contra átomos e imagens; Dos órgãos dos sentidos; Cinco palestras sobre Heráclito; Da correta disposição da doutrina ética; Do dever; Do impulso; Das paixões*, em dois livros; *Da*

194. Ou de Borístenes.

195. Cf. § 37.

196. 222-205 a.C.

197. Cf. § 162

realeza; Da constituição espartana; Sobre Licurgo e Sócrates, em três livros; *Da lei; Da adivinhação; Diálogos sobre o amor; Da escola de Erétria; Dos similares; Dos termos; Do hábito; Das contradições*, em três livros; *Do lógos; Da riqueza; Da glória; Da morte; Da arte dialética*, em dois livros; *Dos predicados; Dos termos ambíguos*; e *Cartas*.

7
CRISIPO

[179] Crisipo, filho de Apolônio, era de Solos ou de Tarso, como Alexandre relata em suas *Sucessões de filósofos*, e foi discípulo de Cleantes. Inicialmente, ele praticava corrida de longa distância, mas depois passou a ouvir Zenão, ou, como dizem Dioclés e muitos outros, Cleantes; e então, enquanto Cleantes ainda vivia, retirou-se da escola e alcançou eminência excepcional como filósofo. Crisipo tinha boas habilidades naturais e mostrava a maior agudeza em todos os ramos da filosofia; tanto que ele diferia em muitos pontos de Zenão, e também de Cleantes, a quem costumava dizer que tudo o que queria era que lhe dissessem quais eram as doutrinas, pois ele descobriria as demonstrações por si mesmo. No entanto, sempre que discordava de Cleantes, sentia remorso logo em seguida, de modo que constantemente dizia: "Sou, em muitas coisas, abençoado, salvo em relação a Cleantes; quanto a isso não sou feliz"[198].

[180] Crisipo era tão famoso pela dialética que a maioria das pessoas pensava que, se os deuses adotassem a dialética, não adotariam nenhum outro sistema senão o de Crisipo. Ele tinha abundância de argumentos, mas em estilo não teve sucesso. Na operosidade ele superou qualquer outro, como mostra o catálogo de seus escritos; pois existem mais de 705 deles. Crisipo chegou a esse número por discutir repetidas vezes sobre o mesmo assunto, registrando tudo o que lhe ocorria, fazendo muitas correções e citando nu-

198. Analogia a Eurípides (*Orestes*, vv. 540-541).

merosas testemunhas. Tanto é assim que, em um de seus tratados, ele citou quase toda a *Medeia* de Eurípides, e alguém que havia pegado o volume, sendo questionado sobre o que estava lendo, respondeu: "A *Medeia* de Crisipo".

[181] Apolodoro de Atenas, em sua *Coleção de doutrinas*, desejando mostrar que o que Epicuro escreveu com força e originalidade sem a ajuda de citações era muito maior em quantidade do que os livros de Crisipo, diz (citando suas palavras exatas): "Se alguém fosse tirar dos livros de Crisipo todas as citações alheias, suas páginas ficariam vazias". Por outro lado, Dioclés cita a velha governanta de Crisipo que dizia que ele escrevia 500 linhas por dia. E Hécato diz que Crisipo se dedicou ao estudo de filosofia porque os bens que herdou do pai foram confiscados ao tesouro do rei.

[182] Crisipo era insignificante de corpo, como mostra a estátua do Cerâmicos, que está quase escondida por uma estátua equestre próxima; e é por isso que Carnéades o chamou de *Crýpsippos* (escondido pelo cavalo). Certa vez, quando alguém o repreendeu por não ter ido ouvir Ariston junto à multidão, ele respondeu: "Se eu tivesse seguido a multidão, não teria me dedicado à filosofia". Quando algum dialético se levantou e atacou Cleantes, propondo-lhe sofismas, Crisipo disse: "Pare de distrair os mais velhos de assuntos importantes; proponha tais sofismas para nós, os mais novos". Noutra ocasião, quando alguém que tinha uma pergunta a fazer estava conversando constantemente com ele em particular, e então, ao ver uma multidão se aproximando, começou a ficar mais controverso, ele disse: "Ai, irmão! Teu olho está ficando transtornado. Há pouco parecia são, mas de repente ficou louco" (Eurípides, *Orestes*, v. 253).

[183] Nas reuniões de beber vinho, Crisipo costumava comportar-se calmamente, embora tivesse as pernas instáveis; o que fez com que a serva dissesse: "Somente as pernas de Crisipo estão embriagadas". Sua opinião sobre si mesmo era tão elevada que quando alguém perguntou: "A quem confiarei meu filho?", ele respondeu: "A mim! Pois, se eu acreditasse na existência de alguém melhor do que eu, eu mesmo deveria estar estudando com ele". Por isso dizem que a ele se aplicava o verso: "Somente ele é consciente; os outros são sombras esvoaçantes" (Homero, *Odisseia*, Canto X, v. 495); e também "Se não houvesse Crisipo, não haveria estoicos".

Por fim, como diz Sótion em seu oitavo livro, Crisipo juntou-se a Arcesilau e Lácides como discípulo e estudou filosofia com eles na Academia. [184] Isso explica seu argumento ora contra, ora a favor do senso comum, e porque se ocupou da grandeza e dos números, adotando o método da Academia.

Numa ocasião, como relata Hermipo, quando tinha a sua escola no Odeon, foi convidado por seus discípulos a participar de um sacrifício. Depois de tomar vinho doce sem misturar com água, Crisipo foi acometido de vertigem e partiu desta vida cinco dias depois, aos 73 anos, na 143ª Olimpíada[199], como indicado por Apolodoro, em sua *Cronologia*.

Escrevi, em tom de brincadeira, o seguinte sobre ele:

> Crisipo ficou tonto depois de um único gole de Baco; não se sentou no pórtico, nem em sua pátria, nem em sua alma, mas foi à casa de Hades (*Antologia palatina*, VII, 706).

[185] Outros dizem que sua morte foi causada por um violento ataque de riso; pois depois que um asno comeu seus figos, ele gritou para a velha criada que desse ao asno vinho puro para engolir os figos, e então ele riu tanto que morreu.

Parece que Crisipo foi um homem muito arrogante; com efeito, de todos os seus muitos escritos, ele não dedicou nenhum a nenhum dos reis. Ficava satisfeito apenas com a opinião de uma velha, como diz Demétrio, em sua obra *Homônimos*. Quando Ptolomeu escreveu a Cleantes solicitando-lhe que fosse pessoalmente ou enviasse alguém à sua corte, Esfero empreendeu a viagem, enquanto Crisipo recusou-se a ir; por outro lado, ele mandou chamar os filhos de sua irmã, Aristocreonte e Filócrates, e os educou. Demétrio, acima mencionado, também afirma que Crisipo foi o primeiro que se aventurou a dar lições ao ar livre no Liceu.

[186] Houve outro Crisipo, de Cnido, um médico, de quem Erasístrato diz ter aprendido muito. Um outro também, filho do primeiro e médico da corte de Ptolomeu, que sob falsa acusação foi arrastado e chicoteado. Houve ainda um outro, discípulo de Erasístrato, e mais outro, autor de uma obra intitulada *Da agricultura*.

Quanto ao filósofo, ele costumava propor argumentos como os seguintes: "Aquele que revela os mistérios aos não iniciados comete impiedade. Ora, o

199. 208-204 a.C.

hierofante certamente revela os mistérios aos não iniciados, logo ele é culpado de impiedade". Outro: "O que não está na *pólis* também não está na casa; ora, não há poço na *pólis*, portanto, também não há poço na casa". Outro: "Existe uma certa cabeça, e você não a tem. Sendo assim, há uma cabeça que você não tem, logo, você está sem cabeça". [187] Outro: "Se alguém está em Mégara, não está em Atenas; ora, há um homem em Mégara, portanto, não há um homem em Atenas". Outro: "Se você diz alguma coisa, isso passa por sua boca; ora, você diz 'carroça', logo, uma carroça passa por sua boca". Outro: "Se você nunca perdeu algo, você ainda o tem; mas você nunca perdeu chifres, logo, você tem chifres" (outros atribuem esse argumento a Eubulides).

Alguns autores criticam Crisipo por ter escrito muitas obras de maneira grosseira e indecente. Em sua obra *Sobre os antigos filósofos físicos*, ao longo de 600 linhas, ele inventa histórias de Hera e Zeus grosseiramente e com detalhes que alguém sujaria os lábios ao repetir. [188] Sua interpretação das histórias, segundo essas críticas, é condenada como muito indecente; é possível que ele tenha elogiado a doutrina física, mas a linguagem utilizada é mais apropriada às prostitutas do que às divindades. Além disso, tal obra nem sequer é mencionada pelos bibliógrafos que escreveram sobre títulos dos livros. O que Crisipo escreveu não se encontra em Polemo, nem em Hipsícrates, nem mesmo em Antígono. É sua própria invenção.

Crisipo é criticado também por, na sua *República*, permitir relações sexuais entre mães, filhas e filhos; e ele diz o mesmo no início de *Das coisas que não são desejáveis por si mesmas*. No terceiro livro de seu *Da justiça*, por volta de mil linhas, ele permite que se coma cadáveres. E no segundo livro de *Dos meios de subsistência*, onde ele pressupõe como o sábio deve ganhar a vida, ocorrem as palavras:

> [189] E, no entanto, por que o sábio deveria proporcionar-se meios de subsistência? Pois se for para sustentar a vida, a própria vida é, afinal, uma coisa indiferente. Se for para o prazer, o prazer também é uma coisa indiferente. Se for pela virtude, ela basta por si mesma para a felicidade. Os modos de obter um sustento também são ridículos, como, por exemplo, a manutenção por um rei, pois ele terá que ser agradado; ou por amigos, pois a amizade será então comprada por dinheiro; ou viver por meio da sabedoria, pois o tornará mercenário.

Estas são as objeções levantadas contra ele. Como a reputação de seus escritos é tão elevada, fiz um catálogo separado deles, organizado de acordo com a classe de assunto tratado. São os seguintes:

I. Lógica em geral

Teses lógicas; Investigações filosóficas; Definições dialéticas dirigidas a Metrodoro, em seis livros; *Dos termos utilizados na dialética, dirigido a Zenão*; [190] *Arte dialética, dirigida a Aristágoras; Prováveis julgamentos hipotéticos, dirigido a Dioscórides*, em quatro livros.

II. Lógica das coisas

Primeira série:

Dos axiomas; Dos axiomas não simples; Do axioma complexo, dirigido a Atenadas, em dois livros; *Dos axiomas negativos, dirigido a Aristágoras*, em três livros; *Dos axiomas afirmativos, dirigido a Atenodoro; Dos axiomas expressos por meio da privação, dirigido a Téaron; Dos axiomas indefinidos, dirigido a Dion*, em três livros; *Da variedade de axiomas indefinidos*, em quatro livros; *Dos axiomas temporais*, em dois livros; *Dos axiomas completos*, em dois livros.

Segunda série:

Do verdadeiro axioma disjuntivo, dirigido a Gorgipides; Do verdadeiro axioma hipotético, dirigido a Gorgipides, em quatro livros; [191] *A escolha entre alternativas, dirigido a Gorgipides; Da teoria das frases consequentes; Do argumento que emprega três termos, dirigido a Gorgipides; Dos axiomas possíveis, dirigido a Clito*, em quatro livros; *Resposta à obra de Filo sobre significados; Da questão do que são falsos axiomas.*

Terceira série:

Dos imperativos, em dois livros; *Sobre questionar*, em dois livros; *Da indagação*, em quatro livros; *Epítome sobre interrogação e indagação; Da resposta; Da investigação*, em dois livros; *Da pesquisa*, em quatro livros.

Quarta série:

[192] *Dos predicados, dirigido a Metrodoro*, em dez livros.; *Do nominativo e casos oblíquos, dirigido a Filarco; Dos silogismos hipotéticos, dirigido a Apolonides; Dos predicados, dirigido a Pásilo*, em quatro livros.

Quinta série:

Dos cinco casos; Dos enunciados classificados por assunto; Da modificação de significância, dirigido a Esteságoras, em dois livros; *Dos nomes próprios*, em dois livros.

III. Lógica das expressões ou dos discursos constituídos pelas expressões

Primeira série:

Das expressões no singular e no plural, em seis livros; *Das palavras únicas, dirigida a Sosígenes e Alexandre*, em cinco livros; *Das palavras ou frases anômalas, dirigidas a Dion*, em quatro livros; *Do argumento sorites aplicado às palavras pronunciadas*, em três livros; *Dos solecismos; Das sentenças solecísticas, dirigido a Dionísio; Expressões que violam o uso comum; Da dicção, dirigido a Dionísio*.

Segunda série:

Dos elementos da fala e das palavras faladas, em cinco livros; *Do arranjo de palavras faladas*, em quatro livros; [193] *Do arranjo e dos elementos das sentenças, dirigido a Filipe*, em três livros; *Dos elementos da fala, dirigido a Nicias; Do termo relativo.*

Terceira série:

Contra aqueles que rejeitam as divisões, em dois livros; *Das formas ambíguas de discurso, dirigido a Apolas*, em quatro livros; *Das ambiguidades figurativas; Da Ambiguidade nos silogismos hipotéticos*, em dois livros; *Resposta à obra de Pantoides sobre ambiguidades*, em dois livros; *Introdução ao estudo das ambiguidades*, em cinco livros; *Epítome da obra sobre ambiguidades, dirigido a Epícrates; Materiais coletados para a introdução ao estudo das ambiguidades*, em dois livros.

IV. A lógica dos silogismos e modos

Primeira série:

Manual de argumentos e modos, dirigido a Dioscórides, em cinco livros; [194] *Dos silogismos*, em três livros; *Da construção dos modos, dirigido a Esteságoras*, em dois livros; *Comparação dos axiomas expressos nos modos; Dos silogismos recíprocos e hipotéticos; A Agatão, ou Dos problemas que permanecem; Da questão de quais premissas são capazes de demonstrar uma determinada conclusão com o auxílio de uma ou mais premissas subsidiárias; Das inferências, dirigido a Aristágoras; Como o mesmo silogismo pode ser elabora-*

do em vários modos; Resposta às objeções apresentadas contra a elaboração do mesmo argumento silogisticamente e sem silogismo, em dois livros; *Resposta às objeções contra as análises de silogismos*, em três livros; *Resposta à obra Dos modos de Filo, dirigido a Timostrato; Escritos lógicos coletados, dirigido a Timócrates e Filomates; Crítica das obras de Timócrates e Filomates sobre modos e silogismos.*

[195] Segunda série:

Dos argumentos conclusivos, dirigido a Zenão; Dos silogismos primários indemonstráveis, dirigido a Zenão; Da análise de silogismos; Dos argumentos redundantes, dirigido a Pásilo, em dois livros; *Das regras para silogismos; Dos silogismos introdutórios ou elementares, dirigido a Zenão; Dos modos introdutórios, dirigido a Zenão*, em três livros; *Dos silogismos sob falsas figuras*, em cinco livros; *Argumentos silogísticos por resolução em argumentos indemonstráveis; Investigações sobre os modos, dirigido a Zenão e Filomates* (considerado espúrio).

Terceira série:

Dos argumentos variáveis, dirigido a Atenadas (considerado espúrio); [196] *Argumentos variáveis sobre o membro médio*, em três livros (considerado espúrio); *Resposta aos silogismos disjuntivos de Ameinias.*

Quarta série:

Das hipóteses, dirigido a Meleagro, em três livros; *Silogismos hipotéticos sobre as leis, dirigido a Meleagro; Silogismos hipotéticos para servir de introdução*, em dois livros; *Silogismos hipotéticos constituídos por teoremas*, em dois livros; *Soluções dos argumentos hipotéticos de Hédilos*, em dois livros; *Soluções dos argumentos hipotéticos de Alexandre*, em três livros (considerado espúrio); *Dos símbolos explicativos, dirigido a Leodamante.*

Quinta série:

Introdução ao argumento mentiroso, dirigido a Aristocreonte; Argumentos do tipo mentiroso, para servir de introdução; Do Argumento mentiroso, dirigido a Aristocreonte, em seis livros.

Sexta série:

Contra os que sustentam que as proposições podem ser ao mesmo tempo falsas e verdadeiras; [197] *Aos que resolvem o mentiroso dividindo-o, dirigido a Aristocreonte*, em dois livros; *Provas mostrando que argumentos indefinidos não devem ser divididos; Resposta às objeções feitas contra aqueles que condenam a divisão de argumentos indefinidos, dirigido a Pásilo*, em três livros; *Solução no estilo dos antigos, dirigido a Dioscórides; Da solução dos mentirosos, dirigido a Aristocreonte*, em três livros; *Soluções dos argumentos hipotéticos de Hédilos, dirigido a Aristocreonte e Apola.*

Sétima série:

Aos que sustentam que as premissas dos mentirosos são falsas; Do cético que nega, dirigido a Aristocreonte, em dois livros; *Argumentos negativos, para servir como exercícios lógicos; Do argumento dos pequenos incrementos, dirigido a Esteságoras*, em dois livros; *Dos argumentos que afetam as suposições ordinárias e sobre os inativos ou silenciosos, dirigido a Onetor*, em dois livros; *Do sofisma velado, dirigido a Aristóbulo*, em dois livros; [198] *Do sofisma oculto*, dirigido a Atenadas.

Oitava série:

Do sofisma do ninguém, dirigido a Menécrates, em oito livros; *Dos silogismos derivados do indeterminado e do determinado, dirigido a Pásilo*, em dois livros; *Do silogismo do ninguém, dirigido a Epicrates.*

Nona série:

Dos sofismas, dirigidos a Heráclides e Pólis, em dois livros; *Das questões dialéticas, dirigido a Dioscórides*, em cinco livros; *Resposta ao método de Arcesilau, dirigido a Esfero.*

Décima série:

Ataque ao senso comum, dirigido a Metrodoro, em seis livros; *Defesa do senso comum, dirigida a Gorgipides*, em sete livros.

V. Lógica

A essa categoria pertencem 39 investigações que estão fora do âmbito das quatro divisões principais acima mencionadas; trata-se de investigações lógicas isoladas não incluídas em conjuntos separados dos assuntos enumerados.

O total dos escritos lógicos é 311.

[199] I. Ética que trata da classificação das conceitos éticos.

Primeira série:

Esboço da teoria ética, dirigido a Teóporo; Teses éticas; Prováveis premissas para doutrinas éticas, dirigido a Filomates, em três livros; *Definições do bom ou virtuoso, dirigido a Metrodoro*, em dois livros; *Definições do mau ou do vi-*

cioso, dirigido a Metrodoro, em dois livros; *Definições do moralmente intermediário, dirigido a Metrodoro*, em dois livros; *Definições das noções genéricas, dirigido a Metrodoro*, em sete livros; *Definições relativas a outros ramos da ciência, dirigido a Metrodoro*, em dois livros.

Segunda série:

Dos símiles, dirigido a Arístocles, em três livros; *Das definições, dirigido a Metrodoro*, em sete livros.

Terceira série:

Das objeções injustamente levantadas contra as definições, dirigido a Leodamante, em sete livros. [200] *Probabilidades em apoio às definições, dirigido a Dioscórides*, em dois livros; *Das espécies e gêneros, dirigido a Gorgipides*, em dois livros; *Das classificações*; *Dos contrários, dirigido a Dionísio*, em dois livros; *Argumentos prováveis relativos às classificações, gêneros e espécies, e ao tratamento dos contrários.*

Quarta série:

Dos assuntos etimológicos, dirigido a Dioclés, em sete livros; *Pontos de etimologia, dirigido a Dioclés*, em quatro livros.

Quinta série:

Dos provérbios, dirigido a Zenódoto, em dois livros; *Dos poemas, dirigido a Filomates; Da maneira certa de ler poesia*, em dois livros; *Resposta aos críticos, dirigido a Diodoro.*

[201] II. Ética que trata da visão comum e das ciências e virtudes daí decorrentes

Primeira série:

Contra o retoque de pinturas, dirigido a Timonax; Como nomeamos cada coisa e formamos uma concepção dela; Das concepções, dirigido a Leodamante, em dois livros; *Da opinião ou suposição, dirigido a Pitonax*, em três livros; *Provas de que o homem sábio não terá opiniões; Da apreensão, do conhecimento e da ignorância*, em quatro livros; *Da razão*, em dois livros; *Do uso da razão, dirigido a Léptines.*

Segunda série:

Que os antigos admitiam corretamente tanto a dialética como a demonstração, dirigida a Zenão, em dois livros; [202] *Da dialética, dirigida a Aristo-*

creonte, em quatro livros; *Das objeções levantadas contra os dialéticos*, em três livros; *Da retórica, dirigida a Dioscórides*, em quatro livros.

Terceira série:

Do hábito mental, dirigido a Cléon, em três livros; *Da arte e do inartístico, dirigido a Aristocreonte*, em quatro livros; *Da diferença entre as virtudes, dirigido a Diodoro*, em quatro livros; *Dos caracteres das diversas virtudes; Das virtudes, dirigido a Polis*, em dois livros.

III. Ética das coisas boas e más.

Primeira série:

Do belo e do prazer, dirigido a Aristocreonte, em dez livros; *Provas de que o prazer não é o fim supremo da ação*, em quatro livros; *Provas de que o prazer não é um bem*, em quatro livros; *Dos argumentos comumente usados em nome do [prazer]*[200].

200. Título incompleto.

LIVRO VIII

1
PITÁGORAS

Tendo descrito a filosofia jônica, começando por Tales, bem como dos seus principais representantes, passemos a examinar a filosofia itálica, que foi iniciada por Pitágoras, filho do gravador de pedras preciosas Mnesarco, e, de acordo com Hermipo, era de Samos ou, segundo Aristoxeno, era um tirreno de uma das ilhas dominadas pelos atenienses após expulsar seus habitantes do Tirreno. De fato, alguns autores dizem que Pitágoras descendia de Eutífron, Hípaso e Marmaco de Cleônimo, que foi exilado de Flius, e, como Marmaco vivia em Samos, Pitágoras era, por consequência, chamado de sâmio. [2] De Samos ele foi, dizem, para Lesbos com uma apresentação de seu tio Zoilos a Ferécides. Mandou fazer três jarros de prata e os levou como presente a cada um dos sacerdotes do Egito. Pitágoras tinha irmãos, dos quais Eunomos era o mais velho e o outro chama-se Tirreno; também tinha um escravo, Zamolxis, que era honrado, diz Heródoto[201], com sacrifícios pelos getas sob o nome Cronos.

Pitágoras foi discípulo, como já foi dito, de Ferécides de Siro e, após a morte deste, foi para Samos para ser discípulo de Hermodamas, descendente de Creófilo, já avançado em idade. Ainda jovem, tão ávido de conhecimento, Pitágoras deixou a sua pátria e se iniciou em todos os mistérios e ritos, não só gregos, mas também estrangeiros. [3] Mais tarde, foi ao Egito, sendo enviado por Polícrates junto a uma carta de recomendação a Amasis; aprendeu a lín-

201. *História*, IV, 93.

gua egípcia, como diz Antifonte, em seu *Dos homens de mérito extraordinário*, e também esteve entre os caldeus e os magos. Posteriormente, enquanto estava em Creta, desceu à caverna de Ida com Epimênides. Além disso, também entrou nos santuários egípcios e aprendeu sua tradição secreta a respeito dos deuses. Depois disso, regressou a Samos para encontrar a sua pátria sob a tirania de Polícrates; então, navegou para Crotona, na Itália, e lá elaborou uma constituição para os italiotas. Pitágoras e seus seguidores foram tidos em grande estima; e, sendo quase trezentos em número, governaram tão bem que sua constituição era uma verdadeira aristocracia.

[4] Heráclides do Ponto diz que Pitágoras costumava dizer sobre si mesmo que ele já havia sido, em outra vida, Etálides, considerava-se filho de Hermes, e que Hermes lhe deu a graça de escolher qualquer presente que quisesse, exceto a imortalidade. Etálides, então, pediu para reter a memória, seja enquanto vivo, seja depois de morto, de suas experiências. Por esse motivo, em vida ele conseguia se lembrar de tudo e, quando morreu, conservou as mesmas lembranças. Depois de um tempo, voltou ao mundo no corpo de Euforbo e foi ferido por Menelau. Euforbo, por sua vez, costumava dizer que outrora ele fora Etálides e obtivera essa graça de Hermes, e então contava sobre as andanças de sua alma, sobre como ela migrava para cá e para lá, sobre as plantas e os animais pelos quais havia passado, sobre tudo o que ela tinha sofrido no Hades, e tudo o que as outras almas lá têm que suportar. [5] Quando Euforbo morreu, sua alma passou para Hermótimo, e ele também, desejando autenticar a história, subiu ao templo de Apolo em Branquidai, onde identificou o escudo que Menelau, em sua viagem de Troia para casa, havia dedicado a Apolo; então disse que o escudo estava tão podre que só havia sobrado o revestimento de marfim. Quando Hermótimo morreu, tornou-se Pirro, um pescador de Delos, e novamente se lembrou de ter sido primeiro Etálides, depois Euforbo, depois Hermótimo e depois Pirro. Por fim, quando Pirro morreu, ele se tornou Pitágoras, que ainda se lembrava de todos os fatos mencionados.

[6] Alguns autores dizem, de forma absurda, que Pitágoras não deixou nenhum escrito. Contudo, o físico Heráclito quase grita aos nossos ouvidos ao dizer: "Pitágoras, filho de Mnesarco, exercitou a investigação muito além de todos os outros homens, e a seleção de seus escritos tornou-se uma sabedoria própria, mostrando muito aprendizado, mas má elaboração". A ocasião

para esta observação foram as palavras iniciais do tratado *Da natureza* de Pitágoras, a saber: "Pelo ar que respiro, pela água que bebo, nunca permitirei ser censurado por causa deste trabalho". De fato, Pitágoras escreveu três livros: *Da educação, Do Estado* e *Da natureza.*

[7] Entretanto, o único livro sob nome de Pitágoras é de Lísis de Tarento, um pitagórico que se exilou em Tebas e ensinou Epaminondas. Heráclides, filho de Serapião, em sua *Epítome de Sótion*, diz que Pitágoras também escreveu um poema - *Do universo* - e, em segundo lugar, escreveu o *Discurso sagrado,* cujo início é: "Jovens, venham reverenciar em silêncio todas estas palavras!", em terceiro lugar, *Da alma*, em quarto lugar, *Da piedade*, em quinto lugar, *Helotales* (o pai de Epicarmo de Cos), em sexto lugar, *Croton*, e outras obras também. O mesmo autor diz que o discurso *Místico* foi escrito por Hípaso para difamar Pitágoras, e que muitos outros escritos de Aston de Crotona teriam sido atribuídos a Pitágoras. [8] Aristoxeno, por seu turno, diz que Pitágoras obteve a maior parte de suas doutrinas éticas da Sacerdotisa Temistocleia de Delfos. Já Íon de Quios, em *Triagmos*, afirma que Pitágoras atribuiu alguns poemas de sua própria autoria a Orfeu. Há autores que também atribuem a ele a obra *Imposturas*, que começa com: "Não se comporte indecorosamente diante de pessoa alguma". Sosicrates, em suas *Sucessões de filósofos*, diz que, quando Léon, o tirano de Flius, perguntou a Pitágoras quem ele era, ele disse: "Um filósofo".

Por fim, Pitágoras comparava a vida aos Grandes Jogos, aos quais alguns compareciam para competir pelo prêmio e outros iam com mercadorias para vender, mas os melhores iam como espectadores; pois, assim como na vida, alguns crescem com naturezas servis, ávidos por fama e ganho, mas o filósofo busca a verdade.

Que isso seja o suficiente para esta parte do assunto.

[9] O conteúdo geral dos três escritos de Pitágoras acima mencionados é o seguinte. Não é permitido orar por si mesmo, porque não se sabe o que será útil. Qualifica o ato de beber de malefício e despreza todo excesso, dizendo que ninguém deve ir além da justa medida, seja ao beber, seja ao comer. Sobre os prazeres do sexo, Pitágoras diz: "Reserve o inverno para os prazeres sexuais, e abstenha-se no verão; tais prazeres são menos prejudiciais no outono e na primavera, mas são sempre prejudiciais e não contribuem para a

saúde". Perguntado certa vez sobre quando se deve fazer sexo, ele respondeu: "Quando você quiser ser mais fraco do que é".

[10] Pitágoras divide a vida do ser humano da seguinte maneira: "Criança por 20 anos, adolescente por 20 anos, jovem por 20 anos, e velho por 20 anos; e esses quatro períodos correspondem às quatro estações: da criança à primavera, do adolescente ao verão, do jovem ao outono e do velho ao inverno". Para ele, adolescente seria alguém que ainda não cresceu e jovem seria uma pessoa de idade madura. Segundo Timeu, Pitágoras foi o primeiro a dizer que os amigos possuem tudo em comum e a chamar amizade de igualdade. De fato, seus discípulos colocavam todos os seus bens em um estoque comum. Durante cinco anos inteiros, os discípulos tinham que guardar silêncio, apenas ouvindo os discursos de Pitágoras sem vê-lo, até serem considerados merecedores, e daí em diante eram admitidos em sua casa e autorizados a vê-lo. Eles nunca usavam caixões de cipreste, porque o cetro de Zeus foi feito dessa madeira, assim diz Hermipo, no segundo livro de *Sobre Pitágoras*.

[11] Diz-se, ainda, que Pitágoras tinha um porte tão majestoso que seus discípulos pensavam que ele era Apolo vindo da terra dos hiperbóreos. Há um relato de que, certa vez, quando ele estava despido, sua coxa foi vista como sendo de ouro, e, enquanto atravessava o Rio Nessos, muitas pessoas disseram ter ouvido o rio saudá-lo. De acordo com Timeu, no décimo livro de suas *Histórias*, Pitágoras observou que as mulheres que convivem com os homens têm nomes divinos, sendo chamadas de virgens, depois esposas e, mais tarde, mães[202].

Foi ele quem levou a geometria à perfeição, pois foi Moiris quem primeiro descobriu os primórdios de seus elementos, segundo Anticlides, no segundo livro de *Sobre Alexandre*. [12] Pitágoras passou a maior parte de seu tempo ao estudo do aspecto aritmético da geometria e também descobriu os intervalos musicais do monocórdio. Ele tampouco descuidou-se quanto à medicina. O teórico do cálculo Apolodoro diz que Pitágoras sacrificou uma hecatombe ao descobrir que, em um triângulo retângulo, o quadrado da hipotenusa é igual à soma dos quadrados dos lados que contêm o ângulo reto. E há um epigrama da seguinte forma:

202. Alusão às figuras das Ninfas, de Perséfone e de Deméter.

> No momento em que Pitágoras descobriu a figura famosa,
> Dedicou-lhe um famoso sacrifício de bois (*Antologia palatina*, VII, 119).

Pitágoras foi o primeiro a submeter os atletas a uma dieta com carne, começando com Eurímenes, assim diz Favorino, no terceiro livro de sua *Memorabilia*, pois em tempos anteriores eles se alimentavam de figos secos, queijo mole e até de farinha de trigo, como relata o mesmo Favorino, no oitavo livro de *Histórias variadas*. [13] Alguns autores dizem que foi um certo treinador também chamado Pitágoras quem instituiu esta dieta, e não o nosso Pitágoras, pois este proibia não somente matar, mas também comer animais que partilham conosco o privilégio de ter uma alma. Esse foi o pretexto apresentado, mas a sua verdadeira razão para proibir a dieta animal foi para educar as pessoas e acostumá-las à simplicidade da vida, para que pudessem viver de coisas facilmente obtidas, enchendo as suas mesas com alimentos crus e bebendo apenas água pura, pois este era o caminho para uma vida corporal saudável e uma mente aguçada. É certo que o único altar que Pitágoras venerava era o de Apolo o Doador da Vida, localizado atrás do altar dos chifres em Delos, pois nele eram colocados farinha, cevada e bolos sem o uso do fogo, e não havia vítimas de animais, como informa Aristóteles na *Constituição de Delos*.

[14] Também foi o primeiro, dizem, a declarar que a alma, ligada ora nesta criatura, ora naquela, segue um ciclo ordenado pela necessidade. Pitágoras também, segundo o músico Aristoxeno, foi o primeiro a introduzir pesos e medidas na Grécia. E foi ele quem primeiro declarou que as estrelas da tarde e da manhã são iguais, como afirma Parmênides. Pitágoras era tão admirado que seus discípulos eram chamados de "profetas da voz de deus". Ele mesmo escreveu que, depois de 207 anos no Hades, ele havia voltado para a terra dos vivos, e foi assim que seus discípulos permaneceram adeptos fiéis, e pessoas vinham de longe ouvir suas palavras, entre elas lucanos, peucetianos, messápios e romanos.

[15] Até a época de Filolau não era possível adquirir conhecimento de nenhuma doutrina pitagórica, pois este somente divulgou os três célebres livros que Platão mandou comprar por 100 minas. Não menos de 600 pessoas participavam de suas palestras noturnas; e aqueles que tiveram o privilégio de vê-lo escreveram aos amigos anunciando a grande sorte que haviam tido. Além disso, os metapontinos chamavam a sua casa de Templo de Deméter e

a sua colunata de "recinto das Musas", como diz Favorino, nas suas *Histórias variadas*. Os próprios pitagóricos costumavam dizer que nem todas as suas doutrinas eram para todos ouvirem, de acordo com Aristoxeno, no décimo livro de suas *Regras educacionais*, [16] obra na qual também somos informados de que um membro da escola, de nome Xenófilo, questionado por alguém sobre como ele poderia educar melhor seu filho, respondeu: "Ao fazê-lo cidadão de uma *pólis* bem governada". Por toda a Itália, Pitágoras transformou muitos em pessoas boas e verdadeiras, também notáveis como os legisladores Zaleuco e Carondas; pois Pitágoras tinha um grande dom para a amizade e, especialmente, quando encontrava seus próprios preceitos adotados por alguém, ele imediatamente se relacionava com essa pessoa e passava a ser seu amigo.

[17] Seus preceitos eram os seguintes: não mexer o fogo com uma faca; não ultrapassar a balança; não se sentar na *quênice*; não comer o coração; ajudar alguém não a sair com uma carga; mas ajudá-lo a continuar; sempre enrolar a roupa de cama; não colocar a imagem de um deus no círculo de um anel; não deixar a marca da panela nas cinzas; não esfregar um vaso com uma tocha; não urinar voltado para o sol; não andar fora da estrada; não apertar as mãos com facilidade; não ter andorinhas sob seu próprio teto; não criar pássaros com garras em forma de gancho; não urinar nem pisar sobre pedaços de unhas e cabelos cortados; afastar de si a lâmina afiada; não se virar quando for para o exterior.

[18] Com "não mexer o fogo com uma faca", Pitágoras quis dizer para não provocar as emoções ou o orgulho crescente dos poderosos. Com "não ultrapassar a balança", para não ultrapassar os limites da equidade e da justiça. Com "não se sentar na *quênice*", para cuidar também do futuro, pois a *quênice* é a medida da ração do dia. Com "não comer o coração", para não desperdiçar a vida em problemas e dores. Com "não se virar quando for para o exterior", para aconselhar aqueles que estão partindo desta vida a não se deterem pelo desejo de viver, nem se deixarem ser muito atraídos pelos prazeres desta vida. As explicações do resto são semelhantes e demorariam muito para serem apresentadas.

[19] Pitágoras proibia, acima de tudo, que se comesse os peixes salmonete e melanuro, e ordenava a abstinência de corações de animais e de favas,

e às vezes, de acordo com Aristóteles, até mesmo de vulva de leitoa e tainha vermelha. Outros dizem que ele se contentava com apenas um pouco de mel, ou um favo de mel, ou pão, nunca bebia vinho durante o dia, e comia o pão junto com verduras cozidas ou cruas, e raramente peixe. Seu manto era branco e imaculado, suas colchas eram de lã branca, pois o linho ainda não havia chegado naquelas regiões. Pitágoras nunca foi conhecido por comer demais, se comportar de maneira descuidada ou ficar bêbado.

[20] Pitágoras evitava o riso e todos os gracejos, como piadas insultuosas e histórias vulgares. Quando sentia raiva, ele não punia nem o escravo nem o homem livre. Chamava a admoestação de "correção". Costumava praticar adivinhação por sons ou vozes e por augúrios, nunca com sacrifícios de vítimas queimadas no fogo, à exceção do incenso. As oferendas que ele fazia eram sempre inanimadas; embora alguns digam que ele oferecia galos e os chamados cabritos de leite e leitões, mas cordeiros nunca. No entanto, Aristoxeno afirma que Pitágoras admitia que se comesse todos os animais, exceto bois de arado e carneiros. [21] O mesmo autor, como dissemos, afirma que Pitágoras herdou suas doutrinas da sacerdotisa délfica Temistocleia. Hierônimo, no entanto, diz que Pitágoras, quando desceu ao Hades, viu a alma de Hesíodo amarrada firmemente a uma coluna de bronze e gritando, e a alma de Homero pendurada em uma árvore com serpentes se contorcendo em torno dela, sendo essas suas punições pelo que eles haviam dito sobre os deuses; ele também viu sob tortura aqueles que não permaneciam fiéis às suas esposas. Por esse motivo, diz esse autor, ele era honrado pelo povo de Crotona. Aristipo de Cirene, em sua obra Sobre os físicos, diz que ele foi chamado Pitágoras porque proferia a verdade não menos que o deus Pítio[203].

[22] Diz-se que Pitágoras aconselhava os seus discípulos a dizer o seguinte sempre que entrassem em casa: "Como transgredi? O que fiz? O que deixei de cumprir?" Também não permitia o sacrifício de vítimas aos deuses, mas apenas venerar o altar imaculado de sangue. Dizia que não se deve jurar pelos deuses, sendo o dever do ser humano esforçar-se para que a sua própria palavra transmita convicção. Deve-se honrar os mais velhos, com base no princípio de que a precedência no tempo confere maior título ao respeito;

203. Πυθαγόρας (Pythagóras) é uma palavra composta de Πύθιος (*Pýthios* – Pítio, um epíteto de Apolo) e ἀγορεύειν (agoreúein – falar, dizer, narrar).

pois assim como no mundo o nascer do sol vem antes do pôr do sol, na vida humana o princípio vem antes do fim, e em toda vida orgânica o nascimento precede a morte. [23] Pitágoras ainda ordenava que honrassem os deuses antes dos *daímones*, os heróis antes dos homens, e os pais antes de todos os outros homens; que se comportassem uns com os outros de modo a não transformar amigos em inimigos, mas sim transformar inimigos em amigos; que não considerassem nada como propriedade individual; que apoiassem a lei e que combatessem a ilegalidade; que nunca matassem ou ferissem árvores que não fossem silvestres, nem mesmo qualquer animal inofensivo ao ser humano. Dizia, além disso, que é decente e aconselhável não dar risadas desenfreadas nem dar olhares taciturnos. Deve-se, também, evitar o excesso de carne; alternar, em uma viagem, o esforço e o descanso; treinar a memória; conter os atos e a língua durante a cólera; respeitar toda adivinhação; [24] cantar ao som da lira e através de hinos para mostrar a devida gratidão aos deuses e às pessoas boas; abster-se de favas porque causa flatulência e isso faz parte da maior parte do sopro da vida, e, além disso, é melhor para o estômago se não forem consumidas, e isso tornará nossos sonhos suaves e tranquilos.

Alexandro, em suas *Sucessões de filósofos*, diz que também encontrou nas memórias pitagóricas as seguintes doutrinas: [25] o princípio de todas as coisas é a mônada [ou unidade]; da mônada surge a díade indefinida, que serve como substrato material para a mônada, que é a causa; da mônada e da díade indefinida surgem os números; dos números, pontos; dos pontos, linhas; das linhas, figuras planas; das figuras planas, figuras sólidas; das figuras sólidas, corpos sensíveis, cujos elementos são quatro: fogo, água, terra e ar. Esses elementos intercambiam-se e transformam-se completamente uns nos outros, e combinam-se para produzir um cosmos animado, inteligente e esférico, com a Terra no seu centro, sendo a própria Terra também esférica e habitada. [26] Existem também os antípodas, e nosso "em baixo" é o "em cima" deles. A luz e as trevas têm partes proporcionais no cosmos, assim como o quente e o frio, e o seco e o úmido; e destes, se o calor prevalece, temos o verão; se prevalece o frio, temos o inverno; se prevalece o seco, temos a primavera; e se prevalece o úmido, temos o outono. Se tudo estiver em equilíbrio, temos os melhores períodos do ano, dos quais um é próspero e saudável e o outro decadente e insalubre – o fim do verão. Assim também, durante o dia, a prosperidade pertence à manhã e a decadência à noite, o que é, portanto, mais prejudicial à saúde. O ar ao redor da terra é estagnado e prejudicial, e tudo que há nele é mortal; mas o ar superior está sempre em movimento, é puro e saudável, e tudo que há nele é imortal e, consequentemente, divino.

[27] O Sol, a Lua e os outros astros são deuses; pois neles há preponderância de calor, e o calor é a causa da vida. A Lua é iluminada pelo Sol. Deuses e seres humanos são semelhantes, na medida em que o ser humano participa do calor; portanto, deus é nossa providência. O destino é a causa de as coisas serem assim ordenadas tanto como um todo quanto separadamente. O raio do Sol penetra através do éter, seja frio ou denso – os pitagóricos chamam o ar de éter frio, e o mar e a umidade de éter denso – e este raio desce até as profundezas da terra e, por esta razão, vivifica todas as coisas. [28] Todas as coisas vivas que participam do calor vivem, e é por isso que as plantas são coisas vivas; mas nem todas têm alma. A Lua é uma parte separada do éter quente e do éter frio, pois também participa do éter frio. A alma é distinta da vida. Ela é imortal, pois aquilo de que ela se separa é imortal. As criaturas vivas reproduzem-se umas das outras pelo sêmen e não existe geração espontânea a partir da terra. O sêmen é uma gota do cérebro contendo vapor quente; e este, quando levado ao útero, expulsa do cérebro o líquido, o fluido e o sangue, de onde se formam a carne, os tendões, os ossos, os cabelos e todo o corpo, enquanto a alma e os sentidos vêm do vapor interior. [29] O embrião se forma, primeiramente, em cerca de quarenta dias, recebe forma e, de acordo com as proporções harmônicas, a criança vem à luz em sete, nove ou no máximo dez meses. A criança contém todas as relações que constituem a vida, e estas, formando uma série contínua, mantêm-na unida segundo as proporções de harmonia, cada uma aparecendo em intervalos regulares. Os sentidos em geral, e particularmente a visão, são vapores extraordinariamente quentes. Por isso diz-se que vê através do ar e da água, porque o quente resiste ao frio; pois, se o vapor nos olhos fosse frio, teria se dissipado ao encontrar o ar, seu similar. Essa é a razão de Pitágoras, em certas linhas, chamar os olhos de "portais do Sol". Ele diz o mesmo em relação à audição e aos outros sentidos.

[30] A alma do ser humano divide-se em três partes: inteligência, razão e ânimo. A inteligência e o ânimo também existem em outros seres vivos, mas a razão existe apenas no ser humano. A sede da alma se estende do coração ao

cérebro; a parte que está no coração é o ânimo, enquanto as partes localizadas no cérebro são a razão e a inteligência. Os sentidos são destilações destas partes. A razão é imortal, todo o resto é mortal. A alma se alimenta do sangue; as faculdades da alma são sopros, pois tanto elas como a alma são invisíveis, assim como o éter é invisível. [31] As veias, as artérias e os tendões são os vínculos da alma, mas quando a alma é forte e consolidada em si mesmo, os raciocínios e as ações tornam-se seus vínculos. Quando lançada sobre a terra, a alma vagueia no ar como o corpo. Hermes é o guardião das almas, e por essa razão é chamado de Acompanhante, Porteiro e Hermes do Submundo, já que é ele quem conduz as almas de seus corpos, tanto por terra quanto por mar; e as almas puras são levadas para a região superior, mas as impuras não têm permissão para se aproximar dos puros ou uns dos outros, mas são presos pelas Erínias em laços indestrutíveis. [32] Todo o ar está repleto de almas que são chamadas de *daímones* ou heróis; são estes que enviam aos humanos sonhos e sinais futuros de doenças e saúde, e não apenas aos humanos, mas também às ovelhas e ao gado; e é a eles que se referem as purificações, sacrifícios, todas as adivinhações, presságios e coisas do gênero. A coisa mais importante na vida humana é induzir a alma para o bem ou para o mal. Felizes os que adquirem uma boa alma; os de alma ruim nunca poderão descansar nem manter o mesmo curso.

[33] A justiça é um juramento, e é por isso que Zeus é chamado de deus dos juramentos. A virtude é harmonia, assim como a saúde e todo o bem e o próprio deus; é por isso que dizem que todas as coisas são construídas de acordo com as leis da harmonia. A amizade também é uma igualdade harmônica. Não devemos prestar culto igual a deuses e heróis. Aos deuses, com silêncio reverente, em vestes brancas e purificados; aos heróis, somente a partir do meio-dia. A purificação é feita pela limpeza, batismo e lustração, por manter-se livre de contato com cadáveres, recém-nascidos e toda poluição, e por abster-se de carne de animais mortos naturalmente, tainhas, melanuros, ovos e animais que nasceram de ovos, favas e tudo mais prescrito por aqueles que realizam os ritos dos mistérios nos templos.

[34] De acordo com Aristóteles, em seu *Sobre os pitagóricos*, Pitágoras aconselhava a abstinência de favas porque se assemelham a órgãos genitais, ou porque parecem com os portões do Hades (é a única planta desarticulada),

ou porque são prejudiciais, ou porque se assemelham à forma do universo, ou porque pertencem à aristocracia, pois são usadas para eleições por sorteio. Pitágoras ordenava aos seus discípulos que não apanhassem migalhas caídas no chão, seja para acostumá-los a não comer imoderadamente, seja porque estava relacionado com a morte de uma pessoa. Segundo Aristófanes, as migalhas caídas no chão pertencem aos heróis, pois em *Heróis* ele diz: "Não experimentem o que cai embaixo da mesa!" Outro de seus preceitos era não comer galos brancos, por serem sagrados ao mês e serem como os suplicantes (a súplica está entre as coisas boas); são sagrados ao mês porque anunciam as horas, e a cor branca representa a natureza do bem, enquanto o preto representa a natureza do mal. Não permitia também o consumo de peixes sagrados, pois não se deve oferecer as mesmas coisas aos deuses e aos humanos, tanto livres como escravos. Não se deve partir o pão, pois antigamente os amigos costumavam se reunir em torno de um único pão, [35] como fazem os bárbaros até hoje; e não se deve dividir o pão, pois ele une os amigos. Alguns dão como explicação para isso uma referência ao julgamento dos mortos no Hades, outros dizem que o pão forma covardes na guerra, e outros dizem que é a partir do pão que o universo começa.

Pitágoras sustentava que a figura mais bela, entre os sólidos, é a esfera e, entre as figuras planas, o círculo. A velhice pode ser comparada a tudo o que diminui, enquanto a juventude é o que aumenta. Saúde significa conservação da forma, e doença é sua destruição. Sobre o sal, ele dizia que deveria ser colocado à mesa para nos lembrar do que é certo; pois o sal preserva tudo a que é adicionado e surge das fontes mais puras: do Sol e do mar. [36] Alexandro fala sobre essas doutrinas nas *Memórias pitagóricas* e Aristóteles menciona coisas semelhantes.

A grande dignidade de Pitágoras não foi esquecida nem mesmo por Timon, que, embora o ataque em suas *Sátiras*, fala:

> Pitágoras, amigo íntimo de perífrases, voltou-se a obras e costumes mágicos para conquistar os homens.

Xenófanes confirma a afirmação de Pitágoras ter sido pessoas diferentes em momentos diferentes em suas elegíacas, cujo início é: "Agora, inicio outro discurso, mostrarei o caminho". O que ele diz de Pitágoras é o seguinte:

> Dizem que, passando por um cãozinho maltratado,
> ele, cheio de pena, disse estas palavras:
> "Pare! Não o espanque! É meu amigo, uma alma humana;
> eu o reconheci quando o ouvi gritar!"

[37] Tais são suas palavras. Cratino também o satirizou em *As pitagóricas*, e diz o seguinte em *Tarantinos*:

> É seu costume, se por acaso encontrar um indivíduo qualquer, realizar um interrogatório sobre a força das doutrinas, para perturbá-lo e confundi-lo com termos, equações e antíteses, cheio de magnitudes e perífrases.

E Mnesímaco em *Alcmeão*:

> Como o rito pitagórico, sacrificamos a Loxias,
> Não comendo absolutamente nada que seja animado.

[38] E Aristofonte em *Pitagorista*:

> A – Ele contou que, ao descer [ao Hades], viu o modo de viver dos moradores debaixo e como era diferente a vida dos pitagóricos em relação a todos os outros mortos; ele disse que somente eles são autorizados a jantar com Plutão graças à sua piedade.
>
> B – Você está falando de um deus mal-humorado, se por criaturas cheias de sujeira gosta de estar acompanhado.

E novamente na mesma obra:

> Comem verduras e bebem somente água; mas nenhum dos outros [mortos] conseguia suportar os mantos destruídos, a sujeira e os piolhos.

[39] Pitágoras morreu da seguinte maneira: certa vez, enquanto estava sentado entre seus conhecidos na casa de Milo, a casa foi incendiada por ciúmes por uma pessoa que não foi considerada digna da presença do filósofo (alguns autores dizem que foi obra dos habitantes de Crotona, ansiosos por se protegerem contra o estabelecimento de uma tirania); Pitágoras foi pego [pelos perseguidores] enquanto tentava escapar, pois chegou até um certo campo de favas, onde parou e disse que preferia ser pego em vez de atravessá-lo, e, depois, que preferia muito mais ser morto do que falar; e, assim, seus perseguidores cortaram sua garganta. Assim também foram assassinados mais da metade de seus discípulos, em número de aproximadamente quarenta; mas muito poucos escaparam, incluindo Arquipo de Tarento e Lísis, já mencionados.

[40] Dicaiarcos, entretanto, diz que Pitágoras morreu fugitivo no Templo das Musas, em Metaponto, após quarenta dias de jejum. Heráclides, em *Epítome das "Vidas" de Sátiro*, diz que, depois de enterrar Ferécides em Delos, Pitágoras retornou à Itália e, quando encontrou Cílon de Cróton oferecendo um luxuoso banquete a todos, retirou-se para Metaponto para terminar seus dias lá por inanição, não querendo viver mais. Por outro lado, Hermipo relata que, quando os homens de Agrigento e Siracusa estavam em guerra, Pitágoras e seus discípulos saíram e lutaram na vanguarda do exército dos agrigentinos, e, estando na linha de frente, foi morto pelos siracusanos enquanto ele tentava evitar um campo de favas; os discípulos restantes, cerca de trinta e cinco, foram queimados na fogueira em Taranto por tentarem estabelecer um governo de oposição aos que estavam no poder.

[41] Hermipo conta outra anedota. Pitágoras, ao chegar à Itália, construiu uma residência subterrânea e ordenou que sua mãe marcasse e registrasse tudo o que se passasse e a que horas, e que lhe enviasse suas anotações até que ele subisse. Ela fez isso. Algum tempo depois, Pitágoras apareceu magro e parecendo um esqueleto, depois entrou na assembleia e declarou que havia descido ao Hades, e leu suas experiências para eles. Eles ficaram tão emocionados que choraram e lamentaram e consideraram-no divino, chegando ao ponto de enviar suas esposas para ele na esperança de que aprendessem algumas de suas doutrinas; e por isso foram elas chamadas de pitagóricas. Isso é o que diz Hermipo.

[42] Pitágoras tinha uma esposa, de nome Teano, filha de Brontino de Cróton (embora alguns autores digam que ela era esposa de Brontino e discípula de Pitágoras). Teve uma filha, Damo, de acordo com a epístola de Lísis a Hípaso, que diz de Pitágoras:

> Muitos disseram que você filosofa publicamente, algo que Pitágoras considerou indigno, que confiou à filha Damo suas *Memórias*, com a recomendação de nunca as entregar a ninguém que não fora admitido em sua casa. E, embora ela pudesse ter vendido os escritos por uma grande quantia em dinheiro, ela não o fez, pois considerava a pobreza e as solenes ordens de seu pai mais preciosas do que o ouro, apesar de ser mulher.

[43] Pitágoras e Teano também tiveram um filho, Telauges, que sucedeu a seu pai e, segundo alguns, foi instrutor de Empédocles. De fato, Hipóboto faz

Empédocles dizer: "Telauges, famoso filho de Teano e Pitágoras". De Telauges nada se conservou, mas de sua mãe Teano conservaram-se algumas coisas. Além disso, conta-se que, quando perguntaram a Teano quantos dias se passam antes que uma mulher se torne pura após a relação sexual, ela respondeu: "Com seu próprio marido, imediatamente, com outro homem nunca". Certa vez, ela aconselhou uma mulher, que ia ter relações com o próprio marido, a se desfazer da vergonha juntamente com suas roupas e, ao levantar-se, vesti-la novamente junto com as roupas. Quando perguntada: "Mais o quê?", ela respondeu: "O que me faz ser chamada de mulher".

[44] Retornemos a Pitágoras. De acordo com Heráclides, filho de Serapião, Pitágoras tinha 80 anos quando morreu, e isto está de acordo com a sua própria descrição das idades, embora a maioria dos autores diga que ele tinha 90 anos.

Há alguns escritos em tom de zombaria de minha parte sobre ele, como segue:

> Não foi o único a manter as mãos longe das coisas animadas. Nós também. Quem nunca provou seres animados, Pitágoras?
> Pois quando algo é fervido, assado e salgado, então certamente não possui alma e o comemos (*Antologia palatina*, VII, 121).

E outro:

> Pitágoras era tão sábio que não tocava em carne e chamava isso de ímpio,
> Mas consentia que os outros comessem. Admira-me o sábio: dizia que não queria ser ímpio, mas deixava os outros serem ímpios (*Antologia palatina*, V, 34).

[45] E novamente:

> Se você quiser entender a mente de Pitágoras, veja o centro do escudo de Euforbo. Ele diz: "Antes eu era um mortal". Se, quando ele diz que era, ele já não era, ele não era ninguém quando era (*Antologia palatina*, V, 35).

E outro, sobre sua morte:

> Ai! Ai! De onde vem tanta veneração de Pitágoras pelas favas? Por que ele morreu junto a seus discípulos? Havia um campo de favas que ele não ousava atravessar; antes de pisoteá-lo, ele suportou ser morto na encruzilhada pelos agrigentinos (*Antologia palatina*, VII, 122).

Pitágoras esteve em seu apogeu na 60ª Olimpíada[204] e sua escola sobreviveu durante nove ou dez gerações. [46] Os últimos dos pitagóricos, que Aristoxeno viu em seu tempo, foram o calcídico Xenófilo da Trácia, Fanton de Flius, Equecrates, Dioclés e Polimnasto, também de Flius, que foram ouvintes de Filolau e Eurito de Taranto.

Houve quatro indivíduos de nome Pitágoras vivendo quase na mesma época e não muito distantes um do outro: um de Crotona, um homem com tendências tirânicas; outro de Flius, um atleta ou, como alguns dizem, um treinador; outro de Zacinto; e o nosso filósofo, que descobriu os segredos da filosofia e os ensinou, e a quem foi atribuída a frase "ele mesmo disse"[205], que se tornou um provérbio da vida comum. [47] Alguns autores dizem que houve ainda um outro Pitágoras, um escultor de Régio, que se acredita ter sido o primeiro a dedicar-se ao estudo do ritmo e da simetria; um outro, um escultor de Samos; um outro, um mau orador; um outro, um médico que escreveu sobre hérnia e também compilou algumas coisas sobre Homero; e ainda outro que, segundo Dionísio, escreveu uma história da raça dórica. Eratóstenes diz, de acordo com Favorino no oitavo livro de suas *Histórias variadas*, que esse último citado foi o primeiro a boxear de maneira técnica, na 48ª Olimpíada[206], mantendo os cabelos compridos e vestindo uma túnica roxa; e que quando foi excluído da competição entre meninos e ridicularizado, foi imediatamente para a competição adulta e venceu; [48] esse relato é mencionado no epigrama de Teeteto:

> Ó estrangeiro, conhece Pitágoras, de cabelos compridos, o famoso boxeador sâmio?
> Eu sou Pitágoras; pergunte aos elianos quais foram minhas façanhas, dirá que ele diz coisas incríveis (*Antologia palatina*, III, 35).

Favorino diz que o filósofo usou definições em todo o assunto da matemática; e seu uso foi ampliado por Sócrates e seus discípulos, e, posteriormente, por Aristóteles e os estoicos. Além disso, Pitágoras foi o primeiro a chamar o céu de cosmos e a Terra de esférica, embora Teofrasto diga que foi

204. 540-537 a.C.

205. αὐτὸς ἔφα (*autòs épha*).

206. 588-585 a.C.

Parmênides, e Zenão que foi Hesíodo. [49] Diz-se, também, que Cílon era adversário de Pitágoras, assim como Antíloco era de Sócrates.

O atleta Pitágoras também foi objeto de outro epigrama como segue:

> Ele, ainda criança, foi à competição olímpica de pugilismo, Pitágoras, filho do sâmio Crates (*Antologia palatina*, III, 116).

O filósofo também escreveu a seguinte carta:

> *Pitágoras a Anaxímenes.*
>
> Você mesmo, ó mais excelente, se não fosse melhor nascido e famoso do que Pitágoras, teria se levantado e partido de Mileto. Mas agora sua glória ancestral o deteve como me deteve se eu fosse o par de Anaxímenes. Se vocês, os melhores homens, abandonassem suas *pólis*, então elas perderiam sua boa ordem, e o perigo dos medos aumentaria. [50] Nem sempre é bom examinar os céus, mas é mais apropriado ser previdente para com sua pátria. Pois eu também não me dedico totalmente aos meus discursos, participo igualmente das guerras que os italiotas travam entre si.

Tendo agora terminado a nossa descrição de Pitágoras, resta-nos falar dos notáveis pitagóricos; depois deles virão os filósofos que alguns chamam de esporádicos, [isto é, não pertencer a nenhuma escola específica][207]; e, em seguida, acrescentaremos a sucessão de todos aqueles dignos de nota até Epicuro, da maneira que dissemos anteriormente[208]. Já mencionamos Teano e Telauges; então, agora, temos que falar primeiro de Empédocles, pois alguns dizem que ele foi discípulo de Pitágoras.

---

207. N.T.

208. Cf. § 19, Livro I.

2
EMPÉDOCLES

[51] Empédocles era, de acordo com Hipóboto, filho de Meton e neto de Empédocles, e era natural de Agrigento. O mesmo é dito por Timeu, no décimo quinto livro de suas *Histórias*, e ainda acrescenta que Empédocles, o avô do poeta, foi um homem ilustre. Hermipo também concorda com Timeu. Heráclides ainda acrescenta, no seu tratado *Das doenças*, que Empédocles pertencia a uma família ilustre, pois o seu avô criava cavalos de corrida. Eratóstenes também registra, em suas *Vitórias olímpicas*, com base no testemunho de Aristóteles, que o pai de Meton foi um vencedor na 71ª Olimpíada[209]. [52] O gramático Apolodoro, em sua *Crônica*, diz que Empédocles era filho de Meton. Glauco diz que ele foi para Túrio, recém-fundada[210] e, posteriormente, acrescenta: "Aqueles que relatam que, sendo exilado de sua casa, ele foi para Siracusa e lutou contra os atenienses parecem-me estar completamente enganados. Pois naquela época ele já não estava vivo ou estava em extrema velhice, o que não parece provável".

Aristóteles e Heráclides afirmam que ele morreu aos 60 anos. O vencedor com o cavalo na 71ª Olimpíada era homônimo e avô deste homem, de modo que Apolodoro, em uma mesma passagem, indica a data e também o fato. [53] Sátiro, porém, em suas *Vidas*, diz que Empédocles era filho de Exeneto e ele próprio teve um filho chamado Exeneto, e que, na mesma Olimpíada,

209. 496 a.C.

210. 445-444 a.C.

o próprio Empédocles foi vitorioso na corrida de cavalos e seu filho na luta livre, ou, como Heráclides diz em sua *Epítome*, na corrida a pé.

Encontrei, na *Memorabilia* de Favorino, uma declaração de que Empédocles dedicava aos enviados aos Jogos um boi sacrificial feito de mel e farinha de trigo, e que ele tinha um irmão chamado Calicratides. Telauges, filho de Pitágoras, em sua carta a Filolau, chama Empédocles de filho de Arquínomo.

[54] O próprio Empédocles diz que pertencia a Agrigento, na Sicília, no início de *Purificações*: "Ó amigos, que moram na grande cidade às margens do amarelo Agrigento, junto à *pólis*". São essas as informações sobre sua família.

Timeu, no nono livro de suas *Histórias*, diz que Empédocles foi discípulo de Pitágoras, acrescentando que foi acusado, nessa época, de roubar os discursos do mestre; e, assim como ocorreu com Platão, foi excluído de tomar parte nas discussões da escola. O próprio Empédocles menciona Pitágoras: "Vivia entre eles um homem de conhecimento extraordinário, que realmente tinha a mais alta sabedoria". Outros autores dizem que é a Parmênides que ele se refere aqui.

[55] Neantes diz que, até a época de Filolau e Empédocles, todos os pitagóricos eram admitidos nas discussões, mas, quando o próprio Empédocles os divulgou publicamente através do seu poema, eles tomaram a decisão de não transmitir a nenhum poeta as suas doutrinas. Neantes diz, ainda, que a mesma coisa aconteceu com Platão, pois ele também foi excluído. Contudo, o mesmo autor não diz qual dos pitagóricos tinha Empédocles como discípulo, pois considerou a epístola comumente atribuída a Telauges e a afirmação de que Empédocles fora discípulo de Hípaso e Brontino indignas de crédito.

Teofrasto afirma que Empédocles era um admirador de Parmênides e o imitou em seus versos, pois Parmênides também publicou seu tratado *Da natureza* em versos. [56] Porém, o relato de Hermipo é que ele era um admirador não de Parmênides, mas de Xenófanes, com quem de fato viveu e cuja escrita de poesia imitou, e que seu encontro com os pitagóricos foi posterior. Alcídamas, na sua *Física*, diz que Zenão e Empédocles foram discípulos de Parmênides na mesma época, mas depois o abandonaram e que, enquanto Zenão estruturava seu próprio sistema, Empédocles tornou-se discípulo de Anaxágoras e Pitágoras, imitando este último no modo de viver e de comportamento, e imitando o outro em sua filosofia física.

[57] Aristóteles, no *Sofista*, diz que Empédocles foi o inventor da retórica como Zenão foi da dialética. Na obra *Dos poetas,* Aristóteles diz que Empédocles era da escola de Homero e poderoso na dicção, sendo apreciador de metáforas e de todos os outros artifícios poéticos. Diz, ainda, que Empédocles escreveu outros poemas, principalmente sobre a invasão de Xerxes e um hino a Apolo, posteriormente queimados por sua irmã (ou, segundo Hierónimo, sua filha). Ela destruiu o hino involuntariamente, mas o poema sobre a guerra persa deliberadamente, porque estava inacabado. [58] Além disso, em termos gerais, ele diz que Empédocles escreveu tragédias e discursos políticos, mas Heráclides, filho de Sarapion, atribui as tragédias a um autor diferente. Hierônimo diz ter lido 43 dessas peças, enquanto Neants diz que Empédocles escreveu essas tragédias em sua juventude e que ele, Neantes, conhecia sete delas.

Sátiro, na obra *Vidas*, diz que Empédocles foi também médico e excelente orador, e que Górgias de Leontini, homem preeminente na oratória e autor de um tratado sobre a arte, foi seu discípulo. Sobre Górgias, Apolodoro fala, em sua Crônica, que ele viveu até os 109 anos. [59] Sátiro cita o mesmo Górgias dizendo que ele próprio estava presente quando Empédocles realizou feitos mágicos. E ainda afirma que Empédocles, em seus poemas, reivindica esse poder e muito mais quando diz:

> Aprenderá quais os remédios que servem de defesa contra os males da velhice, pois só por você realizarei tudo isso. Deterá a violência dos ventos incansáveis que se levantam e varrem a terra, devastando os campos de milho com suas rajadas; e novamente, se assim desejar, invocará os ventos em retribuição. Depois da chuva escura, fará uma estiagem sazonal para os homens e, novamente, depois da seca de verão, fará brotar do céu riachos nutritivos para as árvores. Você trará de volta do Hades a força de um homem morto.

[60] Timeu, no décimo oitavo livro de suas *Histórias*, diz que Empédocles foi admirado por muitos motivos. Por exemplo, quando os ventos etésios começaram a soprar violentamente e a danificar as colheitas, ele ordenou que os asnos fossem esfolados e que fossem feitos sacos com sua pele, que foram postos nas colinas e cumes de montes para conter os ventos; e, como isso barrava o vento, Empédocles passou a ser chamado de "domador de ventos".

Heráclides, em seu livro *Das doenças*, diz que Empédocles forneceu a Pausânias informações sobre uma mulher em estado cataléptico. Este Pausânias, segundo Aristipo e Sátiro, era amásio de Empédocles, e este dedicou-lhe a sua obra *Da natureza* escrevendo o seguinte: [61] "Ouça, Pausânias, filho do sábio Anquito!" Além disso, Empédocles escreveu um epigrama sobre Pausânias:

> O médico Pausânias, com razão, filho de Anquito, descendente de Asclépio, nasceu e foi criado em Gela.
>
> Muitos mortais acometidos por terríveis tormentos ele livrou dos mais profundos abismos de Perséfone.

Heráclides diz que o caso da mulher cataléptica foi tal que durante 30 dias ele manteve seu corpo sem pulsação e sem respiração; e por essa razão Heráclides o chamou não apenas de médico, mas também de adivinho, derivando esses títulos dos próprios versos do filósofo:

> [62] Ó amigos, que moram na grande cidade às margens do amarelo Agrigento, junto à *pólis*, ocupada com boas obras, saúdo todos! Ando entre vocês como um deus imortal, não mais um mortal, tão honrado por todos, como convém, coroado com faixas e guirlandas de flores. Assim que entro na próspera cidadela, por homens e mulheres sou reverenciado, e milhares de pessoas me seguem, para aprender onde está o caminho que leva à prosperidade, alguns desejosos de oráculos, outros sofrendo de todos os tipos de doenças, desejando ouvir uma mensagem de cura.

[63] Empédocles chamava Agrigento de grande por ter 800.000 habitantes, explica Timeu. E acrescenta que, por esse motivo, Empédocles fala sobre o luxo o seguinte: "Os agrigentinos vivem suntuosamente, como se amanhã fossem morrer, mas constroem bem suas casas como se fossem viver para todo o sempre".

Diz-se que o rapsodo Cleomenes recitou este mesmo poema, as *Purificações*, em Olímpia; assim afirma Favorino em sua *Memorabilia*. Aristóteles também declara que Empédocles foi um defensor da liberdade e avesso a todo tipo de governo, visto que, como Xanto escreve em seu relato sobre o filósofo, ele recusou o reinado que lhe foi oferecido porque preferia uma vida privada. [64] Com isto concorda Timeu, ao mesmo tempo que explica a razão pela qual Empédocles favorecia a democracia, nomeadamente, que, tendo sido convidado para jantar com um dos magistrados, quando o jantar já tinha durado algum tempo e não foi servido vinho na mesa, embora os outros convidados permanecessem calados, ele, indignado, ordenou que trouxessem vinho. Então, o anfitrião confessou que estava esperando a chegada de um membro do Conselho. Quando este chegou, foi nomeado convidado de honra, naturalmente pela disposição do anfitrião, cuja intenção de se tornar tirano era apenas velada; pois ele ordenava aos convidados que bebessem vinho ou, se não o fizessem, o derramaria sobre suas cabeças. Na ocasião, Empédocles ficou em silêncio; no dia seguinte, porém, ele providenciou a citação judicial de ambos, tanto o anfitrião como o convidado de honra, e garantiu sua condenação à morte. Este foi, então, o início de sua atividade política.

[65] Noutra ocasião, quando o médico Ácron pediu ao Conselho um local para construir um monumento a seu pai, que havia sido eminente entre os médicos, Empédocles se apresentou e impediu a concessão em um discurso no qual, entre outros assuntos, falou sobre igualdade e colocou a seguinte pergunta: "Que inscrição colocaremos no monumento? Talvez esta: 'O eminente médico agrigentino Ácron, filho de Ácron, está enterrado sob a eminência de sua eminente pátria'?" (*Antologia palatina*, V, 4). Outros autores citam a última parte como sendo: "Está sepulto em uma tumba exaltada no pico mais exaltado". E outros autores atribuem este dístico a Simônides.

[66] Posteriormente, Empédocles dissolveu a Assembleia dos Mil, três anos após sua criação, o que prova não só que ele era rico, mas que favorecia a causa popular. Por seu turno, Timeu, no décimo primeiro e no décimo segundo livros (pois ele o menciona várias vezes), diz que Empédocles parece ter defendido opiniões opostas quando estava na vida pública e quando escrevia seus poemas, e mostra como, em algumas passagens, pode-se ver que ele é arrogante e egoísta. Como estas palavras dele: "Saúdo todos! Eu ando entre vocês como um deus imortal, não mais como um mortal..."

Na época em que visitou Olímpia, consideravam-no merecedor de uma atenção excessiva, de modo que nunca houve ninguém tão falado nas conversas de amigos como Empédocles. [67] Mais tarde, porém, quando Agrigento começou a lamentar sua ausência, os descendentes de seus inimigos pessoais se opuseram ao seu retorno; e foi por esse motivo que ele foi para o Peloponeso, onde morreu. Nem assim Timon o poupou, e deu-lhe atenção dizendo: "Empédocles, também, pronunciando versos espalhafatosos; a tudo que tinha força independente, ele atribuiu uma existência separada; e os princípios que ele escolheu necessitam de outros para explicá-los". Quanto à sua morte, são apresentados diferentes relatos.

Heráclides, depois de contar a história da mulher em estado cataléptico e de como Empédocles ficou famoso por ter revivido a mulher morta, continua dizendo que ele estava oferecendo um sacrifício perto do campo de Peisianax. Alguns de seus amigos foram convidados para o sacrifício, inclusive Pausânias. [68] Então, após o banquete, o restante do grupo se dispersou e retirou-se para descansar, alguns sob as árvores do campo adjacente, outros onde parecia melhor, enquanto Empédocles permaneceu no local onde estava reclinado à mesa. Ao amanhecer, todos se levantaram e ele era o único que não estava presente. Saíram à sua busca e questionaram os empregados, que disseram não saber onde ele estava. Então, um servo disse que no meio da noite ouviu uma voz extremamente alta chamando Empédocles e, ao levantar-se, viu uma luz no céu e um brilho de tochas, mas nada mais. Todos ficaram surpresos com o que havia acontecido, e Pausânias desceu e enviou pessoas para procurá-lo. Mais tarde, porém, ordenou que não se preocupassem mais, pois coisas além do esperado haviam acontecido com ele, e era dever deles oferecer-lhe sacrifícios, já que ele havia se tornado um deus.

[69] Hermipo, por sua vez, conta que Empédocles curou Panteia, uma mulher de Agrigento, que havia sido abandonada pelos médicos, e por isso ele estava oferecendo sacrifício, para o qual convidou cerca de 80 pessoas. Hipóboto, então, diz que, ao se levantar, partiu a caminho do Etna e, ao alcançá-lo, mergulhou nas crateras de fogo e desapareceu, com a intenção de confirmar o relato de que havia se tornado um deus. Depois a verdade saiu à tona, porque uma de suas sandálias foi jogada nas chamas (era seu costume usar sandálias de bronze). Esse relato, porém, é refutado por Pausânias.

[70] Diodoro de Éfeso, ao escrever sobre Anaximandro, declara que Empédocles o imitou, exibindo arrogância teatral e vestindo trajes majestosos. Certa vez, o povo de Selinus sofria de pestilência devido aos cheiros nocivos do rio que passava, de modo que os próprios cidadãos pereciam e as suas mulheres perdiam seus filhos no parto. Empédocles, então, concebeu o plano de desviar dois rios vizinhos para o local às suas próprias custas, e, com isso, as águas passaram a ser doces novamente. Assim que a peste foi contida e o

povo de Selinus estava festejando na margem do rio, Empédocles apareceu e a multidão levantou-se e adorou-o dirigindo-lhe preces como a um deus. Foi então que, para confirmar essa crença, pulou no fogo.

[71] Essa história é refutada por Timeu, que diz expressamente que, da Sicília, Empédocles foi para o Peloponeso e não mais voltou; e esta é a razão que Timeu dá para o fato de a forma de sua morte ser desconhecida. Ele dirige essa objeção a Heráclides, a quem menciona nominalmente, em seu décimo quarto livro. Peisianax, diz ele, era cidadão de Siracusa e não possuía terras em Agrigento. Além disso, se tal história estivesse em circulação, Pausânias teria erguido um monumento ao seu amigo, como se fosse um deus, na forma de uma estátua ou santuário, pois ele era um homem rico. Timeu pergunta: "Como, então, ele saltou para dentro das crateras se nunca as havia mencionado, embora fossem próximas? Ele, portanto, morreu no Peloponeso. [72] Não é de todo surpreendente que seu túmulo não tenha sido encontrado, pois o mesmo aconteceu com muitos outros". Depois de apresentar eesses argumentos, Timeu prossegue: "Mas Heráclides é, por toda parte, conhecido por seus paradoxos, dizendo-nos, por exemplo, que um homem caiu da Lua".

Hipóboto afirma que antigamente havia em Agrigento uma estátua de Empédocles com a cabeça coberta, e uma outra com a cabeça descoberta em frente ao Senado de Roma, que claramente os romanos haviam transferido para aquele local. Estátuas de Empédocles com inscrições ainda existem hoje. Neantes de Cízico, autor de uma obra sobre os pitagóricos, diz que, após a morte de Meton, os germes de uma tirania começaram a aparecer e foi Empédocles quem persuadiu os agrigentinos a acabarem com as suas desavenças políticas e a buscarem a igualdade. [73] Além disso, com seus abundantes recursos, Empédocles concedeu dotes a muitas das donzelas da cidade que não os possuíam. Foram os mesmos meios que lhe permitiram vestir uma túnica púrpura e sobre ela um cinto de ouro, como relata Favorino em sua *Memorabilia*, além de sandálias de bronze e uma coroa de louros délfica. Ele tinha cabelos grossos e servos que o acompanhavam. Seu semblante sempre foi sério e solene, e sempre mantinha essa atitude. Dessa forma ele apareceria em público; e quando os cidadãos o encontravam, reconheciam neste comportamento a marca, por assim dizer, de uma certa realeza. Mais tarde, enquanto ia de carruagem para Messene, a fim de participar de uma festa solene, caiu e fraturou a coxa; esse acidente trouxe uma doença que causou sua morte aos 77 anos. Seu túmulo, todavia, está em Mégara.

[74] Quanto à sua idade, o relato de Aristóteles é diferente, pois ele afirma que Empédocles tinha 70 anos quando morreu; enquanto outros autores dizem 109 anos. Esteve em seu apogeu na 84ª Olimpíada[211]. Demétrio de Trezena, em sua obra *Contra os sofistas*, diz o seguinte dele, adaptando as palavras de Homero: "Amarrou um laço pendendo de um alto pinheiro, o prendeu ao pescoço, e sua alma desceu ao Hades" (*Odisseia*, Canto XI, v. 278). Na breve carta de Telauges mencionada acima[212] afirma-se que, em razão de sua idade, Empédocles caiu ao mar e morreu afogado.

São esses os relatos referentes à sua morte.

Há um epigrama de minha autoria sobre ele, em meus *Pammetros*, em estilo satírico, como segue:

> [75] Você, Empédocles, purificou teu corpo com chamas ágeis,
> E bebeu fogo de taças mortais[213];
> Não direi que, por sua vontade, se lançou na corrente do Etna;
> Você caiu contra a sua vontade ao desejar não ter sido descoberto (*Antologia palatina*, VII, 123).

E outro:

> Na verdade, há um relato da morte de Empédocles, sobre como, certa vez, ele caiu de uma carruagem e fraturou a coxa direita;
> Mas se ele pulou nas crateras de fogo e bebeu a vida, como foi seu túmulo se encontrava em Mégara?
> (*Antologia palatina*, VII, 124).

[76] Suas doutrinas eram as seguintes. Existem quatro elementos: fogo, água, terra e ar, além da amizade pela qual estes são unidos, e da discórdia pela qual são separados. Estas são as suas palavras: "Zeus brilhante e Hera vivificante, Aidoneus e Nestis, que deixam fluir de suas lágrimas a fonte da vida mortal". Por Zeus, Empédocles quer dizer o fogo, por Hera, a terra, por Aidoneus, o ar e por Nestis, a água. Diz ainda: "E a sua mudança contínua

---

211. 444-441 a.C.

212. § 53 e 55.

213. As crateras do Etna.

nunca cessa", como se esta ordem das coisas fosse eterna. Empédocles continua: "Todas as coisas ora se unem através do amor, ora cada uma é levada em uma direção diferente através do ódio que surge da discórdia".

[77] Empédocles diz que o Sol é um vasto acúmulo de fogo e maior que a Lua. A Lua, diz ele, tem a forma de um disco, e o céu é cristalino. A alma assume todas as diversas formas de animais e plantas. Ainda diz: "Antes eu nasci um rapaz, uma moça, um arbusto, um pássaro, e um peixe mudo saltando do mar".

Suas obras *Da natureza* e *Purificações* chegam a 5 mil versos, e seu discurso *Da Medicina* estendem-se por 600 versos. Sobre as tragédias, já falamos acima[214].

214. § 58.

3
EPICARMO

[78] Epicarmo de Cós, filho de Helotales, foi outro discípulo de Pitágoras. Aos três meses de idade foi enviado para Mégara, na Sicília, e de lá para Siracusa, como nos conta em seus próprios escritos. Em sua estátua está escrito o seguinte: "Se o grande Sol ultrapassa os outros astros, se o grande mar é mais poderoso do que os rios, digo, portanto, que assim a sabedoria de Epicarmo se destacou, a quem a pátria dos siracusanos coroou" (*Antologia palatina*, VII, 78).

Epicarmo deixou memórias contendo suas doutrinas físicas, éticas e médicas, e fez anotações nas margens da maioria de suas memórias, que mostram claramente que foram escritas por ele. Ele morreu aos 90 anos de idade.

4
ARQUITAS

[79] Arquitas era de Tarento e filho de Mneságoras ou, de acordo com Aristoxeno, de Hestieu, e também foi um pitagórico. Foi ele quem salvou, com uma carta, Platão que estava prestes a ser morto por Dionísio. Arquitas era admirado pela sua excelência em todos os campos; tanto que foi estratego de seus concidadãos por sete vezes, enquanto a lei excluía todos os outros de um segundo ano de comando. Para ele, Platão escreveu duas cartas, tendo ele primeiro escrito a Platão o seguinte:

> *Arquitas saúda Platão.*
>
> [80] Você fez bem em se livrar de sua doença, como ficamos sabendo pela mensagem que pediu a Lamisco anunciar. Estamos cuidando das *Memórias* e fomos para Lucânia, onde encontramos a descendência de Oquelo. Temos as obras *Da lei*, *Da realeza*, *Da piedade* e *Da origem do universo*, e as enviamos para você, mas as outras, até o momento, não encontramos; quando encontradas, você as terá.

Essa é a carta de Arquitas. A resposta de Platão é a seguinte:

> *Saudações de Platão a Arquitas.*
>
> [81] Recebi com muita alegria as *Memórias* que enviou, e estou muito satisfeito com o escritor delas; ele parece digno de seus antepassados distantes. Pelo que se diz, eles eram de Mira e estavam entre aqueles que emigraram de Troia na época de Laomedonte; homens realmente bons, como mostra as lendas sobre as quais você escreveu. Ainda não terminei minhas *Memórias* sobre as quais escreveu, mas tal como estão, eu as envio a você. Concordamos sobre a sua custódia, então não preciso dar nenhuma sugestão sobre esse assunto.

Essas são, então, as cartas trocadas entre eles.

[82] Houve quatro indivíduos que levaram o nome de Arquitas: o primeiro, o filósofo aqui mencionado; o segundo, um músico de Mitilene; o terceiro, um autor de obras sobre a agricultura; e o quarto, um escritor de epigramas. Alguns autores citam um quinto, um arquiteto, a quem é atribuído um livro *Da mecânica*, que se inicia assim: "Estas coisas aprendi com Teucro de Cartago". Conta-se, também, de um músico que, quando foi ridicularizado por não conseguir ser ouvido, disse: "Meu instrumento, lutando, falará por mim".

Aristoxeno diz que nosso pitagórico nunca foi derrotado durante todo o seu mandato, embora uma vez ele tenha renunciado devido à grande inveja contra ele e, logo após, o exército caiu imediatamente nas mãos do inimigo.

[83] Arquitas foi o primeiro a tratar sistematicamente a mecânica, aplicando princípios matemáticos; ele também empregou, pela primeira vez, o movimento mecânico em uma construção geométrica, procurando descobrir, por meio da seção de um semicilindro, duas proporções médias para duplicar o cubo. Também em geometria, ele foi o primeiro a descobrir o cubo, como diz Platão na *República*[215].

215. 528 b.

5
ALCMEÃO

Alcmeão de Crotona, também discípulo de Pitágoras, escreveu principalmente sobre medicina, embora, às vezes, tenha se dedicado à filosofia natural, como quando diz: "As coisas humanas ocorrem em pares". Parece que ele foi o primeiro a compilar um tratado físico, como diz Favorino em suas *Histórias variadas*; e ele disse que a Lua e os corpos celestes em geral são eternos em sua natureza.

Alcmeão era filho de Peiritoo, como ele mesmo diz no início de sua obra: "Alcmeão de Crotona, filho de Peiritoo disse a Brotino, Leon e Batilo: 'Das coisas invisíveis, assim como das coisas mortais, apenas os deuses têm certo conhecimento; para nós, como seres humanos, apenas a inferência a partir da evidência é possível', e assim por diante". Alcmeão sustentava também que a alma é imortal e está continuamente em movimento como o Sol.

6
HÍPASO

[84] Hípaso de Metaponto, também pitagórico, sustentava que há um tempo definido que as mudanças no universo levam para se completar e que o todo é limitado e está sempre em movimento. De acordo com Demétrio, nos *Homônimos*, Hípaso não deixou nada por escrito.

Houve dois indivíduos chamados Hípaso: esse que menciono, e um outro, autor de uma *Constituição laconiana*, em cinco livros; e ele próprio era da Lacônia.

7
FILOLAU

Filolau de Crotona era pitagórico, e foi dele que Platão pediu a Dion que comprasse os tratados pitagóricos[216]. Dion foi condenado à morte porque se pensava que ele almejava uma tirania. Há um escrito meu sobre ele:

> Digo que todos são servos da suposição; se você não faz, mas dá a impressão de fazer, então você está perdido.
> Assim, Crotona, a pátria de Filolau, matou-o, pois pareceu que ele queria ter uma mansão de tirano (*Antologia palatina*, VII, 126).

[85] Para Filolau, parecia que todas as coisas ocorrem por necessidade e harmonia. Ele foi o primeiro a declarar que a Terra se move em círculo (outros autores dizem que foi Hicetas de Siracusa). Escreveu um livro, e foi essa obra que, segundo Hermipo, certo autor disse que o filósofo Platão, quando foi à Sicília para a corte de Dionísio, comprou dos parentes de Filolau pela soma de 40 minas alexandrinas de prata, e a transcreveu no *Timeu*. Outros dizem que Platão o recebeu de presente por ter conseguido de Dionísio a libertação de um jovem discípulo de Filolau que havia sido preso.

Segundo Demétrio, nos *Homônimos*, Filolau foi o primeiro a publicar os tratados pitagóricos, aos quais deu o título *Da natureza*, cujo início é assim: "A natureza no universo ordenado compõe-se de elementos ilimitados e limitantes, tanto o universo todo como tudo o que nele existe".

216. Cf. § 09, Livro III.

8
EUDOXO

[86] Eudoxo de Cnido, filho de Ésquines, foi astrônomo, geômetra, médico e legislador. Aprendeu geometria com Arquitas e medicina com o siciliano Filístion, segundo Calímaco em seus *Quadros sinópticos*. Sótion, em suas *Sucessões de filósofos*, diz que Eudoxo também foi discípulo de Platão. Quando tinha cerca de 23 anos e estava em situação difícil, foi atraído pela reputação dos socráticos e partiu para Atenas com o médico Teomedonte, que supria suas necessidades (alguns autores dizem que ele era o amásio de Teomedonte). Tendo desembarcado no Pireu, ia todos os dias até Atenas e, depois de assistir às palestras dos sofistas, regressava ao porto. [87] Depois de dois meses, ele retornou à pátria e, ajudado por meio de contribuições de seus amigos, seguiu para o Egito com o médico Crisipo, levando consigo cartas de apresentação de Agesilau a Nectanebo, que o recomendou aos sacerdotes. Lá, permaneceu um ano e quatro meses com a barba e as sobrancelhas raspadas, e dizem alguns, escreveu sua *Octaeteris*. Do Egito, Eudoxo foi para Cízico e para Propontida, dando palestras filosóficas; depois, foi para a corte de Mausolo. Então, finalmente, ele retornou a Atenas, trazendo consigo um grande número de discípulos; segundo alguns, isso foi com o propósito de irritar Platão, que originalmente o havia ignorado. [88] Certos autores dizem que, quando Platão ofereceu um banquete, Eudoxo, devido ao grande número de presentes, organizou a disposição dos sofás em semicírculo.

Nicômaco, filho de Aristóteles, diz que Eudoxo declarou que o prazer é o bem supremo. Eudoxo foi recebido com grande honra em sua pátria, como prova o decreto a seu respeito. Ele também se tornou famoso em toda a Grécia, como legislador para os seus concidadãos, isso diz Hermipo no quarto livro de seu *Dos sete sábios*, e como autor de obras sobre astronomia e geometria e outras obras importantes.

Eudoxo teve três filhas, Actis, Filtis e Delfis. [89] Eratóstenes, em seus escritos dirigidos a Baton, diz que ele também compôs *Diálogos de cães*; outros dizem que esses diálogos foram escritos por egípcios na sua própria língua e que ele os traduziu e publicou na Grécia. Crisipo de Cnido, filho de Erineu, foi seu discípulo sobre os deuses, o mundo e os fenômenos celestes, enquanto na medicina foi discípulo do siciliano Filístion.

Eudoxo também deixou alguns comentários excelentes. Ele teve um filho, Aristágoras, que teve um filho, Crisipo, discípulo de Aetlio. Atribui-se a este Crisipo um trabalho médico sobre o tratamento dos olhos, pois as especulações sobre a natureza ocuparam sua mente.

[90] Houve três indivíduos que levaram o nome de Eudoxo: o primeiro, o aqui mencionado; o segundo, um historiador de Rodes; e o terceiro, um grego siciliano, filho de Agátocles, poeta cômico, que ganhou três vezes o prêmio nas Dionísias Urbanas e cinco vezes na Lenaias, assim conta Apolodoro em sua *Crônica*. Há, também, outro médico de Cnido mencionado por Eudoxo, em sua *Viagem pela terra*, que aconselhava as pessoas a exercitarem sempre os seus membros através de todas as formas de ginástica, e os seus órgãos dos sentidos da mesma maneira.

O mesmo Apolodoro afirma que Eudoxo de Cnido estava em seu apogeu por volta da 103ª Olimpíada[217] e que descobriu a teoria das curvas. Eudoxo morreu aos 53 anos de idade. Quando ele estava no Egito, junto a Conufis de Heliópolis, o touro sagrado Apis lambeu seu manto; a partir disso, os sacerdotes predisseram que ele seria famoso, mas teria vida curta, como informa Favorino em sua *Memorabilia*.

[91] Há um poema de minha autoria sobre ele, que diz assim:

> Diz-se que, certa vez em Mênfis, Eudoxo soube sobre seu futuro destino com o touro de belos chifres. Este nada falou, pois como poderia um touro falar?

217. 368-364 a.C.

> A natureza não deu ao jovem touro Apis uma boca que tagarela! Mas, de pé ao seu lado, lambeu seu manto, profetizando claramente "em breve sua vida acabará". Logo depois, esse destino se apoderou dele, já tendo visto as Plêiades por cinquenta e três vezes (*Antologia palatina*, VII, 744).

Eudoxo costumava ser chamado de "Endoxos" (ilustre) devido à sua brilhante reputação. Tendo tratado dos famosos pitagóricos, resta-nos, agora, discutir os chamados filósofos "esporádicos", que não pertencem a uma escola definida. Devemos falar, primeiramente, de Heráclito.

LIVRO IX

1
HERÁCLITO

Heráclito, filho de Blóson ou, segundo alguns autores, de Heraconte, era de Éfeso. Esteve em seu apogeu na 69ª Olimpíada[218]. Possuía uma mente altiva acima de qualquer outro e um ar de arrogância, como fica claro em seu próprio livro no qual diz: "Muito aprendizado não ensina a ser inteligente; caso contrário, teria ensinado Hesíodo e Pitágoras, ou, ainda, Xenófanes e Hecateu. Pois a sabedoria consiste em uma coisa: compreender o pensamento como aquilo que guia todo o mundo em todos os lugares". Heráclito dizia que Homero merecia ser banido de concursos poéticos e espancado com varas; dizia o mesmo de Arquíloco. [2] Dizia também que "há mais necessidade de extinguir a insolência do que um princípio de incêndio" e que "o povo deve lutar por suas leis assim como pelas muralhas".

Heráclito atacou os efésios também por terem banido seu amigo Hermódoro, dizendo:

> Todos os efésios adultos fariam bem em dar um fim a suas vidas e confiar a *pólis* para meninos imberbes, por terem banido Hermódoro, o homem mais digno entre eles, dizendo: "Não teremos ninguém que seja mais digno entre nós; ou se houver algum, que vá para outro lugar e viva com outros".

E quando foi solicitado por seus concidadãos para fazer leis, ele recusou o pedido porque a *pólis* já estava sob o controle de uma má constituição.

218. 504-500 a.C.

[3] Retirou-se, então, para o templo de Ártemis e começou a brincar com as crianças; quando os efésios ficaram ao seu redor e olharam, Heráclito disse: "Por que, seus patifes, estão surpresos? Ou não é melhor fazer isso do que viver conforme sua constituição?"

Finalmente, tornou-se misantropo e afastou-se para as montanhas, e lá passou a viver, alimentando-se de verduras e ervas. No entanto, isso lhe causou hidropisia e ele teve de voltar à *pólis* e perguntou aos médicos, em modo de enigma, se eles eram competentes de transformar uma inundação numa seca; os médicos não conseguiram entender suas palavras, e então ele se enterrou em um estábulo, esperando que o líquido que o afligia fosse retirado dele pelo calor do esterco. Porém, como nada disso o curou, ele morreu aos 60 anos de idade.

[4] Há uma passagem de minha autoria sobre ele, como segue:

> Muitas vezes admirei-me como Heráclito suportou viver de maneira miserável até morrer.
> Pois uma terrível doença inundou seu corpo com água, apagou a luz de seus olhos e trouxe a escuridão (*Antologia palatina*, VII, 127).

Hermipo diz que Heráclito perguntou aos médicos se seria possível esvaziar os intestinos e retirar a água; e quando disseram que era impossível, ele se expôs ao sol e ordenou aos seus servos que o cobrissem com esterco de boi; e estando assim esticado e caído, morreu no dia seguinte e foi enterrado na ágora. Por sua vez, Neantes de Cízico afirma que, não conseguindo se livrar do esterco, permaneceu como estava e, ficando irreconhecível por conta dessa transformação, foi devorado pelos cães.

[5] Heráclito foi excepcional desde a infância; pois quando jovem costumava dizer que não sabia nada, embora quando adulto afirmasse que sabia tudo. Não foi discípulo de ninguém e declarava que indagava sobre si mesmo e aprendia tudo consigo mesmo. Porém, alguns autores, como Sótion, dizem que ele foi discípulo de Xenófanes. Sótion também diz, em seu livro *Sobre Heráclito*, que Ariston declara que Heráclito foi curado da hidropisia e morreu de outra doença. Hipóboto conta o mesmo relato.

Quanto à obra que se passa por sua, é o tratado contínuo *Da natureza* que está dividido em três discursos, um sobre o todo, um sobre a política e um sobre a teologia. [6] Heráclito guardou esse livro no Templo de Ártemis e, segundo alguns, ele deliberadamente deixou-o num estilo ainda mais obscuro, para que ninguém além dos iniciados se aproximasse dele, e para que a facilidade não gerasse desprezo.

Timon faz um esboço dele ao dizer: "No meio deles surgiu o estridente como um cuco, o insultador da multidão e o enigmático Heráclito". Teofrasto atribui à sua melancolia o fato de algumas partes de sua obra estarem incompletas, enquanto outras partes formam uma estranha contradição. Como prova de sua magnanimidade, Antístenes, em suas *Sucessões de filósofos*, cita o fato de Heráclito ter renunciado à sua reivindicação à realeza em favor de seu irmão. Seu livro ganhou tanta fama que uma escola foi fundada e seus adeptos foram chamados de heraclitianos.

[7] Suas doutrinas, de modo geral, são as seguintes. Todas as coisas formam-se do fogo, e no fogo elas são novamente dissolvidas; além disso, todas as coisas surgem pelo destino, e as coisas existentes são harmonizadas pelo choque de correntes opostas. Além disso, todas as coisas estão cheias de almas e *daímones*. Heráclito também deu sua opinião sobre todos os acontecimentos ordenados no universo e declarou que o Sol não é maior do que parece. Outra expressão sua é: "Para a alma você nunca encontrará limites, nem mesmo se a seguir em todos os caminhos; tão profunda é a sua causa". Definia a presunção como uma "doença sagrada" e dizia que a visão engana. Às vezes, porém, suas declarações eram tão claras e distintas que até mesmo a pessoa mais estúpida poderia facilmente compreendê-las e elevar a alma. Em termos de brevidade e peso, seu estilo é incomparável.

[8] Seguem-se os princípios de suas doutrinas: o fogo é o elemento e todas as coisas são mutações do fogo que passam a existir por rarefação e condensação; sobre isso Heráclito não fornece uma explicação clara. Todas as coisas surgem pelo conflito de opostos e tudo flui como um rio. Além disso, tudo o que existe é finito e forma um cosmos. O cosmos surge do fogo periodicamente e de novo se transforma em fogo em ciclos fixos por toda a eternidade, e isso é determinado pelo destino. Dos opostos, aquilo que tende ao nascimento ou à criação é chamado de guerra e discórdia, e aquilo que tende à destruição pelo fogo é chamado de concórdia e paz. A mutação é um caminho ascendente e descendente, e isso determina o nascimento do cosmos. [9] Pois o fogo, ao se contrair, transforma-se em umidade, e esta condensação transforma-se

em água; a água, quando congelada, se transforma em terra – Heráclito chama esse processo de caminho descendente –; então, em sentido contrário, a terra é liquefeita e, assim, dá origem à água, e da água deriva o restante das coisas. Para ele, quase tudo resulta da evaporação do mar – este processo é o caminho ascendente. As evaporações surgem tanto da terra como do mar; as do mar são brilhantes e puras, as da terra são escuras. O fogo é alimentado pelas evaporações brilhantes, a umidade pelas demais.

Todavia, Heráclito não esclarece a natureza do elemento circundante do todo. Ele diz, porém, que nele há bacias com suas concavidades voltadas para nós, nas quais as evaporações brilhantes se acumulam e produzem chamas. São os astros. [10] A chama do Sol é a mais brilhante e a mais quente; os outros astros estão mais distantes da Terra e, por isso, lhe dão menos luz e calor. A Lua, que está mais próxima da Terra, atravessa uma região que não é pura. O Sol, entretanto, move-se numa região clara e tranquila e mantém uma distância proporcional de nós. É por esse motivo que nos dá mais calor e luz. Os eclipses do Sol e da Lua ocorrem quando as bacias estão voltadas para cima; as fases mensais da Lua se devem ao fato de a bacia girar gradualmente sobre si mesma. Dia, noite, meses, estações, anos, chuvas, ventos e outros fenômenos semelhantes são explicados pelas diversas evaporações. [11] A evaporação brilhante, incendiada na órbita do Sol, produz o dia; a evaporação oposta, quando dominada, causa a noite; o aumento do calor devido à evaporação brilhante produz o verão, enquanto a preponderância da umidade devido à evaporação escura produz o inverno.

Suas explicações de outros fenômenos estão em harmonia com isso. Porém, Heráclito nada fala da natureza da terra, nem mesmo das bacias. Essas, então, eram suas doutrinas.

Em relação a Sócrates e suas observações sobre a obra de Heráclito, que Eurípides lhe trouxe, mencionei na *Vida de Sócrates*[219], de acordo com o relato contado por Ariston. [12] No entanto, o gramático Seleuco diz que um certo Crotona relata em seu livro, chamado *O mergulhador*, que a referida obra de Heráclito foi trazida pela primeira vez para a Grécia por um certo Crates e disse, também, que era necessário um mergulhador de Delos para

219. § 22, Livro II.

que não se afogasse nessa obra. Alguns autores dão-lhe o título de *As musas*, e outros a chamam de *Da natureza*; mas Diodoto a chama de "guia exato para a regra da vida" e outros chamam-na de "guia de conduta, a disposição de todo o cosmos, para tudo e para todos". Diz-se que, quando lhe perguntaram por que se mantinha calado, Heráclito respondeu: "Para que vocês tagarelem".

Dario também estava ansioso para conhecê-lo e escreveu-lhe o seguinte:

> [13] *Rei Dario, filho de Histaspes, envia saudações a Heráclito, o sábio de Éfeso*
> Você é o autor de um tratado sobre a natureza que é difícil de entender e difícil de interpretar. Em certas partes, se for interpretado palavra por palavra, parece conter um poder de especulação sobre todo o universo e tudo o que acontece dentro dele, que depende do movimento mais divino; mas, na maior parte, o julgamento é suspenso, de modo que mesmo aqueles que estão mais familiarizados com a literatura ficam sem saber qual é a interpretação correta de sua obra. Diante disso, o Rei Dario, filho de Histaspes, deseja desfrutar de sua instrução e da cultura grega. Venha, então, o mais rápido possível para me ver em meu palácio. [14] Pois os gregos, no geral, não são propensos a distinguir seus sábios para obterem uma boa formação e aprendizado. Contudo, em minha corte, estão garantidos para você todos os privilégios e boas e dignas conversas diárias, além de uma vida de acordo com seus conselhos.

Heráclito respondeu:

> *Heráclito de Éfeso ao Rei Dario, filho de Histaspes, saudações*
> Todos os homens sobre a terra se mantêm distantes da verdade e da justiça, enquanto, por motivo de tolice perversa, se dedicam à avareza e à sede de popularidade. Mas eu, esquecido de toda maldade, evitando a insolente saciedade que está intimamente ligada à inveja, e porque desdenho a ostentação, não poderia ir à terra dos persas, contentando-me com pouco e de acordo com minha razão.

Assim se portou o homem diante de um rei.

[15] Demétrio, em seu livro *Homônimos*, diz que Heráclito desprezava até mesmo os atenienses, embora fosse tido por eles na mais alta estima; e, apesar de os efésios terem pouca consideração por ele, ele preferia ainda mais sua pátria. Demétrio de Falero também o menciona em sua *Apologia de Sócrates*; e os comentaristas de sua obra são muito numerosos: Antístenes,

Heráclides do Ponto, Cleantes, o estoico Esfero, Pausânias, que foi chamado de "imitador de Heráclito", Nicomedes, Dionísio e, entre os gramáticos, Diodoto. Este último afirma que não é um tratado sobre a natureza, mas sobre o governo, servindo a parte física apenas para ilustração.

[16] Hierônimo diz que o poeta iâmbico Scitino se comprometeu a colocar em versos o discurso de Heráclito. Ele é tema de muitos epigramas, e entre eles este:

> Eu sou Heráclito. Por que vocês me arrastam para cima e para baixo, seus sem graça? Não foi por vocês que trabalhei, mas por aqueles que me entendem.
>
> Um homem, para mim, vale por trinta mil, mas os incontáveis não valem nada. Isto eu proclamo, mesmo dominado por Perséfone (*Antologia palatina*, VII, 128).

E outro:

> Não tenha pressa em chegar ao final do livro do efésio Heráclito; o caminho é difícil de percorrer. Nele, a escuridão desprovida de luz está presente.
>
> Mas, se um iniciado for seu guia, o caminho brilhará mais que a luz do sol (*Antologia palatina*, IX, 540).

[17] Houve cinco indivíduos de nome Heráclito: o primeiro, o aqui mencionado; o segundo, um poeta lírico, que escreveu um hino de louvor aos doze deuses; o terceiro, um poeta elegíaco de Halicarnasso, sobre quem Calímaco escreveu o seguinte epitáfio: "Alguém falou sobre sua morte, Heráclito, e me veio lágrimas ao me lembrar de quantas vezes nós dois vimos o Sol se pôr durante nossas conversas. Mas embora você, amigo de Halicarnasso, seja pó há muito tempo, ainda assim os seus cantos de rouxinol continuam vivos, e Hades, que tudo nos tira, não colocará a mão sobre eles" (*Antologia palatina*, VII, 80); o quarto, um habitante de Lesbos, que escreveu uma história da Macedônia; e o quinto, um *spoudaiogéloion*[220] que adotou esta profissão depois de ter sido músico.

---

220. Um tipo de poeta que escrevia coisas engraçadas, porém com temas sérios e morais.

2
XENÓFANES

[18] Xenófanes era de Cólofon e filho de Dexio, ou, segundo Apolodoro, de Ortomenes. Foi elogiado por Timon, que diz: "Xenófanes, livre de orgulho, ironizador de Homero, castigador". Foi banido de sua pátria e viveu em Zancle, na Sicília, e também em Catana. Segundo alguns autores, Xenófanes não foi discípulo de ninguém, segundo outros, foi discípulo de Boton de Atenas, e ainda outros dizem que foi discípulo de Arquelau. Sótion diz que ele foi contemporâneo de Anaximandro.

Os escritos de Xenófanes são em métrica épica, assim como elegíacos e iâmbicos ao atacar Hesíodo e Homero e criticando o que eles diziam sobre os deuses. Além disso, ele costumava recitar seus próprios poemas, à maneira dos rapsodos. Diz-se que ele se opôs às doutrinas de Tales e Pitágoras e que também atacou Epimênides.

Xenófanes viveu até uma idade muito avançada, como ele mesmo afirma:

> [19] "Já há 67 anos levo minhas preocupações para cima e para baixo na terra da Grécia; e ainda deve-se acrescentar os 25 anos decorridos desde o meu nascimento, se eu souber falar verdadeiramente sobre essas coisas".

Xenófanes sustenta que as coisas existentes se constituem de quatro elementos e que os mundos são ilimitados em número, mas não são sobrepostos [no tempo]. As nuvens são formadas quando o vapor gerado pelo Sol é transportado para cima e as eleva no ar circundante. A substância de deus é esférica, e em nada se parecendo com o ser humano. Pois deus vê tudo e ouve tudo, mas não respira; ele é a totalidade da mente e do pensamento e é eterno. Xenófanes foi o primeiro a declarar que tudo o que existe está fadado a perecer e que a alma é um sopro vital.

[20] Xenófanes também diz que a multiplicidade das coisas fica aquém do pensamento; e que nossos encontros com os tiranos deveriam ser tão raros e agradáveis quanto possível. Quando Empédocles lhe falou que é impossível encontrar uma pessoa sábia, Xenófanes respondeu: "Naturalmente, pois é preciso uma pessoa sábia para reconhecer outra". Sótion diz que Xenófanes foi o primeiro a sustentar que todas as coisas podem ser apreendidas pelo conhecimento, mas Sótion está equivocado. Um dos poemas de Xenófanes é o *Fundação de Cólofon* e outro é o *Colonização de Eleia na Itália*, totalizando 2 mil versos.

Estava em seu apogeu por volta da 60ª Olimpíada[221]. À semelhança de Anaxágoras[222], Demétrio de Falero, em seu *Da velhice*, e o estoico Panécio, em seu *Da alegria*, dizem que Xenófanes sepultou seus filhos com as próprias mãos.

Segundo Favorino, no primeiro livro de sua *Memorabilia*, acredita-se que Xenófanes tenha sido vendido como escravo e libertado pelos pitagóricos Parmenisco e Orestas.

Houve um outro Xenófanes, de Lesbos, poeta iâmbico.

Esses eram os filósofos esporádicos.

---

221. 540-537 a.C.

222. Cf. § 13, Livro II.

3
PARMÊNIDES

[21] Parmênides era de Eleia e filho de Pires. Foi discípulo de Xenófanes (Teofrasto, porém, em sua *Epítome*, diz que ele foi discípulo de Anaximandro). Parmênides, entretanto, embora tenha sido instruído por Xenófanes, não foi seu seguidor. Segundo Sótion, ele também conviveu com o pitagórico Ameinias, filho de Diocaitas, um homem digno, porém pobre. Parmênides preferiu Ameinias e, após sua morte, construiu um santuário para ele, sendo ele próprio de nascimento nobre e possuidor de grande riqueza; além disso, foi Ameinias, e não Xenófanes, quem o levou a adotar a vida tranquila de estudante.

Parmênides foi o primeiro a declarar que a Terra é esférica e está situada no centro do universo. Sustenta, também, que há dois elementos: o fogo e a terra; o primeiro desempenha a função de artesão e o último, o seu material. [22] A criação do ser humano procedeu do Sol como causa primeira; o calor e o frio, dos quais formou-se o universo, constituem o ser humano. A alma e a mente são a mesma coisa, como diz Teofrasto em sua obra *Físicos*, onde expõe as doutrinas de quase todas as escolas. Parmênides dividiu sua filosofia em duas partes, uma tratando da verdade e a outra da opinião. Por isso, ele diz numa certa passagem: "Você deve aprender todas as coisas, tanto o coração inabalável da verdade completa quanto as opiniões dos mortais nas quais não há verdade certa".

Parmênides também expõe suas doutrinas em versos, assim como fizeram Hesíodo, Xenófanes e Empédocles. Ele fez da razão o critério da verdade e declarou que as sensações eram inexatas. Em todo caso, ele diz:

> Não permita que o longo hábito o obrigue a trilhar este caminho, a ser governado por um olho sem objetivo, por um ouvido ecoante e por uma língua, mas julgue com compreensão a questão tão contestada.

[23] Por esse motivo, Timon diz dele: "A força de Parmênides magnânimo e sem opiniões diversas, que introduziu o pensamento em vez do engano da imaginação".

Foi sobre Parmênides que Platão escreveu o diálogo intitulado *Parmênides* ou *Das ideias*. Parmênides estava em seu apogeu durante a 69ª Olimpíada[223]. Acredita-se que ele tenha sido o primeiro a detectar que Héspero [a estrela vespertina] e Fósforo [a estrela matutina] são o mesmo astro, isso afirma Favorino, no quinto livro de sua *Memorabilia*; outros autores, porém, atribuem isso a Pitágoras, enquanto Calímaco afirma que o poema em questão não foi obra de Pitágoras.

Diz-se que Parménides elaborou leis aos seus concidadãos, é o que diz Espeusipo, em seu livro *Dos filósofos*. Por fim, Favorino, em suas *Histórias variadas*, diz que Parmênides foi o primeiro a usar o argumento conhecido como "Aquiles e a tartaruga".

Houve um outro Parmênides, um retórico que escreveu um tratado sobre sua arte.

---

223. 504-500 a.C.

4
MELISSO

[24] Melisso, filho de Itaigenes, era de Samos. Foi discípulo de Parmênides. Além disso, manteve relações com Heráclito, ocasião em que este foi apresentado por Melisso aos efésios, que não o conheciam, da mesma forma que Hipócrates foi apresentado aos habitantes de Abdera por Demócrito. Melisso participou também da política e conquistou a consideração de seus concidadãos, e por essa razão foi eleito comandante naval e conquistou ainda mais admiração por mérito próprio.

Em sua opinião, o universo era ilimitado, imutável, imóvel, uma unidade uniforme e cheio de matéria. Não há movimento real, apenas aparente. Além disso, Melisso dizia que não deveríamos fazer quaisquer declarações sobre os deuses, pois era impossível ter conhecimento deles. Segundo Apolodoro, ele estava em seu apogeu na 84ª Olimpíada[224].

224. 444-441 a.C.

5
ZENÃO DE ELEIA

[25] Zenão era de Eleia. Apolodoro, em sua Crônica, diz que Zenão era filho de Teleutágoras por nascimento, mas de Parmênides por adoção, enquanto Parmênides era filho de Piras. Sobre Zenão e Melisso, Timon diz: "A grande força que sustenta o pró e o contra de Zenão, e que nunca ficava exausta em criticar a todos. Melisso também, sobressaindo entre as numerosas figuras, cede somente a poucos".

Zenão foi discípulo de Parmênides, de quem tornou-se amásio. Zenão tinha uma estatura alta, como diz Platão em seu *Parmênides*[225], que também o menciona no *Sofista*[226] e no *Fedro*[227], e o chama de Palamedes Eleático. Aristóteles diz que Zenão foi o inventor da dialética, assim como Empédocles foi o inventor da retórica.

[26] Zenão mostrou-se verdadeiramente nobre tanto como filósofo quanto como político; de qualquer forma, seus livros existentes estão repletos de intelecto. Na política, ele conspirou para derrubar o tirano Nearco (ou, segundo outros autores, Diomedonte), mas foi capturado, como diz Heráclides em sua *Epítome de Sátiro*. Nessa ocasião, foi interrogado a respeito de seus cúmplices e das armas que entregava a Lipara; denunciou todos os amigos do tirano, desejando destitui-lo de apoiadores. Então, dizendo que tinha algo a contar ao tirano sobre certas pessoas em seu ouvido, ele o mordeu na orelha e não o soltou até ser morto, tendo o mesmo destino do tiranicida Aristogíton.

[27] Contudo, Demétrio, em seu *Homônimos*, diz que Zenão mordeu não a orelha do tirano, mas o nariz. E, de acordo com Antístenes em suas *Sucessões de filósofos*, depois de denunciar os amigos do tirano, o tirano lhe perguntou

225. 127b.

226. 216a.

227. 261d.

se havia mais alguém na conspiração, ao que ele respondeu: "Você, a maldição da cidade!", e aos espectadores ele disse: "Fico maravilhado com sua covardia! Por medo das coisas que estou suportando agora, continuam sendo escravos do tirano". E finalmente ele mordeu a própria língua e cuspiu no rosto do tirano. Seus concidadãos foram tão pressionados que imediatamente apedrejaram o tirano. Com essa versão da história a maioria dos autores concorda, mas Hermipo diz que ele foi jogado numa pedra de moinho e cortado em pedaços.

[28] Para ele, escrevi o seguinte:

> Você desejou, ó Zenão, e nobre foi o seu desejo de matar o tirano e libertar Eleia da escravidão.
>
> Mas foi dominado; pois o tirano capturou-o e cortou-o numa pedra de moinho.
>
> O que digo? Foi o seu corpo, não você (*Antologia palatina*, VII, 129).

Em todos os outros aspectos, Zenão era um homem excelente; e ele desprezava os poderosos, da mesma forma que Heráclito. Com efeito, amava sua pátria, a colônia de Foceia, outrora conhecida como Hiele, e posteriormente como Eleia, uma *pólis* de tamanho moderado, hábil em nada além de formar homens bons; ele a estimava mais que a esplendorosa Atenas e dificilmente visitava os atenienses, e viveu toda a vida em sua pátria.

[29] Zenão foi o primeiro a propor o argumento "Aquiles e a tartaruga" – que Favorino atribui a Parmênides –, e muitos outros argumentos. Suas doutrinas são as seguintes. Os mundos são múltiplos, mas não existe o espaço vazio. A substância de todas as coisas deriva do quente e do frio, do seco e do úmido, que se transformam uns nos outros. A geração do ser humano procede da terra, e a alma é formada por uma união de todos os elementos anteriores, tão mesclados que nenhum elemento predomina.

Diz-se que, certa vez, quando foi insultado, Zenão se encolerizou e, em resposta a alguém que o censurou por isso, ele disse: "Se, quando censurado, eu permanecer insensível, então também serei insensível quando for elogiado".

Já mencionamos, na *Vida de Zenão de Cítio*[228], que houve oito indivíduos de nome Zenão. O aqui mencionado estava em seu apogeu durante a 79ª Olimpíada[229].

---

228. § 35.

229. 464-461 a.C.

6
LEUCIPO

[30] Leucipo era de Eleia, mas alguns dizem que era de Abdera e outros de Mileto. Foi discípulo de Zenão e suas doutrinas são as seguintes. A totalidade das coisas é ilimitada e todas elas se transformam umas nas outras. O todo é constituído tanto de vazio como cheio. Os mundos são formados quando os átomos penetram no vazio e se enredam uns com os outros; e de seu movimento, à medida que aumentam de volume, surge a substância dos astros. O Sol gira em um círculo maior ao redor da Lua. A Terra gira continuamente, girando em torno do centro, e seu formato é semelhante ao de um tambor. Leucipo foi o primeiro a estabelecer os átomos como princípio das coisas.

Este é um resumo geral de suas doutrinas; os pontos específicos são os seguintes. [31] Ele declara que o todo é ilimitado, como já foi dito; mas o todo é em parte cheio e em parte vazio, a estas partes dá-se o nome de elementos. Dos elementos surgem mundos ilimitados em número e neles são dissolvidos. Os mundos formam-se da seguinte maneira: numa determinada seção, muitos átomos de todos os tipos de formas são transportados do ilimitado para o vasto espaço vazio. Estes se reúnem e formam um único vórtice, no qual se chocam uns contra os outros e, circulando de todas as maneiras possíveis, separam-se, para que os átomos semelhantes se unam. E, sendo os átomos tão numerosos que não conseguem mais girar em equilíbrio, os leves passam para o espaço vazio exterior, como se estivessem sendo peneirados; o restante permanece unido e, emaranhado, segue seu circuito juntos e forma um primeiro sistema esférico. [32] Este se separa como uma membrana, encerrando, dentro de si, átomos de todos os tipos; e, à medida que estes giram em virtude da resistência do centro, a membrana envolvente torna-se mais fina, enquanto os átomos adjacentes combinam-se continuamente quando tocam o vórtice. Desta forma a terra foi formada, pois as partes levadas ao centro permanecem juntas. E, novamente, até mesmo a camada externa cresce pelo influxo de átomos vindos de fora e, à medida que é transportada no vórtice, acrescenta a si mesma quaisquer átomos que toca. Destas, algumas porções são interligadas e formam um sistema, a princípio úmido e lamacento, mas, quando secam e giram com o vórtice universal, incendeiam-se e formam a substância dos astros.

[33] A órbita do Sol é a mais externa, a da Lua mais próxima da Terra; as órbitas dos outros corpos celestes ficam entre esses dois. Todos os astros são incendiados pela velocidade do seu movimento; a queima do Sol também é auxiliada pelos astros; e a Lua está apenas ligeiramente acesa. O Sol e a Lua são eclipsados quando [...][230], mas a obliquidade do círculo zodiacal se deve à inclinação da Terra para o sul; e as regiões do norte estão sempre envoltas em névoa e são extremamente frias e congeladas. Eclipses do Sol são raros, enquanto eclipses da Lua ocorrem constantemente, pois suas órbitas são desiguais. À medida que o mundo nasce, também cresce, decai e perece, em virtude de alguma necessidade, cuja natureza Leucipo não especifica.

230. Há uma lacuna nesse trecho.

7
DEMÓCRITO

[34] Demócrito era filho de Hegesístrato, embora alguns autores digam ser de Atenócrito, e outros de Damasipo. Era de Abdera ou, segundo alguns, de Mileto. Foi discípulo de certos magos e caldeus. Com efeito, quando o rei Xerxes foi recebido pelo pai de Demócrito, ele deixou homens no comando, como, de fato, é afirmado por Heródoto; e com esses homens, ainda menino, Demócrito aprendeu teologia e astronomia. Posteriormente, conheceu Leucipo e, de acordo com alguns, Anaxágoras, sendo quarenta anos mais novo que este. Favorino, porém, em suas *Histórias variadas*, diz que Demócrito, falando de Anaxágoras, declarou que as suas opiniões sobre o Sol e a Lua não eram originais, mas sim muito antigas, e que ele simplesmente as roubara. Demócrito também refutou as opiniões de Anaxágoras sobre cosmogonia e mente, [35] pois tinha rancor de Anaxágoras que não havia gostado dele. Como, então, ele poderia ter sido seu discípulo, como alguns sugerem?

De acordo com Demétrio, nos *Homônimos*, e Antístenes, em *Sucessões de filósofos*, Demócrito viajou ao Egito para aprender geometria com os sacerdotes e também foi à Pérsia para visitar os caldeus, bem como ao Mar Vermelho. Alguns dizem que ele se juntou aos gimnosofistas na Índia e foi para a Etiópia. Além disso, sendo o terceiro filho, dividiu os bens da família. A maioria dos autores afirma que ele escolheu a parcela menor, que era em dinheiro, pois precisava pagar as despesas da viagem; além disso, seus irmãos foram astutos o suficiente para prever que esta seria sua escolha. [36] Demétrio estima sua parte em mais de 100 talentos, dos quais Demócrito gastou tudo. A sua diligência, diz o mesmo autor, era tão grande que ele construiu uma pequena habitação no jardim ao redor da casa e ali se isolou. Certo dia, seu pai trouxe um boi para ser sacrificado e amarrou-o ali, e Demócrito não percebeu o animal por um tempo considerável, até que seu pai o despertou para assistir ao sacrifício e lhe contou sobre o boi. Demétrio adiciona: "Parece que Demócrito também foi a Atenas e não queria ser reconhecido, porque desprezava a fama, e, embora conhecesse Sócrates, não era conhecido por Sócrates, sendo estas as suas palavras: 'Fui para Atenas e ninguém me conhecia.'"

[37] Trasilo diz: "Se os *Rivais* forem obra de Platão, Demócrito é o personagem sem nome, diferente de Enópides e Anaxágoras, que aparece quando há uma conversa com Sócrates sobre filosofia, e a quem Sócrates diz que o filósofo é como um atleta versátil.[231] Na verdade, Demócrito era versado em todos os departamentos da filosofia, pois havia estudado tanto a física quanto a ética, e além disso, a matemática e matérias rotineiras da educação, e era um grande especialista nas artes". Atribui-se a Demócrito o ditado: "A fala é a sombra da ação". Demétrio de Falero, em sua *Apologia de Sócrates*, afirma que Demócrito nem sequer visitou Atenas. Deixando essa afirmação mais ampla, ele tratava a *pólis* com desdém, porque não se importava em ganhar fama de um lugar, mas preferia tornar um lugar famoso.

[38] Seu caráter também pode ser visto em seus escritos. Trasilo diz: "Parece que ele foi um admirador dos pitagóricos. Além disso, ele menciona o próprio Pitágoras, elogiando-o em uma obra de sua autoria intitulada *Pitágoras*. Parece, também, que Demócrito tirou de Pitágoras todas as suas ideias e, se a cronologia não atrapalhasse, ele poderia ter sido considerado seu discípulo". O régio Glauco, contemporâneo de Demócrito, diz que ele foi ensinado por um dos pitagóricos. E Apolodoro de Cízico diz que ele viveu com Filolau.

Demócrito trabalhava, diz Antístenes, por vários meios para testar suas impressões sensoriais, ficando, às vezes, solitário e frequentando tumbas. [39] O mesmo autor afirma que, quando regressou das suas viagens, Demócrito viveu uma vida humilde porque havia esgotado os seus meios; e, por causa de sua pobreza, foi sustentado por seu irmão Dâmaso. Contudo, a sua

231. *Rivais*, 1325 a-c.

reputação aumentou devido ao fato de ter previsto certos acontecimentos futuros, e, depois disso, o público considerou-o digno da honra prestada a um deus. Havia uma lei, diz Antístenes, segundo a qual ninguém que tivesse desperdiçado o seu patrimônio deveria ser enterrado na sua terra natal, e Demócrito, compreendendo isso e temendo ficar à mercê de algum promotor invejoso ou inescrupuloso, leu em voz alta ao povo seu tratado, o *Grande diacosmos*, a melhor de todas as suas obras; e então ele foi recompensado com 500 talentos; e, mais do que isso, também ganhou estátuas de bronze; e quando morreu, recebeu um funeral público após uma vida de mais de um século. [40] Demétrio, entretanto, diz que não foi o próprio Demócrito, mas seus parentes que leram o *Grande diacosmos*, e que a soma concedida foi de apenas 100 talentos; Hipóboto concorda com esse relato.

Aristoxeno, em suas *Notas históricas*, afirma que Platão desejava queimar todos os escritos de Demócrito que ele pudesse coletar, mas que Amiclas e Clínias, os pitagóricos, o impediram, dizendo que não havia vantagem em fazê-lo, pois os livros já eram amplamente divulgados. Há uma evidência clara disso no fato de que Platão, que menciona quase todos os primeiros filósofos, nunca alude a Demócrito, nem mesmo quando seria necessário contestá-lo, obviamente porque sabia que teria de se opor ao melhor dos filósofos, elogiado pelo próprio Timon da seguinte maneira: "Assim é o sábio Demócrito, o pastor das palavras, conversador perspicaz que reconheço como um dos primeiros".

[41] No que diz respeito à cronologia, ele era, como ele mesmo diz no *Diacosmos menor*, um jovem quando Anaxágoras já era velho, sendo uma diferença de 40 anos. Demócrito diz que o *Diacosmos menor* foi compilado 730 anos após a captura de Troia. Segundo Apolodoro, em sua *Cronologia*, Demócrito teria nascido na 80ª Olimpíada[232], mas Trasilo, em sua *Introdução à leitura das obras de Demócrito*, diz que ele nasceu no terceiro ano da 77ª Olimpíada[233], o que o torna, acrescenta Trasilo, um ano mais velho que Sócrates. Seria então contemporâneo de Arquelau, discípulo de Anaxágoras, e da escola de Enópides; de fato, Demócrito menciona Enópides.

[42] Demócrito alude à doutrina do Uno sustentada por Parmênides e Zenão, os filósofos mais em evidência de sua época. Demócrito também

232. 460-457 a.C.

233. 470-469 a.C.

menciona Protágoras de Abdera, que, admite-se, foi contemporâneo de Sócrates. Atenodoro, no oitavo livro de *Passeios filosóficos*, relata que, quando Hipócrates foi visitar Demócrito, este ordenou que trouxessem leite e, depois de inspecioná-lo, declarou que era o leite de uma cabra preta e primípara; o que fez Hipócrates maravilhar-se com a precisão de sua observação. Além disso, Hipócrates estava acompanhado por uma criada e, no primeiro dia, Demócrito cumprimentou-a dizendo: "Olá, donzela", mas no dia seguinte: "Olá, mulher". A moça, de fato, foi corrompida durante a noite.

[43] Da morte de Demócrito, o relato feito por Hermipo é o seguinte. Quando ele já estava muito velho e perto do fim, sua irmã ficou irritada porque ele provavelmente morreria durante o Festival de Tesmofórias e ela seria impedida de prestar o devido culto à deusa. Demócrito, no entanto, pediu que ela se animasse e ordenou que lhe trouxessem pães quentes todos os dias. Ao aproximá-los das narinas, ele conseguiu sobreviver aos dias do festival; e assim que os três dias festivos se passaram, ele se deixou levar sem nenhuma dor, com a idade de 109 anos, segundo Hiparco.

Nos meus *Pammetros* tenho o seguinte epigrama sobre:

> Quem foi tão sábio? Quem realizou uma obra tão vasta quanto a do onisciente Demócrito?
> A morte estando próxima, durante três dias ele a manteve em sua casa e a regalou com o vapor de pães quentes (*Antologia palatina*, VII, 57).

Essa foi a vida desse homem.

[44] Suas opiniões são estas. Os primeiros princípios do universo são os átomos e o vazio; tudo o mais apenas pensa-se que existe. Os mundos são ilimitados; eles surgem e perecem. Nada pode surgir daquilo que não existe, nem desaparecer naquilo que não existe. Além disso, os átomos são ilimitados em tamanho e número, e são transportados por todo o universo num vórtice, e assim geram todas as coisas compostas – fogo, água, ar e terra; pois mesmo estes são conglomerados de determinados átomos. E é por causa da sua solidez que estes átomos são impassíveis e inalteráveis. O Sol e a Lua foram compostos de massas lisas e esféricas e, da mesma forma, a alma, que é idêntica à mente. Enxergamos em virtude do impacto das imagens sobre nossos olhos. [45] Todas as coisas acontecem em virtude da necessidade, e Demócrito chama de necessidade o vórtice que causa a criação de todas as coi-

sas. O fim supremo é a tranquilidade, que não é idêntica ao prazer, como alguns entenderam por uma falsa interpretação, mas um estado em que a alma continua calma e forte, sem ser perturbada por qualquer medo ou superstição ou qualquer outra emoção. Demócrito chama esse estado de bem-estar e muitos outros nomes. As qualidades das coisas existem meramente por convenção; na natureza não há nada além de átomos e espaço vazio.

Essas são, portanto, as suas opiniões.

Trasilo ordenou num catálogo as obras de Demócrito; organizando-as em quatro, assim como também organizou as obras de Platão. [46] As obras éticas são as seguintes:

Pitágoras; Da disposição do sábio; Dos que estão no Hades; Tritogeneia (assim chamada porque três coisas, das quais depende toda a vida mortal, vêm dela).

I. *Da excelência viril* ou *Da virtude*; *O chifre da abundância*; *Da tranquilidade*; *Comentários éticos* (a obra *Do bem-estar* não foi encontrada).

São essas as obras éticas. As obras físicas são as seguintes:

II. *Grande diacosmos* (que a escola de Teofrasto atribui a Leucipo); *Diacosmos menor*; *Cosmografia*; *Dos planetas*.

III. *Da natureza*, livro primeiro; *Da natureza do homem*, ou *Da carne*; um segundo livro *Da natureza*; *Da mente*; *Dos sentidos* (alguns reúnem esses dois sob o título *Da alma*).

IV. *Dos sabores*; *Das cores*; [47] *Das diferentes formas*; *Das mudanças de forma*.

V. *Confirmações* (resumos dos trabalhos acima mencionados); *Das imagens* ou *Da presciência do futuro*; *Da lógica*, ou *Critério de pensamento*, em três livros; *Problemas*.

São essas as obras físicas. As obras não ordenadas são as seguintes: *Causas dos fenômenos celestiais; Causas dos fenômenos atmosféricos; Causas dos fenômenos terrestres; Causas relacionadas ao fogo e ao que existe no fogo; Causas relacionadas aos sons; Causas relacionadas às sementes, às plantas e aos frutos; Causas relacionadas aos animais*, em três livros; *Causas diversas; Da pedra magnética*.

São essas as obras não ordenadas. As obras matemáticas são as seguintes:

I. *Da diferença de ângulo* ou *Do contato com o círculo e com a esfera*; *Da geometria*; *Geométrica*; *Números*.

II. *Das linhas e sólidos irracionais*, em dois livros; *Projeções*; [48] *O grande ano*, ou *Astronomia*, ou *Calendário*. *Contenção do relógio de água e do céu*.

III. *Descrição do céu*; *Geografia*; *Descrição do polo*; *Descrição dos raios*.

São essas as obras matemáticas. As obras literárias são as seguintes:

IV. *Dos ritmos e da harmonia*; *Da poesia*; *Da beleza dos versos*; *Da eufonia e cacofonia*;

V. *Sobre Homero*, ou *Da dicção épica correta e sobre glosas*; *Da canção*; *Das palavras*; *Vocabulário*.

São essas as obras literárias. As obras sobre arte são as seguintes:

VI. *Prognóstico*; *Da dieta*, ou *Dietética*; *Regime médico*; *Causas relacionadas com coisas oportunistas e fora de época*.

VII. *Da agricultura*, ou *Relativo às medidas de terra*; *Da pintura*; *Tratado de tática*; *Da luta com armadura*.

São essas as suas obras.

[49] Alguns autores incluem como itens separados dessa lista as seguintes obras retiradas de suas notas: *Dos escritos sagrados na Babilônia; Dos que estão em Meroé; Uma viagem ao redor do oceano; Do uso correto da história; Um tratado caldeu; Um tratado frígio; Em relação à febre e àqueles cuja doença os causa tosse; Causas e efeitos legais; Problemas feitos à mão.*

As outras obras que alguns atribuem a Demócrito são compilações de seus escritos ou reconhecidamente não genuínas. São esses, portanto, os livros que Demócrito escreveu e seu número.

Houve seis indivíduos de nome Demócrito: o primeiro, o aqui mencionado; o segundo, um contemporâneo seu, músico de Quios; o terceiro, um escultor, mencionado por Antígono; o quarto, um autor que escreveu sobre o Templo de Éfeso e sobre a *pólis* Samotrácia; o quinto, um epigramático cujo estilo é lúcido e ornamentado; e o sexto, um homem de Pérgamo que deixou sua marca por meio de discursos retóricos.

8
PROTÁGORAS

[50] Protágoras, filho de Artemon – ou, de acordo com Apolodoro e Dinon no quinto livro de sua *História da Pérsia*, de Meandrio – era de Abdera; assim diz Heráclides do Ponto, em *Sobre as leis*, que também diz que Protágoras escreveu leis para Túrio; mas segundo Eupolis, em seus *Lisonjeadores*, Protágoras era de Teos, pois diz: "Ali dentro está Protágoras de Teos".

Protágoras e Pródico de Ceos fizeram palestras públicas pelas quais foram cobradas taxas, e Platão, no *Protágoras*[234], chama Pródico de voz profunda. Protágoras foi ouvinte das aulas de Demócrito, chamadas de "sabedoria", de acordo com Favorino em suas *Histórias variadas*.

[51] Protágoras foi o primeiro a sustentar que em toda questão existem dois lados opostos um ao outro, e até argumentava desta forma, sendo o primeiro a fazê-lo. Além disso, ele deu início a uma obra da seguinte maneira: "O homem é a medida de todas as coisas, das coisas que são o que são, e das coisas que não são o que não são". Ele dizia que a alma não era nada separada dos sentidos, como diz Platão no *Teeteto*[235], e que tudo é verdade. Em outra obra ele começa com: "Quanto aos deuses, não tenho como saber se eles existem ou se não existem; pois muitos são os obstáculos que impedem esse conhecimento, tanto a obscuridade da questão quanto a brevidade da vida humana". [52] Por esta introdução, os atenienses o exilaram e, depois de enviarem um arauto para coletar suas obras de todos os que as possuíam, as queimaram.

234. 316a.

235. 152a.

Protágoras foi o primeiro a cobrar cem minas, o primeiro a distinguir os tempos dos verbos, a enfatizar a importância de aproveitar o momento certo, a instituir competições em debates e a ensinar aos defensores rivais os truques de seu ofício. Além disso, em sua dialética, ele ignorou o significado em favor de subterfúgios verbais, e e iniciou o pensamento de disputantes erísticos que estão agora em evidência; tanto que Timon também fala dele da seguinte maneira: "Protágoras, o epítome de toda a humanidade; astuto em guerrear com palavras, bem sei". [53] Protágoras também introduziu, pela primeira vez, o método de discussão chamado socrático. Além disso, segundo Platão no *Eutidemo*[236], Protágoras foi o primeiro a usar, em discussões, o argumento de Antístenes, que se esforça para provar que a contradição é impossível, e o primeiro a apontar como atacar e refutar qualquer proposição apresentada; é o que diz o dialético Artemidoro, em seu *Em resposta a Crisipo*. Protágoras também criou a ombreira na qual os carregadores carregam seus fardos, como conta Aristóteles em *Da educação*; pois ele próprio havia sido um carregador, segundo Epicuro em alguma obra sua. Foi assim que Protágoras se juntou a Demócrito, que viu a habilidade com a qual seus feixes de madeira eram amarrados.

Protágoras foi o primeiro a dividir as partes do discurso em quatro: desejo, questão, resposta e ordem; [54] outros as dividem em sete partes: narração, questão, resposta, ordem, narrativa indireta, desejo e apelo. Protágoras chamou essas partes de formas básicas da fala. Ao passo que Alcídamas dividia em quatro partes: afirmação, negação, questão e discurso.

O primeiro de seus livros que leu em público foi *Dos deuses*, cuja introdução citamos acima; leu-o em Atenas, na casa de Eurípides, ou, como dizem alguns autores, em Megaclides; outros ainda dizem que foi no Liceu e que seu discípulo Arcágoras, filho de Teódoto, lhe emprestou a voz. Seu acusador foi Pitodoro, filho de Polizelo, um dos quatrocentos; Aristóteles, porém, diz que foi Euatlo.

[55] Há os seguintes livros dele que sobreviveram: *Arte erística; Da luta livre; Da matemática; Do governo; Da ambição; Das virtudes; Da antiga ordem das coisas; Dos moradores do Hades; Dos malfeitos da humanidade; Preceitos; Do discurso forense por uma taxa; Argumentos opostos*, em dois livros.

236. 286c.

Além disso, há um diálogo que Platão escreve a respeito de Protágoras.

Esta é a lista de suas obras.[237] Filócoro diz que, quando Protágoras estava em viagem para a Sicília, seu navio naufragou, e que Eurípides alude a isso em seu *Ixion*. [56] Segundo alguns autores, a morte de Protágoras ocorreu numa viagem com quase 90 anos de idade, embora Apolodoro diga que o filósofo morreu aos 70 anos de idade, após haver exercido a carreira de sofista por 40 anos. Ainda segundo Apolodoro, Protágoras estava em seu apogeu na 84ª Olimpíada[238].

Há o seguinte epigrama de minha autoria sobre ele:

> De você, Protágoras, ouvi falar que teve de abandonar Atenas e morreu durante a viagem;
>
> A *pólis* de Cécrope decidiu por seu exílio; mas embora tenha fugido de Palas, não escapou de Plutão (*Antologia palatina*, VII, 130).

Conta-se que, certa vez, quando Protágoras pediu seus honorários a Euatlo, seu discípulo, este respondeu: "Mas ainda não venci o caso!", Protágoras disse: "Se eu ganhar este caso contra você, devo receber os honorários, por vencê-lo; se você ganhar, devo recebê-los, porque você ganhou".

Houve outro Protágoras, um astrônomo, para quem Euforion escreveu uma canção fúnebre; e um terceiro que era um filósofo estoico.

237. Essa lista é evidentemente incompleta, pelo fato de que não são nomeadas aqui as duas obras pelas quais Protágoras é mais conhecido (cf. §§ 51 e 54).

238. 444-441 a.C.

9
DIÓGENES DE APOLÔNIA

[57] Diógenes de Apolônia, filho de Apolotemis, foi um filósofo físico e um homem muito famoso. Antístenes diz que ele foi discípulo de Anaxímenes; mas Diógenes viveu na época de Anaxágoras. Este, segundo Demétrio de Falero em sua *Apologia de Sócrates*, corria perigo em Atenas devido a uma grande inveja.

As doutrinas de Diógenes eram as seguintes. O ar é o elemento universal. Existem mundos em número ilimitado e o vazio é ilimitado. O ar, por condensação e rarefação, gera os mundos. Nada surge do que não existe ou desaparece no que não existe. A Terra é esférica, firmemente apoiada no centro, tendo sido a sua constituição determinada pela revolução que vem do calor e pelo congelamento causado pelo frio.

As palavras com as quais Diógenes inicia sua obra são estas: "No preâmbulo de cada discurso, parece-me necessário estabelecer um princípio irrefutável e fazer uma exposição simples e digna".

10
ANAXARCO

[58] Anaxarco era de Abdera. Foi discípulo de Diógenes de Esmirna, que, por sua vez, foi discípulo de Metrodoro de Quios – declarava que nada sabia, nem mesmo o fato de nada saber –, que, por seu turno, foi discípulo de Nessas de Quios, embora alguns digam que ele teria sido discípulo de Demócrito.

Anaxarco acompanhou Alexandre e estava em seu apogeu na 110ª Olimpíada[239], e tornou-se inimigo de Nicocreonte, o tirano de Chipre. Certa vez, durante um banquete, quando perguntado por Alexandre o que ele achava da festa, Anaxarco teria respondido: "Ó rei, tudo está magnífico! Só falta servir à mesa a cabeça de um sátrapa". E isto foi um escárnio a Nicocreonte, [59] que nunca esqueceu tal ofensa. Após a morte do rei, Anaxarco, que estava navegando, foi forçado a desembarcar no Chipre, e então Nicocreonte o prendeu e, colocando-o em um saco, ordenou que fosse espancado até a morte com bastões de ferro. Mas Anaxarco, desprezando a punição, disse a famosa frase: "Você esmaga o saco que contém Anaxarco, mas não esmaga Anaxarco". Então, Nicocreonte ordenou que lhe cortassem a língua, e dizem que Anaxarco a mordeu e cuspiu nele.

Isto é o que escrevi sobre ele:

> Esmague, Nicocreonte, cada vez mais; é apenas um saco. Esmague! Anaxarco há muito tempo está com Zeus.

239. 340-337 a.C.

E Perséfone, depois de tê-lo dilacerado com seus pentes de cardar, logo dirá palavras como estas: "Desapareça, moleiro perverso!" (*Antologia palatina*, VII, 133).

[60] Por sua calma e por seu contentamento na vida, Anaxarco foi chamado de *eudaimonikós* (homem feliz). Ele também tinha a capacidade de induzir qualquer pessoa à razão da maneira mais fácil possível. De qualquer modo, ele conseguiu dissuadir Alexandre quando este passou a se considerar um deus; pois, vendo sangue escorrendo de um ferimento que o rei havia sofrido, apontou para ele e disse: "Isso é sangue e 'não icor que corre nas veias dos deuses abençoados'" (Homero, *Ilíada*, Canto V, v. 340). Plutarco, entretanto, relata que foi o próprio Alexandre que disse isso aos seus amigos[240]. Além disso, em outra ocasião, quando Anaxarco estava brindando à saúde de Alexandre, ele ergueu sua taça e disse: "Um dos deuses cairá pela mão de um mortal" (Eurípides, *Orestes*, v. 271).

240. *Vida de Alexandre*, 28.

11
PIRRO

[61] Pirro de Élis era filho de Pleistarco, segundo Dioclés. De acordo com Apolodoro, em sua *Cronologia*, ele foi primeiramente um pintor e foi discípulo de Bríson, filho de Estilpo; como também diz Alexandro, em suas *Sucessões de filósofos*. Posteriormente, juntou-se a Anaxarco, a quem acompanhou em suas viagens por toda parte, de modo que até se reuniu com os gimnosofistas, na Índia, e com os magos. Isto o levou a adotar uma filosofia muito nobre, assumindo os princípios da *acatalepsía* (agnosticismos) e da *epochḗ* (suspensão do juízo), de acordo com Ascânio de Abdera. Pirro dizia que nada é honroso ou desonroso, nada é justo ou injusto, e sustentava, universalmente, que não há nada realmente existente, mas que o hábito e a convenção sustentam a ação humana; pois nenhuma coisa é em si mais isto do que aquilo.

[62] Pirro levou uma vida consistente com sua doutrina, nunca desviando-se de seu caminho e sem tomar qualquer precaução; pelo contrário, enfrentava todos os riscos à medida que surgiam, fossem carroças, precipícios ou cães, e, geralmente, não deixava nada ao arbítrio dos sentidos. Ele foi mantido fora de perigo por seus amigos que, como diz Antígono de Caristo, costumavam segui-lo de perto. Todavia, Enesidemo diz que foi apenas sua filosofia que Pirro aplicou a suspensão do juízo, mas não lhe faltou precaução nos seus atos quotidianos. Pirro viveu até os 90 anos.

No livro *Sobre Pirro*, Antígono de Caristo diz que, no início, ele foi um pintor pobre e desconhecido, e que ainda há, no ginásio de Élis, algumas figuras portando tochas pintadas por ele. [63] Pirro abstraía-se do mundo e procurava viver na solidão, raramente se mostrando aos seus familiares; ele fez isso porque ouviu um indiano repreender Anaxarco, dizendo-lhe que ele nunca seria capaz de ensinar aos outros o que é bom enquanto ele próprio dançasse atendendo aos reis em suas cortes. Pirro mantinha sempre a mesma compostura, para que, mesmo sendo abandonado no meio de um discurso, ele terminasse o que tinha a dizer embora não houvesse ninguém presente além de si mesmo, apesar de na juventude ter sido inquieto. Muitas vezes, acrescenta a mesma fonte, Pirro saía de casa e, sem contar a ninguém, andava sem rumo com quem quer que encontrasse. E certa vez, quando Anaxarco caiu em um pântano, ele passou sem lhe dar qualquer ajuda, e, enquanto outros reprovavam seu comportamento, o próprio Anaxarco elogiou sua indiferença e impassibilidade.

[64] Ao ser descoberto, em certa ocasião, falando sozinho, Pirro, quando questionado sobre o motivo, respondeu que estava treinando para ser um homem bom. Nos debates, ele não era subestimado por ninguém, pois podia tanto discursar longamente como também sustentar um interrogatório, de modo que até mesmo Nausifanes, quando jovem, sentiu-se atraído por ele. Nausifanes costumava dizer que deveríamos seguir Pirro quanto à disposição, mas que deveríamos seguir nós mesmos em relação às doutrinas; também dizia que Epicuro, admirando muito o modo de vida de Pirro, regularmente lhe pedia notícias dele, e que Pirro era tão respeitado por sua pátria que o nomearam sumo sacerdote, e por sua causa votaram que todos os filósofos deveriam ser isentos de impostos. Além disso, houve muitos que imitaram a sua abstenção de assuntos públicos, de modo que Timon, no *Píton* e nas *Sátiras,* diz o seguinte:

> [65] Ó velho, ó Pirro, como ou de onde encontrou salvação, em face da servidão às vãs e falsas opiniões dos sofistas, e se soltou dos laços da malandragem e da arte enganosa?
> Nem se preocupou em questionar sobre que ventos circundam a Hélade, de que se formam e em que cada um se resolve".

E também nas *Imagens*:

> Isto, Pirro, isto meu coração deseja ouvir, como você, sendo apenas um homem, consegue levar uma vida tranquila, o único guia divino entre os homens.

Os atenienses honraram-no com a cidadania, como diz Dioclés, por ter matado o trácio Cótis. [66] Pirro vivia em piedade fraterna com sua irmã, uma parteira, assim diz Eratóstenes em *Da riqueza e da pobreza*; às vezes, levava coisas para vender no mercado, como aves ou porcos, e espanava as coisas da casa, com absoluta indiferença. Dizem que ele mostrava também sua indiferença ao lavar um porco. Certa vez, Pirro ficou furioso por causa de sua irmã, que se chamava Filista, e disse ao homem que o censurava que não era por uma mulher fraca que se deveria demonstrar indiferença. Noutra ocasião, quando um cão avançou sobre ele e o assustou, ele respondeu a quem o criticou que não era inteiramente fácil despojar-se da fraqueza humana, mas deve-se lutar com todas as forças contra os fatos, por meio de ações, se possível, e, se não, por palavras.

[67] Dizem que, quando remédios sépticos, incisões e cauterizações foram aplicados em um ferimento que Pirro havia sofrido, ele nem sequer franziu a sobrancelha. Timon também retrata o caráter de Pirro em sua obra dirigida a Píton. O ateniense Filo, um amigo seu, costumava dizer que Pirro lembrava mais de Demócrito e depois de Homero, que admirava e de quem citava a frase: "Como as folhas das árvores, assim é a estirpe dos homens" (Homero, *Ilíada*, Canto VI, v. 146). Também admirava Homero, pois comparava os homens às vespas, às moscas e aos pássaros, citando também o seguinte: "Então, amigo, morra! Por que se lamenta dessa forma? Pátroclo também morreu, e era muito melhor do que você" (Homero, *Ilíada*, Canto XXI, v. 106), e todas as passagens que tratam do propósito instável, das atividades vãs e da loucura infantil dos homens.

[68] Posidônio também conta sobre Pirro o seguinte episódio. Quando seus companheiros de viagem a bordo de um navio ficaram todos nervosos por causa de uma tempestade, ele manteve a calma e a confiança, apontando para um porquinho no navio que continuava comendo, e dizendo-lhes que tal era o estado imperturbável em que a pessoa sábia deveria manter-se. Somente Numênio atribui a ele doutrinas. Pirro teve discípulos de renome, como Euríloco, que ficou aquém de suas competências quanto à indiferença, pois dizem que, certa vez, ele ficou tão zangado que agarrou o espeto com a carne e perseguiu o cozinheiro até a praça do mercado.

[69] Certa vez, em Élis, Pirro foi tão pressionado pelas perguntas de seus discípulos que se despiu e atravessou a nado o Alfeu. Timon também diz que ele era muito hostil aos sofistas. E Filo, seu discípulo, tinha o hábito de falar sozinho muitas vezes; por isso Timon o cita da seguinte maneira: "Ou Filo, aquele que foge dos homens, que ensina a si mesmo, que não se importa com opiniões nem disputas".

Além destes, entre os discípulos de Pirro incluem-se Hecateu de Abdera, Timon de Flius, autor das *Sátiras*, de quem falaremos mais tarde, e Nausifanes de Teos, considerado por alguns como mestre de Epicuro. Todos estes foram chamados de pirrônicos por causa do nome de seu mestre, mas subdividiam-se em aporéticos, céticos, eféticos e zetéticos, devido a seus princípios, se assim podemos chamá-los.

[70] Zetéticos são os que estão sempre em busca da verdade, céticos estão sempre à procura de uma solução e nunca chegam a uma conclusão, eféticos são os cujo estado mental é subsequente à investigação, quero dizer, à suspensão de juízo, e, por fim, os aporéticos são aqueles – não só eles, mas até mesmo os próprios filósofos dogmáticos – que ficam frequentemente perplexos. Pirrônicos, é claro, eram assim chamados devido a Pirro.

Teodósio, em seus *Capítulos céticos*, nega que o ceticismo deva ser chamado de pirronismo; pois se o movimento da mente em qualquer direção for inatingível para nós, nunca saberemos com certeza o que Pirro realmente pretendia e, sem saber isso, não podemos ser chamados de pirrônicos. Além disso, diz ele, há o fato de que Pirro não foi o iniciador do ceticismo, nem estabeleceu qualquer princípio positivo. Um pirrônico é aquele que se assemelha a Pirro nos modos e na vida.

[71] Alguns autores chamam Homero de fundador dessa escola, pois ele, mais do que qualquer outro, sempre dá respostas diferentes para as mesmas questões em momentos diferentes e nunca é definitivo ou dogmático quanto à resposta. Além disso, as máximas dos Sete Sábios também são chamadas de céticas, como, por exemplo, "Nada em excesso" e "Dê garantia e a ruína está próxima", significando que quem quer que se pronuncie com firmeza e confiança traz uma maldição sobre si mesmo.

Arquíloco e Eurípides também tinham atitudes céticas; Arquíloco, por exemplo, diz: "A alma dos homens, ó Glauco, filho de Léptines, é um curto dia que Zeus envia", e Eurípides diz: "Ó Zeus, por que dizer que os míseros mortais pensam? Dependemos de sua vontade e fazemos sempre o que você deseja!" (*Suplicantes*, vv. 735-737).

[72] Além disso, os pirrônicos consideram Xenófanes, Zenão de Eleia e Demócrito céticos. Pois Xenófanes diz: "A certeza nenhum homem conheceu nem jamais conhecerá"; e Zenão nega o movimento ao dizer: "Um corpo em movimento não se move nem onde está nem onde não está"; e Demócrito rejeita as qualidades, dizendo: "Por opinião o frio existe, por opinião o calor existe, mas na realidade só existem átomos e espaço vazio", e também: "De fato nada sabemos, pois a verdade está num abismo". Platão deixa a verdade aos deuses e aos filhos de deuses, e busca a verossimilhança[241]. E Eurípides diz: "[73] Quem sabe se viver não é apenas morrer e aquilo que os mortais chamam de vida é apenas a morte?" O mesmo com Empédocles: "Os mortais não percebem essas coisas, nem com os ouvidos nem com a mente"., e antes disso: "Cada um acredita somente no que experencia". E até mesmo Heráclito: "Não conjecturemos consideravelmente as questões mais importantes". Aliás, Hipócrates mostrou-se de modo dubitativo e compatível com o limite da natureza humana. Por fim, antes de todos eles, Homero diz: "Flexível é a língua dos mortais e inúmero são seus discursos"; e "rico é o pasto das palavras, amplas aqui e ali"; e "as palavras que você diz voltará, você ouvirá de volta", verso no qual ele alude ao valor igualitário de ditos contraditórios.

[74] Os céticos estavam constantemente empenhados em derrubar os dogmas de todas as escolas, e eles próprios não enunciavam nenhum; e embora chegassem ao ponto de apresentar e expor os dogmas dos outros, eles próprios nada estabeleciam definitivamente, nem mesmo afirmavam nada. Tanto é assim que eles até refutaram o fato de não terem definido nada, dizendo: "Nada definimos", pois, caso contrário, eles estariam assim dando uma definição; eles dizem: "Apresentamos todas as teorias com o propósito de indicar a nossa atitude isenta de precipitação, precisamente como poderíamos ter feito se realmente tivéssemos concordado com elas". Assim, com a expressão "nada definimos", indicam seu estado de equilíbrio. Isso é indicado de forma semelhante por outras expressões, como "não é mais" ou "a toda

241. *Timeu*, 40d.

proposição contrapõe-se outra", e assim por diante. [75] Todavia, "não é mais" também pode ser interpretado positivamente, indicando que duas coisas são iguais; como, por exemplo: "O pirata não é mais perverso que o mentiroso". Os céticos, porém, não diziam isso de forma positiva, mas negativa, como quando, ao refutar um argumento, alguém diz: "Cila não existe mais que a Quimera". O próprio "mais" às vezes é comparativo, como quando dizemos: "O mel é mais doce do que a uva", e às vezes tanto positivo como negativo, como quando dizemos: "A virtude é mais vantajosa do que prejudicial", pois nesta frase indicamos que a virtude beneficia e não prejudica.

[76] Os céticos, contudo, refutam também a expressão "não é mais", pois, assim como a premeditação não é mais existente do que inexistente, então "não é mais" não é mais existente do que inexistente. Assim, como diz Timon no *Píton*, a afirmação significa apenas ausência de toda determinação e retenção de consentimento. A outra afirmação, "a toda proposição contrapõe-se outra" obriga igualmente à suspensão do julgamento; com efeito, quando os fatos discordam, mas as afirmações contraditórias têm exatamente o mesmo peso, a ignorância da verdade é a consequência necessária. Mas mesmo esta afirmação tem a sua antítese correspondente, de modo que, depois de destruir outras, ela se vira para si mesma e se anula, como um purgante que elimina a substância do corpo e depois, por sua vez, é eliminado e anulado.

[77] A isto os dogmáticos respondem dizendo que eles não negam a afirmação, mas até mesmo a afirmam de modo claro. Portanto, os céticos serviam-se das palavras apenas como auxiliares, pois não era possível não refutar uma afirmação por outra; assim como estamos acostumados a dizer que não existe espaço, e ainda assim não temos outra alternativa senão falar de espaço para fins de argumentação, embora não de doutrina positiva, e assim como dizemos que nada acontece por necessidade e ainda assim tendo que falar "necessidade". Este era o tipo de interpretação que costumavam dar; embora as coisas pareçam ser de um jeito, elas não são na realidade, mas apenas parecem ser. E diziam, ainda, que investigavam não os pensamentos, já que os pensamentos são evidentemente pensados, mas as coisas perceptíveis pelos sentidos.

[78] A doutrina pirrônica é um relato sobre fenômenos ou sobre qualquer tipo de julgamento, no qual todas as coisas são postas em relação umas

com as outras, e na comparação se revelam anômalas e confusas, como diz Enesidemo na *Introdução à pirrônica*. Quanto às contradições nas suas dúvidas, eles primeiro mostravam as maneiras pelas quais as coisas ganham credibilidade e depois, pelos mesmos métodos, eliminavam a crença nelas; pois têm força persuasiva aquelas coisas com as quais os sentidos concordam ou que nunca, ou pelo menos raramente, mudam, bem como as coisas que se tornam habituais ou são determinadas pela lei e aquelas que agradam ou suscitam admiração. [79] Eles demonstravam, com base naquilo que é contrário ao que induz a crença, que as probabilidades de ambos os lados são iguais. As *aporias* (perplexidades) surgem dos acordos entre aparências ou julgamentos, e essas *aporias* foram distinguidas em dez modos diferentes pelos quais os assuntos em questão pareciam variar. A seguir estão os dez modos estabelecidos.

O primeiro modo refere-se às diferenças entre os seres vivos no que diz respeito às coisas que lhes dão prazer ou dor, ou que lhes são úteis ou prejudiciais. Com isto, infere-se que não recebem as mesmas impressões das mesmas coisas, com o resultado de que tal conflito leva necessariamente à suspensão do juízo. Pois alguns seres se geram sem copular, como, por exemplo, as que vivem no fogo, a fênix árabe e os vermes; outras se geram por união, como o ser humano e os demais. [80] Alguns se distinguem de uma maneira, outros de outra, e por esta razão também diferem em seus sentidos, sendo os falcões, por exemplo, os mais aguçados, e os cães, os de olfato mais apurado. É natural que se os sentidos – por exemplo, a visão – dos animais diferem, assim como as impressões produzidas sobre eles. Para a cabra, os brotos da videira são bons para comer, mas para o homem são amargos; a codorna nutre-se da cicuta, que é fatal para o ser humano; o porco se alimenta de excremento, o cavalo não.

O segundo modo refere-se às naturezas e idiossincrasias das pessoas. Por exemplo, Demofonte, o mordomo de Alexandre, costumava aquecer-se na sombra e tremia de frio no sol, [81] e Andro de Argos, como relata Aristóteles, havia viajado pelos desertos áridos da Líbia sem beber água. Além disso, uma pessoa prefere dedicar-se à medicina, outra à agricultura e outra ao comércio; e os mesmos modos de vida são prejudiciais para uma pessoa, mas benéficos para outra; daí resulta a necessidade da suspensão do juízo.

O terceiro modo depende das diferenças entre os canais dos sentidos em diferentes casos, pois uma maçã dá a impressão de ser pálida à visão, doce ao paladar e perfumada ao olfato. Um objeto com a mesma forma parece diferente pelas diferenças nos espelhos que o refletem. Segue-se, assim, que o que aparece não é mais uma coisa do que outra coisa diferente.

[82] O quarto modo refere-se às diferenças de condição e a mudanças em geral; por exemplo, saúde e doença, sono e vigília, alegria e tristeza, juventude e velhice, coragem e medo, carência e plenitude, ódio e amor, calor e frio, além da facilidade ou dificuldade de respirar. As impressões recebidas parecem, portanto, variar de acordo com a natureza das condições. Nem mesmo a condição dos loucos é contrária à natureza; pois por que a condição deles deveria ser tão mais contrária à natureza do que a nossa? Mesmo à nossa vista, o sol parece estar parado. O estoico Téo de Titoreia costumava ir para a cama e caminhar durante o sono, enquanto o escravo de Péricles fazia o mesmo no telhado.

[83] O quinto modo é derivado de costumes, leis, crença em mitos, pactos entre povos e concepções dogmáticas. Esse modo inclui considerações em relação às coisas belas e feias, verdadeiras e falsas, boas e más, aos deuses, e ao surgimento e ao desaparecimento do mundo dos fenômenos. Obviamente a mesma coisa é considerada por alguns como justa e por outros como injusta, ou como boa por alguns e má por outros. Os persas acham que não é antinatural um homem casar-se com a sua filha, mas para os gregos isso é ilegal. Os massagetas, como diz Eudoxo, no primeiro livro de sua *Viagem ao redor do mundo*, têm esposas em comum, mas os gregos não. Os cilícios costumavam deliciar-se com a pirataria, mas os gregos não. [84] Pessoas diferentes acreditam em deuses diferentes; alguns na providência, outros não. Ao enterrar os seus mortos, os egípcios os embalsamam; os romanos os queimam; os peônios os jogam nos lagos. Quanto ao que é verdade, então, que a suspensão do juízo seja a consequência.

O sexto modo refere-se às misturas e uniões, em virtude das quais nada parece puro em si e por si, mas apenas em combinação com o ar, com a luz, com a umidade, com a solidez, com o calor, com o frio, com o movimento, com as exalações e com outras forças. A cor púrpura mostra diferentes matizes à luz do sol, do luar e da tocha; e a nossa própria tez não parece a mesma ao meio-dia e ao crepúsculo. [85] Novamente, uma rocha que para ser erguida no ar requer duas pessoas é facilmente movida na água, ou porque, sendo na realidade pesada, é levantada pela água ou porque, sendo leve, se torna pesada pelo ar. Não sabemos nada sobre sua própria propriedade inerente, assim como sobre os óleos constituintes de um unguento.

O sétimo modo faz referência às distâncias, às posições, aos lugares e às coisas ocupantes dos lugares. Neste modo, as coisas que são consideradas grandes parecem pequenas, as coisas quadradas parecem redondas, coisas planas parecem ter saliências, coisas retas parecem dobradas e coisas pálidas parecem ter cor. Assim, o Sol, devido à sua distância, parece pequeno, as montanhas, quando distantes, parecem enevoadas e suaves, mas, quando próximas, são íngremes. [86] Além disso, o Sol nascente tem uma certa aparência, mas tem uma aparência diferente quando está no meio do céu; e um mesmo corpo parece de um jeito em uma floresta e de um outro em um campo aberto. A imagem novamente varia de acordo com a posição do objeto; a cor do pescoço de uma pomba muda de acordo com a forma que é virado. Visto que não é possível observar essas coisas independentemente de lugares e posições, sua natureza real é incognoscível.

O oitavo modo diz respeito às quantidades e qualidades das coisas, como calor ou frio, rapidez ou lentidão, incolor ou variedade de cores. Assim, o vinho consumido com moderação fortalece o corpo, mas em excesso enfraquece; e o mesmo acontece com comida e outras coisas.

[87] O nono modo relaciona-se com a perpetuidade, a estranheza ou raridade dos fenômenos. Assim, os terremotos não são nenhuma surpresa para aqueles entre os quais ocorrem constantemente; tampouco o Sol, pois ele é visto todos os dias (esse nono modo é colocado em oitavo por Favorino e décimo por Sexto e Enesidemo; além disso, o décimo é colocado em oitavo por Sexto e em nono por Favorino).

O décimo modo refere-se à inter-relação, como, por exemplo, entre leve e pesado, entre forte e fraco, entre maior e menor, entre para cima e para baixo. Assim, aquilo que está à direita não está à direita por natureza, mas é assim percebido em virtude de sua posição em relação a outra coisa; se mudada a posição, não estará mais à direita. [88] Da mesma forma, "pai" e "irmão" são termos relativos, o dia é relativo ao Sol assim como todas as coisas à nossa mente. Dessa maneira, os termos relativos são em si e por si incognoscíveis.

Estes são, então, os dez modos de perplexidade.

Os seguidores de Agripa acrescentaram a esses modos outros cinco: relativos ao desacordo; à extensão ao infinito; à relatividade; à hipótese; e à inferência recíproca. O modo que surge do desacordo prova, no que diz respeito a qualquer investigação, seja na filosofia ou na vida quotidiana, que está repleto da maior controvérsia e confusão. O modo que envolve extensão ao infinito recusa-se a admitir que aquilo que se pretende provar esteja firmemente estabelecido, porque uma coisa fornece a base para a crença em outra, e assim por diante, infinitamente. [89] O modo derivado da relatividade declara que uma coisa nunca pode ser apreendida em si e por si mesma, mas apenas em conexão com outra coisa e, portanto, todas as coisas são incognoscíveis. O modo resultante da hipótese surge quando as pessoas supõem que se deve tomar as coisas mais elementares como se tivessem direito a crédito, em vez de postulá-las; o que é inútil, porque outra pessoa adotará a hipótese contrária. O modo que surge da inferência recíproca é encontrado sempre que aquilo que deveria ser confirmatório da coisa que precisa ser provada tem que tomar emprestado credibilidade desta última, como, por exemplo, alguém que procura estabelecer a existência de poros com base nas emanações servir-se da existência de poros como prova de que existem emanações.

[90] Os céticos negavam toda demonstração, critério, sinal, causa, movimento, processo de aprendizagem, surgimento, ou a existência de algo bom ou ruim por natureza. Pois toda demonstração, dizem eles, é construída a partir de coisas já provadas ou indemonstráveis. Se dentre as coisas já provadas, essas coisas também exigirão alguma demonstração, e assim por diante, infinitamente; se dentre coisas indemonstráveis, então, quer todos, alguns ou apenas um dos passos sejam objeto de dúvida, o todo é indemonstrável. Se alguém admite, acrescentam eles, que há algumas coisas que não precisam de demonstração, essa pessoa deve ter um intelecto raro, pois não percebe que isso deve primeiro ser demonstrado pelo próprio fato de que as coisas a que ela se refere carregam convicção em si mesmas. [91] Além disso, não devemos provar que os elementos são quatro com o fato de que os elementos são quatro. Se desacreditarmos determinadas demonstrações, não podemos aceitar a generalização delas. E para que possamos saber que um argumento constitui uma demonstração, necessitamos de um critério; mas, novamente, para que possamos saber que se trata de um critério, necessitamos de uma

demonstração; portanto, tanto um quanto o outro são incompreensíveis, uma vez que cada um se refere ao outro. Como, então, é possível compreender as coisas que são incertas, visto que não conhecemos nenhuma demonstração? O que queremos verificar não é se as coisas parecem ser como tais, mas se são assim em sua essência.

Os céticos chamam os filósofos dogmáticos de tolos, observando que o que é concluído por hipótese é apropriadamente descrito não como investigação, mas como suposição, e através de raciocínios deste tipo pode-se até argumentar a favor de impossibilidades. Quanto àqueles que pensam que não [92] devemos julgar a verdade a partir das circunstâncias circundantes, ou legislar com base no que se encontra na natureza, diziam que eles se fizeram a medida de todas as coisas e não observavam que todo fenômeno aparece em uma certa disposição e em uma certa relação recíproca com as circunstâncias. Portanto, devemos afirmar ou que todas as coisas são verdadeiras ou que todas as coisas são falsas. Pois se apenas algumas coisas são verdadeiras, como podemos distingui-las? Não pelos sentidos, onde estão em questão as coisas do campo dos sentidos, já que todas essas coisas parecem iguais aos sentidos; nem pela mente, pela mesma razão. No entanto, além dessas faculdades, não se pode ver outra que ajude a fazer um julgamento. Portanto, dizem eles, quem quer que esteja firmemente seguro sobre qualquer coisa sensata ou inteligível deve primeiro estabelecer as opiniões recebidas sobre isso; pois alguns refutaram uma doutrina, e outros, outra. As coisas devem ser julgadas pelo sensível ou pelo inteligível, [93] mas ambos estão sujeitos à contestação.

Por outro lado, é impossível julgar as coisas sensíveis ou inteligíveis de acordo com certas opiniões; e se o conflito em nossos pensamentos nos obriga a descrer de cada uma delas, elimina-se, assim, a medida com a qual todas as coisas são determinadas com exatidão, e devemos considerar cada afirmação de igual valor. Além disso, dizem os céticos, que o nosso parceiro numa investigação sobre um fenômeno ou é confiável ou não. Se for confiável, não terá nada a responder a quem afirmar o contrário, pois, assim como essa pessoa é digna de confiança, seu oponente também o é. Se não for confiável, ele será realmente desacreditado quando descrever o que lhe aparece.

[94] Não se deve presumir que aquilo que nos convence é realmente verdade, pois a mesma coisa não convence a todos, nem convence sempre as

mesmas pessoas. A capacidade de persuasão às vezes depende de circunstâncias externas, da reputação do orador, na sua capacidade de pensador ou na sua astúcia, na familiaridade ou na simpatia do tema. Os céticos eliminaram também o critério da verdade com o seguinte raciocínio: até mesmo o critério é determinado, ou não, por uma base crítica. Caso contrário, é definitivamente indigno de confiança e, no seu propósito de distinguir, não é mais verdadeiro do que falso. Se tiver uma base crítica, pertencerá à classe dos juízos particulares, de modo que uma, e a mesma coisa, determina e é determinada, e o critério que determinou deverá ser determinado por outro, esse outro por outro, e assim por diante, infinitamente. [95] Além disso, há discordância quanto ao critério, alguns sustentam que o critério é o próprio ser humano, enquanto para alguns são os sentidos, para outros é a razão, e para outros é a apresentação compreensiva. Ora, o ser humano discorda do ser humano e de si mesmo, como demonstram as diferenças de leis e costumes. Os sentidos enganam e a razão diz coisas diferentes. Finalmente, a apresentação apreensiva é julgada pela mente, e a própria mente muda de várias maneiras. Portanto, o critério é incognoscível e, consequentemente, a verdade também.

[96] Também negam, os céticos, que exista algo como um sinal. Se houver, dizem eles, deve ser sensível ou inteligível. Não é sensível, porque o que é sensível é um atributo comum, enquanto um signo é uma coisa particular. O sensível caracteriza o que se diversifica em si e por si, enquanto o signo pertence à categoria do relativo. Tampouco um sinal é inteligível, pois os objetos do inteligível são ou julgamentos aparentes sobre coisas aparentes, ou julgamentos não-aparentes sobre coisas não aparentes, ou não aparentes sobre aparentes, ou aparentes sobre não aparentes; e um sinal não é nada disso, portanto ele não existe. Um sinal não é aparente sobre aparente, pois o que é aparente não necessita de sinal; nem é não aparente sobre não aparente, pois o que é revelado por algo deve necessariamente aparecer; nem é não aparente sobre aparente, pois aquilo que deve proporcionar os meios de apreensão de outra coisa deve ser ele próprio aparente; [97] nem, por fim, é aparente sobre não aparente, porque o sinal, sendo relativo, deve ser apreendido junto com aquilo de que é um sinal, o que não é o caso aqui. Segue-se, então, que nada de incerto pode ser apreendido, pois é através dos sinais que se diz que as coisas incertas são apreendidas.

As causas também são suprimidas dessa maneira. A causa é algo relativo; pois é relativa ao efeito. Mas as coisas relativas são apenas objetos de pensamento e não têm existência real. [98] Portanto, uma causa só pode ser um objeto de pensamento; na medida em que, se for uma causa, deve trazer consigo aquilo de que se diz ser a causa, caso contrário não será uma causa. Assim como um pai que, na ausência daquilo em relação ao qual é chamado de pai, não será pai, o mesmo ocorre com uma causa. Mas aquilo em relação ao qual se pensa a causa, isto é, o efeito, não está presente; pois não há surgimento, desaparecimento ou qualquer outro processo; portanto, não existe causa. Além disso, se existe uma causa, ou os corpos são a causa dos corpos, ou as coisas incorpóreas são a causa das coisas incorpóreas; mas nada disso acontece; portanto, não existe causa. Na verdade, o corpo não poderia ser a causa do corpo, visto que ambos têm a mesma natureza. E se chamamos um corpo de causa, na medida em que é um corpo, o outro, sendo também um corpo, se tornará uma causa. [99] Porém, se ambos forem igualmente causas, não haverá nada para sofrer o efeito. Pela mesma razão, uma coisa incorpórea não pode ser a causa de uma coisa incorpórea. E uma coisa incorpórea não pode ser a causa de um corpo, pois nada incorpóreo cria algo corpóreo. E, por fim, um corpo não pode ser causa de nada incorpóreo, porque o que é produzido deve ser da matéria sobre a qual se opera; mas se não for operado porque é incorpóreo, não pode ser produzido por nada. Portanto não existe causa.

Uma conclusão disso é a afirmação de que os princípios do universo não têm uma existência real, pois deveria existir, nesse caso, algo que cria e que age. Além disso, não há movimento; pois aquilo que se move ou se move no lugar em que está ou no lugar em que não está, mas não pode mover-se no lugar em que está, muito menos em qualquer lugar em que não esteja. Portanto não existe movimento.

[100] Novamente, os céticos negam a instrução. Se alguma coisa é ensinada, dizem eles, ou o existente é ensinado através da sua existência ou o inexistente através da sua inexistência. Mas o existente não é ensinado através da sua existência, pois a natureza das coisas existentes é aparente e reconhecida por todos; nem o inexistente é ensinado através do inexistente, pois com o inexistente nada é feito, então que não pode ser ensinado a ninguém. Não existe também, dizem eles, o surgimento. Com efeito, aquilo que é não surge, pois já é; nem ainda aquilo que não é, pois não tem existência substancial, e

aquilo que não é nem substancial nem existente também não pode ter tido a oportunidade de vir a existir.

[101] Não há nada bom ou mau por natureza, pois se há algo bom ou mau por natureza, deve ser bom ou mau para todas as pessoas, assim como a neve é fria para todos. Mas não existe bem ou mal que seja assim para todas as pessoas em comum; portanto, não existe bom ou mau por natureza. Ou tudo que é considerado bom por qualquer pessoa deve ser chamado de bom, ou nem tudo. Certamente nem tudo pode ser assim chamado; já que uma mesma coisa é considerada boa por uma pessoa e má por outra. Por exemplo, Epicuro considerava o prazer bom e Antístenes o considerava mau; assim, em nossa suposição, segue-se que a mesma coisa é boa e má. Contudo, se dissermos que nem tudo o que alguém considera bom é bom, teremos de julgar as diferentes opiniões; e isto é impossível devido à igual validade dos argumentos opostos. Portanto, o bem por natureza é incognoscível.

[102] Todo o modo de dedução dos céticos pode ser obtido a partir de seus tratados conservados. O próprio Pirro, de fato, não deixou escritos, mas seus discípulos Timon, Enesidemo, Numênio, Nausifanes e outros deixaram.

Os filósofos dogmáticos respondem-lhes declarando que os próprios céticos apreendem e dogmatizam; pois quando se pensa que eles estão refutando, eles apreendem e no mesmo instante estão afirmando e dogmatizando. Assim sendo, mesmo quando declaram que não definem nada, e que para cada argumento há um argumento oposto, estão na verdade definindo esses mesmos pontos e dogmatizando. [103] Os céticos respondem:

> Damos razão para as fraquezas humanas; pois reconhecemos que é dia e que estamos vivos, e muitos outros fatos aparentes da vida; mas no que diz respeito às coisas sobre as quais os nossos oponentes argumentam de forma tão positiva, alegando tê-las apreendido definitivamente, suspendemos o nosso juízo porque elas são incertas, e limitamos o conhecimento às nossas impressões. Pois admitimos que vemos, e reconhecemos que pensamos isto ou aquilo, mas como vemos ou como pensamos não sabemos. Dizemos numa conversa que certa coisa parece branca, mas não temos certeza de que seja realmente branca. Quanto às nossas expressões "nada definimos" e coisas semelhantes, elas não possuem um sentido dogmático, [104] pois não são como a afirmação de que o mundo é esférico. Na verdade, esta última afirmação é incerta e as outras são meras admissões. Portanto, ao dizermos que nada definimos, não estamos definindo nem isso.

Além disso, os filósofos dogmáticos sustentam que os céticos eliminam a própria vida, na medida em que rejeitam tudo em que consiste a vida. Os céticos dizem que isto é falso, pois não negam que vemos, apenas dizem que não sabem como vemos.

> Admitimos o fenômeno dizem eles, "sem admitir que realmente é o que parece ser. Percebemos também que o fogo queima; quanto a saber se é da sua natureza queimar, suspendemos o nosso juízo. [105] Vemos que um homem se move e morre; como isso acontece não sabemos. Apenas nos opomos à aceitação da substância desconhecida por trás dos fenômenos. Quando dizemos que uma imagem tem projeções, estamos descrevendo o que é aparente; mas se dissermos que não tem projeções, estamos então falando, não do que é aparente, mas de outra coisa.

Por esse motivo, Timon diz, no *Píton*, que não se afasta do que é habitual, e nas *Imagens* diz: "Mas o aparente é onipotente onde quer que se mostre", e na obra *Dos sentidos* diz: "Não afirmo que o mel seja doce, mas admito que parece ser".

[106] Ademais, Enesidemo, no primeiro livro de *Discursos pirrônicos*, diz que Pirro não determina nada dogmaticamente, por causa da possibilidade de contradição, mas guia-se por fatos aparentes. Enesidemo repete isso em suas obras *Contra a sabedoria* e *Da investigação*. Além disso, Zeuxis, amigo de Enesidemo, em sua obra *Dos argumentos duplos*, Antíoco de Laodiceia e Apelas, em seu *Agripa*, admitem que apenas os fenômenos são válidos. Portanto, o aparente é o critério do cético, como de fato diz Enesidemo; e o mesmo diz Epicuro. Demócrito, porém, negou que qualquer fato aparente pudesse ser um critério; na verdade, negou a própria existência do aparente.

[107] Contra este critério dos fenômenos, os filósofos dogmáticos insistem que, quando as mesmas coisas produzem em nós impressões diferentes, como, por exemplo, uma torre redonda ou quadrada, o cético, a menos que dê preferência a uma ou outra, não poderá tomar uma decisão; se, por outro lado, dizem eles, ele admite qualquer um dos pontos de vista, então já não está permitindo valor igual a todos os fatos aparentes. Os céticos respondem que, quando são produzidas impressões diferentes, deve-se dizer que ambas são aparências; pois as coisas que são aparentes são assim chamadas porque aparecem.

O fim supremo a ser alcançado para os céticos é a suspensão do juízo, que traz consigo a tranquilidade como se fosse sua sombra. Assim declaram Timon e Enesidemo.

> [108] Pois em questões que cabem a nós decidir, não escolheremos uma coisa nem nos esquivaremos de outra; e das questões que não cabem a nós decidir, mas que acontecem por necessidade, como a fome, a sede e a dor, não podemos escapar, porque não devem ser suprimidas pela força da razão.

Quando os dogmáticos argumentam que o cético pode viver num estado de espírito que não hesitaria em matar e comer o seu próprio pai se lhe fosse ordenado que o fizesse, o cético responde que ele será capaz de viver de modo a suspender o seu juízo nos casos dogmáticos que tratam de chegar à verdade, mas não em questões de vida e de preservação. Logo, podemos escolher uma coisa ou fugir de uma coisa por hábito e podemos observar regras e costumes. Segundo alguns autores, o fim supremo proposto pelos céticos é a impassibilidade; segundo outros, é a calma.

12 TIMON

[109] O nosso[242] Apolonides de Niceia, no primeiro livro de *Comentários sobre as sátiras*, dedicado a Tibério César, diz que Timon era filho de Timarco e era natural de Flius. Ficando órfão ainda jovem, tornou-se coreuta, mas depois, desgostoso dessa atividade, foi para Mégara e juntou-se a Estilpo; após algum tempo, voltou para sua pátria e casou-se. Posteriormente, junto a sua esposa, foi para Élis tornar-se discípulo de Pirro e lá viveu até o nascimento de seus filhos. O filho mais velho Timon chamou Xanto, ensinou-lhe medicina e fez dele seu herdeiro. [110] Esse filho foi um homem de grande reputação, como diz Sótion em seu décimo primeiro livro. Timon, porém, ficou sem meios de sustento e emigrou para o Helesponto e para a Propontida. Vivendo na Calcedônia como sofista, aumentou sua reputação e, tendo feito fortuna, foi para Atenas, onde viveu até sua morte, exceto por um curto período que passou em Tebas. Timon era conhecido do Rei Antígono e de Ptolomeu Filadelfo, como ele mesmo diz em seus *Iambos*.

Timon apreciava, segundo Antígono, o vinho e, no tempo em que podia pausar os estudos filosóficos, costumava escrever poemas, tendo escrito poemas épicos, tragédias, dramas satíricos, 30 comédias e 60 tragédias, além de sátiras e poemas obscenos. [111] Existem também dele obras em prosa, que se estendem por 20 mil linhas, mencionadas por Antígono de Caristo, que também escreveu uma *Vida de Timon*. Há três *Sátiras* em que, do seu ponto de

242.Em grego: ὁ παρ᾽ ἡμῶν (*ho par' hēmôn*), poderia indicar que Diógenes Laércio se considerava um cético. Cf. *Introdução*.

vista cético, Timon ataca e satiriza todos os filósofos dogmáticos, usando um tom de paródia. Na primeira escreve inteiramente na primeira pessoa, na segunda e na terceira escreve em forma de diálogos. Na primeira, Timon se representa questionando Xenófanes de Cólofon sobre cada filósofo, enquanto Xenófanes lhe responde longamente; na segunda, ele fala dos filósofos mais antigos; e, na terceira, dos filósofos recentes, razão pela qual alguns intitularam essa parte de *Epílogo*. [112] O primeiro livro trata dos mesmos assuntos, exceto que o poema é um monólogo. Começa da seguinte maneira: "Sigam-me, agora, intrometidos sofistas!"

Timon morreu perto dos 90 anos de idade, como afirmam Antígono e Sótion, em seu décimo primeiro livro. Ouvi dizer que ele tinha apenas um olho e ele mesmo costumava se autodenominar Ciclope. Houve um outro Timon, chamado de "O Misantropo".

Timon, segundo Antígono, gostava muito de jardins e preferia cuidar dos seus próprios assuntos. Há um relato sobre ele escrito pelo peripatético Hierônimo: "Como acontece com os citas, aqueles que estão em fuga atiram tanto quanto aqueles que os perseguem: assim, entre os filósofos, alguns perseguem seus discípulos, e alguns fogem deles, como Timon". [113] Timon era perspicaz e hábil em expressar seu desprezo; gostava de escrever e sempre foi bom em esboçar enredos para poetas e colaborar em dramas. Ele costumava fornecer aos dramaturgos Alexandre e Homero [de Bizâncio] materiais para suas tragédias. Quando era perturbado por criadas e cães, ele parava de escrever, pois seu maior desejo era manter a tranquilidade. Diz-se que Arato lhe perguntou como poderia obter um texto autêntico de Homero, ao que Timon respondeu: "Dando preferência às cópias antigas, e não às corrigidas de agora".

Timon costumava deixar seus próprios poemas espalhados, às vezes meio deteriorados. [114] Era tão descuidado que, quando lia partes de seus poemas para o orador Zópiro, ele virava as páginas e recitava o que aparecesse e, quando estava já na metade, descobria o trecho que procurava em vão. Além disso, ele era tão afeito à tranquilidade de estudo que facilmente ficava sem jantar.

Conta-se que, certa vez, quando viu Arcesilau passando pela praça dos Cercopes, Timon disse: "O que você está fazendo aqui onde somos todos homens livres?" Ele tinha constantemente o hábito de citar, para aqueles que admitiam a evidência dos sentidos quando confirmada pelo julgamento da mente, a frase: "Atagás e Numênio estão juntos"[243]. Era costumeiro de sua parte fazer gracejos dessa maneira.

A alguém que ficava maravilhado com tudo, Timon disse: "Por que você não se maravilha que nós três temos apenas quatro olhos?", pois de fato Timon tinha apenas um olho, assim como seu discípulo Dioscórides, enquanto o homem a quem ele se dirigia era normal. [115] Questionado uma vez por Arcesilau por que ele veio de Tebas para Atenas, Timon respondeu: "Para rir vendo todos vocês ao ar livre". No entanto, mesmo atacando Arcesilau em suas *Sátiras*, ele o elogiou em seu *Banquete fúnebre de Arcesilau*.

De acordo com Menódoto, Timon não deixou sucessor algum, mas sua escola interrompeu as atividades até que Ptolomeu de Cirene a restabelecesse. Hipóboto e Sótion, no entanto, dizem que ele teve como discípulos Dioscórides de Chipre, Nicôloco de Rodes, Eufranor de Selêucia e Prailos da Trôade. Este último, segundo Filarco, era um homem de uma coragem inabalável que, embora injustamente acusado, sofreu pacientemente a morte de um traidor, sem sequer se dignar a dizer uma palavra aos seus concidadãos.

[116] Eufranor teve como discípulo Êubulo de Alexandria; Êubulo foi mestre de Ptolomeu, e este de Sarpédon e Heráclides. Heráclides ensinou Enesidemo de Cnossos, autor de oito livros de discursos pirrônicos. De Enesidemo foi discípulo Zeuxipo, seu concidadão, e deste foi discípulo Zeuxis, chamado de "*Gōniópous*" ("Pés Tortos"); este foi mestre de Antíoco de Laodiceia no Lico, que teve como alunos Menódoto de Nicomédia, um médico empírico, e Teíodas de Laodiceia. Menódoto foi mestre de Heródoto de Tarso, filho de Ário; e Heródoto ensinou Sexto Empírico, que escreveu uma obra, em dez livros, sobre o ceticismo, e outras obras excelentes. De Sexto foi discípulo Saturnino o Citenas, outro empírico.

243. Dois notórios ladrões. Dito aplicado quando se via duas pessoas de má fama juntas.

LIVRO X

1
EPICURO

Epicuro, filho de Neoclés e Cairestrate, era de Atenas, do demo de Gargetos e, como diz Metrodoro em *Da nobreza de nascimento*, era da família dos Filaidas. Heráclides, em seu *Epítome de Sótion*, assim como outros autores, diz que ele foi criado em Samos, após a colonização dos atenienses, e foi para Atenas aos 18 anos, na época em que Xenócrates lecionava na Academia e Aristóteles em Cálcis. Após a morte de Alexandre o Macedônio e a expulsão dos colonos atenienses de Samos por Pérdicas, Epicuro deixou Atenas para se juntar ao seu pai em Cólofon. [2] Por algum tempo, Epicuro lá permaneceu e reuniu discípulos, mas retornou a Atenas durante o arcontado de Anaxicrates[244]. Diz-se que, por certo tempo, Epicuro dedicou-se aos estudos filosóficos juntamente a outros filósofos, mas depois apresentou opiniões próprias, fundando, assim, a escola que leva seu nome.

O próprio Epicuro diz que teve contato com a filosofia pela primeira vez aos 14 anos. O epicurista Apolodoro, no primeiro livro de sua *Vida de Epicuro*, diz que Epicuro se voltou para a filosofia, pois ficou desgostoso com os mestres que não conseguiam lhe dizer o significado do "caos" em Hesíodo[245]. De acordo com Hermipo, porém, Epicuro começou como mestre-escola, mas ao encontrar as obras de Demócrito voltou-se avidamente para a filosofia. [3] Por esse motivo que Timon fala sobre ele da seguinte maneira: "Há o mais recente dos físicos e o mais desavergonhado, o mestre-escola que veio de Samos, o mais ignorante dos seres vivos".

---

244. 307-306 a.C.

245. Cf. Sexto Empírico, *Contra os matemáticos*, X, 18.

Instigados por Epicuro, seus três irmãos, Neoclés, Cairedemo e Aristóbulo, juntaram-se a ele em seus estudos, de acordo com o epicurista Filodemo no décimo livro de sua *Dos filósofos*, e também um escravo seu, chamado Mis, de acordo com Mironiano em seus *Paralelos históricos*. O estoico Diótimo mostrou sua hostilidade contra Epicuro atacando-o com amargas calúnias apresentadas em 50 cartas escandalosas sob o nome de Epicuro. Agiu da mesma maneira o autor que atribuiu a Epicuro as epístolas comumente atribuídas a Crisipo.

[4] Epicuro também foi caluniado pelo estoico Posidônio, e sua escola, por Nicolau e por Sótion, no décimo segundo livro de *Refutações diocleanas* que consiste em 24 livros, e também por Dionísio de Halicarnasso. Eles alegam que Epicuro costumava ir com a mãe às casas de campo e recitava feitiços, e ajudava o pai na escola por uma quantia miserável; além disso, dizem que um de seus irmãos era prostituto e vivia com a cortesã Leontion; e que ele apresentou como suas as doutrinas de Demócrito sobre os átomos e de Aristipo sobre o prazer. Também dizem que ele não era um cidadão ateniense genuíno, acusação apresentada por Timócrates e por Heródoto em seu livro *Do treinamento de Epicuro como cadete*; e que ele lisonjeou vergonhosamente Mitras, o ministro de Lisímaco, atribuindo-lhe, em suas cartas, os títulos de "curador" e "senhor", [epítetos de Apolo]. [5] Ademais, dizem que Epicuro exaltou Idomeneu, Heródoto e Timócrates, que publicaram doutrinas esotéricas, e os lisonjeou por essa mesma razão; e que, em suas cartas, ele escreveu a Leontion: "Ó Senhor da cura! Querida Leontioninha, com que alegria tumultuosa me inspirou ao ler sua cartinha!"; e para Temista, a esposa de Leonteu, escreveu: "Estou totalmente pronto, se você não vier me ver, para girar três vezes em meu próprio eixo e ser impelido para qualquer lugar que você e Temista concordem".; e ao belo Pítocles escreveu: "Sentarei e ficarei esperando a sua vinda igual a de um deus, meu desejo". E, como diz Teodoro no quarto livro de sua obra *Contra Epicuro*, em outra carta a Temista, Epicuro diz que está pronto a entregar-se, sob efeito do vinho, a qualquer loucura com ela. [6] Epicuro ainda teria se correspondido com muitas cortesãs, especialmente com Leontion, por quem Metrodoro também ficou apaixonado. Há, em sua obra *Do fim supremo*, uma citação da seguinte maneira: "Não sei conceber o bem, além dos prazeres do paladar, dos prazeres sexuais, dos prazeres do som

e dos prazeres da bela forma". E, em sua carta a Pítocles, escreve: "Levante a sua vela, querido menino, e fique longe de toda cultura!"

Epiteto chama Epicuro de "pregador de obscenidades" e o critica. Além disso, Timócrates, irmão de Metrodoro e discípulo de Epicuro, que depois abandonou a escola, afirma, na obra *Delícias*, que Epicuro vomitava duas vezes por dia devido ao excesso de indulgência, e prossegue dizendo que ele próprio teve muito trabalho para escapar das notórias filosofias noturnas e das reuniões de iniciados em seus segredos; [7] também diz que o conhecimento de Epicuro com a filosofia era deficiente e seu conhecimento com a vida cotidiana ainda pior; e que a sua saúde física era lamentável, tanto que durante muitos anos ele não conseguia se levantar da cadeira; e que gastava diariamente uma mina em sua mesa – como o próprio Epicuro diz em sua carta a Leontion e na carta aos filósofos de Mitilene –; e que vivia entre as cortesãs que se relacionavam com ele e com Metrodoro, entre as quais estavam Mamarion, Hedeia, Erotion e Nicidion; e que em seus 37 livros *Da natureza*, Epicuro usa muita repetição e escreve em grande parte em pura oposição a outros, especialmente a Nausífanes, como no trecho: "Deixe-os irem embora! Pois, ao trabalhar com uma ideia, tal qual a dor do parto soltava pela boca a arrogância espontânea do sofista, como muitas outras almas servis". O próprio Epicuro diz em suas cartas sobre Nausífanes: "Isso o enlouqueceu tanto que me injuriou e se proclamou mestre".

[8] Epicuro costumava chamar Nausífanes de "água-viva", de "analfabeto", de "fraude" e de "prostituta"; chamava os platônicos de "bajuladores de Dionísio" e o próprio Platão de "homem de ouro"[246]; chamava Aristóteles de "devasso", e que, depois de devorar sua herança paterna, passou a ser soldado e a vender medicamentos; chamava Protágoras de "carregador", de "escriba de Demócrito" e de "mestre-escola das vilas"; chamava Heráclito de "misturador", Demócrito de "Lerócrito" (falador de bobagens) e Antidoro de "Sanidoro" (corrupto por meio de presentes); chamava também os cínicos de "inimigos da Grécia", os dialéticos de "saqueadores" e Pirro de "ignorante mal-educado".

[9] Essas pessoas, todavia, estão loucas, pois Epicuro tem muitas testemunhas que atestam a sua insuperável boa vontade para com todos: a sua pátria, que o honrou com estátuas de bronze; seus amigos, em número tão

246. Em tom irônico.

grande que dificilmente poderiam ser contados por *pólis* inteiras; todos os que o conheceram, conectados a ele pelos encantos de sua doutrina, como se fosse uma sereia (exceto Metrodoro de Estratoniceia, que se transferiu para a escola de Carnéades, talvez oprimido pela excessiva bondade de seu mestre); a sua própria escola que, embora quase todas as outras tenham desaparecido, permanece sem interrupção através de inúmeros escolarcas; [10] a sua gratidão aos seus pais, a sua generosidade para com os seus irmãos, a sua gentileza para com os seus servos, como evidenciam os termos do seu testamento e o fato de serem membros da escola, sendo o mais eminente deles o referido Mis; e, em geral, sua benevolência para com todos.

Sua piedade em relação aos deuses e seu afeto por sua pátria não podem ser descritos. Epicuro demonstrava tanta moderação que nem sequer entrou na vida política. Apesar das calamidades que se abateram sobre a Grécia em sua época, passou ali toda a sua vida, exceto quando viajou uma ou duas vezes até a Jônia para visitar seus amigos. De fato, seus amigos vinham até ele de todas as partes e viviam com ele em seu jardim. Isto é dito por Apolodoro, [11] que também diz que Epicuro comprou o jardim por 80 minas; e Dioclés, no terceiro livro de *Epítome*, fala que eles viviam uma vida muito simples e modesta; e "contentavam-se", diz Dioclés, "com um copo de vinho comum, mas geralmente bebiam água". Também diz que Epicuro não achava certo que suas propriedades fossem mantidas em comum, como dizia a máxima de Pitágoras sobre os bens dos amigos; tal prática, em sua opinião, implicaria desconfiança, e sem confiança não há amizade. Em suas cartas, o próprio Epicuro menciona que se contentava com pão e água. E diz ainda: "Mande-me um potinho de queijo, para que, quando eu tiver vontade, eu possa ter um banquete".

Esse foi o homem que afirmou que o prazer era o fim supremo da vida. Ateneu o elogia no seguinte epigrama:

> [12] Ó homens, vocês se cansam por coisas insignificantes e incessantemente iniciam conflitos e guerras por algum proveito; mas a riqueza estabelecida pela natureza estende-se por certo tempo, enquanto os julgamentos vãos estendem-se infinitamente (*Antologia palatina*, IV, 43).

O sábio filho de Neoclés ouviu essa mensagem das musas ou da trípode sagrada de Píton. À medida que prosseguirmos, essas qualidades ficarão evidentes a partir de suas doutrinas e de seus ditos.

Entre os primeiros filósofos, diz Dioclés, o favorito de Epicuro era Anaxágoras, embora ocasionalmente discordasse dele, e Arquelau, o mestre de Sócrates. Dioclés acrescenta ainda que Epicuro costumava treinar seus discípulos a memorização de seus tratados. [13] Apolodoro, em sua *Crônica*, diz que Epicuro foi discípulo de Nausífanes e Praxífanes; mas em uma carta a Euríloco, o próprio Epicuro nega e diz que foi autodidata. Tanto Epicuro quanto Hermarco negam a existência do filósofo Leucipo, embora alguns autores, entre os quais está o epicurista Apolodoro, digam que ele foi o mestre de Demócrito. Demétrio da Magnésia, por sua vez, diz que Epicuro assistiu às palestras de Xenócrates.

Os termos que Epicuro usava para designar as coisas eram termos comuns, e o gramático Aristófanes atribui-lhe um estilo muito característico. Ele foi um escritor tão lúcido que em sua *Retórica* considerava a clareza de estilo como único requisito. [14] Em suas correspondências, ele substituía a saudação usual "viva bem" por "saudações". Ariston diz, em sua *Vida de Epicuro*, que Epicuro derivou sua obra *Cânon* da obra *Trípode* de Nausífanes, acrescentando que ele não só foi discípulo de Nausífanes, mas também do platônico Panfile de Samos; além disso, afirma que começou a estudar filosofia aos 12 anos e abriu sua própria escola aos 32 anos de idade.

Segundo Apolodoro, em sua *Crônica*, Epicuro nasceu no terceiro ano da 109ª Olimpíada[247], no arcontado de Sosígenes, no sétimo dia do mês Gamelion[248], sete anos após a morte de Platão. [15] Aos 32 anos fundou uma escola de filosofia, primeiro em Mitilene e Lâmpsaco, e cinco anos depois mudou-se para Atenas, onde morreu no segundo ano da 127ª Olimpíada[249], no arcontado de Pitarato, aos 72 anos de idade. Seu sucessor como escolarcas foi Hermarco, filho de Agemorto, um mitileno. Epicuro morreu de cálculo renal, após passar duas semanas enfermo, como diz Hermarco em suas *Cartas*. Hermipo também relata que Epicuro entrou em uma banheira de bronze com água quente e pediu vinho puro, [16] que engoliu, e então, tendo ordenado a seus amigos que se lembrassem de suas doutrinas, deu seu último suspiro.

---

247. 341 a.C.

248. Equivale, aproximadamente, ao mês de fevereiro.

249. 271-270 a.C.

Há o seguinte epigrama de minha autoria sobre ele:

> Adeus, e lembrem-se das doutrinas!"
> Assim falou Epicuro e deu seu último suspiro;
> Em um banho quente numa banheira sentou-se e bebeu um gole do vinho puro e depois um gole do frio Hades (*Antologia palatina*, VII, 106).

Essa foi a vida desse homem e esse foi o seu fim. Os termos de seu testamento foram os seguintes:

> Desta forma, dou e lego todos os meus bens a Aminômaco, filho de Filócrates, do demo Bate, e a Timócrates, filho de Demétrio, do demo Potamo, de acordo com os itens da escritura de doação feita a cada um deles, estabelecida no Metroon, [17] com a condição de que coloquem o Jardim e tudo o que lhe pertence à disposição de Hermarco, filho de Agemorto, de Mitilene, dos membros de sua sociedade, e daqueles a quem Hermarco possa deixar como seus sucessores, para viver e estudar. Confio à minha escola a continuidade da tarefa de ajudar Aminômaco e Timócrates e seus herdeiros a preservar, com o melhor de seu poder, a vida comum no Jardim da maneira que for melhor, e que seus herdeiros possam também manter o Jardim dessa mesma forma para aqueles que serão seus sucessores. E que Aminômaco e Timócrates permitam que Hermarco e seus colegas vivam na casa em Melita, para que lá morem até a morte de Hermarco.
>
> [18] As rendas provenientes de nós a Aminômaco e Timócrates, deixe-as, tanto quanto possível e em consulta com Hermarco, subdivididas por eles para as oferendas fúnebres a meu pai, mãe e irmãos, e para a celebração habitual do meu aniversário no décimo dia do mês de Gamelion de cada ano, e para a reunião de todos os nossos companheiros da escola realizada todos os meses no vigésimo dia em homenagem a Metrodoro e a mim mesmo, de acordo com as regras agora em vigor. Que eles também se juntem à celebração de aniversário, no mês de Poseideon, dos meus irmãos, e também no mês de Metageitnion que comemora o aniversário de Polieno, como tenho feito.
>
> [19] Que Aminômaco e Timócrates cuidem de Epicuro, filho de Metrodoro, e do filho de Polieno, enquanto estudarem e viverem com Hermarco. Que eles também cuidem do sustento da filha de Metrodoro, desde que ela tenha bons costumes e seja obediente a Hermarco e, quando atingir a maioridade, que a deem em casamento a um marido escolhido por Hermarco entre os membros da Escola e que retirem a importância necessária das rendas que acumulei, destacadas por Aminômaco e Timócrates; que Hermarco lhes dê o quanto acharem adequado para sua manutenção anual.

> [20] Que façam de Hermarco o administrador dos fundos junto com Aminômaco e Timócrates, para que tudo seja feito de comum acordo com aquele que envelheceu comigo na filosofia e ficou à frente da Escola. E quando a menina atingir a maioridade, que Aminômaco e Timócrates paguem seu dote, tirando da propriedade tanto quanto permitido, sujeito à aprovação de Hermarco. Que eles cuidem de Nicanor como fiz até agora, para que a nenhum daqueles membros da Escola que me prestaram serviços na vida privada e me mostraram bondade em todos os sentidos e escolheram envelhecer comigo na Escola faltem as necessidades da vida, no que diz respeito às minhas propriedades.
>
> [21] Todos os meus livros devem ser entregues a Hermarco. E se alguma coisa acontecer a Hermarco antes que os filhos de Metrodoro cresçam, Aminômaco e Timócrates darão, dos fundos por mim legados, na medida do possível, o suficiente para suas diversas necessidades, desde que estejam bem ordenados. E que providenciem o restante de acordo com minhas disposições. Quanto a meus escravos, liberto Mis, Nicias, Licon, e também dou liberdade a Fedron.

[22] Quando estava perto de morrer, Epicuro escreveu a seguinte carta a Idomeneu:

> Neste dia feliz, que é também o último da minha vida, escrevo esta carta para você. Minhas dores contínuas da estranguria e disenteria são tão grandes que nada poderia aumentá-las; mas, resistindo a todas elas, sinto alegria na lembrança de nossas conversas passadas. Eu gostaria que você, de acordo com a sua disposição ao longo da vida em relação a mim e à filosofia, cuidasse dos filhos de Metrodoro.

Esses foram seus arranjos.

Entre os seus vários discípulos, destacaram-se os seguintes: Metrodoro, filho de Ateneu (ou de Timócrates) e de Sande, cidadão de Lâmpsaco, que desde o primeiro contato com Epicuro nunca o abandonou, exceto uma vez que passou seis meses em sua terra natal, de onde regressou novamente. [23] A sua bondade foi provada de todas as maneiras, como testemunha Epicuro nas introduções de suas obras e no terceiro livro de *Timócrates*. Metrodoro assim era; deu sua irmã, Batis, a Idomeneus como esposa, e ele próprio tomou a cortesão ateniense Leontion como sua companheira. Metrodoro mostrou uma coragem destemida ao enfrentar os problemas e a morte, como declara Epicuro, no primeiro livro de *Metrodoro*. Conta-se, também, que ele morreu sete anos antes de Epicuro, aos 53 anos de idade, e o próprio Epicuro, em seu testamento já citado, fala claramente dele como falecido e ordena que seus testamenteiros cuidem dos filhos de Metrodoro. O já mencionado

Timócrates, irmão de Metrodoro e sujeito imponderado, foi outro de seus discípulos. [24] Há os seguintes livros de Metrodoro: *Contra os médicos*, em três livros; *Das sensações; Contra Timócrates; Da Magnanimidade; Da saúde fraca de Epicuro; Contra os dialéticos; Contra os sofistas*, em nove livros; *O Caminho para a sabedoria; Da mutação; Da riqueza; Contra Demócrito*; e *Do nascimento nobre*.

Outro discípulo foi Polieno, filho de Atenodoro, de Lâmpsaco, homem justo e bondoso, como afirmam Filodemo e seus seguidores. Também houve o sucessor de Epicuro como escolarca, Hermarco de Mitilene, filho de Agemorto; seu pai era um homem pobre e foi inicialmente estudante de retórica. Há, dele, os seguintes excelentes livros: [25] *Tratado sobre Empédocles*, em vinte e dois livros; *Da matemática; Contra Platão;* e *Contra Aristóteles*. Hermarco morreu de paralisia, mas não antes de mostrar a sua capacidade.

Da mesma maneira, foi seu discípulo Leonteu de Lâmpsaco e sua esposa Temista, a quem Epicuro escreveu cartas; além deles, Colotes e Idomeneu, que também eram nativos de Lâmpsaco. Todos estes foram notáveis, e junto a eles há Polistrato, o sucessor de Hermarco; este foi sucedido por Dionísio e este por Basilides. Apolodoro, conhecido como "tirano do jardim", que escreveu mais de quatrocentos livros, também se distinguiu; e os dois Ptolomeus de Alexandria, o negro e o branco; e Zenão de Sidon, discípulo de Apolodoro, que muito escreveu; [26] e Demétrio, que foi chamado de Laconiano; e Diógenes de Tarso, que compilou as palestras selecionadas; e Orion, e outros a quem os autênticos epicuristas chamam de sofistas.

Houve outros três indivíduos que levavam o nome de Epicuro: o primeiro, filho de Leonteu e Temista; o segundo, um nascido na Magnésia; e o terceiro, um instrutor de manejo de armas.

Epicuro foi um autor muito prolífico e superou todos antes dele quanto ao número de escritos, que somam cerca de trezentos volumes; nelas não há uma única citação de outros autores, sendo todas as palavras do próprio Epicuro. Crisipo tentou superá-lo em autoria e por esse motivo que Carnéades o chama de "parasita dos livros de Epicuro":

> Para cada assunto tratado por Epicuro, Crisipo, em sua abordagem, tenta tratar com igual extensão; [27] por isso ele frequentemente se repete e escreve o primeiro pensamento que lhe ocorre, e devido à sua pressa deixa as coisas sem revisar; ele possui tantas citações que só elas enchem seus livros. Isso é visto também em Zenão e Aristóteles.

Essas são, então, em número e caráter, as obras de Epicuro, das quais as melhores são as seguintes: *Da natureza*, em trinta e sete livros; *Dos átomos e do vazio; Do amor; Epítome das objeções aos físicos; Contra os megáricos; Problemas; Máximas principais; Da escolha e rejeição; Do fim supremo; Do critério*, ou *Cânon*; *Queredemos; Dos deuses; Da piedade*; [28] *Hegesianax; Dos modos de vida*, em quatro livros; *Da maneira justa de agir; Neoclés, dedicado a Temista; Banquete; Eurîloco, dedicado a Metrodoro; Da visão; Do ângulo no átomo; Do tato; Do destino; Teorias dos sentimentos - contra Timócrates; Prognóstico; Exortação à filosofia; Das imagens; Da apresentação; Aristóbulo; Da música; Da justiça e das outras virtudes; Dos benefícios e da gratidão; Polimedes; Timócrates*, em três livros; *Metrodoro*, em cinco livros; *Antidoro*, em dois livros; *Teorias sobre doenças e a morte, dedicado a Mitras; Calistolas; Da realeza; Anaxímenes*; e *Epístolas*.

Tentarei expor as doutrinas de Epicuro expressas nessas obras citando três de suas epístolas, nas quais ele deu um resumo de todo o seu sistema filosófico. [29] Também citarei suas *Máximas principais* e outras declarações que pareçam dignas de serem citadas, para que você possa estudar o filósofo em todos os aspectos e estar apto a julgá-lo. A primeira epístola é dirigida a Heródoto e trata da física; a segunda, dirigida a Pítocles, trata da astronomia e da meteorologia; a terceira é dirigida a Menoiceu e tem como tema a vida humana. Devemos começar com a primeira, após algumas observações preliminares sobre a divisão da filosofia segundo Epicuro.

A filosofia divide-se em três partes: a canônica, a física, e a ética. [30] A canônica constitui numa introdução ao sistema doutrinário e está contido em uma única obra intitulada *Cânon*. A parte física inclui toda a teoria da natureza e está contida nos 37 livros *Da natureza* e, de forma resumida, nas *Epístolas*. A parte ética trata dos fatos relacionados à escolha e à rejeição, isso pode ser encontrado nos livros *Dos modos de vida, Epístolas* e *Do fim supremo*. O arranjo usual, entretanto, é unir a parte canônica com a física, e os epicuristas chamam a primeira de ciência do critério da verdade e do primeiro princípio, ou de parte elementar da filosofia; enquanto a física propriamente dita, eles dizem, lida com o nascimento, com a morte e com a natureza; a ética, por outro lado, trata das coisas a serem procuradas e evitadas, da vida humana e do fim supremo.

[31] Os epicuristas rejeitam a dialética e a tratam como supérflua; sustentando que, em suas investigações, os físicos deveriam contentar-se em empregar os termos naturais para as coisas. No *Cânon*, Epicuro diz que as sensações, as antecipações e os sentimentos são os critérios da verdade, acrescentando a esses as percepções das apresentações mentais. Essas mesmas declarações também podem ser encontradas na obra *Epítome dirigida a Heródoto* e nas *Máximas principais*. Toda sensação, diz Epicuro, é desprovida de razão e incapaz de memorizar; nem por si mesma, nem movida por causas externas, pode acrescentar ou tirar algo. E não há nada que possa refutar as sensações ou conduzi-las ao erro: [32] uma sensação não pode convencer outra sensação semelhante, pois são igualmente válidas; nem pode uma sensação refutar outra que não seja aparentada, mas heterogênea, pois os objetos que os dois sentidos julgam não são os mesmos; a razão também não pode refutá-las, pois a razão depende inteiramente da sensação; nem um sentido pode refutar o outro, uma vez que prestamos igual atenção a todos. E a realidade das percepções separadas garante a verdade dos nossos sentidos, mas ver e ouvir são tão reais quanto sentir dor. Portanto, é a partir de fatos simples que devemos começar quando tiramos inferências sobre o desconhecido, pois todas as nossas noções derivam de percepções, quer por contato real, quer por analogia, ou por semelhança, ou por composição, com certa ajuda do raciocínio. As visões dos loucos e as que aparecem em sonhos são verdadeiras, pois produzem movimentos na mente; e o que é irreal nunca faz isso.

[33] A antecipação os epicuristas entendem como uma espécie de apreensão ou uma opinião ou noção correta, ou uma ideia universal armazenada na mente; isto é, uma lembrança de um objeto externo frequentemente apresentado, como, por exemplo, quando dito "isso é um homem", pois tão logo a palavra "homem" é pronunciada, pensamos em sua forma por um ato de antecipação, guiado pelos sentidos. Assim, o objeto denotado, principalmente por cada termo, é simples e claro. Não poderíamos iniciar uma investigação, a menos que soubéssemos o que estávamos procurando. Por exemplo, para afirmar "aquilo ali é um cavalo ou um boi", devemos, antes de fazer esse julgamento, em algum momento ou outro, ter conhecido, por antecipação, a figura de um cavalo ou de um boi. Não teríamos dado um nome a nada se não tivéssemos primeiro aprendido sua forma por meio da antecipação. Segue-se, então, que as antecipações são evidentes. O objeto de um julgamento

é derivado de algo previamente evidente, por referência ao já referido, quando dizemos: "Como sabemos que isto é um homem?"

[34] Os epicuristas chamam a opinião de suposição e a distinguem entre verdadeira e falsa. É verdadeira se for posteriormente confirmada ou se não for contradita por provas; falsa, se não for posteriormente confirmada ou for contradita por provas. Por esse motivo que eles introduziram a frase "aquilo que aguarda confirmação", como quando ficamos na expectativa e nos aproximamos da torre e percebemos como ela é de perto. Eles também afirmam que existem dois estados de sentimento: o prazer e a dor; eles se manifestam em todo ser animado e um é conforme à natureza desse ser e o outro lhe é contrária, e por meio dos dois a escolha e a rejeição são determinadas. Há também dois tipos de investigação: um relativo às coisas e o outro relativo às palavras.

Essas são, portanto, as suas divisões e seus principais critérios. Voltemos à epístola.

> *Epicuro a Heródoto, saudações.*
>
> [35] Para aqueles que são incapazes de estudar cuidadosamente todos os meus escritos sobre a natureza ou de entrar em tratados mais longos, eu mesmo preparei um epítome de todo o sistema, Heródoto, para guardar na memória o suficiente das principais doutrinas, com o fim de que, em qualquer ocasião, possam ajudar nos pontos mais importantes, desde que se dediquem ao estudo da natureza. Aqueles que fizeram um satisfatório avanço no levantamento de todo o sistema devem fixar na mente os elementos principais de todo sistema doutrinário. Para uma visão abrangente, muitas vezes é necessária uma visão detalhada, mas isso acontece raramente.
>
> [36] Aos primeiros, então, devemos retornar continuamente, e devemos memorizá-los até obter uma concepção válida dos fatos, bem como os meios de descobrir todos os detalhes exatos para a compreensão das particularidades, quando os princípios gerais são corretamente compreendidos e fixados na memória; é requisito ao estudante maduro fazer uso imediato de suas concepções, referindo cada uma delas a fatos elementares e termos simples. Pois é impossível reunir os resultados do estudo contínuo e diligente da totalidade das coisas, a menos que possamos abranger em fórmulas curtas e manter em mente tudo o que poderia ter sido expresso com precisão, até nos mínimos detalhes.
>
> [37] Portanto, uma vez que tal curso é útil para todos os que investigam a natureza, eu, que dedico ao assunto minha energia contínua e recebo a calmaria desse modo vida, preparei para você esse epítome e manual das doutrinas como um todo.

Em primeiro lugar, Heródoto, você deve compreender o que as palavras denotam, para que, por referência a isso, possamos estar em posição de julgar opiniões, investigações ou problemas, de modo a não permitir que nossas provas sejam incertas e não permitir que sejam para sempre veiculadas em assuntos não testados, nem usar termos vazios de significado. [38] Pois o significado primário de cada termo empregado deve ser visto claramente e não precisa de prova; sendo isto necessário, se quisermos ter algo ao qual o ponto em questão ou o problema ou a opinião diante de nós possam ser referidos.

Em seguida, devemos por todos os meios nos ater às nossas sensações, isto é, simplesmente às impressões presentes, sejam elas da mente ou de qualquer critério, e da mesma forma aos nossos sentimentos reais, a fim de que possamos ter os meios de determinar aquilo que precisa de confirmação e daquilo que é obscuro. Quando isso for claramente compreendido, devemos considerar, de maneira geral, as coisas que são imperceptíveis aos sentidos.

Primeiramente, nada surge do que é inexistente. Pois, se não fosse assim, qualquer coisa teria surgido de qualquer coisa e não necessitaria de seus próprios germes. [39] E se aquilo que desaparece perecesse e se tornasse inexistente, tudo estaria perecido, pois não existira aquilo em que as coisas foram dissolvidas. Porém, as coisas sempre foram como são agora, e assim permanecerão para sempre, pois não há nada em que possam se transformar. Além do todo, não há nada que possa entrar e provocar a mudança.

Além disso (isso também aparece no *Epítome maior* no primeiro livro da obra *Da natureza*), o todo é constituído de corpo e vazio, pois a existência dos corpos é atestada em toda parte pelo próprio sentido, e é na sensação que a razão deve confiar quando tenta inferir o desconhecido a partir do conhecido. [40] Se não existisse o vazio, que também chamamos de espaço ou intangível por natureza, não haveria nada em que os corpos pudessem estar e se mover, como se vê claramente que se movem. Além dos corpos e do vazio, não há nada que, por apreensão mental ou por sua analogia, possamos conceber que exista. Quando falamos de corpos e de vazio, ambos são considerados inteiros ou coisas separadas, não como propriedades ou acidentes de coisas separadas.

Ademais (Epicuro repete isso no primeiro, nos décimo quarto e no décimo quinto livros de sua obra *Da natureza* e no *Epítome maior*), dos corpos, alguns são compostos, outros são os elementos dos quais esses corpos compostos são feitos. [41] Esses elementos são os átomos, indivisíveis e imutáveis, para que as coisas não sejam todas destruídas e passem à inexistência, mas para serem fortes o suficiente e resistirem quando os corpos compostos forem quebrados, porque possuem uma natureza sólida e são incapazes de serem dissolvidos em qualquer lugar ou de qualquer forma. Segue-se, então, que os princípios das coisas devem ser entidades corpóreas e indivisíveis.

Novamente, o todo é infinito. Pois o que é finito tem uma extremidade, e a extremidade de qualquer coisa é discernida apenas por comparação com outra coisa. Ora, o todo não é discernido por comparação com outra coisa; portanto, por não ter extremidade, não tem limite e, por não ter limite, deve ser ilimitado ou infinito.

Além disso, o todo é ilimitado tanto em razão do grande número de átomos quanto pela extensão do vazio. [42] Se o vazio fosse infinito e os corpos finitos, os corpos não teriam permanecido em lugar nenhum, mas teriam sido dispersos continuamente através do vazio infinito, não tendo quaisquer suportes ou impactos para mandá-los de volta ao seu ascendente. Se, por outro lado, o vazio fosse finito, a infinidade de corpos não teria onde estar.

Também, os átomos, que não contêm nenhum vazio – dos quais surgem os corpos compostos e nos quais são dissolvidos –, variam indefinidamente em suas formas; pois tantas variedades de coisas, como as que vemos, nunca poderiam ter surgido do número definido das mesmas formas. Os átomos semelhantes de cada forma são absolutamente infinitos, mas a variedade de formas, embora indefinidamente grande, não é absolutamente infinita. [43] (Pois a divisibilidade também não ocorre infinitamente, como Epicuro diz abaixo. Ele acrescenta isso pois as qualidades mudam, a menos que se queira continuar ampliando suas magnitudes infinitamente).

Os átomos estão em movimento contínuo por toda a eternidade. (Além disso, Epicuro diz abaixo que os átomos se movem com velocidade igual, uma vez que o vazio abre caminho para os átomos mais leves e mais pesados.) Alguns deles são impulsionados a uma distância considerável uns dos outros, enquanto outros apenas oscilam em um lugar quando ficam emaranhados ou envolvidos por uma massa de outros átomos moldados para emaranhamento. [44] Isso ocorre porque cada átomo está separado do resto pelo vazio, que é incapaz de oferecer qualquer resistência ao impulso; enquanto é a solidez do átomo que o faz ser impulsionado após uma colisão, por menor que seja a distância até a qual ele ricocheteia quando se encontra aprisionado em uma massa de átomos emaranhados. Para tudo isso não há um início, uma vez que tanto os átomos quanto o vazio existem eternamente. (Epicuro diz abaixo que os átomos não possuem nenhuma qualidade, exceto forma, tamanho e peso. Porém, diz em seus *Doze elementos fundamentais da doutrina* que a cor varia com a posição dos átomos. Acrescenta, ainda, que os átomos não possuem todos os tamanhos possíveis; de qualquer forma, nenhum átomo jamais foi visto pelos nossos sentidos.).

[45] A repetição tão extensa de tudo o que agora estamos lembrando fornece um esboço adequado para nossa concepção da natureza das coisas. Além disso, há um número infinito de mundos, alguns como este mundo, outros diferentes; pois os átomos, sendo em número infinito, como acabamos de provar, são levados cada vez mais longe em seu curso. Os átomos dos quais um mundo possa surgir, ou pelo qual um mundo possa ser formado, não foram todos consumidos na formação de um mundo ou em um número finito de mundos, sejam iguais ou diferentes deste. Portanto, não há nada que impeça uma infinidade de mundos.

[46] Existem impressões semelhantes à forma dos corpos sólidos, mas com uma espessura muito superior à de qualquer objeto que vemos. Não é impossível que sejam encontrados no ar circundante combinações deste tipo, materiais adaptados para expressar o vazio e a finura das superfícies, e efluxos que preservam a mesma posição relativa e movimento que tinham nos objetos sólidos de onde provêm. A essas impressões damos o nome de imagens. Além disso, desde que nada imponha ou ofereça resistência, o movimento através do vazio percorre qualquer distância imaginável num tempo inconcebivelmente curto, pois a resistência encontrada equivale à lentidão, e a sua ausência equivale à velocidade.

[47] Se considerarmos os curtos e perceptíveis tempos apenas pela razão, o próprio corpo em movimento não chega a mais de um lugar simultaneamente (pois isso também é inconcebível), mas no tempo perceptível ao sentido ele chega simultaneamente, por mais que diferente do ponto de partida daquele por nós concebido, pois se mudasse de direção, isso equivaleria a encontrar resistência, mesmo que até esse ponto não permitíssemos que nada impedisse o ritmo de sua fuga; o que por si só vale a pena ter em mente. Em seguida, a excessiva finura das imagens não é contradita por nenhum dos fatos sob nossa observação. Portanto, também suas velocidades são enormes, uma vez que sempre encontram uma passagem vazia para ajustá-las. Por conseguinte, sua efluência incessante não encontra nenhuma resistência, ou pouquíssima, embora muitos átomos, para não dizer um número ilimitado, encontrem resistência ao mesmo tempo. [48] Outrossim, é necessário lembrar que a produção das imagens é tão rápida quanto o pensamento, pois as partículas fluem continuamente da superfície dos corpos, embora nenhuma diminuição dos corpos seja observada, porque outras partículas tomam seu lugar. E corpos emitidos por muito

tempo mantêm a posição e o arranjo que seus átomos tinham quando faziam parte dos corpos sólidos, mesmo que, ocasionalmente, sejam confundidos. Às vezes, tais impressões se formam muito rapidamente no ar, porque não precisam ter nenhum conteúdo sólido; e há outros modos pelos quais eles podem ser formados, pois não há nada que seja contradito pela sensação, se de alguma forma olharmos para a evidência clara do sentido, à qual também deveríamos referir a continuidade das partículas nos objetos que nos são externos.

[49] Deve-se também considerar que é pela entrada de algo proveniente de objetos externos que vemos suas formas e pensamos nelas. As coisas externas não imprimiriam em nós sua própria cor e forma por meio do ar que existe entre elas e nós, ou por meio de raios de luz ou correntes de qualquer espécie que partem de nós e vão para elas, bem como pela entrada em nossos olhos ou mentes, qualquer que seja seu tamanho, de certas imagens vindas das próprias coisas, sendo essas imagens da mesma cor e forma que as próprias coisas externas. [50] Movem-se com movimento rápido; e isso, mais uma vez, explica por que elas apresentam a aparência de um objeto único e contínuo e retêm a interconexão mútua que tinham no objeto, quando colidem com o sentido, sendo tal impacto devido à oscilação dos átomos no interior do objeto sólido de onde provêm. E qualquer que seja a apresentação que deriva do contato direto, seja com a mente ou com os órgãos dos sentidos, seja a forma apresentada ou outras propriedades, esta forma apresentada é a forma da coisa sólida, e é devida ou a uma estreita coerência da imagem como um todo ou a um mero resto de suas partes.

A falsidade e o erro dependem sempre da intrusão da opinião, quando um fato aguarda confirmação ou ausência de contradição, fato esse que muitas vezes não é confirmado ou mesmo contradito, (seguindo um certo movimento em nós mesmos conectado com a imagem mental apresentada, mas distinta, que é a causa do erro.

[51] As representações que, por exemplo, são recebidas em uma imagem ou surgem em sonhos, ou de qualquer outra forma de apreensão pela mente ou por outros critérios de verdade, nunca teriam se parecido com o que chamamos de real e verdadeiro se não fosse por certas coisas reais com as quais entramos em contato. O erro não ocorreria se não tivéssemos experimentado algum outro movimento em nós mesmos, associado, mas distinto, da percepção do que é apresentado. E deste movimento, se não for confirmado ou contradito, resulta a falsidade, enquanto que, se for confirmado ou não contradito, resulta a verdade. [52] E devemos aderir a esta visão de perto, se não quisermos repudiar os critérios fundados na evidência clara do sentido, nem novamente confundir todas essas coisas, mantendo a falsidade como se fosse verdade.

Novamente, a audição ocorre quando uma corrente vem do objeto, seja pessoa ou coisa, que emite voz, som ou ruído, ou produz a sensação de audição de alguma forma. Essa corrente é dividida em partículas homogêneas, que, ao mesmo tempo, preservam uma certa conexão mútua e uma unidade distintiva que se estende ao objeto que os emitiu e, assim, na maior parte das vezes, causam a percepção ou, se não, apenas indicam a presença do objeto externo. [53] Sem a transmissão do objeto de uma certa interconexão das partes essa sensação não surgiria. Portanto, não devemos supor que o próprio ar seja moldado pela voz emitida ou algo semelhante, pois o ar não é influenciado dessa maneira. O sopro que produzimos quando emitimos um som causa um deslocamento das partículas que serve para formar uma corrente semelhante à respiração, e esse deslocamento dá origem à sensação de audição.

Acreditamos que o olfato, assim como a audição, não produziria nenhuma sensação se não houvesse partículas transportadas do objeto adequado a estimular o órgão do olfato, algumas partículas de um tipo, algumas de outro, algumas estimulantes e de forma estranha, outras de maneira silenciosa e agradável.

[54] Ademais, sustentamos que os átomos de fato não possuem nenhuma das qualidades pertencentes às coisas que estão sob nossa observação, exceto forma, peso e tamanho, e as propriedades necessariamente associadas à forma. Todas essas qualidades mudam, mas os átomos não, pois, quando os corpos compostos são dissolvidos, deve haver algo permanente, sólido e indissolúvel, deixado para trás, que torna possível a mudança; não mudanças para ou do inexistente, mas muitas vezes através de diferenças de arranjo, e às vezes através de adições e subtrações dos átomos. Portanto, essas coisas capazes de serem dispostas diversamente devem ser indestrutíveis e isentas de mudança, mas cada uma deve possuir a sua própria massa e configuração; tais características devem permanecer.

[55] No caso de mudanças de configuração dentro de nossa experiência, supõe-se que a figura seja inerente quando outras qualidades são eliminadas, mas não se supõe que as qualidades, como a forma que é deixada para trás, sejam inerentes ao sujeito mutável, mas desaparecem completamente do corpo. Assim, então, o que permanece é suficiente para explicar as diferenças nos corpos compostos, uma vez que pelo menos algo deve necessariamente permanecer e não perecer no inexistente. Tampouco se deve supor que os átomos tenham todo e qualquer tamanho, a menos que não queira ser contrariado pelos fatos; mas diferenças de tamanho devem ser admitidas, pois esta admissão torna os fatos do sentimento e da sensação mais fáceis de explicar.

[56] Contudo, atribuir toda e qualquer magnitude aos átomos não ajuda a explicar as diferenças de qualidade nas coisas; além disso, nesse caso, átomos grandes o suficiente para serem visíveis deveriam ter chegado até nós, o que nunca é observado; essa ocorrência deveria ser possível, ou seja, que um átomo deveria se tornar visível.

Também, não se deve supor que existam partes ilimitadas em número, por mais pequenas que sejam, em qualquer corpo finito. Portanto, não apenas devemos rejeitar como impossível a subdivisão eterna em partes cada vez menores – para não tornarmos todas as coisas fracas e, em nossas concepções de agregados, sermos levados a exaurir as coisas existentes [ou seja, os átomos] –, mas ao lidar com coisas finitas devemos também rejeitar como impossível a progressão eterna por incrementos cada vez menores.

[57] Uma vez que dissemos que num corpo qualquer está contido um número infinito de partículas, por menores que sejam, não é possível conceber como esse corpo poderia ser de grandeza finita. Claramente o número infinito de partículas devem ter algum tamanho; e então, qualquer que seja o tamanho que fossem, o agregado que formassem seria infinito. E, ainda, como o que é finito tem uma extremidade que é distinguível, mesmo que não seja observável por si só, não podemos deixar de pensar em outra extremidade próxima a esta, nem podemos deixar de pensar que desta forma, avançando de uma para a seguinte, é possível, através de tal progressão, chegar no pensamento ao infinito.

[58] Deve-se considerar o mínimo perceptível pelos sentidos como não correspondendo àquilo que é capaz de ser atravessado, mas como tendo algo em comum com as coisas capazes de ser atravessadas, embora não haja distinção de partes. Mas quando, a partir da analogia criada por esta propriedade comum, pensamos que distinguiremos algo no mínimo, uma parte de um lado e outra parte do outro lado, um outro mínimo igual ao primeiro deve chamar a atenção de nossos olhos. Na verdade, vemos esses mínimos um após o outro, começando pelo primeiro, e não ocupando o mesmo espaço, nem os vemos tocar as partes uns dos outros com suas partes, mas vemos isso em virtude de suas partes; com seu próprio caráter peculiar, eles proporcionam um meio de medir magnitudes. O número desses mínimos é maior se a magnitude medida for maior, e é menor se a magnitude medida for menor.

[59] Deve-se reconhecer que essa analogia também se aplica ao mínimo existente no átomo; é apenas na pequenez que ele difere daquilo que é observado pelos sentidos, mas segue a mesma analogia. Sobre a analogia das coisas dentro de nossa experiência em relação aos sen-

tidos declaramos que o átomo tem magnitude, e esta, por menor que seja, apenas reproduzimos em uma escala maior. Além disso, as coisas menores devem ser consideradas como extremidades de comprimentos, fornecendo por si mesmas as unidades de medida, sejam maiores ou menores, mediante o emprego da visão mental, uma vez que a observação direta é impossível, pois os pontos em comum que existem entre eles e as partes imutáveis são suficientes para justificar a conclusão que chegamos até agora. Todavia, não é possível que esses mínimos existentes no átomo se agrupem, como se fossem capazes de mover-se.

[60] Não devemos afirmar que o acima ou abaixo de algo infinito possa ser considero o ponto mais alto ou mais baixo num sentido absoluto. No entanto, quanto ao espaço acima, se for possível traçar uma linha infinita a partir do ponto que está sobre nossas cabeças, sabemos que este espaço nunca nos parecerá estar ao mesmo tempo acima e abaixo; o mesmo aconteceria com o espaço abaixo desse suposto ponto de partida, se traçado infinitamente. Isso é inconcebível. Portanto, é possível assumir uma direção de movimento, que pensamos estender-se infinitamente para cima, e outra para baixo, mesmo que isso aconteça dez mil vezes mais que aquilo que se move a partir dos espaços acima de nossas cabeças e atinge os pés dos que estão acima de nós, ou aquilo que se move para baixo a partir de nossos pés e atinge as cabeças daqueles que estão abaixo de nós. Não obstante, é verdade que todo o movimento em ambos os casos é concebido como capaz de estender-se infinitamente em direções opostas.

[61] Quando se movem através do vazio e não encontram resistência, os átomos devem se mover com a mesma velocidade. Tampouco os átomos pesados viajarão mais rapidamente do que os pequenos e leves, desde que nada os encontre, nem os átomos pequenos viajarão mais rapidamente do que os grandes, desde que encontrem sempre uma passagem adequada ao seu tamanho, e desde que também não encontrem nenhum impedimento. Nem o seu movimento ascendente, que é devido a colisões, nem o seu movimento descendente, que é devido ao peso, afetam a sua velocidade. Enquanto qualquer movimento ocorrer, ele continua tão rápido quanto a velocidade do pensamento, desde que não haja obstáculos, seja devido a colisão externa ou ao próprio peso dos átomos opondo-se à força da colisão.

[62] Além disso, quando tratamos de corpos compostos, um deles irá se mover mais rápido que o outro, embora seus átomos tenham velocidade igual. Isso ocorre porque os átomos nos componentes agregados estão se movendo em um único ponto no mais breve tempo contínuo, embora se movam em direções diferentes em tempos tão curtos que só podem ser apreciados pela razão, frequentemente colidem até que a

continuidade de seu movimento seja apreciada pelos sentidos. A continuidade atual do movimento não é verdadeira no caso que temos diante de nós. A observação direta pelos sentidos e a apreensão direta pela mente são as únicas invariavelmente verdadeiras.

[63] Em seguida, tendo em vista nossas percepções e sentimentos (pois assim teremos as bases mais seguras para a credibilidade), devemos reconhecer que a alma é uma coisa corpórea, composta de partículas finas, dispersas por todo o organismo, assemelhando-se a um sopro com uma mistura de calor; em alguns aspectos semelhantes ao sopro, em outros ao calor. Há, ainda, a terceira parte que excede as outras duas na finura de suas partículas e, portanto, mantém-se em contato mais próximo com o restante do organismo. E isso é demonstrado pelas faculdades mentais, pelos sentimentos, pela facilidade com que a mente se move, pelos pensamentos e por todas aquelas coisas cuja perda causa a morte. Devemos também ter em mente que a alma tem a participação mais importante na sensação. [64] Ainda assim, a alma não teria sensações se não estivesse de alguma forma confinada ao resto do organismo, embora forneça essa condição indispensável para a alma, ele próprio também participa dessa propriedade derivada da alma, embora não participe de todas as propriedades. Consequentemente, com a partida da alma, o organismo perde a faculdade de sentir; pois não a possuía em si mesmo, mas que era suprida por outra coisa, congênita com o corpo. Essa outra coisa, através da potencialidade nela realizada por meio do movimento, adquiriu imediatamente para si uma qualidade de senciência e, em virtude da relação de vizinhança e interconexão entre eles, transmitiu-a, como já dito, ao corpo. [65] Portanto, enquanto a alma estiver no corpo, ela nunca perde a sensibilidade através da remoção de alguma outra parte. O invólucro que a contém pode ser deslocado no todo ou em parte, e porções da alma podem ser perdidas; contudo, apesar disso, a alma, se conseguir sobreviver, terá a faculdade de sentir. Mas o restante do organismo, quer o todo sobreviva ou apenas uma parte, não tem mais sensação, uma vez que os átomos, por menores que sejam, tenham partido, e que são necessários para constituir a natureza da alma. Além disso, quando todo o organismo se dissolve, a alma se dispersa e não tem mais as mesmas capacidades de antes, nem os mesmos movimentos, portanto, não possui qualquer senciência.

[66] Não podemos pensar na alma como senciente, a menos que esteja neste todo composto e se mova com esses movimentos; nem podemos pensar assim quando os invólucros que a envolvem não são os mesmos que aqueles em que a alma está localizada e onde ela realiza esses movimentos. (Epicuro diz em outro lugar que a alma é composta

do mais suave e redondo dos átomos, muito superior, em ambos os aspectos, aos do fogo; que a parte esparsa por todo o restante do organismos é irracional, enquanto a parte racional reside no peito, como percebemos pelos nossos medos e pela nossa alegria; que o sono ocorre quando as partes da alma que foram espalhadas por todo o organismo composto são retidas nele ou dispersas e depois caem umas sobre as outras por seus impactos; e que o sêmen é derivado de todo o corpo.).

[67] Devemos ainda considerar que o que chamamos de incorpóreo, de acordo com o uso comum do termo, refere-se ao que pode ser concebido como autoexistente. É impossível conceber qualquer coisa que é incorpórea como autoexistente, exceto o espaço vazio. E o próprio espaço vazio não é ativo nem passivo, mas simplesmente permite que o corpo se mova através dele. Aqueles que chamam a alma de incorpórea falam tolices. Se fosse assim, não poderia ser ativa nem passiva. Mas, do jeito que são, essas duas propriedades pertencem claramente à alma.

[68] Se, então, levarmos todos esses argumentos relativos à alma ao critério dos sentimentos e sensações, e se tivermos em mente a proposição declarada inicialmente, veremos que foi adequadamente compreendida em linhas gerais a doutrina que nos permitirá determinar os detalhes com precisão e confiança. Não devemos supor, porém, que as formas e as cores, as grandezas e os pesos e, em suma, todas as qualidades que são predicadas do corpo, na medida em que são propriedades perpétuas de todos os corpos ou dos corpos visíveis, conhecidas pela sensação dessas mesmas propriedades, sejam existentes por si mesmas (pois isso é inconcebível), [69] nem totalmente inexistentes, nem como outra entidade incorpórea aderente ao corpo, nem como parte deste. Devemos considerar que o corpo inteiro, de uma maneira geral, deriva sua natureza permanente de todas essas propriedades, embora não seja, por assim dizer, formado pelo agrupamento delas, como quando é formado um agregado maior das próprias partículas, sejam essas partículas primárias ou de quaisquer magnitudes inferiores ao todo particular. Todas essas propriedades, repito, apenas conferem ao corpo sua própria natureza permanente. Todas elas têm seus próprios modos característicos de serem percebidas e distinguidas, mas sempre em conjunto com todo o corpo ao qual são inerentes e nunca separadas dele; e é em virtude desta concepção completa do corpo como um todo que ele é assim designado.

[70] Mais uma vez, as propriedades muitas vezes se ligam aos corpos sem serem permanentemente concomitantes. Elas não devem ser classificadas entre entidades invisíveis nem incorpóreas. Portanto, usando o termo 'acidentes' no sentido mais comum, dizemos claramente que 'acidentes' não possuem a natureza da coisa toda a que pertencem, e

à qual, concebendo-a como um todo, damos o nome de corpo, nem a das propriedades permanentes sem as quais o corpo não pode ser pensado. Em virtude de peculiares modos de apreensão nos quais o corpo inteiro sempre entra, cada um deles pode ser chamado de acidente, [71] mas apenas na medida em que são vistos como realmente pertencentes a ele, uma vez que tais acidentes não são permanentemente concomitantes. Não devemos banir da realidade essa evidência de que o acidente não tem a natureza daquele todo, chamado de corpo por nós, ao qual pertence, nem das propriedades permanentes que acompanham o todo. Nem, por outro lado, devemos supor que o acidente tenha existência independente (pois isto é tão inconcebível no caso dos acidentes como no dos bens permanentes); mas, como é manifesto, todos deveriam ser considerados como acidentes e não como concomitantes permanentes de corpos, nem ainda como tendo a categoria de existência independente. Em vez disso, eles são vistos exatamente como aquilo que a própria sensação revela.

[72] Há outra coisa que devemos considerar cuidadosamente. Não devemos investigar o tempo como fazemos com os outros acidentes que investigamos em um assunto, ou seja, referindo-os às concepções prévias que contemplamos em nós mesmos; mas devemos levar em consideração o próprio fato, em virtude do qual falamos do tempo como sendo longo ou curto, ligando a ele, em uma íntima conexão, esse atributo da duração. Não precisamos adotar quaisquer termos novos como preferíveis, mas devemos empregar as expressões usuais sobre ele. Também não devemos predicar qualquer outra coisa ao tempo, como se essa outra coisa contivesse a mesma essência que está no significado próprio da palavra "tempo" (isso é feito por alguns). Devemos refletir, principalmente, sobre aquilo a que atribuímos esse caráter peculiar do tempo, e pelo qual o medimos. [73] Nenhuma demonstração adicional é necessária; temos apenas que refletir que atribuímos o tempo aos dias, às noites e às suas partes, e também aos sentimentos de prazer e dor, aos estados neutros, aos estados de movimento e aos estados de repouso, concebendo um acidente peculiar a esses detalhes quando usamos a palavra "tempo" (Epicuro diz isso no segundo livro da obra *Da natureza* e no *Epítome maior*).

Depois do que foi dito acima, temos que considerar que os mundos e todo agregado finito, que possuem grande semelhança com as coisas que frequentemente vemos, surgiram do infinito. Pois todos estes, sejam pequenos ou grandes, foram separados de conglomerados especiais de átomos; e todas as coisas são dissolvidas, algumas mais rapidamente, algumas mais lentamente, algumas através da ação de um conjunto de causas e outras através da ação de outro. (É claro, portanto, que Epicuro também torna os mundos perecíveis porque suas partes estão sujeitas a mudanças. Em outra obra, ele diz que a terra é sustentada pelo ar.)

[74] Além disso, não devemos supor que os mundos tenham necessariamente a mesma forma. (No décimo segundo livro de *Da natureza*, o próprio Epicuro diz que as formas dos mundos diferem, sendo alguns mundos esféricos, alguns ovais, e outros com formas diferentes destas. Eles, entretanto, não admitem todas as formas. Nem são seres vivos que foram separados do infinito.) Ninguém pode provar que em um mundo poderia haver, enquanto em outro tipo de mundo não poderia haver, as sementes das quais surgem os animais e as plantas e todo o resto das coisas que vemos. (O mesmo aplica-se à nutrição; e assim também devemos pensar em relação à Terra.)

[75] Devemos supor que a natureza também aprendeu e forçada a aprender muitas lições diferentes pelos próprios fatos, e que a razão posteriormente desenvolveu o que dela recebeu e fez novas descobertas em alguns campos mais rapidamente, e noutros mais lentamente, sendo maior o progresso alcançado em certas épocas e menor em outras.

Por essa razão, os nomes das coisas não foram originalmente dados por convenção, mas a natureza conforme às diversas raças humanas os criou; sob o impulso de sentimentos peculiares e apresentações peculiares de sentidos, o ser humano primitivo emitia gritos peculiares. Assim, o ar emitido era moldado por seus sentimentos ou sentidos individuais, e diferentemente de acordo com a diferença das regiões que as raças habitavam. [76] Posteriormente, raças inteiras adotaram seus próprios nomes peculiares para que suas comunicações pudessem ser menos ambíguas entre si e mais brevemente expressas. Quanto às coisas invisíveis, na medida em que aqueles conscientes delas tentaram introduzir tal noção, eles as designaram com certos nomes ou sons que eram instintivamente emitidos ou escolheram de acordo com a razão, de acordo com os princípios mais gerais, dando assim maior claridade ao que desejavam expressar.

Quanto aos fenômenos celestes, não devemos pensar que os movimentos, as revoluções, os solstícios, os eclipses, o nascer e o pôr dos astros, e assim por diante, ocorram por obra ou comando, seja agora ou no futuro, de algum ser que, ao mesmo tempo, desfruta da felicidade perfeita e da imortalidade. [77] Pois problemas, ansiedades e sentimentos de raiva e parcialidade não estão de acordo com felicidade, mas sempre implicam fraqueza, medo e dependência em relação ao próximo. Não devemos pensar, também, que massas esféricas de fogo são, ao mesmo tempo, dotadas de bem-aventurança e possuidoras de movimentos segundo sua vontade. Em cada termo que usamos devemos nos apegar a toda a majestade que está associada a noções como bem-aventurança e imortalidade, para que os termos não gerem opiniões inconsistentes com esta majestosa significação. Caso contrário, tal inconsistência será por si suficiente para produzir as piores perturbações em nossas mentes. Portanto, onde encontramos fenômenos invariavelmente recorrentes, a invariabilidade da recorrência deve ser atribuída à interceptação e conglomeração originais de átomos na formação do mundo.

[78] Ademais, devemos sustentar que determinar precisamente a causa dos elementos principais é tarefa da ciência da natureza, e que a felicidade depende disso (ou seja, do conhecimento dos fenômenos celestes e atmosféricos), bem como saber o que realmente são os corpos celestes e quaisquer fatos relacionados que contribuam para o conhecimento exato a esse respeito.

Não devemos reconhecer, em tais questões, nenhuma pluralidade de causas ou contingências, mas devemos sustentar que nada que sugira conflito ou inquietação é compatível com uma natureza imortal e feliz. E a mente pode compreender a verdade absoluta disso.

[79] Quanto aos assuntos de investigação de fenômenos, não há nada no conhecimento do surgir e do pôr dos astros, dos solstícios, dos eclipses e de todos os assuntos afins que contribua para a nossa felicidade; mas aqueles que estão bem informados sobre tais assuntos e ainda assim ignoram o que realmente são os corpos celestes e quais são as causas mais importantes dos fenômenos, sofrem os mesmos temores que aqueles que não possuem esse conhecimento, ou talvez sofram um temor ainda maior, quando a curiosidade despertada por esse conhecimento adicional não consegue encontrar uma solução ou compreender a subordinação desses fenômenos às causas mais elevadas.

Portanto, se descobrirmos mais de uma causa que pode explicar solstícios, poentes e nascentes, eclipses e similares, como fizemos também em questões particulares de detalhe, [80] não devemos supor que nosso tratamento dessas questões falhe em precisão, na medida em que for necessária para garantir nossa tranquilidade e felicidade. Quando, portanto, investigamos as causas dos fenômenos celestes e atmosféricos, bem como de tudo o que é desconhecido, devemos levar em conta a variedade de maneiras pelas quais ocorrem acontecimentos análogos dentro da nossa experiência; enquanto que devemos tratar com desprezo aqueles que não reconhecem a diferença entre o que existe ou passa a existir de uma única causa, nem reconhecem aquilo que pode ser o efeito de qualquer uma de várias causas, ignorando o fato de que os objetos só são observados à distância e, além disso, ignorando as condições que tornam, ou não, a paz de espírito impossível. Se, então, pensarmos que um evento pode acontecer de uma maneira específica, mas reconhecemos que isso pode acontecer em mais de uma maneira, conservaremos nossa paz de espírito como se tivéssemos consciência de que tal evento acontece de uma maneira específica.

[81] Há ainda mais um ponto a ser apreendido, a saber, que a maior perturbação da mente humana surge através da crença de que os corpos celestes são abençoados e indestrutíveis, e que ao mesmo tempo eles têm vontades, praticam ações e são causas inconsistentes com esse estado; e também por esperar ou apreender algum mal eterno, seja por causa dos mitos, ou porque temos medo da mera insensibilidade da morte, como se ela tivesse a ver conosco; e finalmente não por uma convicção, mas por uma certa perversidade irracional, de modo que, se os seres humanos não estabelecerem limites para o seu temor, eles suportarão uma perturbação tão ou até mais intensa do que a pessoa cujas opiniões sobre estes assuntos são bastante vagas. [82] Contudo, tranquilidade da alma significa estar livre de todos esses problemas e nutrindo uma lembrança contínua das verdades mais elevadas e importantes.

Portanto, devemos prestar atenção aos sentimentos e percepções sensoriais atuais, sejam os da humanidade em geral ou aqueles peculiares ao indivíduo, e também atender a todas as evidências claras disponíveis, conforme fornecidas por cada um dos padrões da verdade. Pois, ao estudá-los, rastrearemos corretamente sua causa e baniremos a fonte de perturbação e pavor, dando conta dos fenômenos celestes e de todas as outras coisas que de tempos em tempos nos sobrevêm e causam o maior alarme ao resto da humanidade.

Aqui então, Heródoto, você tem as principais doutrinas da natureza resumidamente. [83] De modo que, se esta afirmação for retida com precisão e produzir efeito, uma pessoa, seja quem for, estará incomparavelmente melhor equipada do que seus companheiros, mesmo que ela nunca entre em todos os detalhes, pois ela esclarecerá por si mesma muitos dos pontos que elaborei detalhadamente em minha exposição completa e o meu próprio resumo, se ela manter na mente, jamais deixará de ajudá-la. É de tal natureza que aqueles que já estão toleravelmente, ou mesmo perfeitamente, familiarizados com os detalhes podem, através da análise do que sabem em percepções tão elementares como estas, prosseguir melhor as suas pesquisas na ciência da natureza como um todo; enquanto aqueles, por outro lado, que não têm todo o direito de serem classificados como estudantes maduros podem, de maneira silenciosa e tão rápida quanto o pensamento, repassar as doutrinas mais importantes para sua paz de espírito.

Essa é a sua epístola sobre a física. A epístola sobre os fenômenos celestes é a seguinte.

Epicuro a Pítocles, saudações.

[84] Em sua carta para mim, da qual Cléon era o portador, você continua a me mostrar o carinho que mereci por minha devoção a você, e tenta, não sem sucesso, recordar as considerações que contribuem para uma vida feliz. Para ajudar sua memória, você me pede uma declaração clara e concisa a respeito dos fenômenos celestes; pois o que escrevi sobre esse assunto em outro lugar é, como você me diz, difícil de lembrar, embora você tenha meus livros constantemente com você. Alegro-me em receber seu pedido e estou cheio de expectativas agradáveis. [85] Completarei, portanto, meu escrito e concederei tudo o que você pedir. Muitos outros além de você acharão esses raciocínios úteis, especialmente aqueles que recentemente tomaram conhecimento da verdadeira história da natureza e aqueles que se empenham em estudos mais profundos do que qualquer parte da educação comum. Portanto, aprenda bem esses preceitos e os guarde na mente, juntamente com o breve resumo em minha carta a Heródoto.

Em primeiro lugar, lembre-se de que, como tudo o mais, o conhecimento dos fenômenos celestes, quer considerado juntamente com outras coisas ou isoladamente, não tem outro fim em vista senão a paz de espírito e a firme convicção. [86] Não procuramos arrancar pela força o que é impossível, nem compreender todas as questões igualmente bem, nem tornar o nosso tratamento sempre tão claro como quando discutimos a vida humana ou explicamos os princípios da física em geral, como, por exemplo, que o todo consiste em corpos e natureza intangível, ou que os elementos são indivisíveis, ou qualquer outra proposição que admita ser possível apenas uma explicação dos fenômenos. Este, todavia, não é o caso dos fenômenos celestes; estes admitem não só múltiplas causas para seus fenômenos, mas também uma múltipla determinação de sua natureza, nenhuma delas contraditória às sensações.

[87] No estudo da natureza, não devemos nos conformar com suposições vazias e leis arbitrárias, mas seguir as sugestões dos fatos; pois nossa vida não precisa de irracionalidade e opiniões falsas, nossa única necessidade é uma existência tranquila. Todas as coisas acontecem ininterruptamente, se tudo for explicado pelo método de pluralidade de causas em conformidade com os fatos, desde que compreendamos devidamente o que pode ser plausivelmente alegado a respeito delas. Quando, porém, deixamos uma explicação prevalecer sobre outra igualmente consistente com os fenômenos, claramente abandonamos completamente o estudo da natureza e caímos no mito. Alguns fenô-

menos da nossa experiência terrestre fornecem evidências pelas quais podemos interpretar o que acontece nos céus. Vemos como os de natureza terrestre realmente ocorrem, mas não como ocorrem os fenômenos celestes, pois eles podem acontecer devido a uma variedade de causas. [88] No entanto, devemos observar cada fato tal como apresentado, e separar ainda dele todos os fatos apresentados junto a ele, cuja ocorrência por várias causas não é contradita por fatos dentro de nossa experiência.

Um mundo é uma porção circunscrita do universo, que contém estrelas e terra e todas as outras coisas visíveis, separada do infinito, e terminando em uma fronteira que pode ser espessa ou fina, cuja dissolução destruirá tudo dentro dela em um exterior que pode girar ou estar em repouso, e ser redondo ou triangular ou de qualquer outra forma. Todas essas alternativas são possíveis; elas não são contraditas por nenhum dos fatos deste mundo, em que uma extremidade não pode ser discernida.

[89] É possível perceber que existe um número infinito de tais mundos, e que um mundo pode surgir de outro mundo ou de um intermúndio (usamos esse termo para os espaços entre os mundos) em um espaço toleravelmente vazio e não, como alguns afirmam, em um vasto espaço perfeitamente claro e vazio. Esse mundo é formado quando certas sementes adequadas surgem de um único mundo ou intermúndio, ou de vários, e aos poucos crescem e se articulam entre si e mudam de lugar, segundo acontece, e são supridas por fontes apropriadas até que estejam maduras e firmemente estabelecidas, à medida que as fundações lançadas possam recebê-las. [90] Não é suficiente que haja uma agregação ou um vórtice no espaço vazio em que um mundo possa surgir, como sustentam alguns filósofos, e possa crescer até colidir com outro, como diz um filósofo dos chamados físicos[250]. Com efeito, isso está em conflito com os fatos.

[91] O Sol, a Lua e os astros no geral não tiveram uma origem independente e mais tarde absorvidos em nosso mundo e nas partes dele que servem para sua defesa; mas eles se formaram imediatamente e cresceram (assim como o mar e a terra) em razão dos acréscimos e movimentos giratórios de certas substâncias de textura mais fina, similares ao vento ou ao fogo, ou ambos, porque assim surge a própria sensação. O tamanho do Sol e dos outros astros em relação a nós é tão grande quanto parece. (Epicuro também afirma isso no décimo primeiro livro de sua obra *Da natureza*. Pois, diz ele, se tivesse diminuído de tamanho por causa da distância, teria diminuído também

250. Demócrito.

o seu brilho; de fato, não há distância mais proporcional que essa.) Mas, na verdade, o tamanho em si pode maior, um pouco menor, ou tão grande quanto parece, pois assim também acontece com os fogos que nossos sentidos percebem quando observados à distância. Todas as objeções levantadas contra essa parte da doutrina serão facilmente refutadas por qualquer um que se atente aos fatos simples, como mostro em meu livro *Da natureza.*

[92] O nascer e o pôr do Sol, da Lua e dos astros podem acontecer devido ao acendimento e ao apagamento, desde que as circunstâncias sejam tais que produzam esse resultado em cada uma das duas regiões, Leste e Oeste; pois nenhum fato contradiz isso. Tal resultado pode, também, ser produzido pela aparição acima da Terra e novamente pela sua ocultação; pois também nenhum fato contradiz isso. Seus movimentos podem acontecer devido à rotação de todo o céu, ou o céu pode estar em repouso e somente eles giram de acordo com algum impulso necessário para subir, implantado inicialmente quando o mundo foi formado [...][251] [93] ou através do calor excessivo, devido a uma certa extensão do fogo que sempre invade o que está próximo.

As voltas do Sol e da Lua podem ocorrer devido à posição oblíqua do céu, forçado a ir para trás em certas épocas. Contudo, elas podem igualmente acontecer devido à pressão contrária do ar ou pode ser pelo fato de que a matéria necessária foi consumida nas proximidades ou há falta dela. Ou até mesmo porque tal movimento giratório é, desde o início, inerente a esses astros, de modo que eles se movem em uma espécie de espiral. Todas essas explicações e outras similares não entram em conflito com nenhuma evidência clara, desde que em tais detalhes nos apeguemos ao que é possível e possamos colocar cada uma dessas explicações de acordo com os fatos, indiferentes aos artifícios servis dos astrônomos.

[94] A Lua nova e a Lua cheia podem acontecer devido à rotação do corpo da Lua, ou em decorrência das configurações que o ar assume; além disso, pode ser devido à interposição de certos corpos. Em suma, pode acontecer de qualquer uma das maneiras pelas quais os fatos dentro de nossa experiência sugerem que tal aparência seja explicável. Mas as pessoas não podem se afeiçoar por uma única explicação, nem rejeitar erroneamente todas as outras por ignorância do que pode e o que não pode estar dentro do conhecimento humano, e o consequente desejo de descobrir o impossível. Além disso, é possível que a Lua brilhe com sua própria luz, assim como é possível que ela receba luz do Sol. [95] Ainda no assunto da experiência dos sentidos, vemos muitas

251. Há uma lacuna nos manuscritos.

coisas que brilham por sua própria luz e muitas também que recebem luz. Nenhum dos fenômenos celestes opõe-se a isso, se tivermos sempre em mente o método das explicações múltiplas e as várias suposições e causas consistentes, em vez de insistir no que é inconsistente e dar-lhe uma falsa importância, para sempre recorrer, de uma forma ou de outra, à explicação única. O aparecimento da face na Lua pode igualmente surgir da troca de partes, ou da interposição de algo, ou de qualquer outra forma que possa estar de acordo com os fatos. [96] Em todos os fenômenos celestes tal método de investigação não pode ser abandonado; pois, se você contradiz claras evidências, nunca poderá desfrutar de uma paz de espírito genuína.

O eclipse do Sol ou da Lua pode ser devido à extinção de sua luz, assim como, em nossa própria experiência, observamos acontecer; e também pode ser que aconteça pela interposição de outra coisa, seja a Terra ou algum outro corpo invisível semelhante. Portanto, devemos considerar em conjunto as explicações que concordam entre si, e lembrar que não é impossível a concordância de mais de uma ao mesmo tempo (Epicuro diz o mesmo no décimo segundo livro de sua obra *Da natureza* e acrescenta que o Sol é eclipsado quando a Lua lança sua sombra sobre ele, e a Lua é eclipsada pela sombra da Terra; ou ainda, o eclipse pode ser devido à retirada da Lua, [97] e isso é citado pelo epicurista Diógenes no primeiro livro de suas Lições seletas). E, além disso, deixemos que a regularidade de suas órbitas seja explicada da mesma maneira que certos incidentes comuns dentro de nossa própria experiência; a natureza divina não deve, de forma alguma, ser aduzida para explicar isto, mas deve ser mantida livre da tarefa e em perfeita harmonia. A menos que isso seja feito, todo o estudo dos fenômenos celestes será em vão, como de fato provou ser com alguns que não adotaram um método possível, mas caíram na loucura de supor que esses eventos acontecem em apenas um único modo e de rejeitar todos os outros modos possíveis, deixando-se levar para o reino do ininteligível e sendo incapazes de ter uma visão abrangente dos fatos que devem ser tomados como indícios para todo o resto.

[98] As variações na duração das noites e dos dias podem acontecer devido à rapidez ou à lentidão do movimento do Sol no céu, devido às variações na extensão dos espaços percorridos e ao fato de o Sol percorrer algumas distâncias mais rapidamente ou mais lentamente, como acontece às vezes nos fenômenos terrestres, com os quais a nossa explicação dos fenômenos celestes deve concordar. Os filósofos que admitem uma única explicação estão em desacordo com os fenômenos e erram gravemente quanto ao possível conhecimento do ser humano.

Os sinais no céu que indicam o tempo podem acontecer devido à mera coincidência das estações, como é o caso dos sinais de animais vistos na terra, ou podem ser causados por mudanças e alterações no ar. Ambas as possibilidades não estão em conflito com os fatos, [99] mas não é fácil ver em quais casos o efeito é devido a uma causa ou a outra.

As nuvens podem formar-se e acumular-se ou porque o ar se condensa sob a pressão dos ventos, ou porque os átomos que se mantêm unidos e são adequados para produzir este resultado ficam mutuamente emaranhados, ou porque as correntes se acumulam a partir da terra e das águas; e há várias outras maneiras pelas quais é possível que ocorram agregações de tais corpos em nuvens. Sendo assim, a chuva pode ser produzida a partir das nuvens, às vezes por sua compressão, às vezes por sua transformação [100] ou, ainda, pode ser causada por exalações de umidade que sobem de locais propícios através do ar, enquanto uma precipitação mais violenta é devida a certas acumulações favoráveis para tal descarga.

Os trovões podem ser causados pelo movimento rotativo do vento nas cavidades das nuvens, como nos navios que usamos, ou ao rugido do fogo quando impelido pelo vento, ou ao rompimento e ruptura das nuvens, ou ainda à fricção e divisão das nuvens quando elas se tornam tão firmes quanto o gelo. [101] Tal como em toda investigação, também neste ponto específico, os fatos exigem uma pluralidade de explicações.

Os relâmpagos também acontecem de várias maneiras. Ocorrem quando as nuvens se esfregam umas nas outras e colidem, e a disposição de átomos, que é a causa do fogo, gera relâmpagos; ou pode ser devido ao brilho que sai das nuvens, pela ação dos ventos, de partículas capazes de produzir esse brilho; ou então é espremido para fora das nuvens quando elas são condensadas, quer por sua própria ação, quer pela ação dos ventos; ou ainda, a luz difundida pelas estrelas pode ser contidas nas nuvens, depois conduzida pelo seu movimento e pelo movimento dos ventos, e finalmente escapar das nuvens; ou a luz da mais fina textura pode ser filtrada através das nuvens (de modo que as nuvens podem ser incendiadas e trovões produzidos), e o movimento desta luz pode produzir relâmpagos; ou pode surgir da combustão do vento provocada pela violência do seu movimento e pela intensidade da sua compressão; [102] ou, quando as nuvens são despedaçadas pelos ventos, e os átomos que geram o fogo são expelidos, estes também causam o aparecimento de relâmpagos. Pode-se facilmente ver que a sua ocorrência é possível de muitas outras maneiras, desde que nos apeguemos aos fatos e tenhamos uma visão geral daquilo que lhes é análogo.

O relâmpago precede o trovão, quando as nuvens se constituem como mencionado acima e a configuração que produz o relâmpago é expelida no momento em que o vento incide sobre a nuvem, e o vento enrolado em seguida produz o estrondo do trovão; ou, se ambos forem simultâneos, o relâmpago se move com maior velocidade em nossa direção [103] e o trovão fica para trás, exatamente como quando as pessoas que estão desferindo golpes são observadas à distância. Um raio é causado quando os ventos são repetidamente coletados, preso e violentamente incendiado; ou quando uma parte se despedaça e é expelida mais violentamente para baixo, sendo o rompimento devido ao fato de que a compressão das nuvens tornou as partes vizinhas mais densas; ou ainda pode ser devido, assim como o trovão, apenas à expulsão do fogo aprisionado, quando este se acumula e é inflado mais violentamente pelo vento e rasga a nuvem, sendo incapaz de se retirar para as partes adjacentes porque elas estavam continuamente sendo comprimidas (geralmente por alguma montanha alta onde os raios caem principalmente). [104] E há várias outras maneiras pelas quais os raios podem ser produzidos. A exclusão do mito é a única condição necessária; e será excluído se prestarmos atenção adequada aos fatos e, portanto, tirarmos inferências para interpretar o que é obscuro aos sentidos.

Os ciclones ocorrem devido à descida de uma nuvem forçada para baixo, como um pilar, pelo vento com força total e levada por um vendaval giratório, enquanto ao mesmo tempo o vento externo dá à nuvem um impulso lateral; ou pode ser devido a uma mudança no vento que se desvia para todos os pontos à medida que uma corrente de ar vinda de cima ajuda a forçá-la a se mover; ou pode ser que um forte redemoinho de ventos tenha sido iniciado e seja incapaz de irromper lateralmente porque o ar ao redor é fortemente condensado. [105] Quando os ciclones descem sobre a terra, causam os tornados, de acordo com as várias maneiras pelas quais são produzidos pela força do vento e quando descem sobre o mar causam as trombas d'água.

Os terremotos podem acontecer devido ao aprisionamento do vento no subsolo e ao fato de ele ser intercalado com pequenas massas de terra e depois colocado em movimento contínuo, fazendo com que a terra trema. E a terra recebe esse vento do exterior ou da queda de camadas de solos em cavernas subterrâneas, transformando em vento o ar ali aprisionado. Ou podem acontecer devido à propagação do movimento decorrente da queda de muitas camadas de solo e por sua repercussão quando encontra uma resistência mais sólida da terra. [106] Há muitas outras causas às quais essas oscilações da terra podem ocorrer.

Os ventos surgem de tempos em tempos quando matérias estranhas contínua e gradualmente encontram seu caminho no ar; também através da acumulação de grande quantidade de água. O restante dos ventos surge quando alguns deles caem nas muitas cavidades da terra e são assim propagados e multiplicados.

O granizo é causado por um forte congelamento de certas partículas semelhantes ao vento que se transformam completamente e se distribuem em gotas; ou então por um congelamento mais leve de certas partículas de umidade e pela proximidade de certas partículas de vento que, ao mesmo tempo, se juntam e se separam, de modo que ficam congelados parcialmente ou em massa compacta. [107] Não é impossível que a forma redonda das pedras de granizo seja por causa do derretimento das extremidades de todos os lados e ao fato de que, como explicado, as partículas de umidade ou do vento os envolvem uniformemente por todos os lados e em todos os cantos, quando congelam. Pode ser que a neve seja formada quando uma chuva fina se precipita das nuvens através de poros simétricos sob a pressão contínua e violenta dos ventos sobre as nuvens propícias, e então essa chuva é congelada no seu caminho devido a alguma forte mudança de temperatura nas regiões abaixo das nuvens. Ou ainda, a queda de neve pode acontecer por um congelamento de nuvens densas sobre outras, e essas nuvens produzem uma espécie de compressão; e causam granizo (isso acontece principalmente na primavera). [108] Ou quando as nuvens congeladas se esfregam umas nas outras, esse acúmulo de neve pode ser eliminado. E há outras maneiras pelas quais a neve pode ser formada.

O orvalho é formado quando as partículas que são capazes de produzir esse tipo de umidade se encontram no ar, ou então surgem de lugares úmidos e aquosos, o tipo de lugar onde o orvalho é principalmente formado, de modo que criam emanações e se unem, precipitando-se para baixo, assim como acontece em vários fenômenos terrestres. [109] A formação de geada acontece quando certas partículas de orvalho, de algum modo, se congelam devido a uma certa condição de ar frio.

O gelo é formado pela expulsão da água de átomos redondos e pela compressão dos átomos escalenos e de ângulo agudo contidos nela; ou pela junção de tais átomos vindos de fora, que sendo unidos fazem com que a água se solidifique após a expulsão de um certo número de átomos redondos.

O arco-íris surge quando o Sol brilha sobre o ar úmido; ou ainda por uma mistura peculiar de luz com ar, que causa todas as qualidades distintivas de suas cores ou então algumas delas, e a partir do reflexo desta luz, o ar ao redor torna-se colorido como o vemos, à medida que o Sol brilha sobre suas partes. [110] A forma circular que assume é devida ao fato de que a distância de cada ponto é percebida pela nossa visão igualmente; ou pode ser porque, tendo os átomos no ar ou nas nuvens e derivados do Sol foram assim unidos e essa junção apresenta uma forma circular.

Um halo ao redor da Lua surge porque o ar em todos os lados se estende até a Lua; ou porque eleva uniformemente as correntes da Lua tão alto que imprime um círculo na massa nublada e não a separa completamente; ou porque eleva o ar que imediatamente circunda a Lua simetricamente de todos os lados até uma circunferência ao seu redor e forma um anel espesso. [111] E isso acontece em certas partes ou porque uma corrente força sua entrada ou porque o calor encontra certas passagens para produzir esse efeito.

Os cometas surgem porque o fogo é alimentado em certos lugares e em determinados intervalos de tempo nos céus, se as circunstâncias forem favoráveis; ou porque, às vezes, o céu tem um movimento particular acima de nós para que tais astros apareçam; ou porque os próprios astros são postos em movimento sob certas condições e vêm até nossa região, tornando-se visíveis. E o seu desaparecimento deve-se a causas opostas a estas.

[112] Certos astros podem mover-se no mesmo lugar, não apenas pela razão alegada por alguns autores de que esta é a parte do mundo que está imóvel e ao redor da qual o resto gira, mas também pode ser porque um redemoinho circular de ar envolve esta parte, o que as impede de viajar para fora da vista como outros astros; ou porque há escassez de material necessário nos espaços adjacentes, enquanto há abundância na parte onde eles parecem estar. Além disso, existem várias outras maneiras pelas quais esse fenômeno pode acontecer, como pode ser visto por qualquer pessoa capaz de raciocinar de acordo com os fatos.

Os movimentos de certos astros, se tal movimento for o seu movimento real, e o movimento regular de outros astros, [113] podem ocorrer porque eles, originalmente, se moviam em um círculo e foram forçados a mover-se desse modo, de modo que alguns deles giram com a mesma rotação uniforme e outros com movimento giratório variado; mas também pode ser que, de acordo com a diversidade das regiões percorridas, em alguns lugares existam trechos uniformes de ar, forçando-os a avançar em uma direção e queimando uniformemente; em outros, esses trechos apresentam irregularidades que causam os movimentos observados. Atribuir uma única causa a estes efeitos, quando os fatos sugerem várias causas, é uma loucura e uma estranha inconsistência; no entanto, isso é feito precipitadamente por adeptos da astronomia que atribuem razões inconsistentes para alguns fenômenos, pois persistem em sobrecarregar a divindade com tarefas pesadas. [114] O fato de certos astros permanecerem atrás de outros pode acontecer porque viajam mais lentamente, embora percorram a mesma órbita que os outros; ou pode ser que sejam puxados para trás pelo mesmo vórtice e se movam na direção oposta; ou ainda pode ser que alguns viajem por um espaço maior e outros por um espaço menor, embora no mesmo vórtice. Estabelecer uma explicação única e segura desses fenômenos é digno daqueles que procuram deslumbrar a multidão com maravilhas.

As chamadas estrelas cadentes podem acontecer, em alguns casos, devido ao atrito mútuo das próprias estrelas, e em outros casos, à expulsão de certas partes quando ocorre uma mistura de fogo e ar que foi mencionada quando estávamos discutindo os relâmpago; [115] ou podem ocorrer devido ao encontro de átomos capazes de gerar fogo, que possuem uma união propícia para produzir esse resultado, e seu movimento subsequente onde quer que o impulso que os uniu inicialmente os conduza; o vento se acumula em certas massas densas semelhantes a neblina e, uma vez aprisionado, se inflama e então irrompe sobre tudo o que está ao seu redor, e é levado para aquele lugar para onde seu movimento o impele. Há ainda outras maneiras pelas quais esse fenômeno pode acontecer sem recurso a mitos.

O fato de que o tempo às vezes é previsto pelo comportamento de certos animais, em certas estações do ano, é uma mera coincidência, pois os animais não oferecem nenhuma razão necessária para que uma tempestade seja produzida; e nenhum ser divino senta-se e observa quando esses animais saem e depois cumprem os sinais que eles deram. [116] Uma loucura dessas não atingiria nem o ser mais comum, mesmo que fosse tão pouco esclarecido, muito menos aquele que goza de felicidade perfeita.

Tudo isso, Pítocles, você deve manter em mente; pois assim você se livrará do mito e poderá compreender os exemplos que são semelhantes a estes. Mas, acima de tudo, dedique-se ao estudo dos primeiros princípios, do infinito e de assuntos afins, e ainda dos critérios da verdade, dos sentimentos e do fim supremo ao qual escolhemos entre eles. Estudar esses assuntos juntos permitirá facilmente que você compreenda as causas dos fenômenos particulares. Porém, aqueles que não apreciaram esse estudo plenamente, por não o terem feito, não estarão familiarizados com esses mesmos assuntos, nem atingirão o objetivo para o qual deveriam ser estudados.

[117] Tais são as doutrinas de Epicuro sobre os fenômenos celestes. Quanto à conduta de vida, o que devemos evitar e o que escolher, seus escritos serão colocados a seguir. Antes de citar suas palavras, porém, deixe-me abordar as opiniões do próprio Epicuro e de sua escola a respeito do homem sábio.

Existem três motivos para males praticados entre os seres humanos: o ódio, a inveja e o desprezo; e o homem sábio domina esses motivos por meio da razão. Além disso, quem se torna sábio uma vez nunca mais assume o hábito oposto, nem mesmo na aparência, se puder evitar. Tal homem será mais suscetível às emoções do que outros homens, mas isso não será obstáculo à sua sabedoria. Contudo, nem toda constituição corporal nem toda nacionalidade permite que alguém se torne sábia. [118] Mesmo na tortura, o homem sábio é feliz. Somente ele sentirá gratidão pelos amigos, presentes e ausentes, e demonstrará isso por palavras e ações. Quando estiver em tortura, porém, gritará e se lamentará. No que diz respeito à união com mulheres, ele se submeterá às restrições impostas pela lei, como diz Diógenes na sua *Epítome das doutrinas éticas de Epicuro*. Nem punirá seus servos; em vez disso, ele terá pena deles e, de vez em quando, fará concessões para aqueles que possuem bom caráter. Segundo os epicuristas, não é permitido que o homem sábio se apaixone, nem se preocupe com ritos fúnebres. Segundo eles, o amor não é enviado por um deus; é o que diz Diógenes em seu décimo segundo livro. O homem sábio não cederá ao fascínio dos bons discursos. Sustentam ainda que a união carnal nunca torna alguém melhor, e será bom se ela não faz mal.

[119] O próprio Epicuro diz, em *Problemas* e em *Da natureza*, que o homem sábio não se casará nem constituirá família. Ocasionalmente, ele pode se casar devido a circunstâncias especiais de sua vida, e outros também se desviarão do seu propósito. O homem sábio também não irá tagarelar quando estiver bêbado, assim diz Epicuro em seu *Banquete*. Tampouco participará de política, como consta no primeiro livro *Da Vida*; nem ele se tornará um tirano; nem ele se tornará cínico (assim diz no segundo livro da obra *Da vida*); nem será um pedinte. Ainda que perca a visão, não se tirará a vida; isto é afirmado no mesmo livro. O sábio também sentirá tristeza, como diz Diógenes no quinto livro de sua obra *Lições seletas*. E recorrerá aos tribunais. [120] Ele também deixará escritos, mas não irá compor panegíricos. Terá consideração por sua propriedade e futuro. Amará sua pátria. Resistirá aos reveses do acaso e nunca trairá um amigo. Prestará tanta atenção à sua reputação que não será menosprezado. E terá mais prazer do que outros homens nos festivais estaduais.

O sábio erguerá imagens votivas. Ser ou não ser rico será indiferente para ele. Somente o homem sábio será capaz de conversar corretamente sobre música e poesia, sem, contudo, escrever ele próprio poemas. Nenhum homem sábio age com mais sabedoria do que outro. E ele ganhará dinheiro, mas apenas com sua sabedoria, se estiver na pobreza, e cortejará um rei, se necessário. Ele ficará grato a qualquer pessoa quando for corrigido. Ele fundará uma escola, mas não de uma maneira que atraia a multidão, e fará leituras em público, mas somente mediante solicitação. Será um dogmático, mas sem jamais deixar dúvidas, e será igual a si mesmo até quando estiver dormindo. E, caso necessário, morrerá por um amigo.

A escola epicurista sustenta que as culpas não são todas iguais; que a saúde é, em alguns casos, um bem, e em outros algo indiferente; que a coragem não é um dom natural, mas vem do cálculo da conveniência; e a amizade é uma necessidade. Assim como devemos lançar uma semente na terra, uma das partes deve tomar iniciativa na amizade; em seguida ela crescerá e se transformará numa parceria no gozo dos prazeres da vida.

[121] Dois modos de felicidade podem ser concebidos: a suprema, tal como a que os deuses desfrutam e que não pode ser aumentada; a outra, suscetível de adição e subtração de prazeres. Agora, vamos prosseguir para sua carta.

> *Epicuro a Menoiceu, saudações.*
>
> [122] Que nenhum jovem seja demorado a buscar a filosofia e que nenhum velho se canse de buscá-la, pois nunca é cedo ou tarde demais para a saúde da alma. Dizer que a hora de estudar filosofia ainda não chegou, ou que já passou, é como dizer que a época da felicidade ainda não chegou ou que já não existe. Portanto, tanto os velhos como os jovens devem procurar a sabedoria; os velhos para que, à medida que a idade chega, possam ser jovens nas coisas boas mediante a agradável recordação do passado; e os jovens para que, enquanto são jovens, possam ser, ao mesmo tempo, velhos, por não terem medo das coisas que estão por vir. Logo, devemos nos exercitar nas coisas que trazem felicidade, pois, se a temos, temos tudo e, se não a temos, todas as nossas ações devem ser direcionadas para alcançá-la.
>
> [123] Os preceitos que ininterruptamente eu declarei a você, coloque-os em ação e exercite-se neles, considerando-os como os elementos de uma vida correta. Primeiramente, acredite que deus é um ser vivo, imortal e feliz, de acordo com a noção de um deus indicado pelo bom-senso da humanidade; e acreditando assim, não atribua a

ele nada que seja estranho à sua imortalidade ou que não concorde com a felicidade, mas acredite que a ele convém tudo o que possa sustentar, e não eliminar, tanto a sua bem-aventurança como a sua imortalidade. Os deuses realmente existem, e o conhecimento deles é manifesto; mas eles não são tais como a multidão acredita, visto que os seres humanos não mantêm firmemente as noções que formam a respeito deles. Aquele que afirma sobre os deuses o que a multidão acredita sobre eles é verdadeiramente ímpio. [124] Pois as declarações da multidão sobre os deuses não são preconcepções verdadeiras, mas falsas suposições; as maiores bênçãos acontecem aos bons pelas mãos dos deuses, visto que eles são sempre favoráveis às suas próprias boas qualidades e se comprazem de pessoas como eles, mas rejeitam como estranho tudo o que não é de sua espécie.

Acostume-se a acreditar que a morte não é nada para nós, pois o bem e o mal implicam sensação, e a morte é a privação de toda sensação; portanto, uma compreensão correta de que a morte não é nada para nós torna a mortalidade da vida agradável, não acrescentando à vida um tempo ilimitado, mas eliminando o anseio pela imortalidade. [125] A vida não traz terrores para aquele que compreende completamente que não há nada de terrível na cessão da vida. É insensato temer a morte, não porque causa sofrimento quando ela chega, mas porque causa sofrimento na perspectiva. Tudo o que não causa perturbação quando está presente, causa apenas uma dor infundada na expectativa. A morte, portanto, o mais terrível dos males, não é nada para nós, visto que, quando existimos, a morte não vem, e, quando a morte chega, já não mais existimos. Não é nada, então, nem para os vivos nem para os mortos, pois para os vivos ela não existe e os mortos já não existem. A maioria das pessoas, porém, em certos momentos, evita a morte como o maior de todos os males, e em outros momentos, escolhem-na como uma trégua dos males da vida. [126] O homem sábio não deprecia a vida nem teme a sua cessação. O pensamento de vida não lhe é ofensivo, nem a cessação da vida é considerada um mal. E assim como as pessoas escolhem na comida não apenas e simplesmente a porção maior, mas sim a mais agradável, os sábios procuram aproveitar o tempo que lhes é mais agradável e não apenas o que é mais longo. Aquele que adverte os jovens a viverem bem e os velhos a terem um bom fim fala tolamente, não apenas por causa da conveniência da vida, mas porque o mesmo exercício ensina a viver bem e a morrer bem ao mesmo tempo. Ainda pior é aquele que diz que seria bom não ter nascido, mas, uma vez nascido, passa o mais rápido possível pelas portas do Hades. [127] Se ele realmente acredita nisso, por que não se retira da vida? Seria fácil para ele fazer isso, se estivesse firmemente convencido de tal afirmação. Se ele fala apenas como zombaria, suas palavras são tolices, pois aqueles que ouvem não acreditam nele.

Devemos lembrar que o futuro não é inteiramente nosso, nem o oposto, de modo que não devemos contar com a certeza de que ele virá, nem nos desesperarmos com a certeza de que ele não acontecerá.

Devemos também refletir que alguns desejos são naturais e outros são infundados. Dos desejos naturais, alguns são necessários e naturais, e alguns apenas naturais; dos desejos necessários, alguns são necessários à felicidade, alguns à tranquilidade do corpo sem perturbações e alguns à própria vida. [128] Aquele que tem uma compreensão clara e certa dessas coisas direcionará toda preferência e aversão para garantir a saúde do corpo e a tranquilidade da mente, visto que esta é a realização suprema e o fim de uma vida feliz, pois o fim de todas as nossas ações é estar livre da dor e do medo, e, quando tivermos alcançado tudo isso, a tempestade da alma se dissipará; não há necessidade de ir em busca de algo que está faltando, nem de procurar qualquer outra coisa pela qual o bem da alma e do corpo seja satisfeito. Quando sofremos por causa da ausência de prazer, então, e somente então, sentimos necessidade de prazer. Essa é a razão de chamarmos o prazer de princípio e fim de uma vida feliz. [129] O prazer é o nosso primeiro e inato bem. É o ponto de partida de toda escolha e de toda aversão, e a ele voltamos, na medida em que fazemos do sentimento a regra pela qual julgar todas as coisas boas. Como o prazer é o nosso bem primeiro e inato, por essa razão não escolhemos todos os prazeres, seja qual for, mas muitas vezes deixamos de lado muitos prazeres quando deles resulta um aborrecimento maior. Além disso, muitas vezes consideramos as dores superiores aos prazeres quando a submissão às dores por muito tempo nos traz como consequência um prazer maior. Portanto, todo prazer, por ser naturalmente semelhante a nós, é um bem, mas nem por isso todo prazer é digno de escolha, assim como toda dor é um mal e, ainda assim, nem toda dor deve ser evitada. [130] É, no entanto, comparando umas às outras, e olhando para as conveniências e inconveniências, que todas estas questões devem ser julgadas.

Às vezes tratamos o bem como um mal, e o mal como um bem. Consideramos a independência como um grande bem, não para nos contentarmos com pouco em todos os casos, mas para nos contentarmos com pouco se não tivermos muito, estando honestamente persuadidos de que aqueles que possuem o mais doce prazer da abundância precisa menos dele, e que tudo o que é natural é facilmente obtido e apenas o vão e o inútil são difíceis de conquistar. A alimentação simples dá tanto prazer quanto uma alimentação cara, uma vez removida a dor da necessidade; [131] o pão e a água proporcionam um prazer supremo quando são levados aos lábios famintos. Habituar-se, portanto, uma alimentação simples e barata fornece tudo o que é necessário para a saúde e permite ao ser humano satisfazer as exigências necessárias da vida sem hesitação, e o coloca em melhores condições de apreciar as mesas suntuosas que às vezes lhes são oferecidas, e o torna destemido quanto ao acaso.

Então, quando dizemos que o prazer é o fim e a realização suprema da felicidade, não nos referimos aos prazeres do pródigo ou aos prazeres sensuais, como alguns, por ignorância, preconceito ou má compreensão, entendem. Por prazer entendemos a ausência de dor no corpo e de perturbações na alma. [132] Não é uma sucessão ininterrupta de bebedeiras e de folia, nem o prazer sexual com rapazes e mulheres, nem o prazer de degustar um peixe e outras iguarias de uma mesa luxuosa, que produzem uma vida agradável, e sim um raciocínio sóbrio, investigando os fundamentos de cada escolha e evitação, e banindo aquelas crenças através das quais os maiores tumultos tomam conta da alma. O princípio de tudo, e o maior bem, é a prudência. Por isso a prudência é algo mais precioso até do que a filosofia; dela surgem todas as outras virtudes, pois ensina que não podemos levar uma vida de prazer que não seja também uma vida de prudência, honra e justiça; nem levar uma vida de prudência, honra e justiça, que não seja também uma vida de prazer. Pois as virtudes se transformam em uma vida agradável, e uma vida agradável é inseparável dessas virtudes.

[133] Reconheça, então, que ninguém é superior a tal homem. Ele mantém uma crença sagrada em relação aos deuses e é totalmente livre do medo da morte. Ele considera diligentemente o fim fixado pela natureza e entende facilmente que o limite das coisas boas pode ser alcançado e conquistado, e que a duração ou a intensidade dos males é apenas leve. Do destino, que alguns apresentam como soberano sobre todas as coisas, ele ri com desprezo, afirmando antes que algumas coisas acontecem por necessidade, outras por acaso, e outras por nossas próprias ações, pois ele sabe que a necessidade destrói a responsabilidade e que o acaso é inconstante, ao passo que nossas próprias ações são livres, e é a elas que o louvor e a censura são naturalmente atribuídos.

[134] Seria melhor, na verdade, aceitar os mitos sobre os deuses do que curvar-se sob o destino que os filósofos naturalistas adotam. Os mitos, pelo menos, mantêm uma tênue esperança de que podemos escapar do destino se honrarmos os deuses, enquanto a necessidade dos naturalistas é surda a todas as súplicas. O homem sábio também não considera o acaso um deus, como acontece crê a maioria, pois nos atos de um deus não há desordem; nem supõe que seja uma causa, embora

> incerta, pois ele acredita que nenhum bem ou mal é concedido por acaso aos homens, de modo a tornar a vida feliz, embora forneça o ponto de partida de um grande bem e de um grande mal. O sábio acredita que a desgraça dos sábios é melhor que a prosperidade dos tolos. [135] É melhor, em suma, que aquilo que é bem julgado na ação não deva o seu sucesso à ajuda do acaso.
>
> Exercite-se nestes preceitos e em preceitos semelhantes, dia e noite, tanto por você mesmo como com aquele que lhe é semelhante. Assim, nunca, nem em vigília nem em sonho, será perturbado, mas viverá como um deus entre os homens, pois um homem perde toda aparência de mortal por viver em meio a bênçãos imortais.

Em outra parte, Epicuro rejeita toda a adivinhação, assim como no *Pequeno epítome*, dizendo: "A adivinhação não existe realmente, e se existisse devemos considerar tudo que acontece de acordo com ela como nada para nós".

São essas as suas opiniões sobre questões éticas. Epicuro discursou sobre elas mais detalhadamente em outra obra. [136] Com efeito, ele difere dos cirenaicos no que diz respeito ao prazer. Os cirenaicos não admitem o prazer que consiste num estado de repouso, mas apenas aquele que consiste em movimento. Epicuro, por seu turno, admite ambos. Admite, também, o prazer da mente e do corpo, como afirma em suas obras *Da escolha e da rejeição*, *Do fim supremo*, *Da vida humana* (primeiro livro) e na epístola *Aos filósofos de Mitilene*. O mesmo diz Diógenes, no décimo sétimo livro de suas *Lições seletas*, e Metrodoro, em seu *Timócrates*, cujas palavras são: "Assim, o prazer é concebido de dois modos: aquele que consiste em movimento e aquele que é um estado de repouso". Em *Da escolha*, Epicuro diz o seguinte: "A paz de espírito e a ausência da dor são prazeres que implicam um estado de repouso; a alegria e o deleite consistem em movimento e atividade".

[137] Epicuro ainda discorda dos cirenaicos no sentido de que eles sustentam que as dores do corpo são piores do que as dores da alma (em todo caso, os malfeitores são obrigados a sofrer punição corporal), enquanto Epicuro considera que as dores da alma são piores; de qualquer forma, a carne suporta sozinha os sofrimentos do presente, e a alma suporta, além dos sofrimentos do presente, os do passado e do futuro. Desta forma, ele considera os prazeres da alma como maiores do que os do corpo.

Como prova de que o prazer é o fim supremo, ele aduz o fato de que as coisas vivas, assim que nascem, ficam satisfeitas com o prazer e são inimigas da dor, por iniciativa da natureza, sem intervenção da razão. Deixados entregues aos nossos próprios sentimentos, então, evitamos a dor; como quando Héracles, sendo consumido pelo manto envenenado, grita: "Mordendo e gritando, sendo ecoado pelas rochas ao seu redor, pelos promontórios de Locris e pelas falésias da Eubeia" (Sófocles, *Traquínias*, vv. 787-788).

[138] Também escolhemos, de acordo com Epicuro, as virtudes por causa do prazer e não por elas mesmas, como tomamos remédios por causa da saúde. Assim também diz Diógenes no vigésimo livro de suas *Lições seletas*, que também chama a educação (ἀγωγή – *agogḗ*) de "guia para a vida" (διαγωγή – *diagogḗ*). Epicuro descreve a virtude como a única coisa inseparável do prazer, sendo todo o resto, o alimento, por exemplo, separável.

Agora, deixe-me, portanto, selar, por assim dizer, toda a minha obra, bem como a vida desse filósofo, citando suas *Máximas principais* e encerrando, assim, toda a obra. Dessa forma, seu final coincide com o início da felicidade.

I. [139] O ser abençoado e eterno não tem perturbações nem perturba outro ser; portanto, ele está imune a movimentos de raiva e gratidão, pois cada movimento implica fraqueza. (Em outra obra, Epicuro diz que os deuses são discerníveis apenas pela razão, alguns sendo numericamente distintos, enquanto outros resultam uniformemente do influxo contínuo de imagens semelhantes dirigidas ao mesmo local e em forma humana.)

II. A morte não é nada para nós, pois o que se decompõe é insensível, e aquilo que é inserível não é nada para nós.

III. A magnitude do prazer atinge seu limite na remoção de toda dor. Quando o prazer está presente, desde que seja ininterrupto, não há dor nem no corpo, nem na alma, nem em ambos.

IV. [140] A dor contínua não dura muito na carne; pelo contrário, a dor, se extrema, está presente por um período muito curto, e mesmo que a dor supere o prazer em intensidade, ele não dura muitos dias seguidos. As doenças de longa duração permitem até uma preponderância de prazer sobre a dor na carne.

V. É impossível viver uma vida agradável sem viver com sabedoria, moderação e justiça, e é impossível viver com sabedoria, moderação e justiça sem viver de forma agradável. Sempre que falta qualquer uma dessas condições (quando, por exemplo, uma pessoa não é capaz de viver com sabedoria, embora viva moderadamente e com justiça), é impossível viver uma vida agradável.

VI. [141] Para obter segurança de outros homens, qualquer meio de obtê-la, seja do poder ou da realeza, é um bem natural; sempre que através desse meio os homens possam obter segurança.

VII. Alguns homens procuraram tornar-se famosos e renomados, pensando que assim se tornariam seguros contra o restante. Se, então, a vida de tais pessoas fosse realmente segura, elas alcançariam o bem conforme a natureza; se, no entanto, fosse insegura, eles não alcançariam o fim que, por iniciativa da própria natureza, buscavam originalmente.

VIII. Nenhum prazer é um mal por si mesmo, mas as coisas que produzem certos prazeres acarretam perturbações muitas vezes maiores do que os próprios prazeres.

IX. [142] Se todo prazer pudesse intensificar-se de tal maneira que permanecesse e influenciasse todo o corpo ou, pelo menos, as principais partes da natureza do homem, nunca haveria diferença entre um prazer e outro, como de fato existe.

X. Se as causas dos prazeres dos perdulários realmente as libertaram dos temores inspirados pelos fenômenos celestes, do medo da morte e do medo da dor, e se, além disso, eles aprendessem a limitar seus desejos, nunca teríamos qualquer razão para censurá-los, pois eles estariam repletos de prazeres transbordantes por todos os lados e estariam isentos de toda dor, seja do corpo ou da alma; ou seja, de todo o mal.

XI. Se nunca tivéssemos sido perturbados por alarmes sobre fenômenos celestes, nem pelo receio de que a morte de alguma forma nos afete, nem pela negligência dos limites adequados das dores e desejos, não teríamos necessidade de estudar ciências naturais.

XII. [143] Seria impossível banir o medo em assuntos da mais alta importância, se um homem não conhecesse a natureza de todo o universo, mas vivesse com medo do que os mitos nos contam. Consequentemente, sem o estudo da natureza não seria possível fruir os prazeres em sua pureza.

XIII. Não há vantagem em proporcionar proteção contra os nossos semelhantes, enquanto estivermos receosos com os acontecimentos sobre as nossas cabeças ou debaixo da terra ou, em geral, com o que quer que aconteça no universo ilimitado.

XIV. Quando é alcançada uma proteção contra os nossos semelhantes, com poder suficiente para proporcionar apoio e prosperidade material, surge, da forma mais genuína, a segurança de uma vida privada tranquila, afastada da multidão.

XV. [144] A riqueza conforme a natureza é limitada e é fácil de obter; mas a riqueza requerida pelas vãs opiniões estende-se a uma distância infinita.

XVI. O acaso raramente prejudica o homem sábio, pois seus maiores e mais elevados interesses foram, são e serão dirigidos pela razão ao longo de sua vida.

XVII. O homem justo goza da maior paz de espírito, enquanto o injusto está cheio de extrema inquietação.

XVIII. O prazer carnal não cresce quando a dor da necessidade é removida; só varia. O limite do prazer da alma, entretanto, é alcançado quando refletimos sobre as próprias coisas e seus congêneres que causam os maiores temores ao espírito.

XIX. [145] O tempo ilimitado e o tempo limitado proporcionam uma quantidade igual de prazer, se medirmos os limites desse prazer pela razão.

XX. A carne não admite ao prazer limite algum; e proporcioná-lo requer tempo ilimitado. A alma, porém, compreendendo qual é o fim e o limite da carne, e banindo os terrores do futuro, obtém uma vida completa e perfeita, e não tem mais necessidade de tempo ilimitado. No entanto, ela não evita o prazer, e mesmo na hora da morte, quando as circunstâncias são expulsas da existência, ela não deixa de desfrutar da melhor vida.

XXI. [146] Quem entende os limites da vida sabe como é fácil obter o suficiente para remover a dor da necessidade e tornar a vida inteira completa e perfeita. Assim sendo, não há mais necessidade de coisas que não podem ser conquistadas, exceto pelo trabalho e pelo conflito.

XXII. Devemos considerar como fim tudo o que realmente existe e todas as evidências claras de sentido às quais remetemos as nossas opiniões; pois caso contrário tudo estará cheio de incerteza e confusão.

XXIII. Se você lutar contra todas as suas sensações, não terá nenhum critério ao qual se referir e, portanto, nenhum meio de julgar até mesmo os julgamentos que você considera falsos.

XXIV. [147] Se você rejeita absolutamente qualquer sensação e se não consegue distinguir, em relação ao que aguarda confirmação, entre matéria de opinião e aparência, seja na sensação ou nos sentimentos ou em qualquer apreensão da mente, você irá confundir também o restante das suas sensações devido à sua crença infundada e, portanto, você estará rejeitando completamente o critério da verdade. Se entre as imagens mentais criadas por sua opinião você afirma como verdadeiro tudo o que espera confirmação, bem como aquilo que não espera, você não escapará do erro, pois estará mantendo completa ambiguidade sempre que se tratar de julgar entre o verdadeiro e o falso.

XXV. [148] Se você não referir cada uma de suas ações em toda ocasião ao fim prescrito pela natureza, mas em vez disso, no ato de escolha ou evitação, desviar-se para algum outro fim, seus atos não serão consistentes com seus princípios.

XXVI. Todos os desejos que não levam ao sofrimento, se não satisfeitos, são desnecessários, e o anseio é facilmente eliminado quando a coisa desejada é difícil de obter ou tende a prejudicar.

XXVII. De todos os meios que a sabedoria proporciona para garantir a felicidade ao longo de toda a vida, o mais importante, sem comparação, é a aquisição de amigos.

XXVIII. A mesma convicção que inspira a confiança de que nada do que devemos temer é eterno ou de longa duração permite-nos também ver que, mesmo nas nossas limitadas condições de vida, nada aumenta tanto a nossa segurança como a amizade.

XXIX. [149] Dos desejos, alguns são naturais e necessários; outros são naturais, mas não necessários; outros, não são nem naturais nem necessárias, mas são devidos a opiniões ilusórias. (Epicuro considera desejos naturais e necessários aqueles que trazem alívio da dor, como, por exemplo, beber quando estiver com sede; por desejos naturais e não necessários, ele quer dizer aqueles que apenas diversificam o prazer sem remover a dor, como por exemplo, iguarias caras; por desejos nem naturais nem necessários, ele se refere aos desejos por coroas e à construção de estátuas em própria homenagem.)

XXX. Os desejos naturais que não provocam dor quando não são satisfeitos, embora seus objetivos sejam perseguidos com veemência, também se devem a opiniões ilusórias; e quando não são excluídos, não é por causa de sua própria natureza, mas por causa da opinião ilusória dos seres humanos.

XXXI. [150] A justiça natural é um símbolo da conveniência para evitar que uma pessoa prejudique ou seja prejudicada por outra.

XXXII. Os seres vivos que são incapazes de estabelecer pactos uns com os outros, a fim de não infligirem nem sofrerem danos, não possuem justiça nem injustiça. Acontece o mesmo com os povos que não puderam ou não quiseram estabelecer pactos mútuos para o mesmo fim.

XXXIII. Nunca houve uma justiça absoluta, mas apenas um acordo feito em relações recíprocas em quaisquer localidades, vez ou outra, prevendo contra a inflição ou sofrimento de danos.

XXXIV. [151] A injustiça não é um mal em si, mas apenas nas suas consequências, devido ao terror que é despertado pela expectativa de que aqueles designados para punir tais crimes descubram a injustiça.

XXXV. É impossível para quem viola secretamente qualquer cláusula do pacto social sentir-se confiante de que permanecerá ignorado, mesmo que já tenha escapado dez mil vezes; pois até o fim da vida ele nunca tem a certeza de que não será detectado.

XXXVI. De modo geral, a justiça é a mesma para todos, pois é considerada conveniente nas relações mútuas dos homens; mas na sua aplicação a casos particulares de localização ou condições de qualquer tipo, varia em diferentes circunstâncias.

XXXVII. [152] Entre as coisas consideradas justas pela lei convencional, tudo o que nas necessidades de relações mútuas é atestado como conveniente é, por isso, designado como justo, seja ou não o mesmo para todos; e caso alguma lei seja feita, e não se mostre adequada às conveniências do relacionamento mútuo, então não é mais justa. Se a conveniência expressa pela lei variasse, e apenas por um tempo correspondesse à concepção anterior, ainda assim foi justa durante aquele período, desde que não nos preocupemos com palavras vazias e olhemos simplesmente para os fatos.

XXXVIII. [153] Onde, sem qualquer mudança nas circunstâncias, as leis convencionais, quando julgadas pelas suas consequências, foram consideradas como não correspondendo à noção de justiça, tais leis não eram realmente justas; mas onde quer que as leis tenham deixado de ser convenientes em consequência de uma mudança nas circunstâncias, nesse caso as leis eram durante aquele período justas quando eram convenientes para as relações mútuas dos cidadãos, e subsequentemente deixaram de ser justas quando deixaram de ser convenientes.

XXXIX. [154] Aquele que melhor soube enfrentar o medo de inimigos externos reuniu, por assim dizer, numa só família todas as criaturas que pôde; e aquelas que ele não pôde ele, ao menos, não tratou como estranhas; e onde achava até mesmo isso impossível, evitou toda espécie de relação e, na medida do possível, as manteve à distância.

XL. Aqueles que são capazes de proporcionar-se mais dos meios de segurança contra os seus vizinhos, estando assim na posse da garantia mais segura, vivem a vida mais agradável na sociedade; e após conviverem na mais plena intimidade, se um deles morresse antes do tempo, os sobreviventes não lamentariam a sua morte.

Conecte-se conosco:

facebook.com/editoravozes

@editoravozes

@editora_vozes

youtube.com/editoravozes

+55 24 2233-9033

www.vozes.com.br

Conheça nossas lojas:

www.livrariavozes.com.br

Belo Horizonte – Brasília – Campinas – Cuiabá – Curitiba
Fortaleza – Juiz de Fora – Petrópolis – Recife – São Paulo

EDITORA VOZES LTDA.
Rua Frei Luís, 100 – Centro – Cep 25689-900 – Petrópolis, RJ
Tel.: (24) 2233-9000 – E-mail: vendas@vozes.com.br